Richard Breitman · Staatsgeheimnisse

Richard Breitman

Staatsgeheimnisse

Die Verbrechen der Nazis –
von den Alliierten toleriert

*Aus dem Amerikanischen
von Ursel Schäfer und Heike Schlatterer*

Karl Blessing Verlag

Titel der Originalausgabe: Official Secrets – What the Nazis Planned,
What the British and Americans Knew
Originalverlag: Hill and Wang. A Division of Farrar,
Straus and Giroux, New York

Der Karl Blessing Verlag ist ein Unternehmen
der Verlagsgruppe Bertelsmann.

1. Auflage
© Copyright 1999 bei
Karl Blessing Verlag GmbH, München
Umschlaggestaltung: Design Team München
Satz: Dr. Ulrich Mihr GmbH, Tübingen
Druck und Bindung: Wiener Verlag
Printed in Austria
ISBN 3-89667-056-5

Inhalt

Vorwort und Danksagung

Jede sorgfältige historische Recherche ist schwierig, doch bei dieser Arbeit mußte ich verschiedene ungewöhnliche Hindernisse überwinden. Dazu gehörten die Bemühungen von Nationalsozialisten, ihre Verbrechen zu verschleiern, ebenso wie das Zögern der britischen und amerikanischen Nachrichtendienste, ihre Unterlagen historischen Recherchen zugänglich zu machen. Ich werde einige dieser Probleme im Epilog ansprechen. Wenn es mir gelungen sein sollte, dieses Thema in zusammenhängender Form zu präsentieren, ist das vor allem auch der Hilfe anderer zu verdanken:

Konrad Kwiet ermutigte mich, diese Arbeit in Angriff zu nehmen und machte Vorschläge, wie ich an genügend Quellenmaterial gelangen konnte. John P. Fox, der aus eigener Initiative handelte, war die treibende Kraft für die Freigabe einiger wichtiger britischer Geheimdienstakten in Großbritannien. Beide waren auch so freundlich, einen Teil des Manuskriptes zu lesen sowie Änderungs- und Verbesserungsvorschläge zu machen. Sie ließen mir auch Ergebnisse ihrer eigenen Recherchen zukommen. Ich bin ihnen für ihre Hilfe und Freundschaft sehr dankbar.

Himmlers Ausgabe von *Mein Kampf* bot mir wichtige Hinweise auf das frühe nationalsozialistische Gedankengut. Ich danke dem Eigentümer, der anonym bleiben will, daß er mir das Buch zur Verfügung gestellt hat. Arthur Levinson, der bei der ersten Gruppe von Amerikanern dabei war, die in Bletchley Park arbeitete, war so freundlich und sprach mit mir über seine Erfahrungen, die er dort gemacht hat.

Kollegen und Freunde nahmen sich trotz ihrer vielen Verpflichtungen Zeit, lasen große Teile meiner Arbeit und halfen,

Schwächen zu beseitigen. Ich danke Shlomo Aronson, Deborah Cohen, George Kent, Walter Laqueur, Richard S. Levy, Allan Lichtman, Jürgen Matthäus, Michael Neufeld, Beate Ruhm von Oppen und Katrin Paehler. Larry McDonald und John Taylor waren mir beim Quellenstudium im amerikanischen Nationalarchiv behilflich. Dr. Louise Atherton besorgte die Informationen über die Sammlungen des britischen Nationalarchivs (Public Record Office). Auch David Bankier, Wendy Lower, David Marwell, Charles Sydnor und Stephen Tyas halfen mir mit nützlichen Hinweisen und Dokumenten.

Meine Verlegerin bei Hill und Wang, Elisabeth Sifton, bot mir ihre unermüdliche Unterstützung und wertvolle Ratschläge zu einem Thema, zu dem sie gute Kenntnisse besitzt.

Für meine Forschungen erhielt ich vom College of Arts and Sciences at American University, Macquarie University (Sydney) und vom Schechter Fellowship des US Holocaust Memorial Museums finanzielle Unterstützung.

Gelegentlich wurden meine Recherchen und mein Manuskript zu einem Familienprojekt, teilweise auch, weil ich meine Unterlagen überall im Haus verteilte. Meine Frau Carol half mir beim Abschreiben der Dokumente und riet mir zu einem allgemein verständlichen Schreibstil; meine Söhne David und Marc halfen mir beim Ordnen der Dokumente und Kapitel. Vor allem sie werden das Ende dieser Arbeit begrüßen.

Einleitung

Ein barbarisches Regime beging mit Hilfe moderner Technik und mit organisatorischem Geschick im Verlauf eines Krieges um die Weltherrschaft und die Durchsetzung seiner rassistischen Utopie abscheuliche Verbrechen. Angesichts der drohenden Niederlage versuchten hochrangige Funktionäre und ihre Mitarbeiter, alle konkreten und dokumentarischen Beweise für den millionenfachen Mord zu vernichten. Sie scheiterten, hinterließen jedoch große Lücken im Quellenmaterial. Historikern wurde dadurch vor allem die Rekonstruktion erschwert, wie die Nationalsozialisten den Holocaust geplant und durchgeführt haben, mit Zehntausenden von Deutschen und Nichtdeutschen, die als »Henker der Massen« fungierten.

Der Westen verfügte jedoch bereits über einige Belege. Großbritanniens Informationen über Deutschland waren im wahrsten Sinne des Wortes »aus der Luft gegriffen«, da der britische Nachrichtendienst viele Funksprüche der deutschen Polizei und später auch der SS abhörte und entschlüsselte. Diese wichtigen Belege für den Holocaust und die Besatzungspolitik der Nationalsozialisten wurden mit den Aufschriften »streng geheim«, »stets unter Verschluß zu halten« und »nicht aus diesem Büro entfernen« versehen und für niemanden zugänglich in Verwahrung genommen. Sie tauchten erst über fünfzig Jahre später wieder auf und liefern jetzt wichtige Argumente für einige historische Kontroversen.

Seit über 25 Jahren diskutieren Wissenschaftler darüber, ob Hitler den Holocaust von vornherein geplant und den Befehl dazu gegeben hat, sobald er unter dem Deckmantel des Krieges die Gelegenheit dazu hatte. Oder improvisierten Nazifunktionäre

9

wie Adolf Eichmann und Verwaltungstechnokraten den Völkermord mitten im Krieg, nachdem andere, weniger barbarische Formen der Judenverfolgung ihre Probleme nicht beseitigt hatten und der Krieg die Ressentiments der Deutschen gegenüber den Juden noch verstärkt hatte? Ich habe an anderer Stelle die These vertreten, daß die Nationalsozialisten die Juden schon seit langem haßten. Bestimmte Ziele, darunter auch der Massenmord, waren meiner Ansicht nach schon vor Kriegsausbruch absehbar und von oben abgesegnet. Nur das Ausmaß und die Methoden des Tötens entwickelten sich im wesentlichen erst im Laufe der Zeit.[1] Die Diskussion darüber, wann und wie die Entscheidungen zur Judenpolitik in Deutschland getroffen wurden, dauert noch an; eine endgültige Klärung der Fragen ist schwierig, denn anhand der Quellen läßt sich nur schwer feststellen, wie viele belastende Informationen die Nationalsozialisten schriftlich festhielten.

Die erhaltenen Dokumente trugen mit zu einem Bild des Holocaust bei, in dem Reinhard Heydrich und seine Mitarbeiter im Reichssicherheitshauptamt, darunter Eichmann, sowie die angegliederten Organisationen tonangebend waren. Gelegentlich erklärte Heydrich, daß er für die »Endlösung« der Judenfrage verantwortlich sei.[2] Er und seine Untergebenen spielten tatsächlich eine wichtige Rolle. Den deutschen Streitkräften, die im Juni 1941 in der Sowjetunion einfielen, folgten vier Einsatzgruppen – Bataillone von Heydrichs Polizei[3] –, die zahlreiche Juden und andere »Feinde« des Dritten Reichs beseitigten: kommunistische Parteifunktionäre, Zigeuner und andere. Die Einsatzkommandos in Kompaniestärke ließen ihre Opfer an die Ränder eines Grabens (oder gelegentlich auch an Schluchten) treten und erschossen sie so, daß sie in den Graben fielen, oder sie stießen ihre Opfer in den Graben, erschossen sie dort, und zwangen die nächste Gruppe, sich auf die Leichen zu stellen. Die Einsatzgruppen waren über fünf Monate tätig, bevor Juden in den Gaskammern des ersten Vernichtungslagers (bei Chelmno) ermordet wurden. Heydrichs Leute führten den überwiegenden Teil der Tötungen in der ersten Phase des Holocaust auf sowjetischem Gebiet durch.

Doch Heydrich hatte nicht völlig freie Hand, hatte er doch

bedeutende Konkurrenten, auch wenn diese von den Historikern bislang weniger beachtet wurden. Zu Heydrichs Rivalen gehörte Kurt Daluege, der Chef der deutschen Ordnungspolizei, einem großen und breitgefächerten Polizeiverband, der bis 1936 als uniformierte Polizei bekannt war. Heydrichs Vorgesetzter Heinrich Himmler, Reichsführer SS und Chef der deutschen Polizei, teilte Autorität gerne auf; deshalb teilten sich Dalueges Männer und Verbündete sowohl in der Frühphase des Holocaust als auch später die Arbeit mit Heydrichs Männern.

Die militarisierten Bataillone der deutschen Ordnungspolizei, die mehr Männer umfaßten als die Einsatzgruppen, führten während der ersten Phase des Holocaust in den besetzten Gebieten der Sowjetunion Massenexekutionen durch. In bisherigen Untersuchungen wurde die Beteiligung der Ordnungspolizei an den frühen »Säuberungsaktionen« (einer der von den Nationalsozialisten verwendeten Euphemismen) übersehen oder unterschätzt, was zum Teil an den wenigen Originaldokumenten liegt, welche die Einsätze der Ordnungspolizei belegen.[4] In diesem Buch stütze ich mich auf umfangreiches neues Quellenmaterial zur Ordnungspolizei und den Höheren SS- und Polizeiführern, denen sie im Osten unterstellt war. Ein Großteil des Quellenmaterials stammt von Funksprüchen, die vom britischen Nachrichtendienst in den Jahren 1939, 1940, 1941 und später abgehört und entschlüsselt wurden und die erst vor kurzem für historische Forschungen freigegeben wurden.

Die Vorbereitungen für den Einsatz von Mitgliedern der Ordnungspolizei in Exekutionskommandos während des Feldzuges gegen die Sowjetunion stellen eine neue Dimension nationalsozialistischer Planung und Durchführung des Völkermordes dar. Betrachtet man die neuen Belege in Verbindung mit bereits bekannten Quellen, verstärkt sich der Eindruck, daß der Holocaust von dem tiefen Judenhaß der Nationalsozialisten motiviert war. Er wurde also aus ideologischen Gründen durchgeführt und nicht als letzter Ausweg oder um praktische Probleme zu lösen.

Die Männer in den Polizeibataillonen und andere Mitglieder der Ordnungspolizei, die im Osten eingesetzt waren, wurden für ihre Aufgabe nicht extra ausgewählt oder jahrelang indoktriniert. Sie waren keine Elitetruppe aus überzeugten Anhängern der nationalsozialistischen Ideologie. Einige Kommandeure der Polizeibataillone traten erst nach Hitlers Machtübernahme in die NSDAP ein, was darauf hindeutet, daß sie eine Mitgliedschaft als hilfreich für ihre Karriere erachteten. Die regulären Bataillonsmitglieder waren wahrscheinlich noch weniger ideologisch motiviert. Die Belege für eine Beteiligung der Ordnungspolizei am Holocaust werfen daher weitere kontroverse Fragen auf: War eine bedeutende Anzahl »ganz normaler Deutscher« am Holocaust beteiligt? Und waren die Motive derjenigen, die tatsächlich Massenmorde verübten, Judenhaß und Angst vor den Juden?

Die Debatte über diese Fragen lebte in den neunziger Jahren wieder auf und eskalierte infolge einer akademischen Auseinandersetzung zwischen zwei amerikanischen Holocaustspezialisten, die denselben Untersuchungsgegenstand gewählt hatten. In seinem vielgelobten Buch *Ganz normale Männer* (1993) beleuchtete der Historiker Christopher Browning die Einsätze des Reserve-Polizeibataillons 101, einer Einheit der deutschen Ordnungspolizei, die zwischen 1942 und 1943 eine Reihe grausamer Massenhinrichtungen an Juden in ostpolnischen Dörfern durchgeführt hatte. Vier Jahre später untersuchte der Politikwissenschaftler Daniel Jonah Goldhagen in seinem umstrittenen Buch *Hitlers willige Vollstrecker* (1996) erneut das Reservebataillon 101.[5] Ein ungewöhnlicher Vorfall verstärkte das Element der moralischen Verantwortung für die Polizisten dieser Einheit und machte sie für die beiden Gelehrten offensichtlich so interessant. Vor der ersten Vernichtungsaktion bot der Bataillonskommandeur seinen Männern ausdrücklich die Möglichkeit, nicht daran teilzunehmen. Keiner sollte bestraft werden, wenn er sich nicht am Massenmord beteiligte. Dennoch machte die überwältigende Mehrheit der Polizisten mittleren Alters aus Hamburg mit, und sie töteten wochenlang.

Brownings und Goldhagens Beschreibungen und Erklärungen für dieses Verhalten unterscheiden sich grundlegend. Browning stützte sich hauptsächlich auf die Vernehmungsprotokolle der überlebenden Polizisten des Bataillons durch die Hamburger Staatsanwaltschaft in den sechziger Jahren. Er kam zu dem Schluß, daß Gruppenzwang und das Kriegsklima die meisten

Männer dazu veranlaßte, die Befehle auszuführen, obwohl sie die Möglichkeit hatten, andere Aufgaben zu übernehmen. Browning führte aus: »Nichts half den Nationalsozialisten so sehr, einen Rassenkrieg zu führen, wie der Krieg selbst. In Kriegszeiten, wo es nur allzu leicht war, den Feind aus der menschlichen Gemeinschaft auszuschließen, war es nicht minder einfach, die Juden unter das ›Feindbild‹ zu subsumieren.«[6] Nach Browning gelangte die deutsche Polizei zu der Ansicht, daß alle jüdischen Zivilisten Widersacher waren, gegen die man in einem Krieg auf Leben und Tod besonders hart vorgehen mußte.

Goldhagen stimmte mit Browning überein, daß sich das Polizeibataillon nicht unbedingt aus fanatischen Nationalsozialisten zusammensetzte, die erst durch eine »Gehirnwäsche« dazu gebracht worden waren, das jüdische Volk zu vernichten. Eine spezielle ideologische oder organisatorische Ausbildung für den Massenmord fand nicht statt.[7] Goldhagen ließ die Aussagen der Polizeibeamten nach dem Krieg, in denen sie ihr Verhalten zu rechtfertigen versuchten, unberücksichtigt und konzentrierte sich auf die Brutalität der polizeilichen Pogrome und Exekutionen. So kam er zu dem Schluß, daß den Greueltaten der Polizei ein virulenter Antisemitismus zugrunde liegen müsse. Die Nationalsozialisten mußten den Deutschen diesen auf Vernichtung der Juden ausgerichteten Antisemitismus nicht erst durch Indoktrination beibringen, weil er nach Goldhagens Ansicht seit dem frühen 19. Jahrhundert in der deutschen Kultur tief verwurzelt war. Für Historiker war Goldhagens Bild von einem seit langem existierenden deutschen Antisemitismus eindeutig überzogen, sein Argument, der Antisemitismus sei während des Holocaust weit verbreitet gewesen, läßt sich jedoch nicht so einfach widerlegen.

Goldhagen untersuchte andere Formen eines »ungezügelten« deutschen Verhaltens: Fälle von Aufsehern, die eigenmächtig Greueltaten an Juden in Arbeitslagern oder während der »Todesmärsche« gegen Kriegsende verübten, als die Wachen gewußt haben müssen, daß der Krieg verloren war. Die Belege, die Goldhagen präsentiert, untermauern die These, daß bestimmte Deutsche, die keine fanatischen Anhänger der SS oder NSDAP waren, eifrig dabei halfen, die Juden in Deutschland und Europa auszulöschen. Gestützt auf diese Fälle und einen breit angelegten historischen Überblick zeichnet Goldhagen ein Bild der deutschen Öffentlichkeit, in der Feindseligkeit gegenüber Juden allgemein als Tugend galt und die »Endlösung« weithin bekannt war.[8]

Goldhagens Buch stieß bei Historikern auf scharfe und mitunter vernichtende Kritik. Ihm wurde unter anderem vorgeworfen, er habe Fälle und Belege ausgewählt, die seiner vorgefaßten Meinung entsprachen, und alles andere ausgeschlossen.[9] Selbst wenn Goldhagens Wahl der Beispiele und Quellen über jegliche Kritik erhaben wäre, stellt sich die Frage, ob man von dem begrenzten Material über einige Polizisten und Aufseher auf das Verhalten der Deutschen als Volk schließen kann. Goldhagens Buch sprach die Leser an, die selbst für die Jahre 1933 bis 1945 eine relativ einfache Version der deutschen Geschichte hören wollten, die nicht durch zeitliche Schwankungen, regionale Unterschiede und Widersprüche in den Haltungen und dem Verhalten einzelner kompliziert wurde. Allerdings verallgemeinert auch Browning in seinem Buch, wenn er am Schluß die Frage aufwirft, für welche Gruppe von Menschen sich denn ausschließen lasse, daß sie unter ähnlichen Umständen wie die Männer des Reserve-Polizeibataillons nicht ebenfalls zu Mördern werden würden.[10]

Das neue Quellenmaterial, das ich in diesem Buch vorstellen und analysieren möchte, zeigt, daß große Teile der Ordnungspolizei an der ersten Phase des Holocaust beteiligt waren. Das bestätigt in gewisser Weise die enger gefaßte These, daß normale Deutsche den Holocaust billigten und daran beteiligt waren. Doch ich untersuche auch Material, aus dem hervorgeht, daß die höheren Nazichargen die Vollstrecker bei der Ordnungspolizei nicht immer »willig« fanden und problemlos beschäftigen konnten. Einige der neuen Quellen zur Planung des Völkermords, die uns mittlerweile zur Verfügung stehen, zeigen auch, wie die Nationalsozialisten versuchten, die Deutschen, die sie für die schmutzigsten Arbeiten ausgesucht hatten, zu manipulieren und später zu ersetzen. Außerdem versuchten sie, die Endlösung der Judenfrage nicht nur vor der Außenwelt geheimzuhalten, sondern auch vor der deutschen Öffentlichkeit; ein Umstand, der schon seit langem bekannt ist, hier aber noch deutlicher als bisher zutage tritt. Kurz gesagt ergibt sich aus den Quellen, die ich hier präsentiere, eine Interpretation der Haltung der Deutschen, die sich in einigen Punkten von den bisherigen Urteilen der Geschichtswissenschaft unterscheidet.

Die Einschätzung der öffentlichen Meinung in Deutschland während des Dritten Reiches war und ist nicht einfach. Es gab in einem derartigen Polizeistaat natürlich keine Meinungsumfragen. Doch Historiker haben verschiedene Maßstäbe entwickelt, mit denen sie die Einstellung der Deutschen gegenüber den Juden seit 1933 feststellen können.[11] Verschiedene Quellen – darunter die Geheimberichte des SD über die Stimmung in der Bevölkerung – deuten darauf hin, daß der Antisemitismus 1933 ein wichtiger Bestandteil der politischen Kultur und des gesellschaftlichen Lebens in Deutschland war, daß das Naziregime aber auf eine Radikalisierung hinarbeiten mußte.

Im ersten Kapitel führe ich einige Beispiele aus der Frühzeit der nationalsozialistischen Herrschaft an, um spätere Veränderungen der öffentlichen Meinung verdeutlichen zu können. Außerdem sollen dadurch die Unterschiede zwischen nationalsozialistischen Parteigrößen (wie zum Beispiel Heinrich Himmler) und der deutschen Öffentlichkeit in ihrer Einstellung zu den Juden beleuchtet werden. Neue Belege zeigen, daß Himmler bereits vor Beginn der NS-Diktatur Vorbereitungen traf, Hitlers Äußerungen in *Mein Kampf* in die Realität umzusetzen. Andere Quellen zur Einstellung der Deutschen gegenüber den Juden stammen von Ausländern, die sich in Deutschland gut auskannten und einige Zeit dort verbracht hatten, wie zum Beispiel die Diplomaten einiger westlicher Länder. Diese Beobachter verfügten über keine wissenschaftlichen Daten zur öffentlichen Meinung in Deutschland, aber sie hielten ihre Eindrücke fest. Diese sind dennoch weniger einseitig ausgerichtet als die entweder nationalsozialistisch oder sozialdemokratisch eingefärbten Quellen, die sonst zur Verfügung stehen. Die zeitgenössischen Berichte ausländischer Beobachter ergänzen andere Quellen und helfen, allzu grobe Verallgemeinerungen über die Deutschen zu korrigieren, die erst lange nach den Ereignissen entstanden. Während des Zweiten Weltkrieges versuchten Großbritannien und die USA, die öffentliche Meinung in Deutschland einzuschätzen und in gewisser Weise zu beeinflussen. Die Quellen zu diesen Versuchen wurden von mir ebenfalls untersucht.

Die Informationen, welche die westlichen Regierungen damals über das, was wir heute als Holocaust bezeichnen, aus einer Vielzahl von Quellen erhielten, unterschieden sich stark hinsichtlich ihrer Qualität und ihrer Inhalte. Viele Menschen im Westen neigten dazu, die schlimmsten Berichte nicht zu glauben. Die Erfahrungen aus dem Ersten Weltkrieg schienen die Skepsis und den Unglauben fast dreißig Jahre später zu bestätigen, denn während des Krieges hatten die westlichen Regierungen grauenhafte Berichte über die deutsche Besatzung in Belgien und Frankreich in Umlauf gebracht, die die Weltöffentlichkeit gegen Deutschland einnehmen sollten. Später stellte sich dann heraus, daß während der deutschen Besatzungszeit weit weniger Greueltaten begangen worden waren, als die Alliierten in ihrer Propaganda glauben machen wollten. Die Enthüllungen von 1918 über diese erfundenen Greueltaten waren vielen Beobachtern und sogar Regierungsmitgliedern noch sehr gegenwärtig.

Wie auch der Historiker Walter Laqueur hervorhebt, war ein psychologischer Aspekt des Zweiten Weltkrieges der Unterschied zwischen der verfügbaren Information und dem Glauben an das, was als Information verbreitet wurde. In der Presse erschienen einige Berichte über die Massenmorde der Nationalsozialisten, und Regierungsmitglieder hatten zu weiteren Berichten und Gesprächen Zugang. Doch viele Menschen konnten nicht über etwas »Bescheid wissen«, das die Grenzen ihrer Vorstellungskraft überstieg. Einige erfaßten das Ausmaß der Greuel erst bei Kriegsende, als Fotografien und Wochenschauen die Ausmaße des Schreckens zeigten, denen man sich nicht entziehen konnte. Selbst ein stets gut informierter Mann wie Felix Frankfurter, selbst Jude und Richter am Obersten Gericht der USA, der zu den Menschen mit den besten Verbindungen in Washington gehörte, konnte fast nicht glauben, was ihm der polnische Untergrundkurier Jan Karski 1943 berichtete.[12] Wenn aber die westlichen Regierungen und Bürger nicht richtig oder vollständig »wußten«, was mit den Juden geschah, konnten sie auch nicht darauf reagieren.

Schon die Terminologie ist symptomatisch für das Problem.

Die westlichen Regierungen und Journalisten bezeichneten die Massenhinrichtungen Tausender Zivilisten entweder als Kriegsverbrechen oder Greueltaten (manchmal als Greuel»berichte«). Sie verwendeten also traditionelle Begriffe, die aus vergangenen Kriegen und Epochen stammten. Der Begriff Holocaust bezog sich noch nicht auf die Ermordung von Juden. Die Verwendung traditioneller Begriffe zeigt, daß die Beispiellosigkeit der nationalsozialistischen Verbrechen nicht erkannt wurde.

Die westlichen Regierungen und die bürgerliche Presse vermuteten, daß vor allem jüdische und polnische Informanten die Verbrechen der Nationalsozialisten übertrieben, weil sie für ihre Völker die Unterstützung des Westens gewinnen wollten.[13] Victor Cavendish-Bentinck, der Vorsitzende des British Joint Intelligence Committee, schrieb im August 1943, daß die Polen und noch mehr die Juden die scheußlichen Taten der Nazis übertrieben, »um uns aufzustacheln«.[14]

Eine Zeitlang hatten die zahlreichen Informationen über den Holocaust keine Auswirkungen auf die Politik der Alliierten oder ihre offiziellen Erklärungen. Das führte später zu weiteren Kontroversen über den Handlungsspielraum der westlichen Demokratien. Teilweise ließ sich das Verhalten der britischen und amerikanischen Regierung mit ihrem Wissensstand erklären, der offiziell als begrenzt galt. Doch erst kürzlich freigegebene Dokumente zeigen, daß bestimmte Regierungsmitglieder, darunter auch Cavendish-Bentinck, über eindeutige Belege für den Holocaust verfügten, die direkt von dechiffrierten Funksprüchen der deutschen Polizei und der SS stammten. Daher müssen wir erneut untersuchen, was die westlichen Regierungen in verschiedenen Stadien des Holocaust wußten oder nach menschlichem Ermessen gewußt haben müssen (und in geringerem Maße auch, was sie hätten unternehmen können).

Viele meiner Informationen über die britischen und amerikanischen Reaktionen auf den Holocaust schöpfte ich aus der Sekundärliteratur. Ich ging auch in beiden Ländern in die Archive, um zusätzliche Quellen über das Verhältnis zwischen Großbritannien und den USA während des Krieges und des Holocaust heranziehen zu können. Das Verhalten der beiden Länder hinsichtlich der Judenverfolgung weist deutliche Gemeinsamkeiten auf, doch mir wurden auch einige bedeutende Unterschiede und Spannungen zwischen den beiden Verbündeten bewußt, die selbst in den bisher erschienenen anerkannten Publikationen nicht ausreichend berücksichtigt werden.

Diese drei strittigen Punkte – der Grad der Planung und der Improvisation des Völkermordes, die Haltung und Beteiligung der normalen Deutschen und das Wissen der westlichen Alliierten und ihre Reaktion auf die Morde – verdienen eine umfassendere Darstellung und Analyse, als ich es in einem Buch bewältigen kann. Unter Einbeziehung früherer Untersuchungen habe ich dennoch diese drei Themen miteinander verbunden, denn die mittlerweile verfügbaren Quellen enthalten, wenn man sie in Verbindung mit bereits bekannten Dokumenten verwendet, wichtige Aussagen zu allen drei Themen. In einigen Fällen gibt uns ein einzelnes Dokument gleichzeitig Auskunft über die Pläne der Nationalsozialisten, die Beteiligung der Ordnungspolizei (»normale Deutsche«) und das Wissen des britischen Nachrichtendienstes.

Untersuchungen mit hohem Spezialisierungsgrad sind für die Arbeit des Historikers und die Untersuchung des Holocaust sehr wichtig. Doch es gibt auch Raum für breitere Ansätze, wie dieser Versuch, das Verhältnis zwischen den Entscheidungen der Nationalsozialisten, dem Verhalten der Deutschen und den Einschätzungen und Reaktionen des Westens zu bewerten. Ich möchte auch kurz darauf eingehen, daß einige britische Informationen über die Täter bei der Suche nach Gerechtigkeit und politischer Reform im besetzten Deutschland im Mai 1945 nicht verwendet wurden.

Jede dieser Facetten wirft Licht auf weitere Aspekte, zum Teil auf offensichtliche, zum Teil aber auch auf unerwartete Weise. Britische und amerikanische Regierungsbeamte konnten über die Ereignisse in den von Nazideutschland besetzten Ländern nicht mehr wissen als die nationalsozialistischen Behörden; außerdem konnte der Westen zukünftige Aktionen der Nationalsozialisten nicht vorhersehen. Daher hilft uns die Nacherzählung und Datierung der sich abzeichnenden Endlösung der Judenfrage in Nazideutschland, die Reaktionen des Westens und seine Handlungsmöglichkeiten in den jeweiligen Situationen zu verstehen.

Doch auch der Umkehrschluß trifft zu. Wenn die westlichen Nachrichtendienste Schlußfolgerungen zu den Absichten und Handlungen der Nationalsozialisten ziehen konnten, dann können diese Schlußfolgerungen vielleicht zu den Aussagen beitragen, die wir aus unvollständigen oder bruchstückhaften deutschen Quellen über Vorgänge in den Gebieten unter ihrer Herrschaft haben. Wenn zum Beispiel die Kryptanalytiker des britischen Nachrichtendienstes Ende 1941 zu dem Schluß kamen, daß in Deutschland systematisch Juden ermordet wurden, ist es dann nicht merkwürdig, daß einige Historiker fünfzig Jahre später nicht zu demselben Schluß kommen? Die zeitgenössische britische Analyse legt nahe, daß die Endlösung geplant und koordiniert ablief. Ein anderes Beispiel: Die Versäumnisse des Westens, einige der deutschen Massenmörder nach Kriegsende zu verfolgen, wirft ein Licht darauf, wie der Westen auf die nationalsozialistischen Verbrechen während des Krieges reagierte.

Eine historische Arbeit muß die Einschränkungen durch die Realität berücksichtigen. Erst dann kann man betrachten, was noch hätte passieren können und welche Lehren sich daraus für heute ergeben. Ein Historiker kann nicht mit der Prämisse beginnen, daß die Welt anders hätte sein sollen, und nur die vergangenen Ereignisse und Quellen auswählen, die auf solche Veränderungen hindeuten. Die beispiellose Grausamkeit des Holocaust und seine verheerenden Folgen verleiten uns dazu, noch lange nach den tatsächlichen Möglichkeiten zu suchen, wie die Welt eine solche Katastrophe hätte verhindern können. Wir beschuldigen vielleicht auch die, die damals keine Wege fanden, der zunehmenden Verfolgung der Juden durch die Nationalsozialisten entgegenzutreten, oder die ihn, falls er bestanden haben sollte, nicht nutzten. Doch es lag nicht in der Macht der westlichen Regierungen, den Holocaust zu verhindern oder ihn durch militärisches Vorgehen oder politischen Druck zu beenden.

Es ist aber legitim zu fragen, ob die westlichen Alliierten mehr Juden hätten retten können. Geographisch betrachtet, befand sich die Sowjetunion dafür in einer besseren Position, doch das stalinistische Regime ähnelte dem nationalsozialistischen

Deutschland in seiner Verachtung humanitärer Prinzipien, wenn nicht sogar in der Intensität seines Antisemitismus. Die Kluft zwischen den nominellen Werten und dem tatsächlichen Verhalten des Westens wirft weitere politische, historische und ethische Fragen auf. Daher behandle ich das Wissen der Sowjetunion über den Holocaust oder die sowjetischen Reaktionen darauf in diesem Buch nur kurz im Epilog.

Fast jede Untersuchung zum Holocaust hat moralische Implikationen, und einige Autoren fällen sogar dezidierte politische und moralische Urteile. Durch dieses Verhalten finden persönliche Überzeugungen und von Emotionen geprägte Urteile Eingang in sehr fachspezifische wissenschaftliche Diskussionen. Aus Diskussionen und Meinungsverschiedenheiten werden Debatten und Kontroversen, die manchmal auch die Massenmedien erreichen. Ich gebe eine Reihe politischer und moralischer Urteile in dieser Untersuchung ab, weiß jedoch, daß man durch die Verwendung eines streng moralischen Verhaltenskodexes riskiert, Geschichtsstudenten von der wirklichen Welt weg und hin zu utopischen Idealen zu führen. Ich habe mich sehr darum bemüht, daß sich meine Urteile aus der Untersuchung wirklicher historischer Situationen und realistischer Möglichkeiten ergeben. Humanitäre Aktionen, die im Westen in den Jahren 1943 oder 1944 geplant oder sogar durchgeführt wurden, können für die Jahre 1941 oder 1942 nicht von vornherein als utopisch oder unmöglich abgetan werden – vorausgesetzt, wir berücksichtigen die Einschränkungen, die sich durch die unterschiedlichen militärischen Situationen ergaben, und kennen den Wissensstand der westlichen Regierungen zu diesem frühen Zeitpunkt.

Ich sollte noch erwähnen, daß ich gelegentlich den Begriff »westliche Regierungen« als Abkürzung für Großbritannien und die USA verwendet habe. Das Handeln und die Politik anderer westlicher Demokratien (wie zum Beispiel Kanada) wurden bereits von einigen Historikern untersucht, und sie verdienen durchaus noch mehr Aufmerksamkeit, können aber von mir hier nicht berücksichtigt werden. Vichy-Frankreich besaß durchaus Informationen über den Holocaust, doch kann man dieses Regime kaum als demokratisch bezeichnen; außerdem hatte es ein ganz anderes Verhältnis zu Deutschland als Großbritannien oder die USA. Die französische Exilregierung ist sicher ein interessantes Studienobjekt, wenn ausreichend Quellenmaterial zur Verfügung steht, doch sie war zwischen 1941 und 1944 nicht in der Lage, in das Geschehen einzugreifen. Großbritannien und die USA gehören beide einer anderen Kategorie an, weil sie die entsprechenden Informationen erhielten und über wirtschaftliche und militärische Macht verfügten.

1 Erste Anzeichen

In Adolf Hitlers Persönlichkeit mischten sich Offenheit und Verstellung beinahe zu gleichen Teilen. Seine Schriften und Reden, die Aufzeichnungen seiner Monologe und andere Quellen gaben wichtige Hinweise auf sein Denken. Gelegentlich ordnete er an, daß etwas nicht aufgezeichnet werden sollte, und prahlte mit seinem Mißtrauen gegenüber anderen und seiner Bereitschaft zu lügen. In der Moderne kann – was die Kunst der Täuschung angeht – nur Stalin mit Hitler konkurrieren.[1]

Hitler war im November 1923 an einem Putsch zum Sturz der bayerischen Regierung beteiligt, der als der erste Schritt zu einer nationalen Revolution in Deutschland geplant war. Der Staatsstreich mißlang, und der vierunddreißigjährige Hitler wurde wegen Hochverrats verurteilt und verbüßte eine kurze Haftstrafe. Während seiner Zeit in der Festung Landsberg am Lech verfaßte er *Mein Kampf*, eine lange, geschwätzige Autobiographie und zugleich ein politisches Traktat. Das Buch erschien in zwei Bänden, der erste im Juli 1925, der zweite im Dezember 1926.[2] Die Abschnitte über Hitlers Jugend in Linz und Wien zeichnen die frühe Entwicklung seines politischen und rassistischen Denkens nach und geben einen Überblick über seine Ansichten zu Geschichte und Politik. Doch diese Teile verzerrten und verheimlichten soviel, wie sie enthüllten. Hitler hatte vermutlich bereits als Jugendlicher rassistische und antisemitische Ressentiments, tatsächlich war er aber relativ orientierungslos (es gibt allerdings auch andere Ansichten), bis er in München 1919 in den chaotischen Verhältnissen nach dem Krieg eine politische Heimat und Berufung fand.[3]

Die allgemeinen und ideologischen Teile von *Mein Kampf* waren von größerer politischer Bedeutung – so bedeutend, daß das Buch später für Hitler als Politiker und Reichskanzler zum Problem wurde. Hitler teilte seinem ehemaligen Anwalt Hans Frank vermutlich 1938 mit, daß er das Buch nie geschrieben hätte, wenn er 1924 gewußt hätte, daß er Kanzler werden würde.[4] Dieser Kommentar bezog sich vor allem auf seine Äußerungen über die Möglichkeiten und Ziele der deutschen Außenpolitik, die seine Überzeugung widerspiegelten, daß die germanische Rasse wesentlich mehr Raum zum Überleben und Gedeihen bräuchte. Er hatte nicht nur seine Kriegsbegeisterung, sondern auch seine feindselige Haltung gegenüber Frankreich und der Sowjetunion unmißverständlich ausgedrückt. Nach *Mein Kampf* schrieb Hitler ein zweites Buch, in dem er sich ausschließlich mit Außenpolitik befaßte, doch 1929 hatte er genügend politische Erfahrung, um zu erkennen, daß es klüger war, das Buch nicht zu veröffentlichen. Das Manuskript geriet in Vergessenheit. Erst Jahrzehnte später wurde es von dem Historiker Gerhard Weinberg entdeckt und 1961 veröffentlicht.[5]

Hitlers Weltanschauung – eine Mischung aus übersteigertem und expansionistischem Nationalismus, Rassismus, Antiliberalismus, Antimarxismus und Antisemitismus – zog sich durch beide Bände von *Mein Kampf* und das unveröffentlichte zweite Buch. In den Kapiteln 10, 13, 14 und 15 des zweiten Bandes von *Mein Kampf* »erklärte« Hitler wiederholt, daß die Juden hinter jeder ausländischen Opposition gegen Deutschland und hinter allen inneren Problemen stünden, die die Deutschen peinigten und den Vormarsch des Nationalsozialismus behinderten. Auseinandersetzungen zwischen Katholiken und Protestanten innerhalb der NSDAP lenkten die Partei von ihrem eigentlichen Auftrag ab und dienten so, mittelbar oder unmittelbar, den jüdischen Interessen. Der Bolschewismus war nichts anderes als ein Versuch der Juden, die Weltherrschaft an sich zu reißen.[6] Anders ausgedrückt, Hitler brachte jedes Problem, jede Schwierigkeit, jeden Gegner automatisch mit jüdischen Interessen oder Umtrieben in Verbindung.[7] Seiner Ansicht nach bedurfte es dafür keiner speziellen Beweise, sie waren wegen der heimlichen Vorgehensweise und Schläue der Juden überflüssig. Hitlers Tendenz, überall in der Geschichte und Politik eine Verschwörung zu vermuten, hatte konkrete Auswirkungen: Nur ein Verschwörer konnte in einer Welt der Verschwörer erfolgreich sein. Eine solche Weltanschauung deutete außerdem darauf hin, daß Hitler, falls er an die Macht kommen und bei seinen Ansichten bleiben sollte, versuchen würde, die von ihm unterstellte Bedrohung Deutschlands durch die Juden zu beenden.[8]

Historiker haben Hitlers frühe Schriften in verschiedenster Weise beschrieben, vom »Entwurf einer Herrschaft« bis zu den »Verallgemeinerungen eines starken, aber ungeschulten Intellekts: Dogmen, die die Gespräche in jedem österreichischen Kaffeehaus oder deutschen Wirtshaus wiedergeben.«[9] Fast alle Experten haben akzeptiert, daß Hitler seine Überzeugungen ehrlich äußerte; umstritten ist jedoch, ob Hitler als junger Mann einen klaren Kurs für die Zukunft festlegte und sich in der Folgezeit an ihm ausrichtete.

Die meisten Menschen lernen, passen sich an und entwickeln sich im Laufe der Zeit; manche Politiker wechseln die Partei und das Programm. Von vielen Staatsmännern ist bekannt, daß sie ihre früheren Positionen zur Außenpolitik revidierten und sich in erster Linie an den Gegebenheiten und Chancen orientierten. Einige wollten sich durch starke Worte einen Namen machen oder eine Anhängerschaft gewinnen. Doch zwischen Hitlers Äußerungen zum Lebensraum und zur deutschen Außenpolitik aus den zwanziger Jahren und dem zukünftigen Weg des Dritten Reiches besteht ein enger Zusammenhang.[10]

Hielt Hitler an seinem ursprünglichen Entwurf auch in anderer Hinsicht fest, oder ergaben sich Politik und Programm des Dritten Reiches aus den Handlungen anderer oder dem Druck der Ereignisse? Leider gibt es keine Möglichkeit, den Umfang und die Beständigkeit von Hitlers Denkweise und geistiger Verfassung kontinuierlich von 1925 bis zu seinem Selbstmord am 30. April 1945 zu verfolgen. Seine Schriften, Reden und Entscheidungen bieten wichtige Hinweise, enthalten aber auch Lügen, Lücken und Täuschungsmanöver.

Falls andere führende Nationalsozialisten *Mein Kampf* – oder die darin enthaltene Ideologie – als Handlungsanweisung verstanden haben sollten, wird es für den Historiker sogar noch schwieriger, den kontinuierlichen Einfluß von Hitlers früher

Ideologie zu beurteilen. Wenn Beobachter anderer politischer Couleur damals auf *Mein Kampf* zurückgriffen, um die Stoßkraft und Richtung eines nationalsozialistischen Regimes zu verstehen, wird der Fall noch schwieriger. Dieses Kapitel bietet eine kleine Auswahl beider Einschätzungen von *Mein Kampf.*

Einer der gewissenhaftesten Leser von *Mein Kampf* war ein bayerischer Politagitator namens Heinrich Himmler. Dieser junge Mann war beschämt über Deutschlands Niederlage im Ersten Weltkrieg, für die er die marxistische Linke verantwortlich machte, und fasziniert von den landwirtschaftlichen Zuchtmethoden, die er an der Technischen Hochschule in München kennengelernt hatte. Das machte ihn besonders empfänglich für Hitlers rassistische Gedankengänge. Himmler nahm diese Ideen vielleicht sogar wörtlicher als Hitler selbst.[11] Als Reichsführer SS wollte er später aus seiner Organisation eine rassische und politische Elite machen.[12] Himmler traf Hitler erstmals 1926. Damals war er stellvertretender Gauleiter der aufstrebenden nationalsozialistischen Partei unter Gregor Strasser in Niederbayern. Innerhalb eines Jahres war Himmler auch stellvertretender Führer der SS, die der SA zahlenmäßig noch weit unterlegen war.[13]

Als pedantischer Mensch führte Himmler eine Liste, in die er das Datum und einen kurzen Kommentar zu jedem gelesenen Buch eintrug. Er beendete den ersten Band von *Mein Kampf* am 19. Juni 1927 und schrieb dazu: »Es enthält unglaublich viele Wahrheiten. Die ersten Kapitel über seine Jugend enthalten viele Schwächen.«[14] Auch wenn Himmler von Hitlers persönlicher Geschichte nicht fasziniert war, betrachtete er das Buch dennoch als sehr inspirierend.

Himmlers persönliches Exemplar des zweiten Bandes von *Mein Kampf,* das er im Dezember 1927 las, ist mittlerweile wiederaufgetaucht.[15] Anhand der Unterstreichungen in diesem Exemplar läßt sich Himmlers damalige Reaktion auf Hitlers Ideologie genauer untersuchen. Himmler suchte stets nach Möglichkeiten, die »Wahrheiten« seines Führers in die Praxis umzusetzen. Neben den Abschnitt über die Bedeutung, bei Jugendlichen durch Erziehung und Ausbildung Selbstbewußtsein und ein Gefühl von rassischer Überlegenheit herauszubilden, schrieb

Himmler an den Rand: »Erziehung von SS und SA.«[16] Hitler gab teilweise dem »Versagen der geistigen Oberschicht, die durch ihre vornehmen Anstandslehren und ihren Mangel an Männlichkeit degeneriert« sei, die Schuld an der deutschen Revolution von 1918, die, wie er sagte, »von Zuhältern, Deserteuren und ähnlichem Gesindel« durchgeführt worden sei. Die Oberschicht hätte boxen lernen sollen. Himmler stimmte Hitlers Kritik zu und billigte seine Lösungsvorschläge.[17]

Himmler war wie Hitler der Meinung, daß, ebenso wie Rassen verschieden und ungleich seien, auch einzelne Personen innerhalb einer Rasse wertvoller als andere seien.[18] Hitler hatte ausführlich dargelegt, wie jene Rassen gediehen waren, die im Lauf der Geschichte rein geblieben waren; ihr Niedergang hatte angeblich stets damit begonnen, als sie sich mit anderen Rassen durch Heirat vermischt hatten: Die Natur liebe keine »Bastarde«. Die Rassenvermischung habe ein neues Mischprodukt hervorgebracht, zugleich aber auch Spannungen zwischen den Mischlingen und den rein gebliebenen Elementen der »höheren« Rasse. Die Gefahr für die Mischform werde erst enden, wenn die letzten reinen Mitglieder der »höheren« Rasse verdorben worden seien. Himmler nahm Hitlers krause Theorien sehr ernst: »Die Möglichkeit der Entmischung ist vorhanden.«[19] Nur die Methode stand 1927 noch nicht fest.

Die Kritik an der Rassenvermischung richtete sich ebenso an Deutsche wie an Juden. Aus Hitlers Sicht war die damalige deutsche Bevölkerung bereits rassisch verdächtig; nur ein Teil war rein geblieben. Hitler glaubte, daß die Juden versuchten, die »arische Rasse« durch Mischehen und durch die Verführung der deutschen Frauen zu schänden und zu verderben.[20] Wenn man der Bedrohung der höherwertigen Rasse ein Ende setzen wollte, mußte man nicht nur die Mischform neutralisieren, sondern auch die Bedrohung beseitigen, die von den zerstörerischen Kräften der Juden und einer Infiltration durch sie ausging. Himmler markierte viele Passagen in *Mein Kampf* durch Unterstreichungen oder Hervorhebungen am Rand, darunter auch Hitlers Vorschläge, wie die deutsche Niederlage im Ersten Weltkrieg hätte verhindert werden können:

Hätte man zu Kriegsbeginn und während des Krieges einmal zwölf- oder fünfzehntausend dieser hebräischen Volksverderber so unter Giftgas gehalten, wie Hunderttausende unserer allerbesten deutschen Arbeiter aus allen Schichten und Berufen es im Felde erdulden mußten, dann wäre das Millionenopfer der Front nicht vergeblich gewesen. Im Gegenteil: Zwölftausend Schurken zur rechten Zeit beseitigt, hätten vielleicht einer Million ordentlicher, für die Zukunft wertvoller Deutschen das Leben gerettet.[21]

Die Idee, gegen einige Juden Giftgas einzusetzen, beschäftigte nicht nur Hitler, sondern auch Himmler.

Viele andere lasen *Mein Kampf,* auch wenn nur wenige das Buch so wörtlich nahmen. Obwohl der Preis mit 12 Mark pro Band recht hoch war, wurden bis 1930 23 000 Ausgaben von Band 1 und 13 000 von Band 2 verkauft. Eine billigere Ausgabe und der Erfolg der Nationalsozialisten bei den Reichstagswahlen im September 1930 ließen dann die Verkaufszahlen in die Höhe schnellen. (Als Hitler 1933 Reichskanzler wurde, waren insgesamt 287 000 Exemplare verkauft.)[22] Die deutsche Öffentlichkeit hätte sich also in Zeiten permanenter Wahlkämpfe zwischen 1928 und 1933 durchaus über Hitlers ideologische Position und politische Ziele informieren können.

Politische Kampagnen bringen selten Klarheit. Nationalsozialistische Agitatoren, Redner und Schreiber zogen häufig gegen die »Marxisten« und gegen das System der Weimarer Republik zu Felde. Ihre Erfolge rührten teilweise daher, daß ihre politischen Gegner bei der deutschen Bevölkerung sehr unbeliebt waren. Die Nationalsozialisten lernten auch, die besonderen Bedürfnisse und Ängste bestimmter Berufsgruppen und sozialer Klassen anzusprechen und die nationalsozialistischen Grundsätze lokalen Gegebenheiten anzupassen. Das Bild, das die nationalsozialistische Bewegung der deutschen Öffentlichkeit präsentierte, war differenzierter und in mancher Hinsicht subtiler als Hitlers Ansichten in *Mein Kampf,* aber auch unschärfer. Die Nazis zogen eine sehr heterogene Wählerschaft an, die hauptsächlich durch gemeinsame Ressentiments zusammengehalten wurde: durch Verzweiflung, Wut und Angst. Die nationalsozialistische Wahlpropaganda rief nach einem Neubeginn, einer Wiedergeburt Deutschlands durch die Bildung einer nationalen Volksgemeinschaft, welche die traditionellen Trennlinien zwischen den Gesellschaftsschichten überwinden sollte – eine Forderung, die die NSDAP teilweise mit den rechten nationalistischen Parteien gemein hatte. Doch die Nationalsozialisten traten dynamischer und effektvoller auf.[23] Unter anderem konnten Hitler und andere prominente Nazis deshalb einen ersten Anstieg des Nationalismus Ende der zwanziger Jahre und die wachsende Frustration und Verzweiflung über das politische System und die Wirtschaftskrise besser nutzen als ihre erfahreneren politischen Rivalen.

Anders ausgedrückt, wer Hitler oder einen anderen Kandidaten der NSDAP wählte, war damit nicht unbedingt gleichzeitig ein Anhänger von Hitlers Weltanschauung. Dennoch fügten Hitlers Ansichten oder die anderer nationalsozialistischer Kandidaten oder Parteimitglieder der NSDAP keinen politischen Schaden zu; die meisten stießen seit 1928 auf zunehmende Resonanz. Die gemeinsamen Ideen und Gefühle brachten Hitler und der NSDAP eine solide Basis aus begeisterten und willigen Anhängern, deren Aktivitäten und Energien andere anzogen. Die steigende Zahl der Parteimitglieder und ihre Aktionen, die immer stärker in das Blickfeld der Öffentlichkeit rückten, erzeugten bei vielen Deutschen den Eindruck von Dynamik und beflügelten die Hoffnung auf Veränderung. Eine starke Minderheit der deutschen Wähler billigte das nationalsozialistische Programm oder hatte zumindest nichts dagegen einzuwenden. Mit ein Grund dafür war, daß es sich von einer radikal nationalistischen und rassistischen Gedankenströmung aus dem 19. Jahrhundert herleiten ließ.[24] Die NSDAP erreichte mit 37 Prozent der Wählerstimmen im Juli 1932 ihren größten Erfolg bei demokratischen Wahlen und wurde dadurch mit deutlichem Vorsprung zur stärksten Partei im Reichstag. Der Grad der öffentlichen Unterstützung reichte jedoch nicht, um Hitler an die Macht zu bringen. Er selbst lehnte jede Teilnahme an einer Koalitionsregierung ab, solange er nicht an deren Spitze stand; eine unnachgiebige Haltung, die vermutlich zu dem beträchtlichen Stimmenrückgang der NSDAP bei den Wahlen im November 1932 beitrug.

Dann verschafften Intrigen um den Reichspräsidenten Hindenburg und die festgefahrene politische Situation Hitler doch noch Koalitionspartner. Sie waren bereit, Hitlers Führung zu akzeptieren, da die amtierende Regierung unter dem Reichskanzler und ehemaligen General Kurt von Schleicher sich in einer ausweglosen Lage befand. Schleicher hatte nicht die geringste Aussicht, ein Mißtrauensvotum im neugewählten Reichstag zu überstehen, und er konnte sich durch eine erneute Parlamentsauflösung und Neuwahlen allenfalls eine Atempause verschaffen. Sein Vorgänger Franz von Papen hatte diese Taktik bereits zweimal erfolglos angewandt; sie hatte sich abgenützt. Schleicher konnte nicht mehr länger an der Verfassung vorbei regieren. Der greise konservative Reichspräsident Paul von Hindenburg, der vor einem Verfassungsbruch und einer möglichen Militärdiktatur zurückschreckte, ernannte Hitler schließlich am 30. Januar 1933 nach langem Zögern zum Reichskanzler.[25]

Deutschland hatte viele Kanzler kommen und gehen sehen; die Regierungskoalitionen in der Weimarer Republik hatten im Durchschnitt nicht viel länger als ein Jahr überdauert. Einige erwarteten, daß sich dieses Schema fortsetzen würde, denn die neue Regierung verfügte wie die vorhergegangenen über keine Mehrheit im Parlament und benötigte die Notverordnungen des Reichspräsidenten, damit der Reichstag sie nicht blockieren konnte. Hitler hatte jedoch nie einen Hehl daraus gemacht, daß er das demokratische System abschaffen wollte. Einige Wähler hatten zweifellos genau aus diesem Grund nationalsozialistische Kandidaten unterstützt, vermutlich mit dem Gedanken, daß fast jede Veränderung etwas Besseres bringen müßte. Ihre Einschätzung war falsch, doch viele brauchten ein ganzes Jahrzehnt oder länger, um das zu erkennen – falls sie so lange überlebten.

Durch den Einsatz von verfassungskonformen Mitteln und durch Gewalt, Einschüchterung und massive Propaganda zerstörten die Nationalsozialisten im Verlauf verschiedener Stadien rasch die Überreste der Weimarer Republik.[26] Der vielleicht wichtigste legale Schritt erfolgte einen Monat nach Hitlers Ernennung zum Reichskanzler. Nach dem Reichstagsbrand, für den man eine kommunistische Verschwörung verantwortlich machte, wurde vom Präsidenten eine von der Regierung formulierte Notstandsverordnung »zum Schutz von Volk und Staat« unterzeichnet. Durch die Aufhebung der Grundrechte stand der Regierung nun eine ganze Reihe an Mitteln zur Verfügung, die sie gegen politische Gegner und andere einsetzen konnte; die Verordnung erlaubte Berlin auch, den föderalistischen Aufbau des Reiches zu zerschlagen. Bei den Reichstagswahlen im März 1933 befanden sich viele kommunistische und sozialdemokratische Oppositionelle bereits im Gefängnis, und die oppositionelle Presse war weitgehend ausgeschaltet. Es kam daher keineswegs überraschend, daß die NSDAP ihren Stimmenanteil auf 43,9 Prozent verbessern konnte. Ihr Koalitionspartner, die Deutschnationale Volkspartei (DNVP), erhielt nur 8 Prozent, doch das reichte für eine Mehrheit im Reichstag. Hitler gewann im Zuge seiner nationalsozialistischen Revolution die zunehmende Unterstützung der Öffentlichkeit.

Mitte März hatten die Nationalsozialisten die Kontrolle über die verschiedenen Länderregierungen an sich gerissen.[27] Hitler wollte sich von weiteren politischen, konstitutionellen und präsidialen Beschränkungen befreien und drängte nun auf die Verabschiedung eines Ermächtigungsgesetzes. Das Gesetz sollte es dem Kabinett (das von Hitler dominiert wurde) erlauben, ohne die vorherige Konsultation des Reichstages zu handeln. Die Verabschiedung des Gesetzes verlangte eine Zweidrittelmehrheit im Reichstag.

Am 21. März trat der neu gewählte Reichstag im Anschluß an eine Feier in der Potsdamer Garnisonskirche zusammen, bei der man der Eröffnung des Reichstages nach der deutschen Einigung 1871 gedachte. Hitler erhielt dadurch die Gelegenheit, sich in eine Reihe mit der deutschen Tradition zu stellen; außerdem schien die Feierlichkeit in Potsdam zu beweisen, daß konservative Nationalisten wie Hindenburg diese Regierung uneingeschränkt unterstützten.[28] Zwei Tage später verabschiedete der Reichstag das Ermächtigungsgesetz.

Am 21. März erschienen im *Völkischen Beobachter*, dem wichtigsten publizistischen Organ der Nationalsozialisten, alarmierende Äußerungen des neuen Polizeichefs von München Heinrich Himmler, die allerdings von der Zeremonie in Potsdam, der Reichstagseröffnung und den politischen Manövern zum Ermächtigungsgesetz in den Schatten gestellt wurden. Himmler verkündete, die Kommunisten würden ein Attentat auf Hitler und andere führende Regierungsmitglieder planen. Zu dieser Behauptung gab es nie nachprüfbare Beweise, auch wenn Himmler vorgab, er habe seine Informationen aus Schweizer Quellen. Vielleicht war es nur ein Schreckgespenst Himmlers oder ein weiterer Vorwand, um gegen Kommunisten und andere Gegner vorzugehen. Doch Himmlers Reaktion auf die angebliche Verschwörung ist sehr aufschlußreich. Er sagte voraus, daß die öffentliche Empörung sich in Form von Massenmord äußern würde:

> [Ich glaube, daß] schon beim ersten Schuß, ob er nun sein Ziel trifft oder nicht, Deutschland die schlimmsten Massenmorde und Pogrome der Geschichte erleben wird, und keine Staatsgewalt und keine Polizei wird diesem Morden Einhalt gebieten können.[29]

Diese Erklärung spiegelt die gängige nationalsozialistische Praxis wider, den Kommunismus mit den Juden zu identifizieren, denn der Begriff »Pogrome« impliziert gewaltsame Ausschreitungen gegen Juden. Himmler prophezeite und billigte gleichzeitig den Mord an einem Großteil der deutschen Juden, falls sich die Gelegenheit ergeben sollte. Noch nie zuvor hatte man von einem Beamten der Exekutive derartige Aussprüche gehört.

Obwohl Himmlers genaue Motive für diese Äußerung im dunkeln liegen, kommt darin doch ein Impuls zum Ausdruck, der für ihn und andere »wahre Anhänger« des Nationalsozialismus charakteristisch war. Sie waren bereit, den Weg weiterzugehen, den Hitler eingeschlagen und Himmler bereits bei der Lektüre von *Mein Kampf* innerlich gebilligt hatte. Himmler und andere erwarteten einen jüdischen Anschlag auf das nationalsozialistische Deutschland und wollten der angeblichen jüdischen Bedrohung im Innern entgegenwirken. Ob die deutsche Öffentlichkeit spontan oder auf ein entsprechendes Zeichen hin handeln würde, sollte sich zeigen.

Gemeinsam mit Hitler bestimmte Himmler, welche Form von Gewalt der Staat gegen die Gegner des Nationalsozialismus zuließ. Als Chef der SS kontrollierte er die wachsende Zahl der Konzentrationslager, wo Brutalität und Tod allgegenwärtig waren. Zwischen 1933 und 1936 wurde Himmler zum Polizeichef der verschiedenen Länder ernannt, im Juni 1936 wurde er schließlich Chef der deutschen Polizei.

Hitler schrieb in Kapitel 11 des zweiten Bandes von *Mein Kampf:* »Wenn die Propaganda ein ganzes Volk mit einer Idee erfüllt hat, kann die Organisation mit einer Handvoll Menschen die Konsequenzen ziehen.«[30] Dieser Satz traf auf eine Zeit zu, in der die nationalsozialistische Bewegung noch verhältnismäßig klein war und am Rand der deutschen Politik stand. Nachdem Hitler und Himmler einmal an die Macht gekommen waren, wollten sie weit mehr als eine Handvoll Menschen, die ihren Befehlen bedingungslos gehorchten.

Es gab im März 1933 nicht einmal den Versuch eines Attentats auf Hitler, doch SS- und SA-Männer gingen verschiedentlich und unkoordiniert gegen Juden vor. Die Parteiführung der NSDAP wollte den Parteiaktivisten zeigen, daß sie gewillt war, den Hauptfeind zu bestrafen, und verkündete den landesweiten Boykott aller jüdischen Geschäfte. Amerikanische Diplomaten brachten gegenüber den deutschen Behörden ihre Besorgnis über den geplanten Boykott zum Ausdruck und protestierten gegen verschiedene tätliche Angriffe auf amerikanische Juden in Deutschland. Da die scharfe Kritik aus dem Ausland und der Druck im Innern darauf hinwiesen, daß der Boykott den deutschen Interessen schaden würde, erklärte sich Hitler bereit, ihn einzuschränken.[31]

Am 1. April 1933 schickte der amerikanische Generalkonsul in Berlin, George S. Messersmith, zwei Vizekonsuln in die Einkaufszentren der Stadt, wo sie die Reaktionen auf den Boykott beobachten sollten. Sie berichteten, daß viele Deutsche den Boykott nicht ernst nahmen und weiterhin in von ihnen bevorzugten Läden einkauften. Messersmith war der Ansicht, daß der Boykott bei den Deutschen nicht populär war, weil er der Wirtschaft und dem Bild der Deutschen im Ausland schadete. Er berichtete aber auch, daß viele Deutsche allmählich der nationalsozialistischen Propaganda Glauben schenkten, der Boykott sei notwendig, um die anderen Staaten von ihren eigenen »Boykottaktionen« und ihrer Hetze gegen Deutschland abzubringen.[32]

Messersmith arbeitete seit 1930 in Berlin und sprach fließend Deutsch, da er in einer Familie Pennsylvania-Deutscher zweisprachig aufgewachsen war.[33] Nach einer Reihe privater Gespräche mit deutschen Geschäftsleuten kam er zu dem Schluß, daß die Angehörigen der deutschen Eliten sich wegen der Behandlung der Juden nicht gegen das Regime wenden würden; sie würden sich entweder begeistert zeigen oder ihre Besorgnis für sich behalten.[34] Vielleicht hatten sie auch keine andere Wahl.

Nach dem Boykott lud Hermann Göring, der zu der Zeit der preußischen Regierung vorstand und Reichsminister der Luftfahrt war, Messersmith zu sich ins Luftfahrtministerium und verurteilte die amerikanische Berichterstattung über die Ereignisse in Deutschland und den Boykott. Messersmith antwortete, daß die amerikanische Regierung die Presse nicht kontrolliere, daß aber viele Amerikaner, darunter auch Journalisten, wegen der Verfolgung der Juden durch die Nationalsozialisten besorgt seien.[35]

In seiner Analyse zum Antisemitismus in Deutschland vom Mai 1933 kam Messersmith zu dem Schluß, die nationalsozialistische Bewegung habe in der Bevölkerung in einem so hohen Ausmaß Ressentiments gegen Juden geweckt, daß sich das Geschäfts- und Privatleben der Juden noch über Jahre hinweg schwierig gestalten werde, selbst wenn die offizielle Verfolgung eingestellt werden würde.[36] Zu den ursprünglichen Antisemiten waren Teile der deutschen Jugend und diejenigen hinzugekommen, die von der Ausschaltung jüdischer Konkurrenten profitierten. Darüber hinaus wagten diejenigen, die wegen der wirtschaftlichen Folgen gegen die antisemitischen Aktionen waren, nicht, gegen sie zu protestieren.[37]

Eine ähnliche Analyse erstellte der Botschafter Sir Horace Rumbold für Großbritannien, doch er stützte sich auf andere Quellen. Rumbold stammte aus einer Diplomatenfamilie und hatte jahrzehntelange Erfahrung als Diplomat. Er war bei Kriegsausbruch im Sommer 1914 in Deutschland tätig gewesen, und er wußte aus eigener Erfahrung, wohin der deutsche Nationalismus führen konnte. Im Jahr 1928 kehrte er als Botschafter nach Deutschland zurück und beobachtete den Zusammenbruch der Weimarer Republik und den Aufstieg des Nationalsozialismus. Rumbold hatte erkannt, daß der von ihm bewunderte Reichspräsident Hindenburg nicht eingreifen konnte oder wollte, und zeigte sich in seinen Depeschen nach London alarmiert.[38]

Rumbold beobachtete in den Jahren der Weimarer Republik einen beträchtlichen Anstieg des Antisemitismus. Seit der Revolution von 1918, schrieb er, habe man den Juden in jedem Bereich Chancengleichheit gewährt, was dazu führte, daß sich die »rassische Überlegenheit [der Juden]... zumindest in den Augen der Deutschen« mit alarmierender Deutlichkeit zeigte. Die jüdischen Errungenschaften und Fortschritte würden in keinem Verhältnis zum Anteil der Juden an der Bevölkerung stehen (der nur 1 Prozent betrug), was in bestimmten deutschen Kreisen heftige Ressentiments hervorrufe. Darüber hinaus würden die Juden mit der politischen Linken – mit Demokratie und Pazifismus – in Verbindung gebracht. Die Verwicklung einiger Juden in Finanzskandale mache die Sache in einer Zeit wirtschaftlicher Krisen nur noch schlimmer: Die Besten der jüdischen Gemeinschaft sollten für die Sünden der Schlechtesten büßen. Die Nationalsozialisten würden diese Ressentiments für ihre Zwecke nutzen und noch verstärken.[39]

Rumbold wies darauf hin, daß die übertriebenen Berichte, die in der ausländischen Presse über die Ausschreitungen der Nationalsozialisten (die vor allem gegen Kommunisten und Sozialdemokraten gerichtet waren) erschienen waren, in Deutschland den Antisemitismus zusätzlich gefördert und verstärkt hätten. Einige Deutsche seien nämlich der Ansicht, daß die Juden hinter der Kritik im Ausland stünden. Das verstärke die Motive, gegen die Juden aus rassischen Gründen vorzugehen. Die Nationalsozialisten würden den Boykott als Gradmesser für die antisemitischen Ressentiments benutzen, gleichzeitig wollten sie ihn aber auch kontrollieren und rechtzeitig wieder beenden.[40]

Wohin würde diese ganze Feindseligkeit führen? Ein vernünftiger Beobachter sollte bei der Analyse einer Diktatur auch den Diktator genau untersuchen. Rumbold, der in Hitler und Göring die Verantwortlichen für die Kampagne gegen die Juden sah,[41] informierte sich in *Mein Kampf* über die NS-Bewegung. Am 13. April 1933 sandte Rumbold eine ausführliche Depesche an die Regierung in London, in der er über den deutschen Antisemitismus berichtete. Der Botschafter übernahm Hitlers Darstellung, daß dessen Erfahrungen als Jugendlicher in Wien – sowohl mit Juden als auch mit Antisemiten – ihn zu einem »Wagnerianer« gemacht und ihn davon überzeugt hatten, er müsse die arische Rasse retten. Rumbold faßte Hitlers Ansichten zusammen:

... Marxismus und Judentum werden für jedes Übel verantwortlich gemacht. Die Juden sind angeblich die heimtückischen Feinde der blauäugigen nordischen Rasse. Die deutsche Niederlage 1918 wurde eindeutig von ihnen herbeigeführt. Die Novemberrevolution [von 1918] und das Weimarer System sind das Ergebnis einer internationalen jüdischen Verschwörung, und die Kriegsschuldlüge wird von deutschen Juden verbreitet, damit Deutschland entwaffnet und für immer dem Marxismus ausgeliefert sein wird.

...

Die Bevölkerung wurde 1930 und in den folgenden Jahren immer empfänglicher für antisemitische Propaganda. Es war einfach, Arbeiter, und noch einfacher, Studenten davon zu überzeugen, daß ihnen ihre Lebensgrundlage durch einen fremden Parasiten entzogen worden war...

...

Im Ausland hat man anscheinend noch nicht richtig begriffen, daß das Programm der nationalsozialistischen Partei in hohem Maße antisemitisch ist...

...

Hitler vertritt in seinem Buch und in seinen Reden weit drastischere Methoden, als sie im Parteiprogramm der NSDAP zu finden sind. Er möchte den Juden das Wahlrecht entziehen, das Recht auf Grundbesitz und das Recht, Geld gegen Zinsen zu verleihen. Zusätzlich würde er besondere Steuern von ihnen verlangen und sie von einer Vielzahl von Berufen ausschließen. Die Heirat zwischen Juden und Christen will er verbieten lassen, außerdem sollte seiner Ansicht nach jede Anstrengung unternommen werden, die ursprüngliche Reinheit der germanischen Rasse wiederherzustellen. Daher ist mit weiteren Einschränkungen für die Juden zu rechnen, denn Hitler hat mit Sicherheit die Absicht, die jüdische Bevölkerung in Deutschland zu Menschen zweiter Klasse zu machen und, wenn möglich, völlig aus Deutschland zu vertreiben.

...

Hitler selbst hat in seinem Buch und in seinen Reden eindeutig erklärt, daß seine Abneigung gegen die Juden rassisch [nicht religiös] begründet ist... Die Juden, behauptet er, sind Parasiten fremder Herkunft...und das deutsche Blut muß von dieser Verunreinigung gesäubert werden.[42]

Rumbold war also der Ansicht, daß sich die Situation der Juden in Deutschland mit der Zeit verschlechtern würde und daß Großbritannien und andere Länder möglicherweise mit einer Flut verzweifelter jüdischer Flüchtlinge rechnen mußten. Tatsächlich war das wachsende Flüchtlingsproblem der Hauptgrund dafür, warum Großbritannien und andere Länder Deutschlands Judenpolitik, modern ausgedrückt, nicht einfach als »Verstoß gegen die Menschenrechte« verurteilten. Die nationalsozialistische Verfolgungspolitik zwang die westlichen Regierungen zu sofortigen politischen Entscheidungen.

Messersmith und Rumbold analysierten den Antisemitismus in Deutschland aus unterschiedlichen Blickwinkeln. Messersmith, ein ehemaliger Lehrer und Schuldirektor, zeigte nur wenig Anzeichen jenes vornehmen Antisemitismus, den damals einige amerikanische Diplomaten an den Tag legten. Joseph Hyman vom American Jewish Joint Distribution Committee sagte, Messersmith habe bei der Verteidigung der Juden während der ersten Monate des Naziregimes hervorragende Arbeit geleistet, und Rabbi Stephen Wise vom American Jewish Congress äußerte sich ähnlich anerkennend über ihn.[43] Der aristokratische Rumbold schien gelegentlich den nationalistischen Impuls der Deutschen zu teilen, welche die weit überproportionale Präsenz der deutschen Juden in bestimmten Bereichen des deutschen Ge-

schäftslebens, in manchen Berufszweigen und im Erziehungs-
wesen gerne geändert hätten.[44] Messersmith sah im Antisemitismus in erster Linie ein Produkt der nationalsozialistischen Bewegung. Deren Führer hatten ihren jungen Anhängern
jahrelang Haß auf die Juden gepredigt, und nun mußten sie die
aufgewiegelten Massen befriedigen. Rumbold verfolgte den Antisemitismus bis in die achtziger Jahre des 19. Jahrhunderts zurück, betonte aber dessen Zunahme nach dem Ersten Weltkrieg.
Beide beobachteten unter dem nationalsozialistischen Regime einen deutlichen Anstieg des Antisemitismus in der Bevölkerung
und beide prophezeiten in Hinblick auf Hitlers persönliche Abneigung gegen die Juden noch größere Probleme für die Zukunft.[45]

Kurz vor seiner Abreise aus Berlin stellte Rumbold fest, Hitler habe in Deutschland die absolute Macht, und er versuchte,
den möglichen Verlauf der nächsten vier Jahre einzuschätzen. Es
hieß, daß Hitler unbegrenztes Vertrauen in die Propaganda habe
und davon überzeugt sei, die öffentliche Meinung in Deutschland in einem bis dahin noch nie dagewesenen Ausmaße beeinflussen zu können. Das bedeutete auch, daß Hitlers Regime die
deutsche Bevölkerung auf einen Krieg vorbereiten werde. Hitler
hatte in *Mein Kampf* erklärt, daß ein Land für seine Existenz
kämpfen müsse, andernfalls sei es dem Untergang geweiht. Die
Befähigung einer Rasse zum Kampf hänge von ihrer Reinheit ab;
deshalb sei es notwendig, sie von Verunreinigungen zu säubern.
Die Auswirkungen dieser Ideologie zeigten sich auch in der Außenpolitik. Hitler war der Ansicht, es sei kriminell, zusammen
mit Rußland einen Krieg gegen den Westen zu führen, vor allem,
weil das Ziel der Sowjets der Triumph des internationalen Judentums sei. Hitler mußte seine Gegner in Sicherheit wiegen, damit er sie der Reihe nach angreifen konnte. Rumbold wies nachdrücklich darauf hin, wie besessen Hitler war und wie
enthüllend *Mein Kampf* gewertet werden könnte, und fügte an,
daß Hitler mittlerweile sicherlich froh wäre, wenn er das Buch
aus dem Markt nehmen könnte.[46]

Hitler hätte *Mein Kampf* kaum zurückziehen können, ohne
sein eigenes Bild in der Öffentlichkeit zu demontieren – das
Image eines fest entschlossenen Mannes, an dem er so hart gear-

beitet hatte und das er für seine Politik als unbedingt notwendig erachtete. Außerdem wollte er, daß mehr Deutsche mit seinen Vorstellungen vertraut wurden. Der Auslandsvertrieb war etwas anderes. Im Gegensatz zu den meisten Autoren war Hitler wenig an einer Übersetzung seines Werkes gelegen.

Im Jahr 1928 hatte Hitlers Verleger, der Eher Verlag, die Übersetzungsrechte an einen britischen Literaturagenten übertragen, an Curtis Brown Ltd. Bis 1931 zeigte jedoch kein britischer oder amerikanischer Verlag Interesse an Hitlers geschwollener Prosa. Nach dem Sieg der Nationalsozialisten bei den Reichstagswahlen wurde den Leuten allmählich klar, daß Hitler kein kurzfristiges politisches Phänomen war. Zu diesem Zeitpunkt tauchte ein einfallsreicher Schriftsteller und Übersetzer namens Edgar Dugdale mit einer gekürzten Übersetzung auf, die im britischen Verlag Hurst and Blackett erscheinen sollte. Der Verlag Eher erhielt einen bescheidenen Vorschuß. Doch der Londoner Korrespondent des *Völkischen Beobachters* bestand darauf, daß die deutsche Regierung den Text genehmigen mußte, und Curtis Browns Vertrag mit Eher gab Berlin das notwendige Druckmittel in die Hand.

Das Buch, das ursprünglich aus stilistischen Gründen gekürzt worden war, wurde aus politischen Gründen noch stärker gekürzt. Hurst and Blackett gaben in Großbritannien eine bereinigte Version von *Mein Kampf* mit 297 Seiten heraus, während Houghton Mifflin den identischen Text in den USA veröffentlichten. (In der amerikanischen Ausgabe wurde Dugdale als Übersetzer genannt, in der britischen nicht.) Bis 1939 war das die einzig verfügbare Ausgabe auf Englisch. Nur durch einen mühevollen Seitenvergleich mit dem deutschen Original konnte man feststellen, was zusammengefaßt oder gekürzt worden war. Es gab keine Auslassungszeichen oder Anmerkungen, die die Streichungen angezeigt hätten.[47]

In der gekürzten Fassung fehlten einige der schärfsten Bemerkungen Hitlers zur außenpolitischen Expansion Deutschlands und zur Bedrohung durch die Juden. Hitlers fixe Idee, daß die Juden versuchten, die arischen Frauen zu verführen, wurde größtenteils weggelassen. Die Bemerkung, Deutschland hätte im Ersten Weltkrieg zwölf- bis fünfzehntausend Juden vergasen sollen, fehlte völlig. Insgesamt wirkten Hitlers Ansichten in der

Übersetzung weniger fanatisch, er selbst erschien dafür als schlauerer Politiker.[48]

Gelegentlich wurden die Mängel der englischsprachigen Ausgabe erkannt. Rumbolds detaillierte Berichte, in denen er *Mein Kampf* analysierte, machten bei den britischen Kabinettsmitgliedern die Runde. In einem Leserbrief an die Londoner *Times*, die vier Auszüge aus Dugdales Übersetzung abgedruckt hatte, protestierte der Leiter der Jewish Agency, der spätere israelische Staatspräsident Chajim Weizman, gegen die Verwendung von Dugdales gekürzter Fassung und fügte die Übersetzung von 28 fehlenden Seiten bei. Das britische Außenministerium archivierte diese Auszüge. Im Jahr 1936 ließ sich die britische Botschaft in Berlin eine eigene Übersetzung der wichtigsten Passagen aus dem deutschen Original anfertigen.[49] In Amerika erhielt Franklin D. Roosevelt *Mein Kampf* 1933 von Houghton and Mifflin. Der Präsident schrieb in das Buch:»Diese Übersetzung ist so bereinigt, daß sie ein völlig falsches Bild von Hitler und seinen Reden vermittelt – im deutschen Original würde das alles ganz anders aussehen.«[50]

Gelegentlich erkannten einige Regierungsbeamte in Großbritannien und den USA, daß die Lektüre von *Mein Kampf* grundlegende Erkenntnisse über Hitlers zukünftige Pläne vermitteln konnte. Großbritannien besaß auch Geheimdienststudien über das nationalsozialistische Deutschland in den dreißiger Jahren, der US-Geheimdienst hingegen glänzte vorwiegend durch Abwesenheit. Doch keine Studie der westlichen Geheimdienste beeinflußte Mitte der dreißiger Jahre die Außen- oder Verteidigungspolitik der späteren Alliierten.[51] Großbritannien und die USA waren mehr mit der deutschen Außen- und Wirtschaftspolitik beschäftigt als mit der Verfolgung der deutschen Juden. Und die Flüchtlingspolitik des Westens wurde eher von innenpolitischen Überlegungen als von den Vorgängen in Deutschland bestimmt, geschweige denn von möglichen späteren Ereignissen. Doch darauf sind andere Autoren eingegangen.[52]

Die Publikationsgeschichte von *Mein Kampf* dient unter drei verschiedenen Aspekten als Metapher für die spätere Entwicklung. Erstens sprach Hitler seine Drohungen offen aus und verriet durch seine Sprache und seinen Ton viel, selbst wenn er die

Details seiner Pläne verschwieg oder sie noch gar nicht formuliert hatte. Zweitens konnten aufmerksame Beobachter aus den richtigen Belegen sehr viel schließen. Drittens erfuhren westliche Experten und Diplomaten früher und ausführlicher von Hitlers Kurs als die Öffentlichkeit; eine Informationslücke, die in den westlichen Demokratien schwerwiegende Folgen haben sollte.

An Messersmith und Rumbold fällt auf, daß sie sich wegen des Schicksals der deutschen Juden besorgt zeigten. Sie hatten zweifellos mehrere Motive: Die Verfolgung der Juden durch die Nationalsozialisten führte zu außenpolitischen Schwierigkeiten und möglichen Einwanderungsproblemen in ihren Ländern. Messersmiths und Rumbolds Proteste gegen die Verfolgung schlossen jedoch nicht ein, daß sie eine unbegrenzte Einwanderung von jüdischen Flüchtlingen in die USA oder nach Großbritannien befürwortet hätten. Beide Männer hatten erkannt, daß die Ereignisse in Nazideutschland in der Geschichte ohne Beispiel waren und in einer Katastrophe enden könnten.

Selbst Hitler oder Himmler konnten damals noch nicht wissen, in welchem Ausmaß sie ihre ideologischen Ziele würden verwirklichen können, und auch der Zeitpunkt stand noch nicht fest. Doch sie wußten, daß sie dafür Unterstützung brauchten – Offiziere und Soldaten für ein Unternehmen, das sie als politischen Rassenkrieg interpretierten.

2 Pläne für den Rassenkrieg

Kurt Daluege war ein fähiger aber unauffälliger Mann, der sich aus einer Reihe glanzloser Posten eine wichtige Karriere im nationalsozialistischen Deutschland aufbaute. Der Verlauf und Stil seiner Karriere wirkten sich vorteilhaft auf die Urteile der Historiker zu seiner Person aus. Ein deutscher Historiker, der ein Buch über die nationalsozialistische Judenpolitik verfaßt hatte, schrieb 1990, daß Daluege kein Interesse an der nationalsozialistischen Ideologie oder an den Ressentiments gegenüber den Juden gehabt habe. Er habe einfach die Befehle anderer ausgeführt, wohingegen Daluages Zeitgenosse und Rivale Reinhard Heydrich die Behandlung der Judenfrage für die Polizei übernommen habe. Daluages Akten enthalten wenig, was dem widersprechen würde.[1] Auf jeden Fall war Daluege ein Bürokrat, und die Nazibürokraten (wie auch andere) wußten, wie man Akten frisiert.

Kurt Daluege wurde 1897 in Oberschlesien geboren. Im Ersten Weltkrieg diente er als Offiziersanwärter und erhielt das Eiserne Kreuz. Nach dem Krieg schloß er sich einem Freikorps an, einer rechtsgerichteten paramilitärischen Organisation, die der neuen und zunehmend unpopulären demokratischen Regierung einige Schwierigkeiten bereitete. Daluege studierte an der Technischen Hochschule Berlin Hoch- und Tiefbau und erwarb einen Abschluß. Dann arbeitete er als Ingenieur bei der Berliner Müllabfuhr, schloß sich jedoch 1926 der nationalsozialistischen Bewegung an und machte schon bald die Politik zu seinem Beruf. Zunächst war er Mitglied bei der SA, wechselte aber 1928 zur kleineren, disziplinierteren SS, die bald von Heinrich Himmler geführt wurde. Daluege spielte im September 1930 eine kleine, aber wichtige Rolle bei der Niederschlagung einer »Meuterei« in der Berliner SA. Er setzte gegen die unzufriedenen SA-Männer unter der Führung von Walter Stennes SS-Truppen ein und half so, Hitlers Autorität zu stützen. Dadurch erwarb sich Daluege anscheinend Hitlers Dankbarkeit.[2] Daluege war durchaus vorzeigbar und wurde als Kandidat der NSDAP für den preußischen Landtag aufgestellt. Kurz vor der nationalsozialistischen Machtübernahme wurde er auch in den Reichstag gewählt.[3] Er und seine Parteigenossen warben nach der Etablierung der NS-Diktatur bei deutschen Firmen um Spenden für die SS und den Abwehrdienst SD, die manchmal nicht ganz freiwillig geleistet wurden.[4]

Zu Beginn der NS-Herrschaft, als die einzelnen deutschen Länder noch über ihre eigene Polizei verfügten, wurde Daluege in dem allgemeinen Gerangel um Macht und Ämter Kommissar bei der preußischen politischen Polizei (Gestapo), die zunächst noch Hermann Göring unterstand. Er formte die Preußische Landespolizei zu einer militarisierten Polizeitruppe mit einem Kern aus ausgebildeten Soldaten um, welche die deutsche Grenze schützen und die reguläre Armee unterstützen sollten. Die Mitglieder der Landespolizei wußten, wie sie mit Unruhen und anderen Bedrohungen des Staates umgehen mußten: Die bayerische Landespolizei hatte im November 1923 den Hitlerputsch niedergeschlagen. Im Jahr 1935 ging die preußische Landespolizei größtenteils in der Wehrmacht auf,[5] doch wahrscheinlich blieben einige ältere Polizisten bei der Polizei. Für Daluege war es nicht die letzte Umwandlung von Polizeieinheiten in Kampfverbände. Später wiederholte er das Schema, behielt aber die Kontrolle über die militarisierten Polizeibataillone.

Dalueges Vorgesetzter bei der SS war Himmler, und Himmler und Göring waren in gewisser Weise Rivalen. Das brachte Daluege zwischen 1933 und 1934 in eine schwierige Position, ermöglichte es ihm aber auch, beide Seiten gegeneinander auszuspielen. Im April 1934 kamen Göring und Himmler jedoch zu einer Übereinkunft, und Himmlers rechte Hand Reinhard Heydrich übernahm die Führung der Gestapo. Doch zu diesem Zeitpunkt hatte Daluege seinen Kurs bereits festgelegt, und 1936 waren jegliche Spannungen zwischen Daluege und Himmler beseitigt.[6]

43

Himmler war selbst ein Bürokrat und erkannte Dalueges Vorzüge: seine respektable Erscheinung, seine unerschöpfliche Energie und seine organisatorischen Fähigkeiten. Himmler wußte auch, daß Daluege, dem Heydrichs Scharfsinn und politisches Gespür fehlten, wahrscheinlich nie zu einer ernsthaften Bedrohung für ihn werden würde. Nach seiner Ernennung zum Chef der Deutschen Polizei 1936, dem alle Polizeieinheiten des Dritten Reiches unterstanden, organisierte Himmler die Polizei neu. Er faßte die Gestapo und die Kriminalpolizei im Hauptamt Sicherheitspolizei unter Heydrich zusammen, der auch den SD leitete. Daluege stand der uniformierten Polizei vor, die in Ordnungspolizei umbenannt wurde.[7]

Nach einer internen Geschichte der Ordnungspolizei, die von oder für Daluege verfaßt worden war, hatte Himmler seinen Kollegen schon lange vor Hitlers Machtübernahme erklärt, die künftige deutsche Polizei werde so aufgebaut sein, daß die Polizisten den Standards der SS entsprechen und tatsächlich auch SS-Mitglieder werden würden. Die enge Verbindung zwischen den elitären nationalsozialistischen Schutzstaffeln und der Polizei war nicht zufällig oder improvisiert, sondern schon vor der Machtübernahme festgelegt und entwickelte sich organisch, wie der Verfasser der Geschichte schrieb.[8]

Diese »organische Entwicklung« war jedoch ein langwieriger und gelegentlich komplizierter Prozeß. Einem internen Bericht zufolge waren vor 1933 nur 700 Mann der uniformierten Polizei (0,7 Prozent) in ganz Deutschland der NSDAP beigetreten. Die Zahl berücksichtigt allerdings nicht die Kriminalbeamten und wahrscheinlich auch nicht die Mitgliedschaft in anderen nationalsozialistischen Organisationen. Außerdem spiegelt sie die gesetzlichen Beschränkungen wider, die in einigen Ländern Polizisten die Mitgliedschaft verboten.[9] Dennoch hatten Himmler und andere Nationalsozialisten eine gewaltige Aufgabe vor sich, wenn sie die Polizeieinheiten der verschiedenen Länder zu einer brauchbaren Waffe für die SS umformen wollten.

Die nationalsozialistische Führung sah keine Notwendigkeit, bei der Polizei aus politischen Gründen massive Säuberungen durchzuführen. Weniger als 2 Prozent der Polizisten und 7 Prozent der Offiziere wurden ausgeschlossen. Heydrich, dessen erste Position bei der Polizei Chef der Bayerischen Politischen Polizei gewesen war, beließ in Bayern selbst die Polizisten in ihrem Amt, die gegen rechte politische Bewegungen gearbeitet hatten. Der bayerische Polizist Heinrich Müller, ein Experte für den Kommunismus, aber kein Nazi, wurde zu einer Art Musterrekrut und leitete später die Gestapo.[10] Gegenüber der bestehenden Polizei konnten die Nationalsozialisten betonen, daß auch sie wieder geordnete Zustände herbeiführen, die Polizei von Beschränkungen befreien und ihnen mehr Vollmachten bei der Ausübung ihrer Arbeit einräumen wollten. Viele Polizisten fühlten sich auch von dem Ruf der Nationalsozialisten nach einem stärkeren Deutschland und ihren ersten Maßnahmen in diese Richtung angesprochen. Allmählich kamen diejenigen, die eine striktere Anwendung der Gesetze befürworteten, mit der NS- und SS-Ideologie in Kontakt und wurden noch radikaler.[11]

Zwischen den Mitgliedern der politischen Polizei, die es gewohnt waren, gegen illegale politische Umtriebe vorzugehen, und den uniformierten Polizisten, deren normale Aufgaben und Horizonte völlig unpolitisch waren, bestand allerdings ein wichtiger Unterschied. Im allgemeinen war die Ordnungspolizei von der SS-Ideologie weiter entfernt als die Sicherheitspolizei. Das nationalsozialistische Regime schuf einen Polizeistaat, wußte jedoch noch nicht, inwieweit und wie gut die Polizei politische und ideologische Aufgaben erfüllen würde.

Alle Abteilungen der Polizei hatten zahlreiche Polizisten, die »erzogen« werden mußten. Allmählich traten immer mehr der SS bei, und alle, die geeignet erschienen, wurden dazu ermutigt. Wer zur SS wollte, absolvierte einen Kurs, in dem er über den nationalsozialistischen Staat und seine Weltanschauung belehrt wurde, sich militärisches Wissen aneignete und körperlich trainierte. Am Ende mußten die Absolventen eine Prüfung bestehen.[12] Zu Beginn des Jahres 1941 bereitete Heydrich mit der Zustimmung Himmlers auch einen ausführlichen Lehrplan für die akademisch-ideologische Ausbildung der höheren Offiziere der Sicherheitspolizei vor.[13]

Dalueges Reich war weit weniger schillernd, dafür aber breiter gefächert. Zur Ordnungspolizei gehörten die städtische Polizei, die Gemeindepolizei, die Gendarmerie auf dem Land, die Feuerwehr und die Technische Nothilfe – alle zusammen umfangreicher als Gestapo und Kriminalpolizei. Sie waren in erster Linie für die Aufrechterhaltung der Ordnung, die Einhaltung der Gesetze, den Schutz der Bürger und den Einsatz bei Katastrophen zuständig.

Zur Ordnungspolizei gehörte auch eine beträchtliche Anzahl militärischer Formationen. Deren Polizisten waren militärisch ausgebildet und in Kasernen untergebracht, aber vom Wehrdienst befreit und weiterhin Daluege unterstellt. Die Militärbataillone der Ordnungspolizei waren ein Erbe der unruhigen Jahre nach dem Ersten Weltkrieg, in denen die Stärke der deutschen Streitkräfte durch den Versailler Vertrag auf 100 000 Mann begrenzt worden war. Die Polizeibataillone hatten zur Erhaltung der öffentlichen Ordnung in einer Zeit beigetragen, in der politische Extremisten häufig Gewalttaten verübten. Gleichzeitig dienten sie als inoffizielle Militärreserve.[14] Im nationalsozialistischen Staat wurden sie während des Krieges zur Durchsetzung politischer und rassistischer Ziele eingesetzt.

Daluege arbeitete hart daran, daß die ihm unterstellten Männer, von denen viele Berufspolizisten aus der Zeit vor der nationalsozialistischen Machtübernahme waren, mit ihrer Rolle und ihrem Gehalt unter dem NS-Regime zufrieden waren. Er und seine Personalspezialisten verlangten keine sofortige »Konversion« zum nationalsozialistischen »Glauben«. Gute Polizisten, die ihre Arbeit ordentlich verrichteten, wurden befördert und bekamen Gehaltserhöhungen.[15] Einigen von ihnen sagte der Nationalsozialismus zu, weil das Regime vom wirtschaftlichen Aufschwung profitierte und Deutschland seine alte Position als Militärmacht wiedererlangte.

Gelegentlich trug Daluege zur Verbreitung nationalsozialistischer antisemitischer Propaganda bei. Im September 1935 wies er bei einer Pressekonferenz in Berlin die Kritik aus dem Ausland an der Judenverfolgung in Deutschland mit dem Argument zurück, daß durch die Juden bestimmte Verbrechen überhandnehmen würden – darunter die Gefährdung der Sicherheit, Betrug, Rauschgifthandel und Glücksspiel. Daluege präsentierte verschiedene Statistiken, welche angeblich die unverhältnismäßig hohe Beteiligung von Juden an diesen Verbrechen bewiesen, und beschrieb die Bemühungen der Nationalsozialisten »hinsichtlich einer allgemeinen Säuberung« als durchaus angemessen.[16] Daluege und Heydrich wachten eifersüchtig über ihren jeweiligen Kompetenzbereich, waren aber auch voneinander abhängig. Der jüngere, strahlende Heydrich verfügte anscheinend über einen brennenden Ehrgeiz und eine unerschöpfliche Energie und verhielt sich manchmal so, als ob Daluege wenig Interesse an den politischen und rassischen Angelegenheiten der Polizei haben sollte. Im Februar 1940 lud Heydrich Daluege beispielsweise zu einer Konferenz für leitende Polizeibeamte ein, die gleichzeitig Mitglieder des SD waren. Bei der Konferenz ging es um Probleme, die dem Reichssicherheitshauptamt (RSHA) bevorstanden, und die Zusammenfassung der politischen Polizei, der Kriminalpolizei und des SD im weiteren Verlauf des Krieges. Außerdem hielt Adolf Eichmann einen Vortrag über die »Umsiedlung« und Auswanderung der Juden. Heydrichs Brief war jedoch nicht sehr ermunternd. Er schrieb Daluege, die Themen würden ihn vermutlich nicht interessieren und das Niveau der Vorträge würde entsprechend der Zuhörerschaft nicht sehr hoch sein. Vielleicht wolle Daluege lieber nur zum Mittagessen kommen.[17] Trotz Heydrichs herablassender Haltung war Daluege ihm jedoch dank Himmlers Beförderungspolitik immer einen Rang voraus.[18]

Dalueges Ordnungspolizei führte durch die Teilnahme der Militärbataillone beim Feldzug gegen Polen bereits im Herbst 1939 Aktionen gegen Juden durch. Nach Dalueges Unterlagen waren zwölf Bataillone der Ordnungspolizei, von denen jedes ungefähr 500 Mann umfaßte, der Wehrmacht nach Polen gefolgt.[19] Die Einsatzgruppen unter der Leitung der Sicherheitspolizei und des SD, Bataillone der Ordnungspolizei und die Waffen-SS brannten Synagogen nieder und exekutierten Tausende von polnischen Juden und anderen Polen.[20]

Nach Hitler und Himmler waren drei Männer für die erste Kampagne gegen Deutschlands politische und rassische Feinde in Polen verantwortlich: Heydrich, Eicke und Daluege. Heydrich war im August 1939 mit dem Oberkommando des Heeres übereingekommen, daß seine Einsatzgruppen alle deutschfeindlichen Elemente hinter den deutschen Linien bekämpfen sollten. Bei einer anderen Gelegenheit erklärte Heydrich, daß seine Einheiten in den besetzten Gebieten im wesentlichen die Aufgaben der Staatspolizeistellen im Reich ausführen würden.[21] Der brutale und pathologisch antisemitische Eicke war bereits Kommandeur von drei SS-Totenkopf-Regimentern, in die auch ehemalige KZ-Wachmänner eingegliedert wurden. Im August 1939 wurde er zum Höheren SS- und Polizeiführer für die Gebiete in Polen ernannt, die von der 8. und 10. Armee noch erobert werden sollten. Mit Daluege verband ihn eine tiefe Feindschaft gegenüber Heydrich.[22] Eickes Wachleute aus den Konzentrationslagern waren bereits mit der brutalen und manchmal todbringenden Behandlung der inneren Feinde Deutschlands vertraut. Eingebunden in den Totenkopf-Divisionen wußten sie, wie man mit extremen Maßnahmen gegen die polnische Elite und allgemein gegen Juden vorgehen würde.

Am 25. August 1939 wies Himmlers Stabschef Karl Wolff gemäß dessen Anordnung Daluege, Heydrich und Eicke schriftlich an, versiegelte Briefumschläge an die Kommandeure der verschiedenen Einheiten der Polizei und Waffen-SS weiterzureichen, die in Polen eingesetzt werden sollten. Laut Wolff enthielten die Umschläge nur einen SS-Befehl. Die Kommandeure sollten erst kurz vor Beginn der Operationen die Umschläge öffnen und ihre Männer in Gefechtsbereitschaft versetzen. Daluege erhielt elf Umschläge, von denen zehn an die Kommandeure der Polizeibataillone in Polen verteilt wurden. Ein Umschlag blieb bei den Akten, befand sich bei Kriegsende aber nicht unter Dalueges Unterlagen, obwohl Wolffs Brief mit den Anweisungen dabei war.[23] Was hatte Himmler befohlen?

Am 1. September 1939, als Deutschland Polen angriff, hielt Eicke vor den drei Totenkopf-Divisionen und anderen Regimentern in Oranienburg nördlich von Berlin eine längere Rede. Oranienburg war für die Regimenter die Ausgangsbasis für ihren Vorstoß gegen Polen. Die Rede machte einen besonderen Eindruck auf einen Untergebenen Eickes – auf Rudolf Höß, den späteren Kommandanten von Auschwitz. In seinen Memoiren, die Höß kurz vor seiner Hinrichtung schrieb, faßte er Eickes Rede zusammen.[24]

Die harten Gesetze des Krieges verlangten ihr Recht, erklärte Eicke. Jeder Befehl müsse dem SS-Mann heilig sein, und auch den schwersten und härtesten habe er ohne Zögern auszuführen. Himmler verlange von jedem SS-Führer ein vorbildliches Pflichtbewußtsein und seinen Einsatz für Volk und Vaterland bis zur Selbstaufgabe. Die SS habe die Aufgabe, den Staat Adolf Hitlers vor allem im Inneren vor jeder Gefahr zu beschützen. Jeder nun auftauchende Gegner des Staates, jeder Saboteur am Kriege sei zu vernichten.[25]

Befehle galten uneingeschränkt, und der Feind sollte zerstört werden, doch im Vorfeld wurde nicht ausgesprochen, was das für die Einheiten konkret bedeutete. Im Polenfeldzug erteilten Hitler und Himmler zusätzlich Sonderbefehle vom Führerzug aus, der als mobiles Hauptquartier fungierte. Zu diesen Befehlen gehörte beispielsweise die Anordnung,»alle polnischen Insurgenten sofort ohne Standgericht zu erschießen«, die an die Einsatzkommandos und Kommandeure der Ordnungspolizei ging.[26]

Mindestens zwei Bataillone der Ordnungspolizei, Bataillon 11 und 12, mußten die Anzahl der von ihnen durchgeführten Exekutionen melden. Anschließend teilten ihnen ihre Vorgesetzten mit, daß sie niemandem von ihren sogenannten»Sonderaufgaben« berichten durften.[27] Es ist nicht klar, wie viele der in Polen stationierten Polizeibataillone an den Massenhinrichtungen von Polen und Juden mitgewirkt haben, doch das heimliche Vorgehen und die Verwendung von Euphemismen deuten auf künftige und umfassendere Maßnahmen hin.

Ende September schlug Daluege offensichtlich vor, daß Heydrich bei den Aktionen gegen Juden geeignete Polen einsetzen solle. (Dalueges Brief existiert nicht mehr, aber Heydrichs Antwortschreiben deutet darauf hin.) Das Problem, erklärte Heydrich, sei die Reaktion der ausländischen Presse – vor allem der amerikanischen – gegenüber Deutschland, selbst wenn die Gewalttaten von Polen ausgeführt werden würden. Die dringlichste Aufgabe sei es, Polen [durch die Vernichtung seiner politischen Elite] zu entpolitisieren. An anderer Stelle erklärte Heydrich, die Lösung der Judenfrage könne nicht direkt, sondern nur stufenweise erreicht werden.[28] Es dauerte fast zwei Jahre, bis die»Endlösung«, wie die SS ihre Pläne nannte, ausgearbeitet war und mit der Durchführung begonnen wurde.

Der Einsatz der Ordnungspolizei bei den Mordaktionen der SS in Polen brachte möglicherweise Probleme mit sich, da viele Polizisten und mindestens ein Kommandeur keine SS-Mitglieder waren. Ein Beispiel ist Oberst Hermann Franz, ein Berufspolizist, der ein Polizeibataillon in einem Teil des Gebietes kommandierte, das von der 8. Armee erobert worden war. Franz war seit 1931 Mitglied der NSDAP, bewarb sich aber erst 1938 bei der SS. Seine Bewerbung wurde abgelehnt, und Himmlers Personalhauptamt mußte sich 1940 für ihn einsetzen, nachdem Franz seinen Wert in Polen bewiesen hatte und zum Leiter einer Ausbildungsschule für die Ordnungspolizei aufgestiegen war.[29] Er konnte seine Männer offensichtlich dazu bewegen, selbst die grausamsten Befehle auszuführen.

Mit Ausgang des Polenfeldzuges Ende September 1939 war die Zahl der Polizeibataillone auf 21 angestiegen; hinzu kamen noch zwei Kavallerieeinheiten. Abgesehen von einer neugeformten SS- und Polizeidivision, die in den Argonnen gegen die Franzosen kämpfte, waren die Polizeibataillone an der Offensive im Westen im Frühjahr 1940 kaum beteiligt. Doch mit dem Ende der Kämpfe wurden sie für polizeiliche Aufgaben und zur Erhaltung der Sicherheit im besetzten Norwegen, Holland, Frankreich und Polen eingesetzt, wo Anfang des Jahres 1941 mindestens 18 Bataillone ihren Dienst versahen. Eine Liste mit den Standorten der deutschen Polizeibataillone, die damals von der britischen Abwehr erstellt wurde, enthielt insgesamt 158 Bataillone, von denen aber nicht alle nachgewiesen sind. Bei ungefähr 500 Mann pro Bataillon waren das insgesamt 80 000 Männer.[30]

Am 18. Dezember 1940 gab Adolf Hitler den deutschen Streitkräften offiziell den Befehl, unter dem Codenamen Barbarossa einen Angriff auf die Sowjetunion vorzubereiten. Damit verlagerte sich der Schwerpunkt der nationalsozialistischen Expansion nach Osten. Die deutschen Strategen erkannten, daß die Sicherheit hinter den Frontlinien ein enormes Problem darstellen würde. Das Land war groß, und riesige Wälder und Sumpfgebiete boten den Feinden ausgezeichnete Verstecke. Die Wehrmacht konnte es sich nicht leisten, allzu viele Truppen im Hinterland einzusetzen. Selbst eine Militärmacht wie die deutsche mit drei Millionen Mann geriet in Bedrängnis, wenn sie verwirklichen wollte, was Hitler forderte – die Zerschlagung der Sowjetunion in einem Blitzkrieg innerhalb von zehn Wochen oder weniger.

Zu den Truppen, welche die Wehrmacht für Sicherheitseinsätze verwenden wollte, gehörten auch Dalueges Polizeibataillone. Die Angelegenheit war natürlich heikel, denn die Wehrmacht hatte keine Verfügungsgewalt über die Polizei. Außerdem waren die Angriffspläne streng geheim, man konnte den Polizeieinheiten daher nicht mitteilen, daß sie vom Westen in den Osten verlegt werden würden. Der Oberbefehlshaber der Wehrmacht, Generalfeldmarschall Walther von Brauchitsch mußte jedem Kontakt zur Polizei vorher zustimmen.[31] Ein weiteres, nicht zu unterschätzendes Problem bestand darin, daß einige Generäle der Wehrmacht die SS in den Jahren 1939 und 1940 unter anderem wegen der Ausschreitungen in Polen scharf kritisiert hatten. Himmler und Brauchitsch hatten intervenieren und den Streit schlichten müssen. Im Juli 1940 hatte Brauchitsch die Dienststellen des Heeres angewiesen, sie sollten sich möglichst bei der Durchführung des Volkstumskampfes (dem Judenproblem) durch die politischen Stellen im Osten nicht einmischen.[32] Die Beziehungen zwischen der Wehrmacht, der SS und der Polizei waren immer noch stark belastet.

Himmler und Heydrich hatten ihre eigenen Gründe, warum sie mit der Wehrmacht über das »Unternehmen Barbarossa« verhandelten. Sie erkannten, daß der Feldzug im Osten dem nationalsozialistischen Deutschland die perfekte Gelegenheit bieten würde, die rassischen und politischen Feinde Deutschlands unter dem Deckmantel des Krieges zu liquidieren. Sie hatten wie Hitler eine radikale Vorstellung von den angeblich notwendigen Maßnahmen zur Sicherung der eroberten Gebiete im Osten. In ihren Augen galt nur die Reduzierung und Eliminierung der feindlichen Bevölkerung und die Neubesiedlung der besetzten Gebiete durch Deutsche als ausreichend. Während die deutschen Streitkräfte vielleicht einen »normalen« Krieg planten, sollten die SS und die Polizei den »jüdischen Bolschewismus« für immer zerschlagen. Ein wichtige Etappe sollte die rasche Vernichtung der politischen Führung des Feindes sein, doch dafür mußten die SS- und Polizeikräfte unmittelbar hinter der Wehrmacht vorrükken.

Die »Pazifizierungsmaßnahmen«, die in Verbindung mit dem »Unternehmen Barbarossa« geplant wurden, waren außerdem mit weiter gefaßten Zielen der Nationalsozialisten verbunden. Anfang des Jahres 1941 hatte Heydrich bereits ein allgemeines Konzept für die Juden in ganz Europa ausgearbeitet, das zunächst deren Deportation in den Osten und dann ihre Ermordung vorsah.[33] Im Mai 1941 konnte ein sehr gut informierter Untergebener Heydrichs auf die, wie er sich ausdrückte, »endgültige Lösung der Judenfrage« anspielen.[34] Nach und nach wurden einige wenige hochrangige Nazis außerhalb der SS in das Projekt eingeweiht.

Ende März des Jahres 1941 traf sich Heydrich mit Hermann Göring. Der hochdekorierte Kampfflieger des Ersten Weltkrieges vereinte auf sich eine breite Palette von Funktionen und Ämtern, unter anderem war er Beauftragter für den Vierjahresplan. Er war zu einer Art Wirtschaftsführer geworden und in dieser Eigenschaft zumindest noch nominell für die Judenpolitik zuständig. Als Reichsminister der Luftfahrt war Göring zudem an der Planung des Feldzuges im Osten beteiligt. Heydrich berichtete kurz über »die Lösung der Judenfrage« und legte Göring einen Entwurf seines Planes vor (der nicht mehr existiert). Nach Heydrichs Memorandum über die Besprechung stimmte Göring zu, nachdem er eine geringfügige Änderung hinsichtlich von Rosenbergs Zuständigkeitsbereich verlangt hatte. Rosenberg galt zu diesem Zeitpunkt bereits als angehender Reichsminister für die besetzten Ostgebiete. Die Erwähnung Rosenbergs weist darauf hin, daß zumindest ein Teil der europäischen Juden auf sowjetischem Gebiet ermordet werden sollte.[35]

Göring empfahl auch, den Truppen eine drei- bis vierseitige Unterweisung über die Gefährlichkeit der sowjetischen Polizei, der Politkommissare und der Juden zu geben. Dann würden die Soldaten wissen, wie sie vorgehen sollten, wenn sie dem Feind gegenüberstanden. Heydrich kam diesem Teil der Aufgabe mit beachtlichem Geschick nach. Nachdem er den Bolschewismus als den Todfeind des deutschen Volkes beschrieben hatte, erläuterte er, daß der Kampf ein energisches und gnadenloses Durchgreifen gegen bolschewistische Agitatoren, Partisanen, Saboteure und Juden erfordere. Die Truppen sollten jeden aktiven und passiven Widerstand brutal brechen.[36] Himmler und Heydrich hatten in Hinblick auf den kommenden Feldzug bereits Gespräche mit hochrangigen Militärs geführt. Sie trafen sich sehr früh mit Wilhelm Keitel, dem späteren Generalfeldmarschall und Chef des Oberkommandos der Wehrmacht. Himmler unterhielt sich außerdem mit dem Generalstabschef des Heeres, Franz Halder. Heydrich notierte, daß er sich Anfang Februar mit dem Oberbefehlshaber des Heeres Walther von Brauchitsch getroffen hat. Die offiziellen Verhandlungen für eine Übereinkunft mit dem Militär begannen am 13. März, nachdem Himmler und Heydrich ihre Standpunkte drei Tage zuvor festgelegt hatten.[37] Die SS war aus verschiedenen Gründen in der besseren Position, unter anderem spielte Hitlers direktes Eingreifen sicherlich eine große Rolle.

Am 3. März hatte der Chef des Wehrmachtführungsstabes, Generaloberst Alfred Jodl, die Anordnungen Hitlers zur Verwaltung der besetzten Gebiete in der Sowjetunion an seine Untergebenen weitergeleitet. Der kommende Feldzug sei »kein bloßer Kampf der Waffen, sondern eine Auseinandersetzung zwischen zwei Weltanschauungen«. Die »jüdisch-bolschewistische Intelligenz« sei daher zu beseitigen. Die »Richtlinien auf Sondergebieten« führten aus, daß Himmler im Operationsgebiet des Heeres zur Vorbereitung der politischen Verwaltung Sonderaufgaben im Auftrage des Führers erhalten sollte. Himmler sollte diese Aufgaben unabhängig von den regulären Truppen ausführen und dafür sorgen, daß die militärischen Operationen nicht gestört wurden. Das vom Militär verwaltete Gebiet sollte so weit wie möglich beschränkt werden, und die Befehlsgewalt des Militärs sollte auf die direkten Operationsgebiete begrenzt werden. Die übrigen Gebiete sollten von zivilen Reichskommissaren mit der Unterstützung von Polizeikräften verwaltet werden. Ob es notwendig sei, auch schon im Operationsgebiet Organe des Reichsführers SS einzusetzen, müsse das Militär mit Himmler klären, doch »die Notwendigkeit, alle Bolschewistenhäuptlinge und Kommissare sofort unschädlich zu machen«, spreche dafür. Hitler verlieh seiner Anordnung mit ähnlich blutrünstigen Reden vor Wehrmachtsoffizieren im März 1941 Nachdruck.[38]

Mitte März begannen Himmler, sein Stabschef Karl Wolff, Daluege und Heydrich offenbar mit der Verteilung der Aufgaben und Gebiete an die verschiedenen Polizeieinheiten für die Dauer des Feldzuges gegen die Sowjetunion.[39] Angesichts der Vielzahl der Aufgaben war es kaum möglich, auf Dalueges Einheiten zu verzichten. Himmler wollte wahrscheinlich ohnehin nicht alles Heydrich überlassen – schließlich mußte man vermeiden, daß Untergebene zu angesehen und zu mächtig wurden. Daluege selbst ertrug die Bevormundung durch Heydrich vermutlich nicht gerne. Hitler hatte es sich zum Grundsatz gemacht, daß sich die Machtbereiche und Ämter seiner Untergebenen überschnitten. Bei Daluege und Heydrich machte Himmler daraus eine Kunstform.[40]

Am 16. April trafen sich diese vier Männer sowie Hans Jüttner (der Leiter des SS-Führungshauptamtes) mit dem Generalquartiermeister des Heeres, Oberst Wagner, um die verbleibenden Fragen in einem Abkommen zwischen der SS und dem Militär über den Einsatz von SS- und Polizeieinheiten in den sowjetischen Gebieten zu klären. Heydrich erhielt für seine Einsatzgruppen nahezu freie Hand. Dem Militär wurde versichert, daß sich in der Nähe der Front nur wenige Polizisten aufhalten würden: In der Nähe der Kampftruppen sollten nur kleine Einheiten der Polizei operieren. Der Großteil der Sicherheitskräfte sollte in größerer Entfernung (»in rückwärtigen Heeresgebieten«) tätig sein. Zumindest eine zentrale Figur der Wehrmacht, Generalstabschef Franz Halder, war erleichtert, daß das Militär nicht alles erledigen mußte, was Hitler wollte – Himmlers Leute sollten das übernehmen. Doch Heydrichs Richtlinien für die Truppen und Hitlers Appelle an führende Generäle zeigen, daß die Wehrmacht dennoch direkt beteiligt sein würde. Himmler weihte außerdem General Reinecke in die Siedlungspläne der SS für den Osten ein. Folglich bekamen einige wichtige Generäle zumindest einen flüchtigen Eindruck davon, was die Zukunft bringen sollte.[41]

Die Verhandlungen mit dem Militär vom 16. April (und das Dokument über die Einsatzgruppen) bezogen sich nicht ausdrücklich auf Dalueges Ordnungspolizei, doch Daluege hatte ihre Beteiligung ohnehin sichergestellt. Am 8. April sprach Daluege noch einmal mit Himmler über die Verwendung der Ordnungspolizei bei dem »Unternehmen Barbarossa«.[42] Am 21. April wies er Hitler direkt darauf hin, daß die Bataillone der Ordnungspolizei an dem Feldzug teilnehmen würden, und in einem Dankschreiben für eine kürzlich erhaltene militärische Auszeichnung versprach er Hitler, daß die Ordnungspolizei und ihre Hilfsorganisationen die kommenden neuen Aufgaben mit Stärke und Mut erfüllen würden.[43] Andere Quellen deuten darauf hin, daß die Idee für den Einsatz der Ordnungspolizei von Hitler stammte oder daß er sie zumindest befürwortete. In einer Rede vor hochrangigen Polizeibeamten zu Beginn des Jahres 1942 erklärte Daluege, der Führer habe schon vor Beginn des Feldzuges gegen die UdSSR die Vorbereitungen für den Einsatz der Ordnungspolizei in den rückwärtigen Heeresgebieten angeordnet. Er hatte bei seiner Rede die Beteiligung Hitlers wohl kaum übertrieben, denn er schickte sie an Himmler, der sie an Hitler weitergab.[44]

Anhand der Besprechung vom 16. April arbeitete Hitlers persönlicher Stab den Entwurf für ein weiteres streng geheimes Dokument über die Sicherheit in den Gebieten der Sowjetunion aus, die schon bald erobert werden sollten. Das Dokument zeigte, wie schon das Abkommen mit dem Militär über die Einsatzgruppen, daß Hitler Himmler nicht genau beschriebene Sonderbefehle gegeben hatte. Der Reichsführer SS sollte in den Gebieten unter deutscher politischer Verwaltung Höhere SS- und Polizeiführer einsetzen, die ihre Anweisungen direkt von ihm erhielten und denen SS- und Polizeitruppen (Einheiten der Waffen-SS und Bataillone der Ordnungspolizei) sowie Einsatzgruppen zur Verfügung standen. Jeder Höhere SS- und Polizeiführer sollte die entsprechenden Kommandeure im rückwärtigen Armeegebiet über die Anweisungen unterrichten, die er von Himmler erhalten hatte. Falls erforderlich, konnte der Kommandeur Weisungen erteilen, um eine Störung der militärischen Operationen zu vermeiden. Wenn »Gefahr im Verzug war«, konnte der Kommandeur mit der Genehmigung des Höheren SS- und Polizeiführers die Polizeieinheiten militärisch einsetzen, doch ansonsten unterstanden die Polizeibataillone den SS- und Polizeibehörden, insbesondere den Höheren SS- und Polizeiführern Rußland Nord, Rußland Mitte und Rußland Süd.[45]

Himmlers Rückgriff auf die Höheren SS- und Polizeiführer im Osten war nicht ohne Vorbild. Seit 1938 hatte Himmler sie in jedem Militärbezirk in Deutschland eingesetzt. Offiziell waren sie für die Sicherheit und Ordnung bei Feiern und Massenveranstaltungen zuständig, doch sie erhielten besondere Anweisungen, wenn Himmler es für angebracht hielt.[46] Er wollte nicht nur die Tätigkeit von SS und Polizei auf regionaler Ebene koordinieren, sondern auch die beiden verschiedenen Organisationen zu einem nationalsozialistischen Schutzverband für das Dritte Reich vereinen. Dieser Verband sollte die inneren Feinde Deutschlands bekämpfen, die germanische Rasse schützen und eine militärische Expansion fördern.[47]

Die politische Sensibilität in Deutschland war so, daß die Höheren SS- und Polizeiführer sich immer noch an Gesetze (die Gesetze des Dritten Reiches) und bürokratische Vorschriften halten mußten. Doch in den besetzten Gebieten der Sowjetunion, wo deutsches Recht nicht galt, konnten sie ohne weiteres die Sonderbefehle Hitlers ausführen. Die SS- und Polizeiführer im Osten hatten daher von Anfang an mehr Macht als ihre Kollegen in Deutschland. Eine sorgfältige Koordination auf territorialer Ebene war vor allem bei der Vernichtung der Millionen »Feinde« der Nationalsozialisten durch die SS- und Polizeieinheiten besonders wichtig. Himmler fand das Prinzip der territorialen Koordinierung so wichtig, daß er es durch die Ernennung regionaler und in wichtigen Bezirken auch lokaler SS- und Polizeiführer ausbaute, die beide den territorialen Höheren SS- und Polizeiführern unterstanden.

Die Höheren SS- und Polizeiführer erstatteten direkt Bericht an Himmler, nicht an Heydrich, und versorgten ihn mit Informationen aus dem Feld. Sie verwendeten sowohl Einheiten von Heydrichs Einsatzgruppen als auch von Daluéges Ordnungspolizei, ohne die einen den anderen unterzuordnen. Dadurch konnte Himmler den Balanceakt mit seinen beiden wichtigsten Untergebenen bei der Polizei fortsetzen.

Himmler brauchte nicht lange, um die geeigneten Leute für die Aufgaben im Osten zu finden. Der vierzigjährige Hans-Adolf Prützmann war bereits Höherer SS- und Polizeiführer in Nordwestdeutschland gewesen. Er war der NSDAP (1929) und der SS (1930) zu einem Zeitpunkt beigetreten, der angemessen früh erschien. Zwischen 1923 und 1924 hatte er in einem Freikorps und in einem geheimen Reichswehrregiment gedient. Prützmanns Verhältnis zu Daluege war gut, die beiden schickten sich Geburtstagsglückwünsche und gelegentlich Geschenke. Himmler vertraute Prützmann so sehr, daß er ihn, als die militärische Lage für Deutschland Ende 1944 prekär wurde, mit der Organisation eines Partisanenkriegs gegen die Alliierten betraute. Prützmanns Ernennung zum Höheren SS- und Polizeiführer für Rußland Nord wurde am 22. Juni 1941 wirksam, dem Tag des deutschen Überfalls auf die Sowjetunion, es gibt jedoch Anzeichen, daß sie schon im April 1941 geplant worden war.[48]

Erich von dem Bach-Zelewski (der einen zweiten Nachnamen führte, weil seine Frau Kinder aus erster Ehe hatte) hatte in der Weimarer Republik fünf Jahre in der Reichswehr gedient. Er war wie Prützmann schon lange bei der SS und mit Daluege gut bekannt. Daluege hatte ihn 1933 als treu, ehrbar und sehr impulsiv beschrieben.[49] Nach einem Streit mit einem anderen hochrangigen Nationalsozialisten war Bach-Zelewski wahrscheinlich wegen seines Vorgehens gegen Juden kritisiert worden. Himmler berichtete den Vorfall Hitler, der entschied, daß Bach-Zelewski in seinen SS-Ämtern belassen werden sollte.[50] Im März 1941 bat Bach-Zelewski um eine Versetzung an die Front. Zu diesem Zeitpunkt muß er vom »Unternehmen Barbarossa« bereits gewußt haben.[51] Im April ernannte ihn Himmler zum Höheren SS- und Polizeiführer Südost (Schlesien). Einen Monat später verlor Bach-Zelewski seinen Posten, erhielt Urlaub und wurde dann angewiesen, am 26. Mai direkt mit Himmler Kontakt aufzunehmen.[52]

Friedrich Jeckeln, mit 46 Jahren der Älteste der Gruppe, paßte in dasselbe Schema. Er war von seiner Ausbildung her Ingenieur und hatte im Ersten Weltkrieg als hochdekorierter Leutnant gekämpft. Jeckeln war schon früh der NSDAP und der SS beigetreten und hatte 1933 einen bedeutenden Posten bei der Braunschweiger Polizei erhalten. Auch er verstand sich gut mit Daluege; außerdem verfügte er als Höherer SS- und Polizeiführer in Deutschland (für den SS-Oberabschnitt Nord-West, später Mitte) über Erfahrung. Anfang des Jahres 1941 ließ Jeckeln seine Beziehungen spielen und bekam prompt einen neuen Posten im Osten. Am 23. April schrieb er an einen Freund: »Ich selbst werde, wie ich heimlich erfahren habe, in Verbindung mit großen Ereignissen eingesetzt werden, die uns bevorstehen...«[53] Am 1. Mai gab Himmler verschiedene Anordnungen heraus: Am 10. Mai sollte Jeckeln seinem persönlichen Stab Bericht erstatten und zu seiner Verfügung stehen, dann acht Tage Urlaub haben und danach Heydrich zu Informationszwecken zur Verfügung stehen.[54] Jeckelns offizielle Ernennung zum Höheren SS- und Polizeiführer für die Ukraine erfolgte am 22. Juni, dem Tag des Überfalls auf die Sowjetunion.

Alle drei Männer waren SS-Gruppenführer und standen im Rang eines Generalleutnants bei der Polizei. Es war ein kleiner Kreis: Alle hatten einen militärischen Werdegang, waren bei der Polizei und seit vielen Jahren in der SS. Wenn Himmler nicht völlig überzeugt gewesen wäre, daß sie alles tun würden, was Hitler und er von ihnen verlangten, wären sie nicht so weit gekommen. Das Befehlsschema vom Frühjahr 1941 weist für alle drei darauf hin, daß Himmler sie für ihren Posten in den besetzten Gebieten der Sowjetunion aufbaute und auf ihre künftigen Aufgaben vorbereitete.[55]

Möglicherweise fand Mitte Juni eine gemeinsame Besprechung statt. Im Jahr 1946 sagte Bach-Zelewski aus, daß er einige Wochen vor dem Angriff auf die Sowjetunion zusammen mit Daluege, Heydrich, Jeckeln, Prützmann, Karl Wolff und anderen an einer Besprechung auf Himmlers Wewelsburg teilnahm. Himmler verkündete, daß der bevorstehende Feldzug darüber entscheiden werde, ob Deutschland für alle Zeiten eine Großmacht sein oder ausgelöscht werden würde. Ein so bedeutender Mann wie Hitler werde nur alle tausend Jahre einmal geboren; deshalb müsse diese Generation das Problem lösen, daß Deutschland nicht genug Lebensraum habe. Wenn Deutschland erst einmal einen großen Teil des europäischen Rußland erobert haben würde, dann würden alle Juden Europas in seine Hände fallen. Deutschland werde fortfahren, die Juden aus Europa zu entfernen, und zugleich die slawische Bevölkerung um zwanzig bis dreißig Millionen reduzieren.[56] Nach Bach-Zelewskis Aussage von 1946 wollte Himmler alle Abteilungen seiner verschiedenen Einheiten – die Sicherheitspolizei, die Ordnungspolizei und die Waffen-SS – zur Verwirklichung seiner rassistischen Ziele einsetzen. Schon mit Beginn des Rußlandfeldzuges erlaubte er der Sicherheitspolizei (und den aus ihr gebildeten Einsatzgruppen), mehr oder weniger eigenmächtig vorzugehen. Sie waren nur Heydrich verpflichtet, während die Einheiten der Ordnungspolizei den Höheren SS- und Polizeiführern unterstanden.[57] Die tatsächlichen Verhältnisse waren komplizierter, doch Bach-Zelewski erfaßte das Wesentliche.

Himmler hatte im April 1941 einen besonderen Stab eingerichtet, der eine reibungslose Zusammenarbeit zwischen den Einheiten der Waffen-SS und der Ordnungspolizei hinter der Front gewährleisten sollte. Anfang Mai wurde dieser Kommandostab Reichsführer SS dem sechsundfünfzigjährigen Kurt Knoblauch unterstellt. Knoblauch, der lange Zeit Offizier in der Armee gewesen war, war mehr Berufssoldat als Politiker – er war erst nach Hitlers Machtübernahme Mitglied der NSDAP geworden und erst 1935 zur SS gekommen.[58]

Himmler hatte daran gedacht, alle Aktionen gegen »Partisanen« im rückwärtigen Gebiet dem Kommandostab RFSS zu unterstellen, änderte aber seine Meinung. Statt dessen wurden die Einheiten der Waffen-SS und der Polizei, sobald sie Deutschland verlassen hatten, direkt den Höheren SS- und Polizeiführern unterstellt.[59] Allerdings koordinierte ein verkleinerter Kommandostab RFSS die Truppenbewegungen und die Versorgung der Truppen, übermittelte Himmlers Anweisungen und erhielt von den Einheiten hinter der Front Meldungen.

Nach einem Verzeichnis der dem Kommandostab RFSS angegliederten Einheiten vom Juni 1941 sollte Prützmann, der Höhere SS-Führer für Rußland Nord, das Polizeiregiment Nord (das aus drei Bataillonen und anderen ausgewählten Einheiten bestand) sowie drei andere Polizeibataillone leiten. Bach-Zelewski, der Höhere SS-Führer für Rußland Mitte, erhielt das Polizeiregiment Mitte und drei zusätzliche Bataillone, und Jeckeln im Süden verfügte über dieselbe Truppenstärke. Die Aufstellung war keineswegs endgültig: Vier weitere Polizeibataillone, mehrere Einheiten der Kavallerie, die Brigaden der Waffen-SS und die Infanterieregimenter wurden gesondert aufgeführt.[60] De facto wurden mindestens 18 Bataillone der Ordnungspolizei, also ungefähr 9000 Polizisten, für eine rasche Verlegung in die Gebiete aufgeführt, die von den Kampftruppen erobert und auf dem weiteren Vormarsch wieder verlassen worden waren.

Wir wissen immer noch nicht genau, nach welchen Kriterien all diese Einheiten zusammengestellt wurden oder über welche Erfahrungen sie verfügten. Die Bataillone bestanden aus jungen Rekruten, Polizisten, die neue Pflichten bekommen hatten, und älteren Polizisten, die in speziellen Reserve-Polizeibataillonen zusammengefaßt waren. Trotz dieser Wissenslücken ist bekannt, daß die Bataillone der Ordnungspolizei weniger politisiert waren als die Einsatzgruppen. Sie repräsentierten vielleicht nicht die durchschnittlichen Deutschen – Polizisten in einem Polizeistaat haben gewisse Eigenschaften und Verhaltensweisen, die sie von der großen Masse der Bevölkerung unterscheiden. Dennoch können wir aus den Informationen über ihre Zahl und ihre Aufgliederung darauf schließen, daß sie keiner politisch-ideologischen Elite angehörten.

Wieviel erfuhren die angehenden Mitglieder der Exekutionskommandos bei der Polizei über ihre Einsätze und die Natur der nationalsozialistischen Bevölkerungspolitik? Wieder sagten viele Polizisten nach dem Krieg aus, daß sie ihre genaue Aufgabe bis kurz vor ihrem ersten Einsatz nicht gekannt hätten. Historiker müssen mit solchen Angaben vorsichtig umgehen, denn die befragten Offiziere und Polizisten hätten sich mit anderen Aussagen selbst belastet; außerdem wollten viele nicht gegen ehemalige Kollegen aussagen. Ein weiteres Problem besteht darin, daß manche Berichte widersprüchlich sind, und welchem Täter soll man dann glauben?[61] Eindeutige historische Dokumente fehlen weitgehend.

Immerhin wissen wir, daß das Zurückhalten von Informationen bis zur letzten Minute typisch für das Naziregime war.

Hitlers Befehl bedeutete sinngemäß, nie jemandem etwas zu sagen, bevor es absolut notwendig war, nie mehr zu sagen, als für die Durchführung einer Aufgabe notwendig war und den Menschen überhaupt nie mehr zu sagen, als notwendig war.[62] Diese Anordnung wurde vielleicht bekannter, als es die nationalsozialistische Regierung beabsichtigt hatte. Als sie Mitte 1943 in einem Funkspruch wiederholt wurde, fingen britische Dechiffrierspezialisten sie auf und leiteten sie an Winston Churchill weiter,[63] den diese Lektüre sicher gefesselt hat.

3   Ein Bataillon erhält einen Befehl

Am 22. Juni 1941, dem Tag des deutschen Überfalls auf die Sowjetunion, nahm die Wehrmacht Grenzstädte in Litauen ein und
drang ins Landesinnere vor. Beim ersten Angriff und auch danach erlitt sie Verluste durch Heckenschützen. Die deutschen
Behörden behaupteten, Juden hätten sich dem deutschen Vorstoß widersetzt und sogar die Leichen der deutschen Gefallenen
geschändet. Die Anschuldigungen lieferten Berlin einen Vorwand, um eine geplante Aktion fortzusetzen. Heinrich Müller,
der Chef der Gestapo, erteilte am 23. und 24. Juni der Stapo-
Dienststelle im ostpreußischen Tilsit in einem Fernschreiben die
Anweisung, ein mobiles Tötungskommando (das Einsatzkommando Tilsit) aufzustellen und die Juden im nahegelegenen
Grenzgebiet von Litauen zu liquidieren. Der Leiter der Staats-
polizeistelle, SS-Sturmbannführer Hans Joachim Böhme, rekru-
tierte dafür Ortsansässige bei der Gestapo, der Grenzpolizei und
der regulären Polizei. Die Schützen bei den ersten Exekutionen
in Garsden (Gargzdai), Kretinga und Palanga, wo man Juden für
den Widerstand gegen deutsche Truppen verantwortlich machte,
waren vom »einheimischen Ordnungsdienst«. Innerhalb von drei
Tagen wurden 526 Juden, bis auf zwei ausnahmslos männliche
Erwachsene, erschossen und in dafür vorbereitete Gruben geworfen.[1] Mit dieser Aktion begann der Holocaust auf sowjetischem Territorium.

Heydrich und Müller leiteten die Aktionen aller Einsatzgruppen und Einsatzkommandos. Die Bataillone der Ordnungspolizei unterstanden jedoch Daluege. Gerade sie sollten die wesentliche Stütze der Höheren SS- und Polizeiführer werden, die
an den »Säuberungen« in den eroberten Gebieten maßgeblich

beteiligt waren. Ende Juni hielt Daluege mit Prützmann, Bach-Zelewski, Jeckeln und Gerret Korsemann, der schon bald der vierte Höhere SS- und Polizeiführer werden sollte,[2] eine Besprechung in Berlin ab. Die Besprechung wurde nur bekannt, weil Heydrich an ihr nicht teilgenommen hat. Daluege hatte versäumt, ihn ausreichend zu informieren, daher konnte Heydrich nicht dabei sein (und die Besprechung an sich reißen). Am 2. Juli schickte er ein streng geheimes Schreiben an die vier Männer, in dem er sich über Daluege beklagte und die »wichtigsten Weisungen« hinsichtlich der Sicherheit in den neu eroberten Gebieten, die er bereits den Einsatzgruppen erteilt hatte, in gedrängter Form darlegte.[3] Zumindest notierte er das.

Ohne die Auseinandersetzung zwischen Heydrich und Daluege über die Kontrolle der SS und den Einsatz der Polizei in den besetzten Gebieten der Sowjetunion hätte Heydrich sicher nichts schriftlich festgehalten.[4] In einer anderen Auseinandersetzung mit Hinrich Lohse, dem Reichskommissar im Ostland (Estland, Lettland, Litauen und ein Teil von Weißrußland), enthüllte der Führer der Einsatzgruppe A, SS-Brigadeführer Franz Walter Stahlecker, daß er in Verbindung mit der kommenden Säuberung grundlegende Anweisungen erhalten habe, die nicht aufgeschrieben, sondern nur mündlich weitergegeben werden sollten.[5] Die schriftliche Fassung von normalerweise nur mündlichen Anweisungen sowie Heydrichs Formulierung »in gedrängter Form« für ein ziemlich langes Dokument legen eine eingehende Untersuchung von Heydrichs Schreiben nahe.

Heydrich erklärte, das Nahziel sei die politische, das Endziel die wirtschaftliche Befriedung der neu zu besetzenden Gebiete. Nachdem Heydrich auf die Vereinbarung zwischen den Einsatzgruppen und den regulären Truppen hingewiesen und die Notwendigkeit einer laufenden Berichterstattung erläutert hatte, ging er auf sein eigentliches Anliegen ein: Die Einsatzkommandos sollten alle Funktionäre der Komintern, der Partei, der Zentralkomitees, der Gau- und Gebietskomitees, alle Volkskommissare, Juden in Partei- und Staatsstellungen und sonstige radikale Elemente (Saboteure, Propagandeure usw.) exekutieren. Er gab auch Anweisung, Nichtdeutsche dazu zu ermuntern, in ihren Gebieten Pogrome gegen Juden durchzuführen.[6]

Einige Polizeieinheiten und Einsatzkommandos ermordeten bereits Juden, die nicht unter die oben genannten Kategorien fielen. Allerdings sagten überlebende Mitglieder der Einsatzkommandos bei Vernehmungen und Verfahren, die seit den fünfziger Jahren in der Bundesrepublik durchgeführt wurden, im allgemeinen aus, daß sie bis Anfang August oder in einigen Fällen auch später keine jüdischen Frauen und Kinder getötet hätten.[7] Man hat die Ereignisse dahingehend interpretiert, daß die Kommandeure der Einsatzgruppen das Ziel der nationalsozialistischen Judenpolitik bereits kannten und mit begrenzter Truppenstärke soviel wie möglich erreichen sollten. Jüdische Männer wurden als größere Bedrohung betrachtet, es war daher einfacher,»Gründe« (Vorwände) für ihre Ermordung zu finden.

Es ist sicher möglich, daß einige Befehlshaber der Einsatzgruppen Heydrichs Schreiben vom 2. Juli für bare Münze nahmen, doch man muß schon recht leichtgläubig sein, wenn man der Behauptung aufsitzen soll, Himmler, Heydrich und Daluege hätten zu diesem Zeitpunkt noch nicht gewußt, was sie mit der jüdischen »Rasse« machen würden. Sie wußten nur noch nicht, wie reibungslos die Exekutionen funktionieren und welche Kommandeure und Einheiten sich als effektiv erweisen würden und ob Widerstand, auch von Seiten der Polizisten, zu erwarten war.

Das Kriegstagebuch des Bataillons 322 der Ordnungspolizei und einige ähnliche Originaldokumente, die erstmals von dem deutsch-australischen Historiker Konrad Kwiet entdeckt und untersucht wurden, erhärten den Verdacht gegen hochrangige Nazis.[8] Die Juden waren von Anfang an als Opfer auserkoren. Angebliche Vernunftgründe und Vorwände verbargen diese Tatsache gelegentlich vor den Exekutionskommandos, die die Liquidierungen etappenweise durchführten. Eine eingehende Betrachtung des Bataillons 322 stützt die These, daß die nationalsozialistische Kampagne zur Vernichtung von Deutschlands »Feinden« im Osten sorgfältig im voraus geplant worden war und daß die Ordnungspolizei bei diesem Vorhaben von Anfang an eine wichtige Rolle spielte.

Am 15. April, ungefähr zu der Zeit, als Himmler seine Höheren SS- und Polizeiführer für den Osten aussuchte,[9] befahl er Bataillon 322 (und sehr wahrscheinlich einigen anderen), sich auf einen Einsatz außerhalb Deutschlands vorzubereiten. Aus dem Kriegstagebuch geht hervor, daß Bataillon 322 Himmler direkt unterstellt war. Obwohl es keinen eindeutigen Beleg dafür gibt, waren andere Bataillone, die in diesem Zeitraum mobilisiert wurden, wahrscheinlich ebenfalls Himmler direkt unterstellt.

Bataillon 322, das als Radfahrbataillon bezeichnet wurde, weil es ursprünglich über keine motorisierten Transportmittel verfügte, wurde in Wien zusammengestellt. Kommandeur war der Major der Schutzpolizei Gottlieb Nagel. Das Bataillon setzte sich aus einem Stab, drei Kompanien (die aus je vier Zügen bestanden) und einer Kraftfahrzeugstaffel zusammen. Es gab 13 Offiziere, einen Oberarzt, fünf Verwaltungsbeamte, 107 Unterführer und 493 Wachtmeister und Angehörige der Kraftfahrzeugstaffel. Der Anteil an Deutschen und Österreichern war ungefähr gleich, doch ein Großteil der Offiziere war deutsch. Die meisten Wachtmeister waren 29 bis 33 Jahre alt.[10]

Zusätzlich zur militärischen Ausbildung erhielten die Männer des Bataillons 322 politischen und ideologischen Unterricht, der sich im wesentlichen auf den jüdisch-bolschewistischen Feind bezog. Am 17. Mai 1941 jubelten die Bataillonsmitglieder über die Nachricht, daß sie in den Osten geschickt werden würden. Bei ihrem Aufbruch aus Wien am 9. Juni ermahnte sie der Kommandant der Wiener Ordnungspolizei, die Befehle zu befolgen, stets ihre Pflicht zu tun und »den slawischen Völkern gegenüber als Herrenmensch aufzutreten«.[11]

In Warschau wurden die Polizeibataillone 307, 316 und 322 zum Polizeiregiment Mitte unter dem Kommandeur Oberstleutnant Max Montua vereint. Der 55jährige Montua war ein hochdekorierter Weltkriegsveteran und Berufspolizist. Er war noch kein Mitglied der SS, sollte aber schon bald zeigen, daß er ihren Anforderungen entsprach.[12] Sobald Montua und sein Regiment sowjetisches Gebiet erreichten (einschließlich des polnischen Territoriums, das die Sowjetunion 1939 annektiert hatte), unterstanden sie dem Höheren SS- und Polizeiführer Bach-Zelewski. Am 28. Juni inspizierten Bach-Zelewski und der Befehlshaber des rückwärtigen Heeresgebiets Mitte, General von Schenckendorff, das Bataillon 322.[13]

Wenige Tage später erhielt das Bataillon erste Anweisungen zur Behandlung der Bevölkerung in den eroberten Gebieten. Jeder Zivilist, der mit einer Waffe angetroffen wurde, sowie politische Kommissare mußten erschossen werden. Die Nationalsozialisten betrachteten die Weißrussen, Ruthenen und Ukrainer als potentiell deutschfreundlich; deshalb war es erlaubt, aus ihren Reihen Hilfspolizeieinheiten aufzustellen. Am 7. Juli erreichte das Bataillon die Stadt Bialystok in der ehemaligen sowjetischen Zone von Polen, wo die Männer ihren ersten Einsatz erlebten und sich zu verändern begannen.[14]

Das Polizeibataillon 309 hatte am 27. Juni die Stadt durchkämmt und ungefähr 700 Juden in der Hauptsynagoge verbrannt. Auch das Einsatzkommando 9 war bereits eingetroffen und führte immer noch Exekutionen von Juden durch.[15] Der Durchzug verschiedener Einheiten durch wichtige Verkehrsknotenpunkte war in den ersten Wochen nach dem Überfall auf Rußland nichts Ungewöhnliches. Bialystok erlebte Einsatzkommandos, Polizeibataillone und andere deutsche Truppen. Die Männer teilten sich die Arbeit, die ihre Vorgesetzten ihnen dort auftrugen.

Einige Polizisten des Bataillons 322 wurden sofort als Wachen eingesetzt, andere patrouillierten in der Stadt, wieder andere waren angewiesen, verdächtige Personen gefangenzunehmen, vor allem Juden oder getarnte sowjetische Soldaten, und sie dem SD zu übergeben. Sowjetische Kriegsgefangene, von denen die meisten jüdischer Herkunft waren, wurden vom ersten Tag an erschossen; in den Berichten wurden sie als »auf der Flucht erschossen« geführt. Für den Morgen des 8. Juli war eine Razzia im Judenviertel geplant. Sechs Offiziere und 220 Wachtmeister riegelten in einem Sektor die Straßen ab und bildeten Trupps zur Durchsuchung der Wohnungen und Läden. Sie nahmen sich nicht nur, was sie brauchten, sondern fanden bei den Juden auch Lebensmittel, Lederwaren, Textilien, Haushaltswaren und ein Jagdgewehr. Man schloß daraus, daß die Juden in den chaotischen Tagen nach der Invasion der Deutschen nichtjüdisches Eigentum geplündert hatten. Während der Durchsuchung und kurz danach wurden 22 Menschen erschossen (darunter eine Frau), vorwiegend Juden, die sich geweigert hatten, die ihnen unterstellten Plünderungen zu gestehen. Andere Juden wurden gezwungen, sich vor den angeblich geplünderten Gegenständen fotografieren zu lassen.[16] Aus dem Kriegstagebuch des Bataillons geht hervor, daß die Polizei nach den Ergebnissen der ersten Razzia zu dem Schluß kam, die Durchsuchung aller jüdischen und polnischen Wohnungen würde Diebesgut zutage fördern. Wenige Monate später durchsuchte eine Kompanie des Bataillons jüdische Häuser in der Stadt Krassnopolje und fand verhältnismäßig wenig »Plünderungsgut«; deshalb wurde angenommen, die Juden hätten es vergraben.[17] Solche Unterstellungen könnten eine direkte Folge der nationalsozialistischen Rassenpropaganda sein.

Am Nachmittag des 8. Juli stattete Himmler dem Bataillon unerwartet einen Besuch ab. Der Höhere SS- und Polizeiführer Bach-Zelewski war bereits eingetroffen. Sie inspizierten die Beute aus der ersten Durchsuchung des jüdischen Viertels, und Himmler fragte die Bataillonsmitglieder nach ihren Aufgaben.[18] Er fand rasch eine Möglichkeit, auf der bisherigen Tätigkeit des Bataillons aufzubauen.

Nach dem Krieg entwickelte Bach-Zelewski seine eigene Version von Himmlers Besuch und den Ereignissen Anfang Juli in Bialystok. Er gab an, daß Daluege in die Stadt gekommen sei, und daß sie gemeinsam die Hinrichtungen der Juden dort und an anderen Orten mißbilligt hätten. Dann sei Himmler eingetroffen und habe trotz Dalueges Widerstand auf der Höchststrafe für die Plünderungen und Sabotageakte bestanden.[19] Arthur Nebe, der Chef der Einsatzgruppe B, hatte angeblich die Hinrichtungen in der Stadt durchführen lassen, nachdem Bach-Zelewski das Kommando entzogen worden war. Bach-Zelewski schob 1946 die ganze Schuld auf die Offiziere, die bereits tot waren.

Es gibt jedoch keine Anzeichen dafür, daß sich Nebe am 8. Juli in Bialystok aufhielt, allerdings existieren zahlreiche Hinweise, daß Bach-Zelewski sein Kommando behielt. Er gab sogar ein Abendessen im kleinen Kreis für Himmler, an dem auch Regimentskommandeur Montua teilnahm. (Auf eine Anwesenheit Dalueges gibt es erst am nächsten Tag Hinweise.) Andere Aussagen nach Kriegsende deuten darauf hin, daß Himmler mit Bach-Zelewski, Montua und den Offizieren mehrerer Bataillone vertrauliche Gespräche über die Polizeiorganisation in den besetzten Gebieten im Osten führte. Es ging das Gerücht, daß er die Polizei aufforderte, verstärkt gegen die Juden vorzugehen. Ein Offizier des Polizeibataillons 316 kehrte von der Besprechung mit Himmler verstört zurück und vertraute einem Offizierskollegen an, daß sein Bataillon Juden erschießen müsse. Am selben Abend wurden ungefähr 1000 Juden getötet. Ein westdeutsches Gericht ermittelte später, daß zumindest die 1. Kompanie des Polizeibataillons 322 an der vom Einsatzkommando geleiteten Aktion teilgenommen hat. Im Kriegstagebuch des Bataillons war nur lakonisch vermerkt, das Bataillon sei Tag und Nacht im Einsatz.[20]

Am nächsten Tag betonte Daluege in einer Ansprache, das Polizeiregiment könne stolz sein, an der Niederringung des Weltfeindes, des Bolschewismus, beteiligt zu sein. Kein Feldzug habe jemals solche Bedeutung gehabt wie dieser. Der Bolschewismus werde nun endgültig ausgerottet werden, zum Segen Deutschlands, Europas, ja der ganzen Welt.[21] Soviel zu Dalueges Widerstand gegen Himmler! Er drängte wohl eher auf ein radikaleres Vorgehen.

Am 11. Juli gab Montua einen vertraulichen Befehl von Bach-Zelewski an die Bataillone 307, 316 und 322 weiter, der die sofortige Exekution aller als Plünderer »überführten« männlichen Juden im Alter von 17 bis 45 Jahren verlangte. Der Befehl schrieb vor, die Erschießungen an entlegenen Orten durchzuführen. Die Gräber seien einzuebnen (damit keine Wallfahrtsorte entstehen konnten). Montua verbot außerdem das Fotografieren bei den Massenerschießungen und riet den Bataillonskommandeuren und Kompaniechefs, die Eindrücke des Tages bei den beteiligten Männern durch Kameradschaftsabende zu verwischen. Ferner seien die Männer laufend über die Notwendigkeit der Maßnahmen zu belehren. Am selben Tag wurde eine weitere Massenhinrichtung durchgeführt. Nach dem Krieg sagte ein Polizist aus, daß Bach-Zelewski am 11. Juli persönlich die Hinrichtungsstätte außerhalb der Stadt besuchte. Angeblich sagte er den Männern, daß die Hinrichtung dieser Juden notwendig für Großdeutschland sei.[22]

Montua wies seine Offiziere darauf hin, regelmäßig und sorgfältig die Zahl der Exekutionen zu melden – und nicht zu übertreiben. Am 20. Juli erließ er einen weiteren Befehl (No. 8) mit Anweisungen zu den Exekutionen, der aber nicht erhalten ist. Spätere Berichte über die Morde an jüdischen Männern und Frauen bezogen sich auf den Befehl vom 20. Juli, der vielleicht die Kategorie der Opfer erweiterte.[23]

Die Erschießung von Plünderern erforderte keine persönlichen Besuche von Himmler und Daluege und auch keine Reden oder besonderen Anweisungen von Bach-Zelewski und Montua. Sie schalteten sich ein, weil die Verbindung zwischen den angeblichen Plünderungen und den vielen Juden, die umgebracht werden sollten, so unglaubwürdig war. Doch die automatische Assoziation der Juden mit Plünderungen – und die selektiven Hinrichtungen der Juden – setzte beim Bataillon schon vor Himmlers Ankunft ein. Man kann das als Hinweis verstehen, daß der Antisemitismus nicht nur von oben oktroyiert wurde. Himmler und Bach-Zelewski bauten auf dieser Grundlage auf.

Himmler war sich durchaus bewußt, daß die Ermordung von Zivilisten zu schweren seelischen Schäden bei den Tätern führen konnte – bereits 1940 sagte er, er sei davor gewarnt worden. Daher war Himmler der Ansicht, daß die Polizisten zusätzlich zu den Befehlen einen Grund für die Hinrichtungen brauchten, und daß man für Kameradschaftsabende sorgen mußte, mit deren Hilfe die seelischen Belastungen vermindert werden sollten. Wenn die Polizisten einmal aufgrund einer angeblichen Straftat oder einer Provokation eine Massenhinrichtung durchgeführt hatten, würden sie später leichter dazu bewegt werden können, auch weiter gefaßte Tötungsbefehle auszuführen. Die Verwendung von Euphemismen in den Dokumenten wirkte irreführend – nützlich für den Fall, daß Außenstehende Einblick in die Akten erhielten. Himmler war überzeugt, daß viele Deutsche zu weich wären, um die historische Notwendigkeit der nationalsozialistischen Rassenpolitik zu erkennen.[24]

Die Bedeutung, die Himmler der Motivation der Polizisten bei den Mordaktionen beimaß, zeigte sich beispielsweise weniger als eine Woche nach der Besprechung mit Bach-Zelewski und den Regiments- und Bataillonskommandeuren in Bialystok. Bei den Behörden in Bialystok, Baranowicze und Minsk wurde per

Funk angefragt, ob sie Filmprojektoren bereitstellen könnten, da diese für die Vorbereitung der Truppen auf ihre »besonderen Pflichten« gebraucht würden.[25] Für die Vorführung von Filmen gab es eine Art Präzedenzfall. Im September 1940 hatte Himmler alle SS-Angehörigen angewiesen, sich im Winter 1940/41 den populären neuen Film *Jud Süß* anzusehen. Als Alternative bot sich *Der ewige Jude* an, ein Film, der noch stärker antisemitisch geprägt war und im November Premiere hatte.[26]

Jud Süß basierte angeblich auf der Karriere des Joseph Süß-Oppenheimer, einem Finanzrat im 18. Jahrhundert am Hof des Herzogs von Württemberg. Der Film endete damit, daß Süß hingerichtet wurde und alle Juden aus Württemberg verbannt wurden. Propagandaminister Joseph Goebbels betrachtete den Film als hervorragendes Beispiel für die Überzeugungskraft des Kinos. *Der ewige Jude* war ein pseudodokumentarischer Film des Propagandaministeriums, in dem die angeblich typischen Eigenschaften und geheimen Umtriebe der Juden von der Antike bis zur Gegenwart aufgedeckt wurden. In dem Film wurde Hitlers Drohung wiederholt, daß ein Kriegsausbruch die Vernichtung der jüdischen Rasse in Europa zur Folge haben werde. Erstmals hatte er diese Drohung am 30. Januar 1939 vor dem Reichstag ausgesprochen. Ein Historiker, der sich auf das nationalsozialistische Kino spezialisiert hat, nimmt an, daß die Filme dazu beitragen sollten, die Deutschen auf die »Endlösung« vorzubereiten.[27] Doch die Filme konnten die Ordnungspolizei für die Ausführung ihrer schrecklichen Aufgabe Mitte Juli 1941 nicht motivieren, da keine Filmprojektoren zur Verfügung standen.[28] Die Kommandeure mußten für die Befehle zur Massenexekution rationale Erklärungen vorbringen.

Die Eintragungen – und selbst die Auslassungen – im Kriegstagebuch des Polizeibataillons 322 sind sehr aufschlußreich. Es ist nicht überraschend, daß in den Unterlagen des Bataillons der 8. Juli nicht erwähnt wird (als das Bataillon Tag und Nacht im Einsatz war), da der Einsatz in Bialystok für die Männer in psychologischer Hinsicht der schwerste war. Ende August wurde dann ein Großteil des Bataillons vorübergehend in die weißrussische Hauptstadt Minsk verlegt. Die dortigen deutschen Behörden hatten die Juden aus Minsk und den umliegenden Dörfern im späteren Ghetto zusammengetrieben und verlangt, daß alle Juden den Judenstern trugen. Am 31. August verhafteten zwei Kompanien des Polizeibataillons 322 im Ghetto von Minsk 700 Juden. Dem Kriegstagebuch zufolge meldeten sich an dem Tag 79 Polizisten (ungefähr 16 Prozent) krank und nahmen an der Aktion nicht teil. Doch der nächste Tag brachte noch Schlimmeres; alle verhafteten und 214 weitere Juden – darunter auch 64 jüdische Frauen – wurden erschossen. Im Kriegstagebuch wurde die Erschießung der Frauen mit dem Argument gerechtfertigt, sie hätten keinen Judenstern getragen,[29] was als Verbrechen galt, wenn auch keines, das diese Strafe gerechtfertigt hätte.

Der Kommandeur der 3. Kompanie des Bataillons (das inzwischen auch als 9. Kompanie des Polizeiregiments Mitte bezeichnet wurde) führte damals seine eigene Liste mit einer kurzen Beschreibung des Einsatzes. Am 1. September erschoß seine Kompanie in Minsk 290 jüdische Männer und 40 jüdische Frauen in einer Aktion, die, wie er schrieb, »reibungslos« und ohne Widerstand durchgeführt wurde.[30] Diese knappe Beschreibung wurde der sorgfältig geplanten gemeinsamen Aktion des SD und des Polizeibataillons 322 wohl kaum gerecht. Die jüdischen Männer, Frauen und Kinder wurden auf Lastwagen getrieben und von der Polizei an eine Stelle einige Kilometer nördlich der Stadt gefahren, wo sich drei große Gräben befanden, zehn bis 15 Meter lang, zwei Meter breit und über zwei Meter tief. An einem Ende waren die Gräben abgeschrägt, so daß die Juden hinuntersteigen konnten. Ihnen wurde befohlen, sich angezogen und mit dem Gesicht auf dem Boden in die Gräben zu legen. Auf einer Seite jedes Grabens stand ein Exekutionskommando aus zwölf Polizisten. Ihr kommandierender Offizier gab den Befehl: »Eins, zwei, Feuer.« Keines dieser Details erschien im Kriegstagebuch des Bataillons; sie wurden lange nach dem Krieg bei polizeilichen Ermittlungen in der Bundesrepublik anhand der Aussagen ehemaliger Bataillonsangehöriger rekonstruiert.[31]

Die Exekutionen in Bialystok und Minsk gehörten zu den Aktionen der ersten beiden Monate, die den Männern des Polizeibataillons 322 am deutlichsten im Gedächtnis haften blieben. Doch auch in den Städten und Dörfern um Bialystok und in dem von den Nationalsozialisten als Weißruthenien bezeichneten westlichen Teil von Weißrußland gab es Massenerschießungen. Das Bataillon begann mit der Exekution jüdischer »Plünderer« und ging dann allmählich zur Erschießung erwachsener jüdischer Männer, dann jüdischer Männer und Frauen und schließlich zur Erschießung von Männern, Frauen und Kindern über. Getötet wurde auf direkten Befehl von oben, unter anderem von Bach-Zelewski und Montua.[32]

Das war die Situation zu Beginn des Rußlandfeldzuges – eine Situation, in der sich auch viele andere Polizeibataillone befanden. Das Einsatzkommando Tilsit, die Einheit, die die ersten Hinrichtungen an Juden in der Sowjetunion durchführte, befand sich in einer ähnlichen Situation und machte eine ähnliche Entwicklung durch. Kein Polizist wußte im voraus, daß er Juden töten mußte, und einige sagten später aus, daß sie schockiert waren, als sie zum ersten Mal davon hörten. Dennoch befolgten die meisten die Befehle und töteten zuerst überwiegend jüdische Männer, dann Frauen und ab Mitte August auch jüdische Kinder. Ideologische Unterweisungen bestärkten antisemitische Vorurteile, und ein entsprechender Sprachgebrauch und vermeintliche Vernunftgründe trugen dazu bei, den Völkermord zu rechtfertigen.[33]

Im Gegensatz zu dem mittlerweile berühmten Ausnahmefall des Polizeibataillons 101 (ein Bataillon der Ordnungspolizei, das zwischen 1942 und 1943 in Ostpolen im Einsatz war[34]) ließen die Bataillons- und Kompaniekommandeure ihren Männern keine Möglichkeit, während der Mordaktionen andere Tätigkeiten zu verrichten. Die Kommandeure erteilten Befehle und erwarteten, daß ihre Männer sie befolgten. Nicht umsonst hatten Himmler und seine wichtigsten Untergebenen vor allem ab September 1939 immer wieder betont, daß jeder Befehl unverzüglich ausgeführt werden müsse. Sie erkannten, daß der Nationalsozialismus traditionelle Moralvorstellungen und Konventionen in Frage stellte. Die Autorität sollte Gewissensbisse oder die schlichte Weigerung, unangenehme Aufgaben auszuführen, zuverlässig verhindern.

Wir dürfen annehmen, daß viele Polizisten des Bataillons 322 die Befehle zum Töten befolgten, ohne sie ernsthaft in Frage zu stellen. Abgesehen von einem Fall bei der Razzia am 31. August in Minsk gibt es keinen zeitgenössischen Beleg für eine Befehlsverweigerung. Es war anscheinend kein Problem, ausreichend Leute zu finden, die die Erschießungen durchführten. Allerdings deuten einige Aussagen nach dem Krieg (keine Berichte, in denen Personen sich zu entlasten versuchten) darauf hin, daß einige wenige Polizisten aus dem Polizeibataillon 322 sich weigerten, an den Mordaktionen teilzunehmen; nur einer hielt vielleicht bis zum Ende durch. Die Verweigerer waren einem gewissen Druck ausgesetzt, die Befehle auszuführen und sich anzupassen, wurden jedoch nicht bestraft.[35]

Es gibt einen Hinweis, daß die psychische Belastung bei einer kleinen Gruppe Polizisten, die im Gefolge der deutschen Armee in die Sowjetunion gekommen waren, ihren Tribut forderte. Mindestens vier Polizisten begingen im Juli und Anfang August 1941 im Osten Selbstmord. Aus den Quellen geht allerdings nicht hervor, ob diese Polizisten an den Massenhinrichtungen teilgenommen hatten.[36]

Der Historiker Gerhard Weinberg hat vor kurzem die Situation der Deutschen analysiert, die am Massenmord beteiligt waren. Die Initiative kam von oben. Der gewohnte Gehorsam, der Gruppenzwang und sogar Karrierehoffnungen können jeweils (oder miteinander kombiniert) die Denkweise jedes einzelnen beeinflußt haben, doch stets mußte am Ende jeder für sich eine Entscheidung treffen, und diese Entscheidung wurde durch vorhandenes oder eben auch nicht vorhandenes ethisches Bewußtsein beeinflußt. Für alle, die Juden nicht als gleichwertig oder nicht einmal als Menschen betrachteten, war die Entscheidung relativ einfach.[37]

Hatten nicht indoktrinierte Polizisten zu Beginn eines Krieges, der von Deutschland begonnen worden war, der Behauptung zugestimmt, daß der Massenmord an irgendeiner anderen Menschengruppe notwendig war, um Deutschland in einem rein militärischen Sinn zu schützen? Viele deutsche Polizisten befolgten die Befehle wegen des autoritären Drucks, doch wahrscheinlich konnten sie die Befehle auch vernünftig begründen, weil sie in der Atmosphäre des Dritten Reichs und während der Weimarer Republik grundlegende Vorurteile verinnerlicht hatten. Sie betrachteten die Juden und Bolschewisten als Feinde des deutschen Volkes und akzeptierten die Behauptungen der Nazi-propaganda, daß die Juden hinter dem Bolschewismus standen. Für sie zählten Juden einfach nicht zur zivilisierten Menschheit. Es war keine besondere ideologische Ausbildung nötig, um diese Menschen zu Mördern zu machen. Man brauchte dazu auch keine drohende Niederlage auf dem Schlachtfeld.[38]

In gewisser Weise erfordert das Vorhandensein von Österreichern im Bataillon 322 nur eine geringfügige Korrektur dieser Schlußfolgerungen. In Österreich-Ungarn gab es stärkere antisemitische Strömungen als im kaiserlichen Deutschland, und der junge Hitler hatte diese Atmosphäre in Linz und Wien in sich aufgenommen. Auch nach 1918 ging der Antisemitismus im nunmehr demokratischen Österreich nicht nennenswert zurück. Die militärische Niederlage, der Zerfall der einst mächtigen k. u. k. Monarchie und die Gebietsverluste durch die Gründung selbständiger Staaten in ehemaligen Teilen des Reichs führten zur Suche nach Sündenböcken und zu teilweise ähnlichen Frustrationen wie in Deutschland.[39] Österreichische Polizisten waren gegenüber diesen Tendenzen nicht immun. Dennoch erinnert uns das Beispiel Österreichs daran, daß der Antisemitismus, selbst der virulente Antisemitismus, nicht auf Deutschland beschränkt war. Er war in ganz Europa und den westlichen Ländern und besonders stark in Osteuropa verbreitet. Die Nationalsozialisten wußten, wie sie diese Situation für sich nutzen konnten. Ungefähr zwei Monate nachdem das Polizeibataillon 322 Hunderte von Juden in Minsk getötet hatte, wüteten sogenannte lettische und litauische Schutztruppen, die von den Nazis rekrutiert worden waren, in der Stadt in ähnlichem Ausmaß wie zuvor die deutschen Truppen. Auch diese Morde erfolgten auf Befehl und entsprachen dem Plan.

Am 25. Juli hatte Himmler die Bildung von Hilfspolizeitruppen aus verläßlichen, nicht kommunistischen Elementen der ukrainischen, estnischen, lettischen, litauischen und weißrussischen Bevölkerung genehmigt.[40] Während die Einsatzgruppen spezielle nichtdeutsche Killerkommandos mit einer Vielzahl von Bezeichnungen schufen, erhielt die zahlenmäßig größere Ordnungspolizei die Kontrolle über die nichtdeutschen Hilfspolizeibataillone, die sogenannten Schutzmannschaften, zu denen Bataillone und die örtliche Hilfspolizei in Städten und Dörfern gehörten. Daluege und seine Untergebenen hatten mehr Männer im Osten als Heydrich. Der Chef der Ordnungspolizei war vielleicht auch in einer besseren Position, praktische Aufgaben wie die Beschaffung von Uniformen und Waffen für die Hilfsbataillone zu lösen und die Bataillone, deren Zahl ständig wuchs, auszubilden. Daluege hatte außerdem damit begonnen, in den Bataillonen ältere Polizisten einzusetzen. Die Angehörigen dieser sogenannten Reserve-Polizeibataillone waren oftmals eher für die Arbeit mit den nichtdeutschen Formationen geeignet als für eine selbständige Tätigkeit.

Mit Hilfe der nichtdeutschen Bataillone konnten mit einer begrenzten Truppenstärke die besetzten Gebiete kontrolliert werden. Mit mehr Männern konnten die Nationalsozialisten ihre »Feinde« im Osten leichter festnehmen und vernichten. Die nichtdeutschen Hilfspolizeitruppen wurden jedoch nicht in ihren Herkunftsländern zur Aufrechterhaltung der Ordnung eingesetzt. Von Anfang an hatte Himmler geplant, sie in andere Gebiete zu schicken, wo sie stärker von den Deutschen abhängig waren und keine nationalistische Revolte anzetteln konnten und vielleicht auch eher dazu neigten, Befehle widerspruchslos auszuführen.[41]

Die Schaffung von Schutzmannschaften und ihr zukünftiger Einsatz als Tötungskommandos spiegelt mehr als nur einen Mangel an deutschen Polizisten wider. Während Himmler, Daluege, Bach-Zelewski und andere sich vielleicht Gedanken über die seelische Verfassung der deutschen Polizisten machten, kümmerten sie sich nicht um die psychische Belastung der Nichtdeutschen, solange sie in ausreichender Zahl rekrutiert werden konnten.

4 Berichte über ethnische Säuberungen

Himmler, Heydrich und Daluege haben offensichtlich die Leiter der Einsatzgruppen und die Höheren SS- und Polizeiführer dazu aufgefordert, ein gutes Verhältnis zu den Offizieren der Wehrmacht in ihren Gebieten zu pflegen. Sie wußten, daß eine Opposition des Militärs ihren rassenpolitischen Zielen ernsthaft schaden konnte.[1] Die Deutschen richteten in den besetzten Gebieten der Sowjetunion rasch eine Zivilverwaltung ein. Dadurch sollte dem Militär die Kontrolle über die Gebiete entzogen und die Streitkräfte für andere Aufgaben freigestellt werden. Es kam jedoch zu Reibereien mit der Zivilverwaltung im Osten.

Himmler war bereits mit Alfred Rosenberg, dem Reichsminister für die besetzten Ostgebiete, wegen der Frage aneinandergeraten, ob seine SS- und Polizeitruppen unabhängig von der deutschen Zivilverwaltung in den sowjetischen Gebieten vorgehen durften. Martin Bormann, der Leiter der Parteikanzlei, hielt Rosenberg rasch davon ab, sich Himmler während der ersten Wochen in den Weg zu stellen oder ihn zu stören.[2] Bei einer Besprechung im Führerhauptquartier in Ostpreußen am 16. Juli 1941 bestanden Hitler und Göring dann trotz Rosenbergs Widerstand darauf, daß Himmler im Osten keine andere Zuständigkeit bekommen sollte als in Deutschland; diese Vollmachten seien aber unbedingt notwendig.[3]

Hitler legte außerdem dar, daß Deutschland alle erforderlichen Maßnahmen zur Sicherung der besetzten Gebiete ergreifen werde, darunter auch »Erschießen und Aussiedeln«. Er stellte erfreut fest, daß die Russen den Befehl zum Partisanenkrieg hinter der deutschen Front gegeben hätten. Die Deutschen könnten nun ausrotten, was sich gegen sie stellte. Damit meinte Hitler nicht nur diejenigen, die mit Waffengewalt gegen die deutsche Besatzung vorgingen oder zum sowjetischen Parteiapparat gehörten, sondern auch rassische Feinde. Nach Hitlers Ansicht bestimmte die Rasse eines Menschen immer dessen Einstellung und Verhalten.

Bei der Besprechung wurden Aussagen von Himmler bestätigt, die er schon seit April oder früher vertreten hatte – Hitler hatte ihn mit dem besonderen Auftrag betraut, Deutschlands Feinde zu vernichten. Himmlers Stellung bei Hitler war absolut unangefochten, so daß er an der Besprechung, die sich mit Hitlers Richtlinien für die Aufteilung und Verwaltung der riesigen eroberten Gebiete in der Sowjetunion befaßte, nicht einmal teilnehmen mußte. Himmler befand sich statt dessen in seinem eigenen Hauptquartier, das ganz in der Nähe lag, und ging ungestört seiner Arbeit nach. Bormann schickte ihm später ein Protokoll der Besprechung.[4]

Am nächsten Tag gab Hitler Himmlers Befugnissen einen formellen Rahmen. In einem Erlaß schrieb er vor, daß Himmler selbst nach der Errichtung einer Zivilverwaltung im Osten das Recht habe, den Reichskommissaren bei sicherheitspolitischen Belangen Weisungen zu erteilen. Die Höheren SS- und Polizeiführer sollten nur nominell Rosenbergs Reichskommissaren unterstellt sein; in ihrer eigentlichen Funktion unterstanden sie Himmler direkt.[5] Die Besprechung und der Erlaß beendeten Himmlers Schwierigkeiten mit Rosenberg nicht, doch sie verschafften ihm und den Höheren SS- und Polizeiführern einen wesentlichen Vorteil.

Zu der Zeit trafen die Höheren SS- und Polizeiführer bereits eifrig Vorbereitungen für ihre neuen Aufgaben im Osten. Am 14. Juli hatte Daluege Gerret Korsemann angewiesen, vorsorglich einen Stab für seinen zukünftigen Posten auszuwählen – den Posten des Höheren SS- und Polizeiführers für den Kaukasus. Korsemann sollte sich auch mit den militärischen Stellen in Verbindung setzen, die dort stationiert werden sollten. Solche Vorbereitungen waren ein Zeichen für das Vertrauen in den Erfolg des Feldzugs, weil die deutschen Truppen damals noch 1500 Kilometer vom Kaukasus entfernt kämpften. Ebenfalls am 14. Juli reiste Bach-Zelewski nach Baranowicze in Weißruthenien (einem Teil des heutigen Weißrußland).[6]

Gemäß Dalueges Bitte, ihm die Bevölkerungszahlen aller Ortschaften mitzuteilen, benachrichtigte Bach-Zelewski Berlin, daß er sein Hauptquartier nach Baranowicze verlegt habe, einer Stadt mit ungefähr 35 000 Einwohnern, von denen fast die Hälfte Juden und ein Viertel Polen seien. Daluege waren die Polizeibataillone 307, 316 und 322 nach Baranowicze gefolgt und führten im Südosten ihre »Befriedungsmaßnahmen« durch. Sie hatten in Slonim, einer Stadt westlich von Baranowicze, unter dem selben Vorwand wie in Bialystok 1153 »plündernde« Juden umgebracht. Das Polizeibataillon 309 war nach Bialowies in der Nähe von Bialystok zurückgekehrt, und das Polizeibataillon 131 war auf die Städte Wilna, Lida und Grodno verteilt.[7]

Wenn es darum ging, besondere Anordnungen des Führers hinsichtlich der Dogmen der nationalsozialistischen Ideologie auszuführen, mußten Himmler, Heydrich und Daluege persönlich eingreifen. Alle drei flogen im Sommer und Herbst 1941 häufig in die besetzten Gebiete der Sowjetunion und inspizierten die »Arbeit« der Polizeibataillone.[8] Doch sie waren auch auf regelmäßige Informationen von der Front und aus den besetzten Gebieten angewiesen und nutzten die entsprechenden Kommunikationsmittel.

Heydrichs Mittel sind am bekanntesten. Die kompaniegroßen Einsatzkommandos meldeten die Zahl der Liquidierungen und andere Einsätze an die Einsatzgruppen,[9] deren Kommandeure Berichte aus den Einsatzgebieten an das Reichssicherheitshauptamt (und Heydrich) in Berlin sandten. Nach den Angaben von Kurt Lindow, der an der Übermittlung dieser Informationen beteiligt war, erstatteten die Einsatzgruppen während der ersten Monate des Rußlandfeldzuges jeden Tag verschlüsselt über Kurzwellenfunk Meldung. Sie funkten mindestens einen oder zwei kurze Berichte pro Woche und lieferten mindestens einmal im Monat einen längeren schriftlichen Bericht ab. Eine Abteilung im RSHA, die direkt Heinrich Müller unterstand, stellte die Berichte regelmäßig zusammen und verteilte sie an einen sorgfältig ausgewählten Personenkreis.[10] Diese »Ereignismeldungen« aus der Sowjetunion waren von großer Bedeutung, und zwar nicht nur für Heydrich und Himmler. Am 1. August unterrichtete Müller die Chefs der Einsatzgruppen, daß das Reichssicherheitshauptamt Hitler ständig über ihre Tätigkeit informiere; sie wurden aufgefordert, Anschauungsmaterial zur Ergänzung ihrer regelmäßigen Berichte zu schicken.[11]

Auch die Höheren SS- und Polizeiführer mußten ständig Bericht erstatten. Gelegentlich wurde ihre Tätigkeit in den Ereignismeldungen erwähnt,[12] doch wer direkt Himmler unterstand, brauchte eigene Kommunikationswege, um ihn zu erreichen. Daluege wollte ebenfalls regelmäßig Berichte von den Bataillonen der Ordnungspolizei, die den Höheren SS- und Polizeiführern unterstellt waren.[13] Einige Kommunikationsmittel waren sicher; andere nicht.

Der deutsche Überfall schädigte das Telefon- und Telegrafensystem der Sowjetunion, das ohnehin völlig unzureichend war, noch zusätzlich. Die telefonische Kommunikation aus dem Osten ins Reich und umgekehrt war stark eingeschränkt. So war es beispielsweise bei der Ordnungspolizei neben Daluege nur den Chefs der wichtigsten Abteilungen der Ordnungspolizei, den Höheren SS- und Polizeiführern und den Befehlshabern der Ordnungspolizei, die den Höheren SS- und Polizeiführern unterstellt waren, und ihren Stabschefs erlaubt, Ferngespräche in den Osten oder von dort ins Reich zu führen. Selbst sie mußten ihre Gespräche in verschiedene Kategorien einteilen: außergewöhnlich dringend, dringend oder normal. Die Gespräche höchster Priorität kamen auf eine Warteliste, auf der auch die Gesprächsanträge des Militärs standen. Fast ebenso schwierig war es, eine Genehmigung zum Telegrafieren zu bekommen.[14] So sah die Kommunikationssituation zu Beginn des Jahres 1942 aus. Zuvor muß sie noch schlechter gewesen sein. Nur Hans-Adolf Prützmann, der sich häufig in Riga aufhielt, war davon nicht betroffen. Riga lag relativ nahe bei Hitlers und Himmlers Hauptquartieren in Ostpreußen, zu denen die Telegrafenverbindungen anscheinend noch bestanden. Dennoch bauten die deutschen Truppen in Riga einen Sender mit 500 Watt Leistung.[15]

Bach-Zelewski, Jeckeln und später auch Korsemann waren wesentlich weiter entfernt und häufig unterwegs. Für sie wurden Flugzeugkuriere und Funk die wichtigste Verbindung nach

Deutschland. Der Kurierdienst war nur eingeschränkt möglich und hatte gewisse Startschwierigkeiten. Die Polizei besaß eine kleine Flugzeugflotte, doch die Flugzeuge waren größtenteils vom Typ Fieseler-Storch, der eine sehr begrenzte Ladekapazität hatte und für Langstreckenflüge nicht geeignet war. Ab August 1941 erreichte der Kurierdienst die Höheren SS- und Polizeiführer in unregelmäßigen Abständen. Im September wurde dann ein regelmäßiger Dienst aufgenommen: sonntags und mittwochs von Berlin nach Lublin und Berditschew; montags und donnerstags von Berditschew nach Mogilew und Riga; dienstags und freitags von Riga nach Königsberg und Berlin. Doch schon im Oktober behinderten schlechtes Wetter und technische Probleme die Flüge. Die Höheren SS- und Polizeiführer Jeckeln und Prützmann erhielten erst Mitte 1942 eigene Flugzeuge für Kurierdienste.[16] Im besten Fall konnten die Funktionsträger im Osten zweimal in der Woche mit einem direkten Kurierdienst rechnen.

Himmler und seine Leute hatten von Anfang an die Bedeutung des Funkverkehrs erkannt. Himmler selbst war für Kurz- und Langwellenfunk gut ausgerüstet. Er hatte ein zentrales Büro, das für den Funkverkehr mit allen ihm unterstehenden SS- und Polizeistellen zuständig war. Dieses Büro unterhielt über einen schnellen Fernschreiber Kontakt mit Hitlers Hauptquartier, den wichtigen Behörden in Berlin und den Chefs der SS-Hauptämter (zum Beispiel der Sicherheitspolizei und der Ordnungspolizei). In seinem Hauptquartier in Ostpreußen stand Himmler eine Funkabteilung mit ungefähr hundert Mann zur Verfügung. Bei Reisen in seinem Sonderzug »Heinrich« wurde ein Extrawaggon mit eigenem Generator, Telefon, Telegraf und Geräten für den Lang- und Kurzwellenfunk mitgeführt.[17] Auch der Kommandostab Reichsführer SS hatte eigene Funker und einen Kommunikationsstützpunkt in Arys in Ostpreußen. Der Kommandostab war über Telegraf und Telefon direkt mit Himmlers ständigem Hauptquartier verbunden, und die Experten bauten über Königsberg eine improvisierte telegrafische Verbindung zu Himmlers Zug auf. Die dem Kommandostab Reichsführer SS unterstellten Einheiten wurden ausreichend mit Funkgeräten, ausgebildetem Personal und geeigneten Transportmitteln ausgestattet, um eine tägliche Kommunikation ohne ständige Kuriere oder Ferngespräche zu ermöglichen.[18] Alle Funksprüche aus dem Feld gingen an Himmler, doch sie erreichten ihn auf verschiedenen Wegen. Die Einsatzgruppen verwendeten Ausrüstung, Frequenzen und Codes des Reichssicherheitshauptamtes, wohingegen die Brigaden der Waffen-SS jene des Kommandostabs Reichsführer SS benutzten. Jedem Höheren SS- und Polizeiführer war ein Funker von der Ordnungspolizei zugeteilt. Die meisten Meldungen von Prützmann, Bach-Zelewski, Jeckeln und Korsemann gingen gleichzeitig an drei Stellen – Himmlers Hauptquartier, den Kommandostab Reichsführer SS und den Chef der Ordnungspolizei (Daluege) –, doch sie wurden alle über das Kommunikationssystem der Ordnungspolizei verteilt.[19] Die separate Form der Nachrichtenübermittlung reflektierte die komplizierten, einander überlappenden Strukturen, die Himmler geschaffen hatte.

Die Funker der Ordnungspolizei waren gewöhnlich ältere Männer, die häufig schon im Ersten Weltkrieg als Funker gedient hatten. Ihr Vorgesetzter, Robert Schlake, war ebenfalls ein Veteran aus dem Ersten Weltkrieg, der erst 1937 in die NSDAP eingetreten war und selbst 1941 noch nicht bei der SS war. Die Ordnungspolizei verfügte in Berlin über eine Schule zur Ausbildung der Funker, vertraute aber auf die Ausrüstung und Methoden, die ihre Männer kannten.[20] Das ist vielleicht ein Grund, warum die Ordnungspolizei nicht die hochentwickelte Codierungsmaschine Enigma verwendete, die das Reichssicherheitshauptamt (und die deutsche Wehrmacht) für Funkübermittlungen gebrauchte. Sie benutzte statt dessen ein nichtmaschinelles Verschlüsselungsverfahren, eine sogenannte Handchiffre, die auf einem System der Briten aus dem Ersten Weltkrieg basierte. Man brauchte dafür keine komplizierten Geräte, aber viel Sorgfalt und Zeit.

Von Juli bis September 1941 verwendete die Ordnungspolizei ein Codierungssystem, das die Briten Double Transposition nannten. Mitte September 1941 begann der Wechsel zur modifizierten Form des britischen Codierungssystems Playfair, der am 1. November vollzogen war. Diese Codierungssysteme waren beide relativ einfach. Das Prinzip von Playfair bestand darin, ein

Quadrat (oder zwei Quadrate) aus 25 Buchstaben des Alphabets zu bilden, wobei das »j« weggelassen und als »ii« geschrieben wurde. Jedes Quadrat begann mit einem Schlüsselwort, dem die übrigen Buchstaben des Alphabets folgten (entweder in alphabetischer Folge oder willkürlich). Wenn das Schlüsselwort an einem bestimmten Tag »jockey« lautete, dann wurde »a« als »j« codiert, »b« als »o«, »c« als »c«, »d« als »k« und so weiter.[21] Die Wortfolgen, die als Schlüsselworte verwendet werden sollten, wurden den Einheiten im Feld von Kurieren gebracht. Manchmal gingen die Schlüsselworte auch von Berlin nach Lublin und dann von Lublin an die Höheren SS- und Polizeiführer, wenn es Telegrafiermöglichkeiten in der Nähe gab.[22] Solange die Schlüsselwörter durchkamen und die Chiffrierspezialisten und Empfänger sorgfältig arbeiteten, funktionierte das System. Sein Einsatz hing nicht von besonders ausgebildeten Experten ab, man konnte das System schnell lernen und anwenden.[23] Natürlich nahmen das Verschlüsseln und die Übermittlung der Botschaften eine gewisse Zeit in Anspruch, daher waren die meisten Funkmeldungen sehr kurz.

Himmlers Leiter der Kommunikation über Funk war der einundsechzigjährige Ernst Sachs, der schon vor 1914 eine Funkereinheit beim Militär geführt hatte. Nach 1936 war er in der Forschung tätig und beschäftigte sich mit der Geschichte des Funkverkehrs im Krieg.[24] Mit seiner Erfahrung und seinen Kenntnissen hätte er wissen müssen, daß ein System à la Playfair Schwachstellen hatte, nicht zuletzt weil die Deutschen die britischen Playfair-Codes bereits im Ersten Weltkrieg entschlüsselt und gelesen hatten. Double Playfair war zwar etwas komplexer, aber es war durchaus zu entschlüsseln.[25]

Nach den Aussagen von Kryptanalytikern des britischen Nachrichtendienstes wollten die Deutschen die Schwachpunkte dieser Codierungssysteme nicht erkennen.[26] In jeder großen Organisation sind die Menschen an bestimmte Abläufe gewöhnt und können sich nur schwer von ihnen lösen. Ein abrupter Austausch der Codierungssysteme und eine damit verbundene Umschulung des Personals war mitten im Krieg nicht gerade empfehlenswert. Der Wechsel hätte einen Stillstand nach sich gezogen[27] und die Ordnungspolizei bei der Kooperation mit den

Einsatzgruppen stark behindert. Vielleicht spielte auch ein gewisses Maß an Arroganz eine Rolle – der Feind wurde einfach unterschätzt.

Himmler war in seinen Funkmeldungen auffallend zurückhaltend. In heiklen Angelegenheiten vertraute er immer noch auf mündliche Botschaften, was mit ein Grund für seine vielen Reisen war.[28] Ende Juli des Jahres 1941 beriet sich Himmler mit dem Höheren SS- und Polizeiführer Prützmann, als dieser gerade eine Truppe der lettischen Schutzmannschaften in Riga inspizierte. Kurz darauf sagte Prützmann zu einigen Untergebenen, Himmler habe ihn angewiesen, »kriminelle Elemente« umzusiedeln. Als jemand fragte, wohin sie umgesiedelt werden sollten, erklärte Prützmann, der Begriff »Umsiedlung« sei ein Euphemismus: Sie sollten ins Jenseits umgesiedelt werden.[29]

Nach der Besprechung mit Prützmann flog Himmler zu einem Treffen mit Bach-Zelewski in dessen Hauptquartier bei Baranowice, wo zwei SS-Kavallerieregimenter auf ihren Einsatz warteten. Wieder mußte Himmler keine schriftlichen Befehle erteilen, es bestand also auch keine Gefahr, daß die Information vom Feind abgehört werden konnte. Der Inhalt des Gesprächs zwischen Himmler und Bach-Zelewski ist immer noch nicht bekannt;[30] er läßt sich jedoch aus späteren Besprechungen und Einsätzen erschließen.

Himmler traf sich dann mit Daluege in Rowno. Anschließend besprach sich einer (oder besprachen sich beide) mit dem Höheren SS- und Polizeiführer Jeckeln.[31] Auf jeden Fall erhielt Jeckeln schon bald von Himmler die Anweisung, daß alle Juden mit Ausnahme der arbeitsfähigen erschossen werden sollten. Jeckeln gab den Befehl mündlich an den Chef der Einsatzgruppe C in Shitomir weiter.[32] Himmler oder Bach-Zelewski erteilten dem 2. SS-Kavallerieregiment, das in den Pripjet-Sümpfen zwischen der Ukraine und Weißrußland alle Verdächtigen tötete, einen ähnlich lautenden Befehl. Eine Abordnung der SS-Kavallerie war zu der Zeit getrennt von den anderen im Einsatz und erhielt daher über Funk folgenden Befehl: »Ausdrücklicher Befehl des RFSS [Himmler]. Sämtliche Juden müssen erschossen werden. Judenweiber in die Sümpfe treiben.«[33] (Die für die Akten erstellte Durchschrift des Befehls befindet sich unter den be-

lastenden Originalfunksprüchen, die nicht vernichtet wurden.[34])
In seinem schriftlichen Bericht über eine »Säuberungsaktion«
vom 28. bis zum 30. Juli, den Jeckeln am selben Tag abschickte,
achtete der Höhere SS- und Polizeiführer jedoch darauf, nicht so
konkret zu formulieren. Seine Truppen hatten 73 Partisanen, 165
kommunistische Funktionäre und 1658 Juden getötet, die (angeblich) dem bolschewistischen System gedient und Ukrainer an
die Bolschewisten ausgeliefert hatten. Der Vorwand wurde wohl
zum Teil auch deswegen verwendet, weil der Bericht nicht nur
an Himmler und Daluege, sondern auch an General von Roques
und General von Puttkamer ging, die wie alle Militärs für solche
Aktionen eine rationale Erklärung erwarteten.[35] Außerdem
schätzte Himmler bei der SS Diskretion.

Am 4. August kehrte Himmler in sein Hauptquartier in Ostpreußen zurück. Bach-Zelewski sandte ihm, der Kommunika-
tionszentrale des Kommandostabes RFSS und der Ordnungspolizei mehrere Berichte über die Fortschritte in seinem Gebiet.
Die SS-Kavalleriebrigade habe gerade 90 Bolschewisten und Juden in einer Säuberungsaktion erschossen. Bis zum Abend des
3. August hatte die Brigade ohne eigene Verluste 3274 Partisanen
und »jüdische Bolschewiken« liquidiert. (Die fehlenden deutschen Verluste weisen darauf hin, daß die Opfer gar keine Partisanen waren.) Er verwende die Polizeitruppen nur bei kleineren
Einsätzen, doch das Polizeibataillon 306 habe 260 aufständische
Zivilisten erschossen. Versprengte russische Kavallerie habe sich
ein Feuergefecht mit Einheiten der Wehrmacht und der SS geliefert. Die 162. Infanteriedivision sei ganz in der Nähe ge-
standen, habe aber keine Kommunikationsmöglichkeit mit der
SS gehabt; deshalb sei Bach-Zelewski ins Hauptquartier der Division geflogen. Schließlich habe Generalfeldmarschall Fedor
von Bock angerufen und Bach-Zelewski zu seiner Führungs-
qualität und den Erfolgen seiner Truppen beglückwünscht.[36]

Am 7. August gab Bach-Zelewski wieder in einem Funkspruch bekannt, daß seine Truppen, darunter Teile eines Polizeibataillons, im Gefecht geringfügige Verluste erlitten hätten. Da
die männlichen Einwohner des Dorfes Jazyl auf eine Kompanie
des Polizeibataillons 316 geschossen hätten, habe Bach-Zelewski
befohlen, sie alle zu erschießen. Die SS-Kavallerie-Brigade habe

(im Laufe des Nachmittags) weitere 3600 Personen getötet. Die Gesamtzahl der Exekutionen in seinem Gebiet überschreite mittlerweile 30 000. Am 8. August erfolgte die Hinrichtung von 8000 Juden in Pinsk, einige tausend wurden mehrere Tage später hingerichtet.[37] Himmler wollte über die Lage im Gebiet Mitte aber noch besser unterrichtet werden. Zusammen mit Prützmann und zehn Untergebenen flog Himmler am 14. August nach Baranowicze, wo ihn Bach-Zelewski und Standartenführer Hermann Fegelein erwarteten, der Kommandeur der SS-Kavallerie-Brigade. Die Gruppe reiste dann über Slutsk weiter nach Minsk, das zu diesem Zeitpunkt größtenteils in Trümmern lag.[38]

Nach dem Krieg behauptete Bach-Zelewski, daß Himmler Arthur Nebe zu einer Besprechung nach Minsk zitiert habe. Möglicherweise war Nebe tatsächlich in Minsk, doch in Himmlers Reiseplan ist er nicht aufgeführt. Vermutlich wollte Bach-Zelewski Nebe (und nicht sich selbst) in den Mittelpunkt der Ereignisse rücken. Der Reichsführer SS habe Nebe gefragt, wie viele Gefangene für die Exekution vorgesehen seien, und Nebe habe geantwortet, es seien ungefähr hundert. Himmler wollte am nächsten Morgen eine Exekution sehen, um sich selbst einen Eindruck zu verschaffen. In Begleitung von Bach-Zelewski und (Himmlers) Stabschef Karl Wolff beobachtete Himmler, wie ein Erschießungskommando die Gefangenen tötete, die angeblich alle Partisanen oder deren Helfer waren. Nach den Angaben von Bach-Zelewski war ein Drittel bis die Hälfte davon Juden, außerdem waren zwei Frauen darunter. Himmler wurde blaß, während er zusah, wie das Einsatzkommando 8 und ein Teil des Polizeibataillons 9 ihre schmutzige Arbeit verrichteten. Bei den Frauen verlief nicht alles reibungslos, sie wurden zuerst nur verwundet. Bach-Zelewski nutzte Himmlers Unbehagen und beklagte sich über die Auswirkungen solcher Hinrichtungen auf die Polizisten. Himmler hielt daraufhin eine Rede, in der er vor den Männern das harte Vorgehen gegen Juden und Slawen rechtfertigte. Er führte aus, sie seien die historischen Feinde Deutschlands. Man müsse sie nicht persönlich hassen, doch der Selbsterhaltungsdrang erfordere die Vernichtung des Ungeziefers. Außerdem trage er vor Gott und dem Führer die Verantwortung für alles, was hier geschehe. Die Aufgabe der Männer vor Ort sei es, den Befehlen bedingungslos zu gehorchen. So zumindest schilderte Bach-Zelewski 1946 die Ereignisse. Seine Darstellung wurde durch die Aussage von Otto Bradfisch, dem Kommandeur des Einsatzkommandos 8, in einer späteren Gerichtsverhandlung ergänzt. Bradfisch gab außerdem an, daß Himmler den Befehl zur »Gesamtliquidierung der Juden im Osten« bestätigt habe.[39]

Bei einer gesonderten Vernehmung durch amerikanische Ermittler kurz nach dem Krieg erläuterte Bach-Zelewski die Schwierigkeiten bei den Massenerschießungen. Stalins Leute könnten unzählige Menschen mit bloßen Händen töten, doch die Mitteleuropäer seien zivilisierter und dazu nicht fähig. Auschwitz, sagte er, sei eine Erfindung deutscher Bürokraten.[40] In seiner Aussage bei einem anderen Verfahren im Jahr 1958 wurde Bach-Zelewski noch deutlicher. Daß Himmler die Schwierigkeiten bei der Exekution in Minsk miterlebt habe, behauptete Bach-Zelewski, sei die »Geburtsstunde der Gaskammer« gewesen.[41]

Er übertrieb. Tatsächlich wollte Himmler schon im Dezember 1939 mit Oswald Pohl, dem Leiter der Wirtschafts- und Bauunternehmen der SS, über die Idee eines kombinierten Gaskammer-Krematoriums sprechen.[42] Die Idee war also bereits zu einem früheren Zeitpunkt vorhanden, doch Himmler drängte nicht auf ihre Verwirklichung. Es gab schließlich viele Methoden, Menschen in großer Anzahl zu töten. Der Gang der Ereignisse deutet darauf hin, daß Bach-Zelewski Mitte August Himmler und der SS tatsächlich einen wichtigen Impuls gab, sich auf die Vernichtungslager mit Gaskammern zu konzentrieren. (Und Bach-Zelewski wußte mehr darüber, als er 1946 oder 1958 zugab.) In einem Brief an Karl Wolff schrieb Bach-Zelewski, Himmler habe ihm bei seinem Besuch 100 000 Mark für dringend benötigte Anschaffungen genehmigt. Bach-Zelewski war bestrebt, das Geld zu erhalten. Als es nicht sofort ausgezahlt wurde, wandten er und Wolff sich an das SS-Wirtschaftsverwaltungshauptamt. Einhunderttausend Mark waren eine hohe Summe; das Gesuch ging daher an Oswald Pohl, den Leiter des Amtes.[43] Bach-Zelewski erhielt das Geld, wenn auch mit einiger

Verspätung. Es sollte sich noch herausstellen, für welchen Zweck er es verwenden wollte.

Nach der Hinrichtung besuchte Himmlers Reisegruppe ein Kriegsgefangenenlager und fuhr durch das Ghetto von Minsk, in dem damals über 80 000 Juden untergebracht waren. Die meisten sollten das Jahr nicht überleben. Himmler besichtigte eine Anstalt für Geisteskranke, wo er Nebe angeblich die Erlaubnis erteilte, bei der Ermordung der Insassen mit Dynamit zu experimentieren. Am Tag darauf besuchte Himmler ein Museum in Minsk, flog dann in die Pripjet-Sümpfe, von dort aus weiter nach Pinsk und dann zurück zu Hitlers Hauptquartier in Ostpreußen, wo er mit Hitler zu Mittag aß und wahrscheinlich über seine Beobachtungen sprach.[44]

Den folgenden Monat über erstattete Bach-Zelewski weiterhin per Funk Meldung über die andauernden Massenhinrichtungen, die im Rahmen der »Pazifizierungsmaßnahmen« stattfanden. Die Befriedung durch die Nazis umfaßte einige echte Kampfhandlungen, aber auch die Beseitigung jeder Person, die eine tatsächliche oder eine nur nach Ansicht der NS-Behörden vorhandene Bedrohung einer ständigen deutschen Herrschaft verkörperte. Die Brigaden der Waffen-SS und die Einsatzkommandos führten den Großteil der frühen Tötungsaktionen in Weißruthenien durch, doch auch die Polizeibataillone erschossen Juden, versprengte sowjetische Soldaten und Partisanen oder Zivilisten. Bach-Zelewski standen zu der Zeit mindestens 15 Polizeibataillone (ungefähr 7500 Mann) zur Verstärkung der zwei SS-Brigaden (ungefähr 12 000 Mann) zur Verfügung.[45]

Der Höhere SS- und Polizeiführer Jeckeln war bei der »Befriedung« der Ukraine sogar noch eifriger, falls das überhaupt möglich war. Seine Situation und seine Strategie unterschieden sich jedoch von der Bach-Zelewskis. Jeckeln mußte geographisch das größte Gebiet abdecken. Daher verwendete er für die Massenhinrichtungen überwiegend die ihm zur Verfügung stehenden neun Polizeibataillone (und noch Teile eines weiteren Bataillons) und setzte die 1. SS-Brigade zur Partisanenbekämpfung ein. Jeckeln berichtete am 23. August, daß seine Truppen den größten Teil von drei Partisanenbataillonen und vielleicht die Hälfte von neun weiteren Partisanenbataillonen vernichtet hätten. Waffen seien erbeutet worden, darunter einige Maschinengewehre und Handgranaten. Jeckelns Truppen erlitten jedoch keine Verluste, was bedeutet, daß die Partisanen keine allzu heftige Gegenwehr geleistet haben können, wenn es überhaupt Partisanen waren. Himmlers Anweisungen richteten sich gegen jeden, der als Partisan verdächtigt wurde oder Partisanen unterstützte.[46]

Jeckeln hatte für die »Behandlung« der Juden ein Standardverfahren entwickelt, das wenig mit Partisanenbekämpfung im militärischen Sinn zu tun hatte. Er erteilte dem Kommandeur des Polizeiregiments Süd mündlich den Befehl, ein bestimmtes Gebiet oder einen Ort von Juden zu »säubern«. Der Regimentskommandeur oder sein Stab gab den Befehl mündlich an die Bataillonskommandeure weiter, die ihn wiederum persönlich ihren Kompaniekommandeuren mitteilten. Die Truppen wurden erst am Vortag oder Vorabend über den Einsatz informiert, wenn den einzelnen Einheiten ihre Aufgaben zugeteilt wurden. Manche mußten ein Dorf abriegeln, andere die Häuser durchsuchen, Juden festnehmen und zusammentreiben. Häufig halfen ihnen Einheimische, die Juden zu erkennen. Andere Polizisten mußten die Juden zu den Hinrichtungsstätten bringen, und wiederum andere fungierten dort als Wachen. Dann gab es noch die Exekutionskommandos.[47]

Drei Bataillone der Ordnungspolizei (45, 303 und 314) bildeten den Kern des Polizeiregiments Süd. Das Polizeibataillon 45 liquidierte vom 19. bis 22. August in oder in der Nähe von Slawuta 1059 Juden. Das Bataillon 314 beteiligte sich mit der Erschießung von 367 Juden am 23. August und 468 Juden am nächsten Tag in der Gegend um Kowel an den Massenhinrichtungen. Die deutsche Polizei erlitt keine Verluste.[48] Am folgenden Tag erschoß das Polizeiregiment Süd zwölf »Banditen« und 70 Juden, während die Bataillone 45 und 314 aus dem Regiment für die Erschießung von 61 beziehungsweise 294 Juden gesondert aufgeführt wurden.[49]

Der 25. August war für das Polizeiregiment Süd ein harter Tag; 1342 Juden wurden bei einer »Säuberungsaktion« getötet, während die 1. SS-Brigade 85 Gefangene und 283 Juden erschoß.[50] Doch damit nicht genug: Am 27. August wurden 549 weitere Juden umgebracht, und der Stab des Höheren SS- und

Polizeiführers tötete am selben Tag 546 Juden. Das Polizeibataillon 314 brachte allein noch einmal 69 Juden um.[51] Später am Tag erschoß das Polizeiregiment Süd weitere 914 Juden.[52] Eine Aktion gegen ungarische Juden, die in die Ukraine deportiert worden waren, stellte alle bisherigen Hinrichtungen im Süden in den Schatten. Auf eine Initiative der ungarischen Ausländerkontrollbehörde hin entschloß sich die ungarische Regierung Ende Juni, einen Teil der vielen jüdischen Flüchtlinge abzuschieben, die seit 1938 ins Land geströmt waren. Ausländische Juden wurden zusammengetrieben, in Güterwaggons gepfercht und über die Grenze in die Ukraine geschafft, wo sie am Dnjepr entlang nach Kamenez-Podolsk marschieren mußten. Am 25. August trafen sich die Vertreter beteiligter militärischer Dienststellen und Vertreter des Reichsministeriums für die besetzten Ostgebiete in Vinnitsa in der Ukraine, um die anstehende Überführung des westlichen Teils der Ukraine von der Militär- in die Zivilverwaltung zu besprechen (die für den 1. September festgesetzt war). Auf diesem Treffen verkündete ein Vertreter der Zivilverwaltung, Jeckeln hoffe, die Liquidation der 11 000 ungarischen Juden bis zum 1. September abgeschlossen zu haben.[53]

Die Massenhinrichtungen bei Kamenez-Podolsk zogen sich über mehrere Tage hin. Die Opfer mußten in ein Gebiet voller Bombenkrater marschieren und sich dort ausziehen. Im Kreuzfeuer der Maschinengewehre stürzten sie zu Boden, einige wurden lebendig begraben. Bis vor kurzem war nur bekannt, daß zu dem Exekutionskommando Einheiten der SS, ukrainische »Schutztruppen« und eine ungarische Pioniereinheit gehörten.[54] Zu Beginn des Einsatzes nannte Jeckeln den beteiligten Einheiten ihre Aufgaben: Männer aus seiner Stabskompanie schossen, und das Polizeibataillon 320 sperrte das Gelände ab. Aus einem Funkspruch geht hervor, daß die zwei Einheiten zwei Tage später weitere 4200 Juden erschossen. Jeckelns Stabskompanie beanspruchte die Ermordung von 11 000 Juden für sich. Ein anderer Funkspruch gegen Ende der Aktion weist darauf hin, daß das Polizeibataillon 320 weitere 2200 Juden in Minkowy nordöstlich von Kamenez-Podolsk umbrachte.[55]

Nach zwei Tagen meldete Jeckeln stolz, daß sich die Gesamtzahl der bei Kamenez-Podolsk getöteten Juden auf ungefähr

20000 belief. Der Bericht der Einsatzgruppen vom 11. September, der per Kurier nach Berlin ging, aktualisierte die Zahlen noch einmal: die Gesamtzahl betrage 23600, Jeckeln sei der Leiter der Aktion gewesen und seine Männer hätten die Aktion durchgeführt. Der Bericht enthielt jedoch weniger Einzelheiten zu den Beteiligten.[56]

Zu den Opfern zählten 14000–16000 ungarische Juden; die anderen waren ukrainische Juden, die aus nahegelegenen Städten und Dörfern zusammengetrieben worden waren. Ungefähr 2000 der deportierten ungarischen Juden konnten entkommen und überlebten.[57] Nachdem sich das Polizeibataillon 320 anfänglich ins nahegelegene Podolsk zurückgezogen hatte, wurden Patrouillen zurück nach Kamenez-Podolsk geschickt, die nach Flüchtigen suchen und gegen die Plünderungen durch Ukrainer vorgehen sollten.[58] Bis Ende August 1941 stellte Kamenez-Podolsk die größte einzelne Vernichtungsaktion von Juden dar. (Sie wurde schon bald durch Babi Yar in der Nähe von Kiew Ende September übertroffen.) Die Aktion war nicht das Werk der berüchtigten Einsatzgruppen, sondern das Ergebnis von Jeckelns Führung und den Bemühungen seiner Stabskompanie und der Ordnungspolizei.

Am 4. September flog Daluege zu einem Besuch bei Jeckeln in dessen Hauptquartier bei Berditschew. In Berditschew in der Nähe von Shitomir lebten 30000 Juden bei einer Gesamtbevölkerung von ungefähr 66000. Die jüdische Gemeinde konnte ihre Ursprünge bis ins 16. Jahrhundert zurückverfolgen und war als Zentrum jüdischer Gelehrsamkeit bekannt. Ungefähr eine Woche vor Dalueges Besuch hatte die Besatzungsmacht im ärmeren Teil der Stadt ein Ghetto eingerichtet. Am Tag von Dalueges Ankunft ordnete Jeckeln vermutlich zu dessen Ehren die Exekution von 1303 jungen Juden an, darunter 875 Mädchen unter zwölf Jahren. Jeckelns Stabskompanie erhielt das Privileg, die Morde auszuführen.[59] Der Massenmord fand in dem Dorf Khazhin statt, ungefähr acht Kilometer südlich von einer Stelle, wo Kriegsgefangene zwei große Gruben entlang einer Eisenbahnlinie ausgehoben hatten.[60]

Obwohl Jeckelns Stabskompanie den Großteil der Hinrichtungen am 4. September in Berditschew durchführte, beschrieb ein ehemaliges Mitglied des Polizeibataillons 45 Jahrzehnte nach dem Krieg dessen Mitwirkung. Auch eine zeitgenössische Quelle zeigt, daß das Polizeibataillon 45 tatsächlich in Berditschew dabei war.[61] Die Polizei brachte einige hundert Juden zum Eingang der Grube. Einer nach dem anderen mußte in die Grube hinuntersteigen, die tief genug war, daß die circa 20 Meter entfernt stehenden Polizeiwachmänner die Juden nicht mehr sehen konnten. Das Exekutionskommando schoß direkt in die Grube hinein. Danach schaufelten andere Erde auf die Leichen.[62]

Das Polizeibataillon 45 setzte sich aus jungen Polizisten und (älteren) Reservisten von der Polizei zusammen, die während des Krieges wieder zum Dienst herangezogen worden waren. Zu ihm gehörten Deutsche aus verschiedenen Regionen, darunter auch ein großer Anteil an Sudetendeutschen. Das Bataillon hatte daher vermutlich kein starkes Zusammengehörigkeitsgefühl. Eine beträchtliche Anzahl seiner überlebenden Mitglieder bestritt nach dem Krieg, jemals Mitglied der NSDAP gewesen zu sein.[63] Es gab sicher einige überzeugte Nationalsozialisten unter den Männern, doch man kann die Mitglieder des Bataillons wohl kaum als politische Fanatiker bezeichnen.

Selbst aus den begrenzten Informationen über die Kommandeure der Polizeibataillone, die uns zur Verfügung stehen, geht hervor, daß die Berufspolizisten mit einem Eintritt in die SS eher zögerten. Robert Franz, der Kommandeur des Polizeibataillons 303, trat der SS kurz vor Kriegsausbruch im August 1939 bei.[64] Ende des Jahres 1941 waren 70 Prozent der aktiven Offiziere der Ordnungspolizei und 93 Prozent der Reserveoffiziere *nicht* in der SS.[65] Wenn schon ein Kommandeur oder Offizier den wichtigsten nationalsozialistischen Institutionen nicht eng verbunden war, um wieviel mehr mußte das für die regulären Polizisten gelten. Dennoch wurden sie wiederholt zu Massenmördern.

Es gab aber auch Grenzen für die Ordnungspolizei. Die Einsatzgruppen und Brigaden der Waffen-SS führten im Gebiet Rußland Mitte einen Großteil der frühen Tötungsaktionen durch, und im Süden stützte sich Jeckeln überwiegend auf seinen eigenen Stab. Die Ordnungspolizei führte viele Massenexekutionen durch, allerdings weniger, als ihre Truppenstärke ver-

muten läßt. Traten die Einsatzkommandos und die Ordnungspolizei gemeinsam auf, dominierten gewöhnlich die Einsatzgruppen. Bei dem berüchtigten Massaker von Babi Yar tötete das
Sonderkommando 4 a 33 871 Juden, während die Männer vom
Polizeibataillon 45 das Gebiet abriegelten.[66] Gelegentlich erwies sich ein bestimmtes Bataillon der Ordnungspolizei oder eine bestimmte Kompanie eines Bataillons als
besonders eifrig und geeignet für den Massenmord. Das Verhalten von Polizeileutnant Gerhard Riebel, dem Kommandeur
der 3. Kompanie des Polizeibataillons 322 (das auch als 9. Kompanie des Polizeiregiments Mitte bezeichnet wurde), wurde später in einer Beurteilung überschwenglich gelobt. Er wurde als
begeisterter Nationalsozialist beschrieben, der eigene Vorstellungen seinen Männern gut vermitteln konnte. In der Beurteilung wird nicht näher auf seine Tätigkeit seit dem 1. Oktober
1941 eingegangen, für die er das Eiserne Kreuz zweiter Klasse
erhielt.[67] Doch es existiert ein Bericht Riebels über eine große
Aktion, über die auch Aufzeichnungen aus dem Kriegstagebuch
vorliegen.

Am 2. Oktober 1941 trieb die 9. Kompanie, der Stab des Höheren SS- und Polizeiführers Bach-Zelewski und 23 Mitglieder
der ukrainischen Hilfspolizei im neu eingerichteten Ghetto von
Mogilew 2208 Juden zusammen. Riebel schrieb, einige Juden
hätten feige versucht, sich zu verstecken, und die Schwierigkeiten, sie aus ihren schmutzigen Verstecken zu zerren, hätten
dazu geführt, daß die 9. Kompanie 65 Juden im Ghetto erschossen habe. Die anderen wurden auf Lastwagen verladen und
zu einem Fabrikgebäude gebracht, wo sie die Nacht verbringen
mußten. Die Razzia dauerte ungefähr fünf Stunden. Am nächsten Morgen wurden die Juden getötet, wobei 555 Erschießungen auf das Konto der 9. Kompanie gingen. Auch später war
die 9. Kompanie weiterhin aktiv und erschoß in den Dörfern um
Mogilew angebliche Partisanen, Kommunisten und Juden.[68]

Nicht alle töteten so bereitwillig. In zeitgenössischen Quellen
finden sich auch Bedenken gegenüber den von der Polizei durchgeführten Exekutionen. Himmlers und Dalueges wiederholte
Besuche der Hinrichtungsstätten – eine Aufgabe, die besonders
Himmler nicht gefiel – deuten darauf hin, daß *sie* sich zumindest

Gedanken machten, ob sich gewöhnliche deutsche Polizisten als Mörder eigneten. Es gab auch Probleme mit der Geheimhaltung. Am 30. August mußte Heydrich die Einsatzgruppen ermahnen, an den Exekutionsstätten keine Zuschauer – auch keine Soldaten – zu dulden.[69] Die Vernichtungslager boten eine größere Abgeschiedenheit und geringere Fluchtmöglichkeiten für die Opfer. Sie schützten die Gaskammern vor den neugierigen Blicken Unbefugter, außerdem ließ sich der fließbandmäßige Tötungsprozeß vor den Opfern bis zum letzten Moment verbergen. Obwohl die Massenerschießungen während des ganzen Krieges andauerten und obwohl selbst die Vernichtungslager das schreckliche Geheimnis des Holocaust nicht bewahren konnten, boten die neuen Lager ausreichend Vorteile, um ab 1942 zur bevorzugten Institution des Massenmords zu werden.

Die Fixiertheit der Nazis auf die Geheimhaltung der frühen »Endlösung« führte zu Diskussionen über Buchführung und Informationsübermittlung. Am 15. August 1941 warnte Heydrich die Einsatzgruppen in einem verschlüsselten Funkspruch davor, unbefugten Personen oder gar dem Feind Einblick in ihre Einsatzbefehle und Anweisungen zu gewähren. Falls die Geheimhaltung gefährdet sein sollte, müßten sie schriftliche Befehle zurücksenden oder verbrennen.[70] Im September 1941 arbeitete Ernst Sachs Richtlinien für den Funkverkehr aus, die Daluege, Heydrich und andere hochrangige SS-Leute genehmigten. Daluege, der sich zweifellos auf die Richtlinien von Sachs bezog, informierte die Höheren SS- und Polizeiführer am 13. September, daß die Einheiten im Feld normale Meldungen, vertrauliche Meldungen und als geheim klassifizierte Meldungen funken konnten. Sie sollten jedoch keine geheimen Reichssachen wie etwa Exekutionszahlen per Funk übermitteln. Derartige Informationen sollten nur per Kurier weitergegeben werden.[71] Diese Anweisung über die Geheimhaltung bei Funksprüchen wurde selbst per Funk ausgegeben und an die Regimenter und Bataillone der Ordnungspolizei weitergeleitet, die sich im allgemeinen daran hielten. In den späteren Meldungen über Exekutionen, die per Kurier versandt wurden, bezog sich Bach-Zelewski sogar ausdrücklich auf Dalueges Anweisung Nr. 31 vom

13. September 1941.[72] Nach dem Krieg machte er irreführende Angaben zu dem Geheimhaltungsbefehl. Er sagte aus, Himmler habe zu Beginn des Rußlandfeldzuges den allgemeinen Befehl gegeben, das Wort »Jude« im Funkverkehr niemals zu verwenden.[73] Bach-Zelewski war in seinen Funkmeldungen zurückhaltender als Jeckeln, doch falls Himmler je eine solche Anweisung erteilt haben sollte, wurde sie vor Mitte September nicht in größerem Umfang und auch danach nicht immer befolgt.

In Heydrichs Funksprüchen an die Einsatzgruppen und in deren Rückmeldungen per Funk wurden die weiterentwickelten Enigma-Codes verwendet, was zu ihrer Geheimhaltung beitrug. Dalueges Leute, die weniger straff organisiert waren, benutzten die veralteten Handchiffres. Folglich war es Mitte September 1941 bereits zu spät, die großangelegten Massenexekutionen der Juden durch die Polizeitruppen – oder die Anweisung, keine Exekutionszahlen per Funk zu melden – vor den Briten zu verbergen.

5 Überstellungen und Transporte

Am 3. September 1941 gab Reinhard Heydrich der Sicherheitspolizei und dem SD den Befehl, Maßnahmen zu vermeiden, die
die »einheitliche Stimmung« des deutschen Volkes gefährden
könnten. Der Grund für die Anordnung lag in den wiederholten
Hinweisen Hitlers, daß alle Reichsfeinde wie schon im Ersten
Weltkrieg jede Gelegenheit nutzen würden, Zwietracht zu säen.[1]
Hitler war immer noch wegen der öffentlichen Meinung in
Deutschland besorgt; er fürchtete, sie könnte sich negativ auf die
deutsche Kampfkraft auswirken. Diese Überlegungen wirkten
sich auch auf die Methoden aus, welche die Nationalsozialisten
bei der Judenverfolgung einsetzen wollten.

Das Naziregime hatte mit immer härteren Gesetzen, massiver
Propaganda und Einschüchterungsmaßnahmen alles versucht, die
Juden von den nach nationalsozialistischer Ansicht »reinen«
Ariern zu trennen. Sie hatten jedoch auf die Einrichtung von
Ghettos in Deutschland verzichtet. Doch trotz der offiziellen
Politik behielten einige Juden ihre deutschen Ehegatten, Freun-
de, Verwandten und Bekannten. Die Liquidierung der deutschen
Juden brachte daher politische Probleme mit sich. Es war eine Sache, wenn die SS und Polizei Hunderttausende von Juden in Osteuropa töteten – an entlegenen Orten und mit Polizeikordons,
die Zuschauer fernhielten.[2] Es war jedoch etwas ganz anderes,
Juden in Deutschland oder Westeuropa zu ermorden, weil dort
die geographischen Möglichkeiten für eine Isolierung begrenzt
waren und die Wahrscheinlichkeit, daß etwas durchsickerte (und
der damit verbundene Schaden), wesentlich größer war.

Die Einsicht, daß die Deutschen den wohlgeplanten Mord in
ihrer Mitte nicht hinnehmen würden, war durch das »Eutha-

nasieprogramm« gewonnen worden, das zwischen Ende 1939 und August 1941 heimlich in sechs größeren Vergasungszentren in Deutschland durchgeführt wurde. Das Euthanasieprogramm betraf nicht Deutsche, die unheilbar krank waren und schrecklich litten, sondern Kinder und Erwachsene, die in den Augen der Nazis ererbte körperliche oder geistige Defekte hatten. (Die meisten würden heute als körperlich oder geistig Behinderte bezeichnet werden.) Die Verantwortlichen in Hitlers Reichskanzlei taten ihr möglichstes, um die Mordaktionen zu verschleiern. Außerdem führte das Regime einen großen Propagandafeldzug, der die Vorstellung verbreiten sollte, daß Behinderte eine Last für die Gesellschaft darstellen würden. Dennoch gab es schon bald Probleme. Die erfundenen Todesursachen, die den Angehörigen mitgeteilt wurden, erregten Argwohn, und die Anwohner der Vergasungszentren erkannten, was in der Nähe vor sich ging. Auch andere Lecks entstanden. Die ablehnende Reaktion der Öffentlichkeit und Anzeichen eines offenen Protestes veranlaßten Hitler, die Vergasungszentren Ende August zu schließen; das Euthanasieprogramm wurde an abgelegeneren Orten – und auf diskretere Weise – fortgesetzt. Die Erfahrung machte jedoch deutlich, daß die Geheimhaltung von großangelegten Tötungsaktionen in Deutschland kaum durchführbar war.[3] Möglicherweise spiegelte Heydrichs Befehl vom 3. September den politischen Schaden wider, der durch das Euthanasieprogramm entstanden war.

Die deutschen Juden konnten jedoch nicht mehr viel länger vor Ort bleiben. Seit 1919 war Hitler von der fixen Idee besessen, daß Juden einen Infektionsherd darstellten und Deutschland ihretwegen den Krieg verloren hätte.[4] Hitler und andere führende Nationalsozialisten glaubten tatsächlich, daß Juden Überträger von Krankheiten wären. Als Heydrich Maßnahmen zur Errichtung des Konzentrationslagers in Theresienstadt in der Nähe von Prag traf, erklärte er, daß die Juden, die dort starben, auf keinen Fall begraben werden sollten – sie könnten einen nahe gelegenen Fluß verschmutzen: Ihre Leichen sollten in einem Krematorium verbrannt werden.[5]

Himmler drückte sich in einem Brief an Arthur Greiser, den Gauleiter des Warthelandes (der ehemals polnische Teil Ostpreußens, der 1939 von Deutschland annektiert worden war), noch deutlicher aus. Der Führer wünsche, daß das Altreich und das Protektorat Böhmen und Mähren (der ehemals tschechische Teil der Tschechoslowakischen Republik) so schnell wie möglich »von Juden geleert und befreit« würden. Wenige Wochen später, als die Zeit immer mehr drängte, erklärte Heydrich, Hitler wolle die Sache zum Jahresende erledigt sehen.[6] Es gab gewisse Bedenken, daß die Deportation der Juden aus Deutschland die Unterstützung der Deutschen für das Regime oder den Krieg beeinträchtigen würde, doch man ging über sie hinweg. Hitler betrachtete die Deportationen als dringend notwendig.

Reichspropagandaminister Joseph Goebbels hatte in seiner Funktion als Gauleiter der NSDAP in Berlin bereits seit einiger Zeit versucht, die Hauptstadt von der jüdischen »Bedrohung« zu befreien. Hinter den ideologischen standen praktische Beweggründe: Die jüdischen Wohnungen und Häuser waren sehr begehrt. Auch andere hochrangige Nazis hatten eigene Vorschläge eingebracht. Heydrich und seine Gefolgsleute hatten auf einem mehr oder weniger einheitlichen Vorgehen und ihren eigenen Vollmachten bestanden.[7] Berlin mochte vielleicht die erste »judenfreie« Stadt in Deutschland werden, doch für die Hauptstadt sollte keine Einzellösung ausgearbeitet werden. Himmler und Heydrich wollten die Deportationen von Berliner Juden in ihre umfassenden Pläne für die deutschen und europäischen Juden einbeziehen.[8]

Doch wohin sollte man die Juden deportieren? Im Oktober 1939 war Polen in drei Teile aufgeteilt worden: verschiedene Gebiete in Westpolen, die von Deutschland annektiert worden waren; ein großer Mittelteil, der als Generalgouvernement bezeichnet wurde, mit einer eigenen Verwaltung, der Hitlers ehemaliger Rechtsanwalt Hans Frank vorstand; und der östliche Teil, der unter sowjetischer Besatzung und Verwaltung stand (gemäß des geheimen Zusatzprotokolls im deutsch-sowjetischen Nichtangriffspakt vom August 1939). Wie sich herausstellte, war man in keinem dieser Gebiete darauf vorbereitet, Juden von außen aufzunehmen. Das deutsche Gebiet war von vornherein ausgeschlossen, die Sowjets wollten keine deutschen Juden, und Gouverneur Frank hatte andere Pläne für sein Gebiet.

Die Judendeportationen von Stettin und Schneidemühl nach Polen hatten 1940 einen erbitterten Streit mit Frank und seiner Zivilverwaltung ausgelöst. Frank konnte Hermann Göring für seine Sache gewinnen, und Göring sprach in einem Fernschreiben eine offene Warnung aus:

> Der Generalgouverneur hat sich über die Judendeportationen aus dem Reich in das Generalgouvernement beschwert, die trotz des derzeitigen Mangels an Aufnahmekapazitäten fortgesetzt werden. Ich verbiete hiermit weitere derartige Deportationen ohne meine Genehmigung und die Zustimmung des Generalgouverneurs. Ich werde keine Entschuldigungen annehmen, in denen es heißt, daß Untergebene die Deportationen durchführten.[9]

Diese Botschaft war direkt an Himmler gerichtet.

Die Nationalsozialisten hatten bereits in zahlreichen polnischen Städten Ghettos eingerichtet, in denen die polnischen Juden durch Krankheiten, Unterernährung – und gelegentliche Erschießungen – dezimiert wurden, und Juden vom Land wurden gezwungen, in die Ghettos zu ziehen. Seit dem Frühjahr 1941 bemühte sich Frank, über zwei Millionen Juden aus seinem Territorium abzuschieben und keine weiteren aufzunehmen. Seine Zivilverwaltung hatte wiederholt die Autorität der SS und der Polizei über die Ghettos in Polen angefochten. Auch die Wehrmacht spielte in Polen eine Rolle. Himmler und Heydrich beschwerten sich beide im September und Oktober 1941 bei der Reichskanzlei, Hitler habe verschiedenen Personen im Generalgouvernement Vollmachten erteilt, die sich mit den Funktionen der Polizei überschnitten und sie bei ihrer Arbeit behinderten.[10]

Dennoch sprach Himmler am 2. September mit Friedrich-Wilhelm Krüger, dem Höheren SS- und Polizeiführer für das Generalgouvernement, über Judendeportationen aus Deutschland.[11] Falls Krüger und sein sehr aggressiver und ehrgeiziger Untergebener in Lublin, der SS- und Polizeiführer Odilo Globocnik, die Hindernisse aus dem Weg räumen sollten, könnten unter Umständen einige deutsche Juden in das Gebiet um Lublin oder das Warschauer Ghetto deportiert werden. Himmler stellte um diese Zeit einige Spezialisten für Vergasungen aus dem Euthanasieprogramm von ihren bisherigen Aufgaben frei und schickte sie zu Globocnik.[12] Doch der Plan, das Generalgouvernement zum Hauptstandort für die Einrichtungen zur Massenvernichtung zu machen, konnte nur funktionieren, wenn Himmler sicher sein konnte, daß die SS und die Polizei den ganzen Prozeß unter Kontrolle halten konnten.

Eine andere Möglichkeit für die Aufnahme der deutschen Juden bot das bereits existierende Ghetto in Lodz im sogenannten Wartheland, das nicht zum Generalgouvernement gehörte. Doch Lodz war bereits überfüllt. Ursprünglich wollte Himmler 60 000 Juden vorübergehend mit dem Versprechen dort unterbringen, daß sie später weiter nach Osten abgeschoben würden. Es gab jedoch zahlreiche Schwierigkeiten, so daß zwischen dem 16. Oktober und dem 4. November nur ungefähr 20 000 deutsche, österreichische und luxemburgische Juden sowie 5000 »Zigeuner« nach Lodz gebracht und dort unter dem Protest des zuständigen Regierungspräsidenten in drangvoller Enge untergebracht wurden. Himmler schickte den Mann auf Urlaub. Lodz konnte nach diesen Erfahrungen jedoch nur eine Teillösung bieten.[13]

Das Lager Auschwitz wuchs rasch. Die ersten Vergasungsversuche wurden Anfang September in Auschwitz durchgeführt, doch die im nahegelegenen Birkenau errichteten Gaskammern wurden nicht vor dem Frühjahr 1942 in Betrieb genommen. Auschwitz sollte später der zentrale Ort werden, wo die deportierten Juden aus allen Teilen Europas ermordet wurden, doch im September konnte man die Massen von aus Deutschland deportierten Juden in Birkenau noch nicht beseitigen. Es schien auch nicht sinnvoll, die deutschen Juden in oder in der Nähe von Auschwitz zu internieren, da sich das Lager mittlerweile auf deutschem Boden (im annektierten Gebiet von Oberschlesien) befand.

Es gibt Hinweise darauf, daß Heydrich schon zuvor an die Sowjetunion als den bevorzugten Ort zur Ermordung der Juden aus anderen Gebieten gedacht hatte.[14] Er und seine Untergebenen – Heinrich Müller von der Gestapo und Adolf Eichmann von deren Umsiedlungsreferat – waren in erster Linie für die Abschiebung der Juden aus Deutschland und ihre Unterbringung an anderen Orten verantwortlich.

In Ermangelung anderer Möglichkeiten erschien die Sowjetunion als das geeignete Land. Es gab dort ausreichend Platz, und auch die Geheimhaltung war leichter zu gewährleisten. Die SS und die Polizei hatten bei den Massenhinrichtungen zumindest die anfänglichen Hindernisse überwunden und ihre Effektivität bereits unter Beweis gestellt.

Die zu überwindenden Entfernungen und die Deportationen der Juden hatten rechtliche und finanzielle Aspekte, die die Unterstützung verschiedener Ministerien erforderlich machten.[15] Konnte man sie zu einer Zusammenarbeit bewegen? Himmler wollte die völlige Kontrolle über die Juden – und dafür mußte er sich bei zahlreichen schwerfälligen Bürokraten in Deutschland Einfluß verschaffen.[16] Für den Transport der Juden mit der Bahn aus Deutschland oder anderen Ländern in das Baltikum oder nach Weißrußland benötigte man die Hilfe des Verkehrsministeriums.

Die Beschaffung von Zügen mitten im Krieg war mit beträchtlichem Aufwand verbunden und unter Umständen würde die Wehrmacht Einwände erheben, doch das waren keine unüberwindlichen Hindernisse – nicht, wenn Himmler und Heydrich ihren Einfluß geltend machten. Im schlimmsten Fall würde ein Mangel an Zügen die Deportationen nur verlangsamen.

Es sei angebracht, erklärte Heydrich bei einer Besprechung am 10. Oktober in Prag, die Juden weiter nach Osten ins [militärische] Operationsgebiet zu schicken, wo man sie in Lagern für russische Kriegsgefangene unterbringen könnte. Heydrich machte deutlich, daß er dafür seine eigenen Leute einsetzen wollte, die bereits über hunderttausend Juden umgebracht hatten. Er bezog sich dabei vor allem auf Arthur Nebe und Otto Rasch, die Leiter der Einsatzgruppen B und C.[17] Mit dieser Bemerkung tat Heydrich kund, welches Schicksal die Deportierten erwartete.

Doch Heydrichs Ernennung zum Reichsprotektor von Böhmen und Mähren Ende September – eine Position, in der er Hitler direkt unterstand – und seine fordernde Haltung in der Judenpolitik riefen zwischen ihm und Daluege alte und neue Konflikte wach.[18] Eine Möglichkeit für Daluege – und Himmler –, eine zu starke Abhängigkeit von Heydrich und seinen Organisationen zu vermeiden, bot sich durch den Einsatz der Höheren SS- und Polizeiführer im Osten. Sie sollten die Transporte mit deutschen Juden in Empfang nehmen. Himmler neigte dazu, die Ernennungen des Höheren SS- und Polizeiführers Korsemann und der SS- und Polizeiführer in Minsk (Carl Zenner), Lublin (Globocnik) und Galizien (Fritz Katzmann) mit Daluege und nicht mit Heydrich zu besprechen.[19] Natürlich waren auch die Verbindungen Daluges zu Jeckeln, Bach-Zelewski, Prützmann und Korsemann im Laufe des Sommers enger geworden. Für die Höheren SS- und Polizeiführer waren die Bataillone der Ordnungspolizei zu wesentlichen Stützen geworden. Sie waren auf das Kommunikationsnetz der Ordnungspolizei angewiesen, außerdem wurden ihre finanziellen Angelegenheiten und ihre Personalfragen von der Verwaltung der Ordnungspolizei übernommen.[20] Daluege und die Höheren SS- und Polizeiführer verließen sich zunehmend aufeinander. Einmal gewann Daluege die Unterstützung von Oswald Pohl, dem Leiter der Wirtschafts- und Bauunternehmen der SS (und später vom SS-Wirtschaftsverwaltungshauptamt), daß er die Höheren SS- und Polizeiführer als seine Untergebenen behandeln durfte, doch Himmler wollte die Vereinbarung nicht absegnen.[21]

Die Höheren SS- und Polizeiführer, die direkt Himmler unterstanden, kontrollierten verschiedene Aufnahmestationen für die Juden im Osten. Die deutschen Behörden hatten wie schon in Polen in den größeren Städten und Ortschaften des Baltikums und in Weißrußland Ghettos für jene Juden eingerichtet, die nicht sofort getötet wurden. Die Militär- und Zivilbehörden waren übereingekommen, daß die SS und die Polizei für diesen Zweck bestimmte Stadtteile absperrten und die nichtjüdischen Bewohner daraus vertrieben. Einige größere Ghettos wurden mit Mauern und Stacheldraht umgeben; andere waren eher provisorisch angelegt und wurden nur von Wachen abgesperrt. Man wollte den Juden, die grundsätzlich als Bedrohung der Sicherheit eingestuft wurden, nicht erlauben, sich frei zu bewegen oder mit dem Rest der Bevölkerung unkontrollierte Kontakte aufzunehmen.

Die Sicherheitspolizei und die Ordnungspolizei waren beide für die Ghettos zuständig, doch die Höheren SS- und Polizeiführer besaßen die Befehlsgewalt über das gesamte Gebiet. Bach-

Zelewski und Jeckeln waren die beiden Höheren SS- und Polizeiführer, die bei Deportation und Ermordung der Juden am effektivsten arbeiteten. Es war daher vermutlich kein Zufall, daß Himmler Mitte Oktober Jeckeln und Prützmann befahl, ihre Positionen zu tauschen. Jeckeln traf am 26. Oktober in Riga ein; er hatte nicht viel Zeit, sich auf seine dortigen neuen Aufgaben vorzubereiten.[22]

Am 23. Oktober fand unter dem Vorsitz Adolf Eichmanns eine Besprechung in Berlin zu Hitlers Anordnung statt, 50 000 Juden aus Deutschland und dem Protektorat Böhmen und Mähren nach Minsk und Riga »auszusiedeln«. Halbjuden, Juden mit ausländischer Staatsangehörigkeit, jüdische Facharbeiter (und deren Verwandte) und Juden über 60 sollten davon ausgenommen werden. Die Juden erhielten Listen der Gegenstände, die sie auf den Transport mitnehmen durften. Die Anweisungen waren jedoch nur eine Liste, mit der die Betroffenen überzeugt werden sollten, daß sie im Osten wieder angesiedelt werden würden. Ihre Pässe und Ausweise sollten den Stempel »evakuiert« erhalten.[23] Es war der erste Schritt zur Deportation aller deutschen Juden; ausgenommen waren vorerst nur die Juden, die immer noch mit Deutschen verheiratet waren, und Halbjuden, deren Schicksal immer noch ungewiß war. Die Gestapo verfrachtete die Juden in die Züge und stellte einen Mann ab, der die Züge in beratender Tätigkeit begleiten sollte. Die Ordnungspolizei, also ein Offizier und 15 Polizisten auf 1000 Juden, sollte für die Sicherheit der Transporte sorgen.[24] Heydrichs und Dalueges Organisationen waren an den Transporten gleichermaßen beteiligt, und auch nach der Ankunft der Juden waren die Aufgaben verteilt.

An dem Tag, an dem Eichmann die Transporte ankündigte, flog Himmler wieder einmal zu Bach-Zelewski, dieses Mal in dessen Hauptquartier nach Mogilew. Er besichtigte das neue Arbeitslager, das Bach-Zelewski unterstand und in dem an diesem Tag 279 Juden getötet wurden. Vier Tage zuvor hatte die Polizei 3726 Juden aus dem Ghetto in Mogilew umgebracht, in dem mittlerweile nicht einmal mehr 1000 Juden am Leben waren. Max Montua beschwerte sich während Himmlers zweitägigem Aufenthalt, daß die ständigen Judenmassaker die Moral seiner Männer und anderer beteiligter Truppen gefährde. Nach den

Aussagen von Bach-Zelewskis Adjutant, der ebenfalls anwesend war, versprach Himmler, daß schon bald andere Lösungen gefunden werden würden.[25]

Himmler kehrte am 25. Oktober aus Mogilew in sein ostpreußisches Hauptquartier zurück und traf sich mit Odilo Globocnik, dem SS- und Polizeiführer von Lublin, der ihn über die neuesten und offensichtlich heftigen Auseinandersetzungen mit Gouverneur Frank in Polen informierte. Am Abend unterhielt sich Himmler mit dem Höheren SS- und Polizeiführer Krüger ebenfalls über Polen.[26] Er hatte den Bau von Vernichtungslagern in Globocniks Gebiet bereits genehmigt,[27] doch es war offensichtlich, daß diese für die Aufnahme der deutschen Juden nicht rechtzeitig fertig werden würden. Himmler beschloß, noch zu warten, bevor er Hitler um eine Anordnung bat, die ihm die Weisungsbefugnis über die Beamten im Generalgouvernement geben würde. Auch das würde zu lange dauern.[28] Er wollte warten, bis er sich seines Einflusses sicher sein konnte. In der Zwischenzeit standen ihm andere Möglichkeiten zur Verfügung.

Bach-Zelewski hegte vermutlich große Hoffnungen, daß in seinem Gebiet ein wichtiges Tötungszentrum für die deutschen und europäischen Juden entstehen würde und der Prozeß der Massenvernichtung verbessert werden könnte. Er hatte Himmler Mitte August in Minsk über die psychischen Probleme seiner Männer aufgrund der Massenerschießungen informiert und einiges erreicht. Himmler hatte ihm außerdem ein großes Budget für dringend benötigte Anschaffungen genehmigt. Doch Bach-Zelewski mußte das Geld den SS-Bürokraten entlocken, was einige Zeit in Anspruch nahm.[29]

Im Jahr 1946 behauptete Bach-Zelewski in einem Verhör fälschlicherweise, daß 1943 [!] eine Kommission aus Hamburg nach Mogilew gekommen sei und den Bau einer Gaskammer angeordnet habe. Er sagte, er habe dafür eine ausdrückliche Anweisung von Himmler verlangt, und das Projekt sei an seiner Hartnäckigkeit gescheitert. Er gab an, daß er zuvor nichts von Vergasungen gewußt habe.[30]

Mit Hilfe von Himmlers Terminkalender von 1941 lassen sich einige Falschaussagen Bach-Zelewskis korrigieren: Der Höhere SS- und Polizeiführer für das Nordseegebiet (in Deutschland),

Rudolf Querner (der in Hamburg lebte), begleitete Himmler Ende Oktober 1941 nach Mogilew und traf während seines Aufenthaltes mindestens einmal mit Bach-Zelewski zusammen.[31] Zu Gesprächen über Vergasungen kam es erstmals im Herbst 1941. Deutsche Funksprüche (die von den Briten abgehört wurden) enthielten Hinweise darauf. Nach seiner Rückkehr nach Deutschland bestellte Querner bei der Hamburger Firma Tesch und Stabenow eine große Menge Zyklon – ein Insektenvernichtungsmittel auf Blausäurebasis, dessen Eignung zur Tötung von Menschen bereits erprobt worden war.[32] Die Bestellung war nicht nur für Bach-Zelewski gedacht, da der Leiter der Firma, Dr. Bruno Tesch, nach Riga fuhr und dort Jeckelns leitendem Arzt Anweisungen gab, wie das Gift sicher und effektiv eingesetzt wurde.[33] Jeckeln war gerade in Riga angekommen, Prützmann, der seine Reise in die Ukraine verschoben hatte, war noch da, und Bach-Zelewski war unterwegs. Man weiß also immerhin, daß diese drei Männer sich Anfang November trafen.[34]

Am 5. November wurde erneut Zyklon bestellt, dieses Mal für Riga. Die Lieferung verzögerte sich jedoch, weil keine geeigneten Transportmittel zur Verfügung standen. Aufgrund des Bedarfs der Fronttruppen waren Züge in den Osten kaum zu bekommen. Jeckelns Büro funkte Querner und schlug vor, die Lieferung mit dem Lastwagen oder Eilzug zurück nach Königsberg zu schikken; von dort wollte sie Jeckeln nach Riga fliegen lassen. In der Zwischenzeit verlangte Tesch, daß seine Briefe an Jeckelns Büro nachgesandt wurden.[35] Tesch konnte aus gutem Grund solche Mühe walten lassen. Die Bestellung belief sich auf immerhin 700 Kilogramm Zyklon. Auschwitz hatte zuvor nur 500 Kilogramm bestellt.[36] Spätere Zyklonlieferungen gingen direkt an das SS-Hospital in Minsk in Bach-Zelewskis Zuständigkeitsbereich.[37]

Die Funksprüche der Polizei geben Hinweise darauf, daß der Höhere SS- und Polizeiführer Querner am Einsatz von Zyklon im Osten beteiligt war. Nach seiner Reise mit Himmler Ende Oktober nach Mogilew fungierte er für die Höheren SS- und Polizeiführer im Osten als Mittelsmann. Er bestellte für sie bei Tesch und Stabenow Zyklon und koordinierte andere Vereinbarungen mit der Firma. Historiker wußten von Querners Beteiligung an den Plänen für die Gaskammern im Osten bis Anfang der neunziger Jahre nichts. Die Beweise für die Zyklonlieferungen tauchen hier zum ersten Mal auf.[38] Der Text der Funksprüche (oder der Dechiffrierungen) ist jedoch sehr knapp gehalten, weshalb nicht ganz klar ist, wieweit die Pläne für den Einsatz von Zyklon zu diesem Zeitpunkt bereits gediehen waren. Das Zyklon hatte unterschiedliche Konzentrationen, die die Zusatzbezeichnungen A, B, C, D, E und F trugen und für verschiedene Zwecke eingesetzt wurden. Zyklon D war das normale Insektenvertilgungsmittel, Zyklon E war für besonders widerstandsfähiges Ungeziefer oder für das Begasen von Holzbaracken, und Zyklon B war in Auschwitz gegen Menschen eingesetzt worden.[39] Ein Funkspruch bezog sich ausschließlich auf eine Zyklonlieferung. Aber wäre Tesch wegen einer Schulung über Ungezieferbekämpfung persönlich nach Riga gefahren? Es gibt auch damit nicht zusammenhängende Hinweise – ein Chemiker namens Herbert Kallmeyer wurde nach Riga geschickt –, die nahelegen, daß die SS Pläne für die Errichtung eines Vernichtungslagers mit stationären Gaskammern in Riga hatte, die aus verschiedenen Gründen nicht verwirklicht wurden.[40]

Doch nicht nur bei den oben genannten Besuchen wurden SS-Männer im Gebrauch von Zyklon unterwiesen. Mitte Oktober versetzte Himmler SS-Sturmbannführer Franz Magill vom 2. SS-Kavallerieregiment zu Bach-Zelewskis Stab nach Mogilew. Magill hatte in der Zeit als stellvertretender Kommandeur des Regiments gedient, als seine Einheiten Juden in den Pripjet-Sümpfen in der nördlichen Ukraine ermordeten. Obwohl Magill ein erfahrener Offizier und guter Organisator war, vertraten seine Vorgesetzten die Ansicht, er sei für ein ständiges Kommando nicht geeignet. Für eine Führungsposition galt er als zu schwach und dem Alkohol zu sehr zugeneigt.[41] Doch Bach-Zelewski war froh, Magill im November 1941 in seinen Stab aufzunehmen und ihn für die, wie er es nannte, Aufgaben der Waffen-SS einzusetzen.[42] Am 15. Dezember wurde Magill ins Konzentrationslager Oranienburg geschickt, wo ihn Mitarbeiter von Tesch und Stabenow im Gebrauch von Zyklon unterwiesen.[43] (Der einzige Beleg für Magills Versetzung stammt aus Funkmeldungen, die von den Briten dechiffriert wurden.)

Bach-Zelewski konnte sich möglicherweise nicht die besten Gaskammern leisten. Himmler hatte ihm nur 100 000 Mark zur Verfügung gestellt, aber die Kosten für die Anlagen mit den Gaskammern, die später in Auschwitz-Birkenau gebaut wurden, beliefen sich auf 310 000 Mark.[44] Es bestand die Möglichkeit, ein bereits existierendes Gebäude zu einer improvisierten Gaskammer umzubauen (und Zyklon B zu verwenden), und es gab Gaswagen – speziell umgebaute Lastwagen, deren Abgase in einen großen, luftdichten Frachtraum geleitet wurden, so daß die Passagiere an Kohlenmonoxidvergiftung starben. Ihr Einsatz im Osten wurde seit Anfang Oktober erwogen, doch die Lastwagen hatten begrenzte Kapazitäten und noch andere Nachteile.[45]

Mitte November hatte das SS-Hauptamt Haushalt und Bauten in Berlin bei der Firma Topf in Erfurt ein riesiges Krematorium für Mogilew bestellt – einen Ofen mit vier Einäscherungskammern. Die Rechnung ging an Bach-Zelewskis Bauverwaltung.[46] Am 28. November sandte Bach-Zelewskis Stab einen dringenden Funkspruch an das Hauptamt in Berlin und bat um die Entsendung von zehn Technikern und Architekten für die »großen Aufgaben«, die Bach-Zelewski ihnen aufgetragen hatte. Am 30. Dezember 1941 wurden die ersten Teile des Krematoriums nach Mogilew geliefert.[47]

Jahrzehnte später argumentierte ein Historiker nicht sehr plausibel, das Krematorium sei zur Einäscherung der Leichen von deutschen Soldaten und sowjetischen Kriegsgefangenen gebaut worden, die einer Fleckfieberepidemie zum Opfer gefallen seien.[48] Die Zahl der an Fleckfieber erkrankten deutschen Soldaten betrug nicht mehr als 300 pro Monat. Die Zahl der erkrankten sowjetischen Kriegsgefangenen war höher: im Dezember 1941 waren es fast 5000. Bei den meisten sowjetischen Kriegsgefangenen, die 1941 oder zu Beginn des Jahres 1942 in deutscher Gefangenschaft starben, waren jedoch Unterernährung oder Unterkühlung die Todesursache. Sie verhungerten oder erfroren, weil sich die Deutschen nicht um ihr Überleben kümmerten. Die Verbrennungskapazität des Krematoriums betrug jedoch 3000 Leichen *am Tag*.[49] Es war eindeutig für die Leichen der Juden aus Deutschland und anderen Ländern vorgesehen, die automatisch als Infektionsherd betrachtet wurden. Doch bei der

SS hatte man sicher die Version vom Fleckfieber als Tarnung befürwortet. Natürlich wurden die Erschießungen noch eine Zeitlang fortgesetzt. Wenn die bestehenden Erschießungskommandos Ermüdungserscheinungen zeigten, wurden sie durch andere ersetzt. Es gab dreierlei Formen der Verstärkung: die Versetzung einzelner Polizisten von ihrem Dienst in Deutschland zu sehr unterschiedlichen Aufgaben im Osten; der Einsatz von komplett neu aufgestellten Polizeibataillonen; und die Verwendung von nichtdeutschen Hilfstruppen in Verbindung mit örtlichen Polizeivorposten oder, was häufiger vorkam, mit Bataillonen der Ordnungspolizei.

Im Spätsommer und Herbst des Jahres 1941 wurde eine beträchtliche Anzahl von Männern der Ordnungspolizei einzeln in den Osten versetzt. Es ist schwierig, den Vorgang zurückzuverfolgen oder ein bestimmtes Schema zu rekonstruieren. Gendarmerieleutnant Max Eibner wurde beispielsweise Anfang Oktober nach Minsk versetzt und ging dann als Kommandeur der Gendarmen nach Baranowicze. Er sagte später aus, daß die einzelnen Städte und Dörfer des Gebietes deutsche Vorpostenleiter hatten, unter sich eine Handvoll deutscher Wachtmeister (einige davon ältere Polizeireservisten) und die weißrussische Hilfspolizei, die den Wachtmeistern untergeordnet war. Ende 1942 erreichte die Zahl der Ordnungspolizisten, die entweder in den Städten oder in den ländlichen Gebieten Dienst taten, fast 15 000.[50]

Einige Mitglieder der Ordnungspolizei verrichteten Aufgaben, die entscheidend zur »Endlösung« beitrugen. Ende Oktober wurde für die 30 000 in Riga ansässigen Juden ein Ghetto geschaffen. Die 28 Wachposten um das Ghetto wurden mit 60 Angehörigen der deutschen Schutzpolizei besetzt. Die Sicherheitspolizei und der SD (Heydrichs Männer) konnten das Ghetto betreten und mit dessen Bewohnern machen, was sie wollten – was miserable Lebensbedingungen und gelegentliche Hinrichtungen zur Folge hatte –, doch die Ordnungspolizei kontrollierte die Absperrungen. Zu Jeckelns Stab in Riga gehörten fünf Offiziere und 36 Polizisten der deutschen Schutzpolizei.[51]

Im August hatte Jeckelns Vorgänger im Norden, der Höhere SS- und Polizeiführer Prützmann, mit Himmler über den Einsatz des Reserve-Polizeibataillons 11 in seinem Gebiet korrespondiert. Das Bataillon wurde zuerst dazu eingesetzt, die litauischen Hilfstruppen zu beaufsichtigen und im Zaum zu halten, die das Ghetto in Kowno (Kaunas) bewachten. Das Einsatzkommando 3 a holte nach und nach die Juden in Gruppen aus dem Ghetto und tötete sie mit Hilfe der Litauer in den Forts rund um die Stadt. Als für das Bataillon dringendere Aufgaben anstanden, schlug das Einsatzkommando 3 a vor, mehr Angehörige der deutschen Schutzpolizei für die Bewachung des Ghettos einzusetzen.[52]

Das Reserve-Polizeibataillon 11 übernahm schon bald wichtigere Aufgaben. Am 3. Oktober erhielt ein Großteil des Bataillons den Befehl, sich drei Tage später in Kowno (Kaunas) zusammen mit dem 2. (das später in das 12. umbenannt wurde) Bataillon der litauischen Schutzmannschaften einzufinden. Der Major der Schutzpolizei Franz Lechthaler, sein Stab und zwei Kompanien – insgesamt 284 deutsche Polizisten und 463 Litauer – traten wie angeordnet am frühen Morgen des 6. Oktobers an. Das deutsche Bataillon bestand größtenteils aus aktivierten Reservisten der Polizei – Männer, die 40 und älter waren. Sie und die Litauer fuhren in südöstlicher Richtung nach Weißrußland und trafen im Lauf des Tages in der ehemaligen Hauptstadt ein, wo sie in Armeebaracken Quartier bezogen. Sie hatten die Anweisung, drei oder vier Wochen lang »Partisanen« im Gebiet Minsk-Slutsk-Borisow zu bekämpfen.[53]

Die SS- und Polizeibehörden wollten das Gebiet um Minsk so »sicher« wie möglich machen. In den Sümpfen und dichten Wäldern Weißrußlands stellten Partisanen eine größere Gefahr dar als in Litauen. Die deutschen Militärbehörden hatten sich mit der SS und der Polizei auf ein gemeinsames Vorgehen gegen alle tatsächlichen und vermeintlichen Feinde geeinigt. Später behauptete General Gustav Freiherr von Mauchenheim, genannt von Bechtoldsheim, daß in Weißrußland die Sicherheitspolizei und der SD in erster Linie für die Aktionen gegen Juden zuständig gewesen seien; die Wehrmacht habe Vergeltungsmaßnahmen zur Erhaltung der Sicherheit und auch Hinrichtungen durchgeführt, falls Sondereinheiten zur Verfügung standen, oder die Juden dem SD übergeben.[54]

Bechtoldsheim berichtete, daß das Reservebataillon 11 und zwei litauische Polizeikompanien am 8. Oktober neun sowjetische Partisanen, einen Angehörigen der Roten Armee und 630 weitere »verdächtige Elemente ohne Ausweise, Kommunisten und Juden« im Gebiet Uzlany-Rudensk erschossen hätten. Die Litauer nahmen während der nächsten Tage außerdem an der Erschießung von 800 Partisanen, Kommunisten, Juden und »verdächtigem Abschaum« in Rudensk teil. Das deutsche Bataillon erschoß am 13. und 14. Oktober insgesamt 1341 Kommunisten, Partisanen und Juden in den Dörfern Kliniki und Smilovichi.[55]

In seinem Wochenbericht hielt Major Lechthaler fest, daß zwei litauische Kompanien am 15. und 16. Oktober 625 Kommunisten in Minsk und eine litauische Kompanie am 18. Oktober weitere 1150 Kommunisten töteten. Das Einsatzkommando 3 a ermordete Ende September und Anfang Oktober 3050 Juden aus dem Ghetto in Minsk. Bei diesen Einsätzen war auch die Ordnungspolizei beteiligt.[56] Außerdem zogen zwei deutsche Kompanien aus dem Polizei-Reservebataillon 11 und zwei litauische Kompanien in die Stadt Koydanov südwestlich von Minsk und liquidierten dort am 21. Oktober 1000 Juden und Kommunisten.[57] Die Litauer übernahmen einen wesentlichen Teil dieser schmutzigen Arbeit.

Manchmal kam es bei den Festnahmen zu Ausschreitungen. Am 27. Oktober trieben litauische Hilfstruppen und das Reservebataillon 11 Tausende von Juden und einige Nichtjuden so brutal und willkürlich aus ihren Wohnungen in Slutsk, daß der deutsche Gebietskommissar Beschwerde einlegte. Von einer Judenaktion könne schon keine Rede mehr sein, erklärte er, es habe vielmehr nach einer Revolution ausgesehen.[58] Doch die Mordaktionen wurden fortgesetzt.

Am 6. November kehrte Major Lechthaler mit seinen beiden deutschen Kompanien wie geplant nach Kowno zurück. Das litauische Hilfsbataillon blieb zurück und wurde vom Höheren SS- und Polizeiführer und dem für das Gebiet zuständigen Kommandeur der Ordnungspolizei übernommen.[59] Am selben Tag trieben ein SS-Offizier und seine Truppe die Mitglieder des Judenrats von Minsk, die jüdische Ghettopolizei und jüdische Handwerker zusammen und brachten sie in ein Konzentrationslager. Am nächsten Tag marschierten die SS und die Polizei in Begleitung von Litauern und Weißrussen im Ghetto ein und trieben Männer, Frauen und Kinder brutal auf dem Jubiläumsplatz zusammen. Die Alten und Schwachen wurden sofort erschossen. Andere Juden mußten sich in Reih und Glied aufstellen und erhielten von den Litauern rote Fahnen und Banner anläßlich des Jahrestags der Oktoberrevolution. Dann wurden die Juden in die Lagerhäuser der früheren sowjetischen Geheimpolizei (der 6. NKWD-Division) gebracht. Dort herrschte eine so drangvolle Enge, daß die Ohnmächtigen nicht einmal umfallen konnten. Nach zwei oder drei Tagen wurden die, die noch am Leben waren, zu bereits vorbereiteten Gräben transportiert und hingerichtet. Der Judenrat von Minsk erfuhr später, daß bei dieser Aktion ungefähr 12000 Juden ums Leben gekommen waren. In einem deutschen Dokument werden dem Einsatzkommando 1 b für die Zeit vom 7. bis 11. November allerdings nur 6624 getötete Juden zugeschrieben.[60] Möglicherweise beanspruchten andere deutsche und litauische Einheiten einen Teil der Getöteten als ihre Leistung. Auf jeden Fall schuf die Aktion Platz für neu ankommende Juden.

Der erste Transport mit ungefähr 1000 Juden (aus Hamburg) traf am 10. November in Minsk ein. Viele von ihnen glaubten, sie wären zur Kolonisierung des Ostens deportiert worden. Nach den Angaben im Bericht einer Einsatzgruppe fühlten sie sich wie Pioniere.[61] Die Neuankömmlinge wurden in einem abgetrennten »Sonderghetto« untergebracht. In der folgenden Woche trafen weitere Züge mit Juden aus Düsseldorf, Bremen, Frankfurt am Main und Berlin ein. Ein überlebender Jude aus dem Ghetto von Minsk schrieb später, sie hätten nicht gewußt, was sie erwartete. Selbst nachdem sie gesehen hatten, wie lettische Hilfstruppen die ankommenden Juden brutal aus den Waggons warfen und unter welchen miserablen Bedingungen die russischen Juden im nahegelegenen Hauptghetto lebten, hätten sie erwartet, daß sie besser behandelt werden würden.[62] Tatsächlich wurden zunächst die weißrussischen Juden liquidiert – am 20. November gab es eine weitere Tötungsaktion.[63] Dann trugen die winterlichen Bedingungen – der Boden war zum Ausheben der Gruben zu hart – dazu bei, daß die deutschen Juden bis Mitte 1942 überlebten.[64] Bevor Jeckeln die Ukraine verließ, übergab er das Kommando vorübergehend an Obersturmbannführer Herbert Degenhardt, den er zum Ordonnanzoffizier in seinem Stab ernannte. Degenhardt hatte mit Jeckeln in Frankreich gedient, und Jeckeln vertraute auf dessen Organisationstalent und Rücksichtslosigkeit. Für den Fall, daß Degenhardt Schwierigkeiten hatte, andere zur Zusammenarbeit zu bewegen, verfaßte Jeckeln eine sorgfältig formulierte Vollmacht. Später sagte er über diese Vollmacht, Degenhardt habe die Aufgabe gehabt, notwendige Aktionen nach Kriegsbrauch und gemäß der ihm gegebenen mündlichen Anweisungen durchzuführen. Er habe auch den Wachzug von Jekkelns Kampfgruppe einsetzen dürfen, und er sollte mit dem Polizeiregiment Süd zusammenarbeiten. Degenhardt bezeichnete seine Tätigkeit später als Bekämpfung von Banden [Partisanen] und Juden in Berditschew, Kriwoj Rog, Kiew und Krementschuk.[65]

Geht man von dem Verlauf der Ereignisse und einer Notiz in Himmlers Terminkalender aus, bekommt man den Eindruck, daß Himmler Jeckeln bei einer Besprechung unter vier Augen am 4. November[66] über die Anzahl der deportierten Juden für Riga und über den geplanten Ankunftstermin informierte. Die Bewohner des Ghettos in Riga mußten vor dem Eintreffen der Transporte liquidiert werden; Jeckeln konnte nicht auf den Bau der Gaskammern warten. Die Ankunft des ersten Transportes war für den 10. November geplant, wie ein Untergebener Heydrichs bereits Reichskommissar Hinrich Lohse mitgeteilt hatte. Vielleicht informierte Himmler Jeckeln auch über die bisherigen Schwierigkeiten mit den Zivilbehörden. Lohse hatte die wirtschaftlichen Nachteile hervorgehoben, wenn die Juden einfach liquidiert wurden, und Alfred Rosenberg, der Reichsminister für die besetzten Ostgebiete, hielt weiterhin an veralteten Lösungen der »Judenfrage« fest.[67] Ein kleines Zugeständnis gegenüber Lohse und Rosenberg, bei dem einige jüdische Arbeiter verschont wurden, und die rasche Liquidierung der restlichen Juden sollte sogar einige dringend benötigte Einnahmen bringen.[68]

Jeckeln wollte alles sorgfältig vorbereiten. Er brauchte einen Ort, der leicht zu erreichen war, der abgelegen war und aufgrund des hohen Grundwasserspiegels bei Riga auf einer Anhöhe liegen mußte. Gemäß seinen Anweisungen fuhren 14 Männer seines Stabes Ende November zu einer Stelle, die von Kiefern abgeschirmt war und weniger als 400 Meter vom Bahnhof in Rumbuli entfernt lag, einem Haltepunkt an der Strecke von Riga nach Daugavpils. In der Nähe der Stelle führte die Straße zwischen den beiden Städten vorbei. Der Boden war weich und sandig. Ein Architekt aus Jeckelns Stab wurde angewiesen, das Ausheben der Gruben vorzubereiten. Sowjetische Kriegsgefangene unter deutscher Aufsicht hoben nach den Anweisungen des Architekten ungefähr fünf Gruben aus, jede zehn Meter lang, zehn Meter breit und ungefähr drei Meter tief. Über eine Rampe am Ende konnten die Opfer in die Grube hinabsteigen. Der Architekt sagte später aus, alle anwesenden Deutschen, auch die Soldaten, hätten gewußt, daß die Juden dort erschossen und begraben werden sollten; man sprach neben den Gruben ganz offen darüber. Die Aushubarbeiten dauerten den ganzen Tag, und am nächsten Tag oder den nächsten beiden Tagen kamen weitere Gruben hinzu. Insgesamt waren die Gruben für ungefähr 28 000 Leichen ausgelegt.[69]

Jeckelns Vorbereitungen in und um Riga konnten jedoch nicht mit dem Zeitplan für die Transporte aus Deutschland Schritt halten. Auch die Zivilbehörden machten Schwierigkeiten. So wurden fünf Konvois mit deutschen Juden aus München, Berlin, Frankfurt, Wien und Breslau von Riga nach Kowno (Kaunas) umgeleitet, wo das Einsatzkommando 3 a und die litauische Hilfspolizei bereits Zehntausende von litauischen Juden in den Forts rund um die Stadt umgebracht hatten. Zwischen dem 25. und 29. November wurden die Juden aus den fünf Transporten in großer Zahl im Fort 9 getötet.[70]

In Riga fand vermutlich am 27. November im Hauptquartier der Ordnungspolizei eine Besprechung von Kommandeuren des SD und der Ordnungspolizei statt. Auch die lettische Hilfspolizei war vertreten. Bei der Besprechung wurde der Ablauf der Aktion im Ghetto am 30. November festgelegt und die Aufgaben an die beteiligten Polizeiorganisationen verteilt. Am 28. November befahlen die SS- und Polizeibehörden die Aussonderung von ungefähr 4000 jüdischen Männern, die sie für arbeitsfähig hielten, und schickten diese in einen Teil des Ghettos, der mit Barrikaden abgeriegelt war. Auch 300 jüdische Arbeiterinnen wurden ausgewählt und in ein Gefängnis gebracht. Rasch kamen noch andere Gruppen hinzu, so daß die Gesamtzahl der Juden, die für das kleine Ghetto bestimmt waren, ungefähr 5000 betrug. Die meisten Juden mußten sich jedoch am 30. November für die angebliche Umsiedlung in ein neues Lager, das nahe gelegene Salaspils, bereithalten. Sie durften Gepäck mitnehmen, eine List, welche die Umsiedlung glaubhaft machen sollte.[71]

Am Abend des 29. November traf ein Transport mit ungefähr 1000 Juden aus Berlin in Riga ein. Sie verbrachten die Nacht auf einem Abstellgleis, bevor sie am nächsten Morgen zu den Gruben marschieren mußten. Die Juden aus Berlin gehörten zu den ersten Opfern in Rumbuli, was ein Fehler in der Planung war. Zum Transport gehörten mit Orden ausgezeichnete Veteranen aus dem Ersten Weltkrieg, die nach früheren Beschlüssen der SS in ein Konzentrationslager bei Theresienstadt für Prominente oder ältere jüdische Kriegsteilnehmer mit Tapferkeitsauszeichnungen kommen sollten. Als Himmler erfuhr, daß diese Männer in dem Transport waren, wollte er die Erschießung verhindern und rief Heydrich an. Doch Himmlers Intervention kam zu spät, die Exekutionen hatten bereits stattgefunden.[72] Himmler war über den Verstoß gegen die Anweisungen und den politischen Fauxpas sehr wütend. Am 1. Dezember funkte er an Jeckeln: »Die Juden, die in das Gebiet Ostland umgesiedelt werden, dürfen nur gemäß meiner Anweisungen und des in meinem Namen handelnden Reichssicherheitshauptamtes behandelt werden.«[73]

Die Aktion im Ghetto begann am 30. November um 4.00 Uhr morgens. Am Abend zuvor hatte es geschneit, und der Boden war immer noch schneebedeckt. Ungefähr 1700 Männer der Ordnungspolizei, des SD und der lettischen Hilfstruppen – welche die größte Gruppe stellten – zogen von Block zu Block und Haus zu Haus. Sie weckten die Juden und zwangen sie, sich draußen zu versammeln. Viele Juden weigerten sich, und die ersten wurden bereits in den Häusern erschossen. Andere gingen ins Freie, versuchten dann aber, zu fliehen und sich zu verstekken. Die Truppen mußten massive Gewalt anwenden, um die Aktion erfolgreich durchzuführen. Stundenlang mußten die jüdischen Männer, Frauen und Kinder in Kolonnen von ungefähr tausend Personen unter den Augen der Wachen auf den Straßen stehen. Dann begann der Marsch, die erste Kolonne marschierte um 6 Uhr los, die anderen Kolonnen folgten in regelmäßigen Abständen. Die Alten und Schwachen, die nicht gehen konnten, wurden mit Lastwagen transportiert. Doch auch von den anderen konnten viele unter den widrigen Bedingungen nicht lange Schritt halten und wurden noch im Ghetto oder unterwegs erschossen. Der Schnee war bald blutbefleckt. Die Juden der ersten Kolonne trafen ungefähr um 9.00 Uhr in Rumbuli ein. Dort mußten sie sich ausziehen und in die Gruben steigen, wo sie erschossen wurden.[74]

Jeckeln hatte seinem Stab befohlen, an der Massenhinrichtung teilzunehmen und sie zu beaufsichtigen. Auch er sah den Erschießungen eine Weile zu. Es gibt Aussagen, daß Reichskommissar Lohse und Gebietskommissar Otto-Heinrich Drechsler, die zuvor beide Einwände gegen das Vorgehen der SS in der Judenfrage erhoben hatten, ebenfalls eine Zeitlang anwesend waren. Das Reserve-Polizeibataillon 22 sperrte das Gelände ab und verhinderte Fluchtversuche. Die Wachen, die sich aus Angehörigen des deutschen SD, der Ordnungspolizei und lettischer Hilfstruppen unter dem Kommando von Viktor Arajs zusammensetzten, bildeten eine Art Trichter, durch den die Juden zu den Gruben getrieben wurden. Ein kleines Exekutionskommando, möglicherweise nur zwölf Mann, erschoß die Juden mit russischen Repetiergewehren, die auf Einzelfeuer umgeschaltet waren.

Die Angehörigen von Jeckelns Stab, die bereits in der Ukraine entsprechende Erfahrungen gesammelt hatten, führten die meisten Erschießungen aus, obwohl deutsche Polizisten nach dem Krieg aussagten, die Letten hätten die meisten Menschen erschossen. Am ersten Tag starben ungefähr 14000 Menschen; mehr konnte das Exekutionskommando an jenem kurzen Wintertag bis zum Einbruch der Dunkelheit nicht töten. Danach wurde an alle Teilnehmer Schnaps ausgeschenkt. Einige Juden in den Gruben waren nur verwundet; deshalb wurde eine Einheit der lettischen Hilfstruppen zu den Gruben geschickt, um das Gebiet zu bewachen und alle Überlebenden zu erschießen.[75] Die Hinrichtung der restlichen 13 000 jüdischen Bewohner des großen Ghettos wurde ungefähr um eine Woche verschoben.

Der Grund für diese Verschiebung, die zu logistischen Problemen bei den Gruben führte, war möglicherweise die seelische Belastung des Exekutionskommandos und der anderen Teilnehmer. Es gibt allerdings auch Hinweise darauf, daß die Anweisung von oben kam. Himmler forderte Jeckeln per Funk auf, sich mit ihm in Ostpreußen zu treffen. Als Jeckeln sich nach dem Anlaß für die Besprechung erkundigte, erfuhr er, daß Himmler ihn bei seiner Ankunft unterrichten werde und daß er ihm sofort den Zeitpunkt seiner Ankunft mitteilen solle.[76] Das deutet darauf hin, daß Himmler das Thema nicht schriftlich behandeln wollte und daß die Angelegenheit dringend war.

Zu viele Menschen hatten die Vorbereitungen für die Aktion am 30. November oder den eigentlichen Massenmord beobachtet. Ein Augenzeugenbericht erreichte das Innenministerium, und ein weiterer Bericht erreichte Admiral Canaris, den Leiter der Spionageabwehr. Canaris wandte sich angeblich an Hitler und beschwerte sich. Hitler soll geantwortet haben: »Sie wollen wohl weich werden, mein Herr! Ich muß das tun, denn nach mir wird es doch kein anderer mehr tun!«[77] Jeckeln sagte nach dem Krieg aus, Himmler habe ihm mitgeteilt, die Erschießungen seien zu kompliziert; besser sei der Einsatz von Lastwagen, bei denen die Abgase in den Frachtraum geleitet wurden.[78] (Es gab noch keine derartigen Lastwagen in Riga.) Die Gaskammern, in denen Zyklon B eingesetzt wurde, stellten einen großen technischen Fortschritt gegenüber den Lastwagen dar, doch Jeckeln teilte den KGB-Leuten beim Verhör nicht mit, daß solche Einrichtungen im Osten geplant worden waren. Jedenfalls gab es zu diesem Zeitpunkt keine Alternative; die Erschießung der restlichen Juden aus dem Ghetto in Riga, die am 8. Dezember stattfand, war eine Wiederholung der Aktion vom 30. November.[79]

Ein Hauptmann der Schutzpolizei verfaßte einen ausführlichen Bericht über die Bewachung eines Transports von 1007 Juden aus Duisburg, Krefeld, Düsseldorf und anderen Orten im Rheinland, die nach Riga gebracht wurden. Der Transport war schlecht geplant. Die Juden mußten sich am 11. Dezember um 4.00 Uhr morgens versammeln, doch der Zug fuhr nicht vor 9.00 Uhr ab. Einige Waggons waren total überfüllt. An vielen Haltepunkten gab es Verzögerungen, und der Mangel an Heizung, Nahrung und Wasser trug wesentlich zur Verschlechterung der Situation bei. Zweieinhalb Tage nach der Abfahrt erreichte der Zug gegen Mitternacht Riga, wo, wie der Polizist feststellte, die Letten die Juden besonders haßten. Deshalb konnte das lettische Bahnpersonal auch nicht verstehen, warum die Deutschen ihre Juden nach Lettland schickten, anstatt sie in Deutschland auszurotten.[80]

Im Reichskommissariat Ostland (die deutsche Verwaltungseinheit für die früheren baltischen Staaten und einen Großteil Weißrußlands) hielten die Proteste, wenn auch nur geringfügig, an. Der dortige Kommandant der Wehrmacht beschwerte sich über den Schaden für die Kriegswirtschaft, der durch die Liquidierung der jüdischen Handwerker entstanden war. Zur gleichen Zeit konnte die Zivilbehörde in Riga vor der Ankunft weiterer Judentransporte aus Deutschland nicht einmal schnell genug den Besitz der bisherigen Bewohner des Ghettos wegräumen lassen. Die unmittelbare Folge war, daß sich die SS und die Polizei um den Besitz der Juden kümmerten und das Lager Jungfernhof vorübergehend für die ankommen den deutschen Juden nutzten. Einige spätere Transporte gingen allerdings wieder in das Ghetto.[81] Wilhelm Kube, der Generalkommissar für Weißruthenien, beschwerte sich bei seinem Vorgesetzten über das Versäumnis des SD, zwischen den örtlichen Juden, die er als Untermenschen betrachtete, und den deutschen Juden zu unterscheiden, die »aus unserem Kulturkreis« stammten. Kube fragte skeptisch an, ob er die Letten und Litauer mit den Massenhinrichtungen beauftragen solle.[82] Es stellte sich heraus, daß er nur ein geringes Mitspracherecht hatte. Einen Monat zuvor hatte Himmler bei einer vertraulichen Unterredung Reichsminister Rosenberg die Wünsche Hitlers auf nicht gerade sanfte Art beigebracht. Trotz Rosenbergs Unterstützung konnten die Zivilbehörden mit ihren Beschwerden nichts erreichen, und auch Kube fügte sich später.[83] Die Erschießungen blieben weiterhin ein Problem, unter anderem auch, weil sie Himmler störten. Bei einer Zeugenaussage erklärte ein Angehöriger von Jeckelns Stab Jahre später, daß die Einsatzgruppen Ende 1941 oder Anfang 1942 von Heydrich die Anweisung erhalten hätten, bei der Vernichtung des Feindes mit dem Einsatz von »Desinfektionsmitteln [vermutlich eine Anspielung auf Zyklon B] und Gaswagen« zu beginnen. Jede Einsatzgruppe sollte vier Gaswagen erhalten. Der Mann behauptete, er hätte Heydrichs Anweisung gesehen, in der als Begründung die Tatsache angegeben wurde, daß die Schützen zu große psychische Probleme hätten, einige hätten im Alkohol Vergessen gesucht.[84] Die Anweisung existiert nicht mehr, doch Heydrich wäre sicher der richtige Ansprechpartner gewesen, der sich um die Bedürfnisse der Einsatzgruppen Gedanken gemacht hätte.

Auf jeden Fall war Himmler wegen der Massenerschießungen zunehmend besorgt. Am 12. Dezember verfaßte er einen geheimen SS-Befehl, der sich an alle Höheren SS- und Polizeiführer und deren Stellvertreter sowie an alle SS-Stellen in den besetzten Ostgebieten richtete. Himmler betonte, daß alle Kommandeure und ranghohen Offiziere die »heilige Pflicht« hätten, sicherzustellen, daß ihre Männer durch die Vollstreckung von gerechten Todesurteilen an Todfeinden des deutschen Volkes charakterlich oder geistig keinen Schaden erlitten. Als Abhilfe schlug Himmler eine Mischung aus strikter Disziplin während des Einsatzes und anschließenden Kameradschaftsabenden vor. Unter keinen Umständen sollten die Kommandeure jedoch bei solchen Abenden übermäßigen Alkoholkonsum erlauben. (Himmler kannte die damit verbundenen Probleme.) Musik, Ansprachen und die angenehme Atmosphäre deutschen Geistes und deutscher Innerlichkeit sollten die Männer während dieser Veranstaltungen beschäftigen.[85]

Diese Anordnung, die auf den 12. Dezember datiert war, kam trotz eines regelmäßigen Kurierdienstes nicht vor dem 8. Januar 1942 im Büro des Höheren SS- und Polizeiführers Jeckeln an. Möglicherweise zögerte Himmler, sie wegzuschicken. Der Abschnitt über die Kameradschaftsabende stimmte durchaus mit seiner Haltung überein. Er hatte solche Ratschläge bereits mündlich erteilt. Doch im ersten Teil sprach er sich ziemlich offen dafür aus, auch nur den kleinsten Funken an Opposition gnadenlos auszumerzen und hinter der Front Todesurteile an den Feinden des deutschen Volkes rücksichtslos zu vollstrecken. Aber vielleicht wollte er noch mit Hitler Rücksprache halten.

Am 18. Dezember traf sich Himmler mit Adolf Hitler zu einer vertraulichen Unterredung. Der erste Punkt auf ihrer Tagesordnung war die Judenfrage. Es ging sicher nicht mehr darum, was man grundsätzlich mit den Juden machen sollte: Über 400 000 Juden waren bereits getötet; weitere Juden aus Deutschland wurden gerade deportiert, und die ersten Deportationen aus dem besetzten Frankreich waren bereits angekündigt. Die »Endlösung« war in vollem Gange. Es ging auch nicht darum, auf welche Weise die Juden in Zukunft getötet werden sollten. Im Vernichtungslager Chelmno wurden seit eineinhalb Wochen Menschen vergast, weitere Vernichtungslager wurden zu dem Zeitpunkt bereits gebaut. Eine zusätzliche neue Technik stand zur Verfügung. Einstweilen würden die Gaswagen die SS und die Polizei entlasten, und die nichtdeutschen Hilfstruppen konnten einen Großteil der schmutzigen Arbeit übernehmen. Es ging also vielmehr um die Frage, wie man die Vernichtung der Juden beispielsweise den deutschen Polizisten erklären sollte, die nach wie vor einen Teil der Tötungsaktionen durchführen mußten. Himmler und seine Untergebenen mußten zudem eine wachsende Zahl von Leuten einweihen, auf deren Mitarbeit man angewiesen war. (Einige hochrangige Regierungsmitglieder trafen sich schon bald – am 20. Januar 1942 – in dem Berliner Vorort Wannsee, wo sie Heydrich über die »Endlösung« der Judenfrage aufklärte.) Außerdem gab es das Problem, daß Informationen nach außen drangen.

Himmler faßte Hitlers Standpunkt wie folgt zusammen: »Alle Juden als Partisanen vernichten.« Jeder Jude galt automatisch als Partisan oder wurde verdächtigt, Partisanen zu unterstützen. Diese Erklärung kommt einer schriftlichen Zustimmung am nächsten. Mit ihr billigte Hitler eine Politik, die er im wesentlichen schon lange verfolgt hatte. Es bestand keine Gefahr, daß der Feind einen Befehl in dieser Form abhören konnte, doch es gab einen Feind, der durchaus ahnen konnte, was Hitler und seine Gefolgsleute planten.

6 Britische Zurückhaltung

Großbritannien war im Gegensatz zu Deutschland während des Zweiten Weltkrieges bei der Dechiffrierung von Codes sehr erfolgreich. Hitler war in seiner Arroganz davon überzeugt, daß die Deutschen ihren Feinden in rassischer und militärischer Hinsicht überlegen wären. Das führte dazu, daß der Spionage und Spionageabwehr nicht genug Aufmerksamkeit gewidmet und der Feind unterschätzt wurde.[1] Die Briten hingegen legten in ihrer Bedrängnis von Anfang an größten Wert darauf, Informationen über die deutschen Absichten, Truppenbewegungen und den Einsatz der deutschen Ressourcen zu bekommen. Wer sich in einer verzweifelten Lage befindet, muß seinen Verstand gebrauchen und schnell handeln.

Einige der von britischen Spezialisten entschlüsselten deutschen Funksprüche gingen an die höchsten Stellen der britischen Regierung. Auch Winston Churchill hatte Dechiffrieraktionen stets befürwortet. Als Marineminister hatte er zu Beginn des Ersten Weltkriegs einem Offizier der Royal Navy befohlen, die deutschen Meldungen »in Hinblick auf die allgemeine Absicht des Feindes zu untersuchen und zurückzuverfolgen, inwieweit die Angaben in den Telegrammen mit den Fakten übereinstimmen«. Nachdem Dechiffrierspezialisten und Geheimschriftanalytiker gezeigt hatten, daß die entschlüsselten Funkmeldungen wertvolle Informationen lieferten, die man rechtzeitig nutzen konnte, formulierte Churchill persönlich die Regeln und Vorgehensweisen für den Umgang und die Weitergabe von Decodierungsschlüsseln.[2]

Die Briten hatten bereits im Ersten Weltkrieg Erfolge beim Entschlüsseln der Codierungssysteme von Deutschland und dem

Osmanischen Reich. Die Ergebnisse bei den deutschen Codes waren die spektakulärsten – die Dechiffrierung eines deutschen Telegramms an Mexiko (die sogenannte Zimmermann-Note) beschleunigte den Kriegseintritt der USA.[3] Auch der türkische Kriegsschauplatz war für die Briten von Interesse, auch wenn ein guter Nachrichtendienst nicht unbedingt positive Resultate erbringen mußte. Einer Darstellung zufolge ignorierte Churchill abgehörte Meldungen, in denen es hieß, daß die Briten die Türken für einen Bruch mit Deutschland nur bestechen müßten, dann würde die Royal Navy die Dardanellen passieren dürfen. Churchill sollte das schon bald bereuen. Das Osmanische Reich brachte der Entente bei Gallipoli eine schwere Niederlage bei, für die Churchill persönlich verantwortlich gemacht wurde. Im Jahr 1922 konnten jedoch Churchill, Lord Curzon und Premierminister David Lloyd George mit Hilfe von dechiffrierten diplomatischen Noten der Türken einen drohenden türkischen Angriff auf Smyrna verhindern.[4]

In der Zeit zwischen den beiden Weltkriegen entschlüsselte Großbritannien außerdem die Codierungssysteme Italiens, der Sowjetunion, Japans, Spaniens, Portugals und der USA. Im Jahr 1937 gelang es britischen Spezialisten erstmals, Funksprüche der deutschen Luftwaffe und Polizei zu dechiffrieren. Damit waren die Voraussetzungen für die viel größere Funkaufklärungsoperation in Bletchley Park in der Nähe von Woburn während des Zweiten Weltkriegs geschaffen, die ihren Erfolg allerdings teilweise der Unterstützung von außen verdankte. Im Jahr 1939 baute der polnische Geheimdienst die hochentwickelte deutsche Codierungsmaschine Enigma nach. Die hervorragende Arbeit der polnischen Kryptanalytiker, ein Besuch der Spitzenagenten des britischen Geheimdienstes in Warschau und die Überführung einer Enigma nach Großbritannien lieferten den Wissenschaftlern von Bletchley Park einen entscheidenden Vorsprung bei der Dechiffrierung.[5]

Am 10. Mai 1940 wurde Churchill Premierminister. Schon bald darauf forderte er, daß ihm regelmäßig die dechiffrierten deutschen Funksprüche mit den Interpretationen des Nachrichtendienstes vorgelegt wurden. Es war genau der richtige Zeitpunkt, denn Churchill setzte, wie der Historiker Christopher Andrew schrieb, größeres Vertrauen in die Arbeit des Geheimdienstes als seine Vorgänger und hatte auch ein stärkeres Interesse an ihr. Der ursprüngliche Codename für die Dechiffrierungen lautete »Boniface«, und Churchill bezog sich gelegentlich auch noch auf die »Boniface«-Dokumente, die er in einer verschlossenen gelbbraunen Schachtel aufbewahrte, nachdem der Name schon geändert worden war. Er bezeichnete sie aber auch als »Most Secret Sources« (streng geheime Quellen).[6] Der Name, der schließlich im Gedächtnis blieb, war »Ultra«, obwohl Ultra eigentlich die Entschlüsselung der komplizierten Codes bezeichnete, welche die deutsche Enigma-Maschine erzeugte.

Die Briten lasen die Meldungen der deutschen Ordnungspolizei seit September 1939 regelmäßig. Bei Churchills Amtsantritt war die Decodierung der von Hand verschlüsselten Codes der Ordnungspolizei bereits weit fortgeschritten. Nach einer kurzen Geschichte der Abteilung für die deutsche Polizei in Bletchley Park gelang dem Brigadegeneral John Tiltman der erste wesentliche Durchbruch bei ihrem Codierungssystem, obwohl auch die Franzosen und Polen Fortschritte machten. Die deutsche Polizei verwendete ein relativ einfaches Codierungssystem, das von den Briten »Double Transposition« genannt wurde.[7] Bei ihren Meldungen wurden regelmäßig die Adresse an den Anfang und die Unterschrift an den Schluß gesetzt. Sobald die Briten und Franzosen ermittelt hatten, wo die möglichen Schreiber und Empfänger stationiert waren, ließen sich die Tagescodes leicht entschlüsseln, vorausgesetzt, man hatte genug Text abgehört, mit dem man arbeiten konnte.[8]

Die Horchstellen in Frankreich konnten wesentlich mehr Signale empfangen als die Stationen in Großbritannien; deshalb sandten die Briten 1940 eine Gruppe Spezialisten nach Frankreich, die mit den Franzosen unter der Obhut des Deuxième Bureau (dem französischen Geheimdienst) in dem Dorf La Ferté-sous-Jouarre zusammenarbeiten sollte. Zwischen den beiden Verbündeten kam es bei dieser Zusammenarbeit zu Konflikten, doch sie konnten durch die Vereinbarung beigelegt werden, daß die Franzosen an geraden und die Briten an ungeraden Tagen des Monats dechiffrierten. Falls eine Seite die Dechiffrierung innerhalb von 24 Stunden nicht schaffte, bekam die andere

Seite eine Chance. Das System funktionierte; Mißerfolge waren selten.[9]

Schon bald zeigte sich, daß die Funkmeldungen der Polizei kaum Informationen von strategischem Wert für das Militär lieferten, dafür aber ausführliche Schilderungen über die Ereignisse in Deutschland und den besetzten Gebieten boten. Die Alliierten konnten aus ihnen zumindest Situationen analysieren, die den Deutschen Schwierigkeiten bereiteten, und diese Informationen dann nutzen. Die Ordnungspolizei besaß zudem eine hohe Truppenstärke, und die Art und Weise, wie die Deutschen diese Einheiten einsetzten, war ein wichtiger Aspekt. Und schließlich lieferten die decodierten Polizeimeldungen sachliche Informationen, die für die kryptographische und analytische Arbeit an anderen komplizierteren Codes verwendet werden konnten.[10]

Die Kryptanalytiker in Frankreich waren so in ihre Arbeit vertieft, daß sie von der deutschen Invasion im Mai 1940 überrascht wurden. Während der folgenden Wochen und der Evakuierung der Spezialisten im Juni 1940 von Bordeaux nach England war kaum Zeit für Dechiffrierarbeit.[11] Auf der Flucht ging ein Teil der Transkripte der deutschen Meldungen aus dieser frühen Zeit verloren.[12] Anfang August 1940 wurde die Abteilung des britischen Nachrichtendienstes, die an den Codes der deutschen Polizei arbeitete, wieder im Hauptgebäude in Bletchley Park untergebracht. Mittlerweile hatten die Deutschen zwar gelernt, ihre Codes komplizierter zu gestalten, indem sie zum Beispiel die Adressen in die Mitte des Textes setzten und nicht mehr an den Anfang. Doch die Briten verfügten inzwischen über ausreichende Erfahrung und hatten ein Gefühl für ihre Arbeit entwickelt, so daß sie kaum Schwierigkeiten hatten. Von August bis Dezember 1940 wurden über 10 600 Einzelmeldungen abgehört, und die Kryptanalytiker knackten außer an 26 Tagen alle Codes.[13]

Lange vor dem deutschen Überfall auf die Sowjetunion besaßen die britischen Dechiffrierspezialisten in Frankreich und in Bletchley Park zahlreiche Informationen über die deutsche Besetzung in Polen und die Verwendung der deutschen Truppen und Ressourcen im allgemeinen. Der erste Spezialist, der die Meldungen analysierte, hieß Lucas. Er verwendete große Mühe darauf, das Material zu analysieren und die interessantesten Dokumente zusammenzufassen. Ihm folgte ein gewisser Captain Crankshaw aus der Abteilung MI 8 des Geheimdienstes, dessen Arbeit auf Kritik stieß, weshalb seine Stelle anders besetzt wurde. Es stellte sich bald heraus, daß die Kryptanalytiker, die soviel Zeit auf die Entschlüsselung einer Botschaft verwendeten, auch ein Gefühl für deren Inhalt entwickelten; deshalb schrieben sie selbst kurze Zusammenfassungen. Jeder beim Geheimdienst, der am Inhalt der Meldungen arbeitete, konnte den vollständigen Text einsehen, wenn er Einzelheiten brauchte. In den übersetzten Auszügen und vorbereiteten Zusammenfassungen wurden auch die Deportationen von Polen und Juden in das von Deutschland neu geschaffene Generalgouvernement erwähnt. Außerdem fand sich darin die Anweisung, daß Exekutionen dem zuständigen Höheren SS- und Polizeiführer gemeldet werden mußten, und ein Hinweis auf den Bevölkerungsaustausch, den die Deutschen mit ihrem damaligen sowjetischen Verbündeten vornahmen. Die Analytiker erkannten Anzeichen von Spannungen zwischen der SS und der Polizei auf der einen und der Wehrmacht auf der anderen Seite, warnten aber davor, deren Bedeutung zu überschätzen.[14]

Die britischen Kryptanalytiker stellten auch fest, daß die Judendeportationen in das Gebiet um Lublin zu einer hohen Bevölkerungsdichte führten, die die Ansiedlung von Wolhyniendeutschen aus der Sowjetunion störte; ein Sachverhalt, den die Historiker erst Jahrzehnte später entdecken sollten.[15] Solche Probleme führten in Zusammenhang mit den Konflikten der SS und der Polizei mit den deutschen Zivilbehörden im Generalgouvernement zuerst zu neuen Zeitplänen für die Umsiedlung der Juden und dann zu völlig neuen Konzepten.[16]

Im März 1940 hatten die britischen Analytiker bereits einen umfassenden Eindruck von der Beteiligung der deutschen Polizeibataillone (die sie gelegentlich fälschlicherweise *Verfügungspolizei* nannten) an der Durchführung der nationalsozialistischen Bevölkerungspolitik im Osten. Sie halfen bei der Unterdrückung der eroberten Völker und der Regulierung der großen Bevölkerungsverschiebungen im Osten, der Einwanderung von Deutschen aus dem Baltikum und der gewaltsamen Umsiedlung von

Polen und Juden.[17] Bei dieser Einschätzung wurde die Zuständigkeit der Ordnungspolizei in mancher Hinsicht überbewertet, da die britischen Spezialisten nicht über die entsprechenden dechiffrierten Meldungen der Sicherheitspolizei verfügten. Dennoch wußten sie bereits damals mehr über die vielen Funktionen der Ordnungspolizei im Osten als die Historiker Jahrzehnte danach.

Der Einmarsch der Deutschen in die Sowjetunion brachte Veränderungen bei der Nachrichtenübermittlung der Ordnungspolizei und den Abhöraktionen der Briten mit sich. Die Ordnungspolizei erhielt für den Einsatz an der Ostfront einen eigenen Schlüssel und eine neue Frequenz, was für die britischen Dechiffrierspezialisten doppelte Arbeit bedeutete. Ihre Kenntnis der nationalsozialistischen Kommandeure, Adressen und Dienstgrade half ihnen dabei. Wenn derartige Angaben in den Meldungen vorkamen, waren die Briten bei der Dechiffrierung jedes neuen Codes im Vorteil. Doch sie waren nur erfolgreich, wenn sie an einem Tag genügend codierte Funksprüche abhören konnten. Zuerst »knackten« sie fast die Hälfte; doch im August 1941 (als die Deutschen für die Funksprüche aus den Gebieten der UdSSR zwei Schlüssel am Tag verwendeten) ging die Zahl der decodierten Meldungen auf ein Viertel zurück.[18] Doch selbst diese wenigen Meldungen enthielten wichtige Informationen, die mitunter auch von militärischer Bedeutung waren.

Durch ihre bisherige Arbeit wußten die Analytiker des britischen militärischen Nachrichtendienstes, daß die Deutschen dazu neigten, bei extremen Maßnahmen Euphemismen und Tarnbegriffe zu verwenden. Sie erkannten fast sofort die Bedeutung der Meldung vom 14. Juli 1941, in der die Nazis nach Filmprojektoren suchten, mit denen die Polizeitruppen bei der Vorbereitung auf ihre »Sonderaufgaben« unterstützt werden sollten. Ebenso erkannten sie, daß für die Polizeitruppen zur »Pazifizierung« eines Gebietes auch die Exekution der Feinde gehörte.[19]

Natürlich durchschauten die Briten nur einen Bruchteil der deutschen Aktionen und Ziele im Osten. Doch zu den dechiffrierten Meldungen vom Sommer und Herbst 1941 gehören Dutzende von Berichten, in denen offen von Massenhinrichtungen gesprochen wurde, die von den Höheren SS- und Polizeiführern geleitet und von der Ordnungspolizei und der Waffen-SS ausgeführt wurden.[20] Wenn Bach-Zelewski am 7. August prahlte, insgesamt seien in seinem Gebiet 30 000 Exekutionen durchgeführt worden,[21] konnte das Ausmaß der Massaker kaum verborgen bleiben, auch wenn man die verschiedenen Angaben über die Anzahl der Exekutierten nicht addierte. Die britischen Kryptanalytiker schrieben dazu:

> Der Ton dieser Meldung deutet darauf hin, daß sich die Nachricht verbreitet hat, eine deutliche Verringerung der russischen [sic] Gesamtbevölkerung werde von den leitenden Stellen begrüßt. Die Führer [d.h. die Höheren SS- und Polizeiführer] der drei Gebiete wetteifern anscheinend um die »besten« Ergebnisse.[22]

Diese Schlußfolgerung zu den Versuchen der Nazis zur Dezimierung der nichtdeutschen Bevölkerung hält jeder historischen Überprüfung stand.

Der Historiker F. H. Hinsley hat darauf hingewiesen, daß der Chef der Abteilung »C« des britischen Secret Intelligence Service (SIS) Sir Graham Stewart Menzies jede Woche Zusammenfassungen in englischer Sprache über die Tätigkeit der Polizei in den eroberten Gebieten der Sowjetunion an Premierminister Winston Churchill schickte. (Die Zusammenfassungen im Nationalarchiv, die kürzlich freigegeben wurden, wurden nicht wöchentlich, sondern monatlich oder in noch längeren Abständen erstellt.) Nachdem 1993 einige Geheimdienstakten aus dem Büro des Premierministers freigegeben wurden, wissen Historiker auch, daß in den Kurzberichten ausgewählte Stellen aus dechiffrierten deutschen Polizeimeldungen enthalten waren, die Churchill täglich vom Nachrichtendienst erhielt.[23]

Es gibt einige Hinweise auf Churchills erste Reaktionen, obwohl sie eine ganze Reihe von Fragen unbeantwortet lassen. Am 24. August hielt Churchill im Rundfunk eine Rede über die Kämpfe an der Ostfront, in der er betonte, daß sich die Sowjets hervorragend schlugen und den Deutschen hohe Verluste zufügten.

Der Angreifer ist überrascht, verblüfft und schockiert. Zum ersten Mal macht er die Erfahrung, daß sich Massenmord nicht lohnt. Er rächt sich mit den schrecklichsten Greueltaten. Wo seine Armeen vorrücken, wird die Bevölkerung ganzer Gebiete ausgelöscht. Hunderttausende – wirklich Hunderttausende – von Exekutionen werden durchgeführt; deutsche Polizeitruppen ermorden kaltblütig russische Patrioten, die ihr Vaterland verteidigen. Seit die Mongolen im 16. Jahrhundert [sic] in Europa einfielen, hat es kein so methodisches, gnadenloses Abschlachten von Menschen in diesem Ausmaß mehr gegeben oder eines, das auch nur annähernd dieses Ausmaß hatte. Und das ist nur der Anfang. Seuchen und Hungersnöte folgen den blutigen Spuren von Hitlers Panzern ... Wir werden Zeugen eines namenlosen Verbrechens.

Dieser Auszug aus Churchills Rede ist ein Beispiel für eindrucksvolle Rhetorik und starke Emotionen. Man kann in seine Formulierungen leicht die heutige Sichtweise hineininterpretieren. Churchills offizieller Biograph Martin Gilbert zitierte diesen Abschnitt in dem Band über den ersten Teil des Krieges ohne jeglichen Kommentar. An anderer Stelle deutet er jedoch an, daß die Rede eine direkte, wenn auch beherrschte Reaktion auf die erste Phase des Holocaust sei (beherrscht aus Gründen der Geheimhaltung), in der »spezielle SS-Todesschwadronen« nahezu eine Million Juden ermordeten.[24] Im allgemeinen geht man bei der ersten Welle von ungefähr einer halben Million Toter aus,[25] und es waren auch noch andere Einheiten als die SS beteiligt.

Aus Churchills Rede geht hervor, daß er den Blick noch nicht ausdrücklich auf die nationalsozialistische Judenpolitik gerichtet hatte. Churchill brachte die »Greueltaten« der Nazis mit dem hartnäckigen Widerstand der Sowjets und allgemein mit den militärischen Operationen in Verbindung. Er meinte, der Anlaß für die Ermordung Hunderttausender »russischer Patrioten« sei die Frustration der Deutschen, die (erstmals) hohe militärische Verluste erlitten. Diese Erklärung erschien 1941 vielleicht auf den ersten Blick plausibel, doch heutzutage wissen wir wesentlich mehr darüber, wie sich die Pläne und Konzepte der Nationalsozialisten für den Massenmord entwickelten. Churchill schätzte die Situation falsch ein, selbst wenn er gute (politische) Gründe hatte, die Stärke des sowjetischen Widerstandes zu preisen. Außerdem prangerte er die Vernichtung der Bevölkerung ganzer Landstriche an, was zu der Zeit zumindest eine rhetorische Übertreibung war. Die Juden erwähnte er mit keinem Wort.

Historiker haben die Ansicht vertreten, daß Churchill die Ermordung der Juden durch die Nationalsozialisten nicht anprangern konnte, ohne die Erfolge der Briten beim Dechiffrieren preiszugeben.[26] Doch der Judenhaß der Nazis war in der ganzen Welt bekannt. Außerdem wies Churchill in seiner Rede auf deutsche Polizeitruppen hin, was auf präzise Informationen und hervorragende Quellen hinwies. Churchill wollte sicherlich die Erfolge der Briten beim Dechiffrieren geheimhalten, doch er hätte weniger verraten, wenn er die Massenhinrichtungen an Juden angeprangert hätte anstatt die deutschen Einheiten zu benennen, die an den Massenmorden beteiligt waren. Warum identifizierte er die Täter, aber nicht die Opfer?

Ein Grund dafür ist wohl, daß Churchill am 24. August noch keine genaueren Informationen aus den entschlüsselten Funksprüchen besaß, aus denen eindeutig hervorgegangen wäre, daß die deutschen Besatzer in den besetzten Gebieten der Sowjetunion überwiegend Juden töteten. Die frühen Berichte über Exekutionen stammten meistens aus den Meldungen des Höheren SS- und Polizeiführers Bach-Zelewski,[27] der die Opfer der Erschießungen als jüdische Plünderer, Bolschewiken oder Partisanen bezeichnete. Diese Verschleierungstaktik, die möglicherweise auf Himmlers Anweisung praktiziert wurde,[28] führte bei den Briten, die nicht nur den Text, sondern auch den Inhalt entschlüsseln mußten, zweifellos zu Verwirrung oder Unsicherheit. In der detaillierten Zusammenfassung und Analyse der dechiffrierten Polizeimeldungen vom 21. August – drei Tage vor Churchills Rede – werden die Exekutionen zwar erwähnt, aber nicht hervorgehoben; sie wurden den allgemeinen Maßnahmen der Deutschen zur Dezimierung der sowjetischen Bevölkerung zugeordnet. Einzelne Abschnitte aus Jeckelns Funksprüchen, in denen die Juden als Opfer der Massenexekutionen genannt wurden, erreichten Churchill erst *nach* dem 24. August.[29]

Vielleicht wollte der Premierminister mit seiner Rede vom 24. August den Naziführern und ihren Anhängern die Botschaft zukommen lassen, daß ihre Verbrechen nicht unentdeckt blieben. Er wollte sicher die Aufmerksamkeit auf das Leid und den Widerstand der sowjetischen Bevölkerung lenken und die Bürger in seinem eigenen Land und im Ausland in ihrer Überzeugung bestärken, daß der Krieg gegen den Nationalsozialismus gerechtfertigt war. Churchill, ein sehr erregbarer und impulsiver Mensch, war über den Inhalt der Funksprüche sehr wahrscheinlich wütend und entsetzt. Er wollte etwas unternehmen, doch er konnte schlecht auf etwas reagieren, über das er nur unzureichende Informationen besaß.

Direkt nach der Rede trafen neue Berichte über Exekutionen ein. Am 28. August wurde Churchill berichtet, das Polizeibataillon 314 habe 367 Juden erschossen; er markierte die Zahl. Zwei Tage später las er, daß die Bataillone 314 und 45 insgesamt 355 Juden erschossen hatten und eine andere Einheit der Polizei weitere 113. Am 31. August tötete die 1. SS-Brigade 283 Juden, und dem Polizeiregiment Süd wurden 1342 Erschießungen zugeschrieben. Wieder markierte Churchill in den Dokumenten die Zahl der Opfer. Auch von den Massenhinrichtungen in Kamenez-Podolsk und den Erschießungen in Berditschew erfuhr Churchill durch Berichte.[30] Er hatte also vermutlich die Tendenz der Berichte mit ihren steigenden Zahlen und dem immer höheren Anteil an jüdischen Opfern erkannt – oder müßte sie zumindest erkannt haben –, doch frühestens nach dem 24. August.

Der britische Geheimdienst verfügte über weitere Quellen, die ihm Informationen über die Morde in den besetzten Gebieten der Sowjetunion lieferten. Paul Thümmel von der deutschen Abwehr, der heimlich für die tschechische Exilregierung in London arbeitete, berichtete dem tschechischen Widerstand Ende Juli 1941, daß die deutschen Truppen in der Ukraine die Judenfrage auf radikale Weise lösten. Sie trafen an einem Ort ein, trieben die männlichen Juden zusammen, ließen sie Gräben ausheben, die angeblich als Befestigungen dienen sollten, und erschossen sie dann so, daß sie direkt in die Gräben fielen. Thümmels Informant war der Chauffeur des Gestapochefs in Prag. Die Briten erhielten seine Berichte von der tschechischen Exilregierung in London.[31]

Thümmel hatte die Tarnbezeichnung A-54 und begann 1937 für den tschechischen Geheimdienst zu arbeiten, zuerst gegen Bezahlung, später vermutlich aus reinem Idealismus. Seine Informationen über die militärischen Pläne und Ziele der Deutschen waren im allgemeinen korrekt, allerdings sagte er für 1938 einen Militärputsch gegen das nationalsozialistische Regime voraus, der nie erfolgte. Kurz vor dem Einmarsch deutscher Truppen und der Errichtung des »Reichsprotektorats Böhmen und Mähren« im März 1939 verlagerte der tschechische Geheimdienst seine Tätigkeit und einige Mitarbeiter ins Ausland. Von seinem Stützpunkt in London aus konnte der Leiter des tschechischen Geheimdienstes, Oberst Frantisek Moravec, den Kontakt zu Thümmel über den tschechischen Untergrund wiederherstellen, wodurch Thümmel indirekt zu einem Informanten der Briten wurde. Nachdem Thümmel die Pläne der Deutschen für die Offensive in Frankreich geliefert hatte, soll Menzies gesagt haben: »A-54 ist ein Agent, auf dessen Berichte hin sich Armeen in Bewegung setzen.«[32]

Der zurückgetretene Präsident der Tschechoslowakischen Republik, Eduard Benesch, verwendete die Informationen von Thümmel und anderen Quellen aus dem tschechischen Untergrund, um Churchill und den britischen Außenminister Anthony Eden zu beeindrucken. Außerdem hoffte er, daß die Briten seine Exilregierung anerkennen würden.[33] In der ehemaligen tschechoslowakischen Regierung sorgte man sich um das Überleben des Landes nach dem Krieg und hatte Probleme, den Kontakt zum tschechischen Untergrund über Funk aufrechtzuerhalten. Anscheinend reagierte niemand mit Empörung auf Thümmels Berichte über die Massenhinrichtungen von Juden in der Ukraine. Es gibt keinen Hinweis darauf, daß genau diese Information Churchill erreichte. Der Bericht Thümmels wird auch nicht in der offiziellen Geschichte des britischen Geheimdienstes erwähnt, obwohl A-54 in einem anderen Kontext genannt wird.[34]

Obwohl die britischen Kryptanalytiker der dechiffrierten Polizeimeldungen vermutlich keinen Zugang zu den Berichten der Agenten und Informanten auf dem europäischen Kontinent hatten, konnten sie allein aus den Meldungen das Vorgehen der Nazis gegen die Juden erschließen. Trotz der irreführenden Bezeichnungen und Tarnausdrücke für die Massenhinrichtungen war die Zahl der getöteten Juden in den Berichten alarmierend – und löste Skepsis aus. Zwischen dem 23. und 31. August ging allein aus den von den Briten dechiffrierten Meldungen hervor, daß die Einheiten der SS und der Ordnungspolizei (nicht die Einsatzgruppen, zu deren Tätigkeit wahrscheinlich noch keine Einzelheiten bekannt waren) 12 361 Juden ermordet hatten. Die Zusammenfassung des Nachrichtendienstes vom 12. September enthielt eine beunruhigende Hochrechnung: Die tatsächliche Zahl der Exekutionen sei vermutlich doppelt so hoch wie die von ihnen errechnete Zahl, da man nur die Hälfte der Meldungen erfolgreich dechiffrieren konnte. Es folgte ein kurzer, aber unmißverständlicher Absatz:

> Die Exekution von »Juden« taucht in den Meldungen so häufig auf, daß die Zahlen nicht in die Lageberichte aufgenommen wurden, sondern unter einem gesonderten Punkt (3.d) zusammengefaßt wurden. Ob alle Opfer, die als »Juden« bezeichnet werden, auch tatsächlich Juden sind, ist natürlich [!] fraglich; die Zahlen bieten dennoch sehr aufschlußreiche Hinweise auf eine Politik der grausamen Einschüchterung, wenn nicht der völligen Vernichtung.[35]

Die Analytiker waren vermutlich nicht allzu vertraut mit der nationalsozialistischen Rassenlehre oder sie wollten einfach nicht glauben, daß die SS- und Polizeitruppen sich im Feld die Mühe machten, die Juden vor den Erschießungen von anderen Nationalitäten zu trennen. Man konnte sich zwar vorstellen, daß die Nazis Menschen in großer Zahl beseitigen wollten, doch der Gedanke, daß sie gezielt Juden aussonderten und ermordeten, war beklemmend – daher auch die Verwendung der Anführungszeichen und der skeptische Ton des Textes. Dennoch erkannten sie, daß die Berichte über die getöteten Juden – ob die Zahlen nun stimmten oder nicht – von enormer Bedeutung waren, denn sie zeigten zumindest, »daß das der Grund ist, der von den Verantwortlichen am häufigsten akzeptiert wird«.[36] So kamen die britischen Analytiker auf ein wenig umständliche Weise zu der Schlußfolgerung, daß das NS-Regime in der UdSSR offiziell eine

Politik betrieb, die auf die Vernichtung der Juden ausgerichtet war.

Am 12. September 1941 – an dem Tag, an dem die Zusammenfassung des britischen Abwehrdienstes erschien, und einen Tag, bevor Daluege den Höheren SS- und Polizeiführern befahl, keine Exekutionsberichte mehr zu funken – erklärte der Secret Intelligence Service, daß die Berichte an den Premierminister künftig derartiges Material nicht mehr enthalten würden: »Mittlerweile dürfte hinlänglich bekannt sein, daß die Polizei jeden Juden tötet, der ihr in die Hände fällt. Es ist daher vorgesehen, nicht mehr über diese Massenmorde gesondert zu berichten, es sei denn auf ausdrücklichen Wunsch.«[37] Dieser Kommentar bezog sich nur auf die nationalsozialistische Judenpolitik in den besetzten Gebieten der Sowjetunion und nicht auf das übrige Europa unter NS-Herrschaft. Der britische Geheimdienst wußte also im Grunde fast drei Monate, bevor das erste Vernichtungslager den »Betrieb« aufnahm, und über vier Monate vor der Wannsee-Konferenz, was die Nazis mit den Juden in den besetzten Gebieten der Sowjetunion vorhatten.

Die Gründe für die Entscheidung, keine weiteren Berichte mehr über die Exekutionen von Juden an Premierminister Churchill zu senden, lassen sich nur erahnen. Zu dem genannten Grund – der britische Geheimdienst wußte mittlerweile über die Vorgänge Bescheid – kommt hinzu, daß die Kryptanalytiker und vielleicht auch höhere Beamte des SIS befürchteten, Churchills Rundfunkansprache vom 24. August habe den Deutschen zuviel verraten. Eine Zusammenfassung aus dieser Zeit deutet darauf hin: »General Daluege, der möglicherweise aufgrund unserer offensichtlichen Kenntnis der unsäglichen Verbrechen seiner Polizei in Rußland alarmiert ist, sandte die folgende Nachricht...«[38] In einer internen Geschichte der Abteilung, die für die Funkmeldungen der deutschen Polizei zuständig war, hieß es etwas ausführlicher, daß die Rede des Premierministers möglicherweise Dalueges Sorge um die Geheimhaltung verstärkt habe. Daluege gab nicht nur die Anweisung heraus, daß bestimmte Informationen nicht per Funk übermittelt werden durften; vielmehr benutzten die Deutschen auch bald nicht mehr »Double Transposition«, sondern verwendeten statt dessen »Double Playfair«.[39]

Der Secret Intelligence Service hatte in erster Linie jedoch nicht die Aufgabe, Churchill mit Informationen zu versorgen, die ihm für seine Reden nützlich erscheinen könnten. Die Regierung in London konzentrierte sich auf den Krieg, und nicht auf die Anfänge des Holocaust. Seit über einem Jahr lebten die Briten in den Städten wegen der deutschen Luftangriffe elend und gefährlich. Deutschland hatte Polen, Dänemark, Norwegen, Belgien, die Niederlande, Frankreich, Jugoslawien und Griechenland in rascher Folge erobert und hielt die Länder nun besetzt. Innerhalb von zwei Monaten hatten die deutschen Streitkräfte den sowjetischen Truppen enorme Verluste zugefügt, und die USA blieben offiziell immer noch neutral und hielten sich aus den Kampfhandlungen heraus. Im Sommer und Herbst 1941 galt die Sorge der Briten in erster Linie der Frage, ob die Sowjetunion den deutschen Angriff aufhalten konnte. Verhältnismäßig wenige britische Experten prophezeiten, daß die Sowjetunion standhalten würde. Es heißt, daß nur drei Regierungsmitglieder in Whitehall (neben Churchill) mit dem Scheitern des »Blitzkrieges« rechneten.[40] Sir John Dill, der Chef des britischen Generalstabs, erklärte:»Die Deutschen werden durch Rußland gehen wie ein Messer durch die Butter.«[41]

Falls die Deutschen im Osten siegen sollten, würde sich Hitler vermutlich wieder seinem Plan einer Invasion der britischen Inseln zuwenden. Das Joint Intelligence Committee, ein Koordinierungsorgan zwischen den verschiedenen Geheimdiensten, relativierte und revidierte allmählich seine Vorstellung von einem raschen sowjetischen Zusammenbruch und einer drohenden deutschen Invasion Großbritanniens, doch es stieß dabei auf den Widerstand hoher britischer Militärs.[42] Unter diesen Umständen verfolgte der britische Geheimdienst aufmerksam die Ereignisse in der Sowjetunion. In jenen Wochen im Sommer waren daher die Informationen über die Bewegungen der deutschen Truppen und ihre Strategie von größter Wichtigkeit im Gegensatz zu den Berichten über die Politik der Nazis in den besetzten Gebieten.

Durch Dalueges Anweisung an die Höheren SS- und Polizeiführer vom 13. September verringerte sich im Funkverkehr sicherlich die Zahl der Informationen über die »Greueltaten«, doch sie beendete wohl kaum die Exekutionen oder die Anspielungen darauf in den Meldungen. Die britischen Kryptana-lytiker zitierten Dalueges Nachricht und erklärten ihre Wirkung:

...seit dem 14. [September] steht [in den Ereignismeldun-gen] unter der Überschrift, der früher die Exekutionszahlen folgten, die rätselhafte Wendung »Aktion nach Kriegsge-brauch«. Falls es noch Zweifel an der Bedeutung der Wen-dung gegeben hat, werden sie durch einen Fehler des Höhe-ren SS- und Polizeiführers Süd ausgeräumt, der in seiner Ereignismeldung vom Tag vor Dalueges Anweisung berich-tet: »...Polizeiregiment Süd: Aktion nach Kriegsgebrauch, (3) *Erfolge;* Polizeiregiment Süd liquidiert 1548 Juden.«[43]

Wenn in der Folgezeit der Euphemismus »Aktion nach Kriegs-gebrauch« auftauchte, wußten die britischen Dechiffrierspeziali-sten, was damit gemeint war.

Gelegentlich mißdeuteten sie allerdings die Bedeutung der Meldungen. Bei dem Funkspruch, in dem Himmler den Höhe-ren SS- und Polizeiführer Prützmann verärgert anwies, die 2. SS-Brigade Anfang September bei Säuberungsaktionen einzusetzen und nicht zu versuchen, Leningrad zu erobern, geriet die Ent-schlüsselung ein wenig durcheinander. Die Briten dachten, daß die Brigade Anfang September zwei Wochen bei Säuberungen und danach beim Angriff auf Leningrad eingesetzt werden sollte. Ein erheblich gravierenderer Fehler trat auf, als die Briten die Meldungen von Jeckelns Untergebenen Herbert Degenhardt ab-hörten. Degenhardt traf Ende Oktober 1941 in Krementschuk ein und bereitete eine erste Aktion »mit 300« vor. Aller Wahr-scheinlichkeit meinte er 300 jüdische Opfer, doch die Analytiker des Geheimdienstes dachten, er beziehe sich auf ein 300 Mann starkes Exekutionskommando und die Erschießungen hätten die ganze Nacht vom 30. auf den 31. Oktober angedauert.[44] Sie über-schätzten in diesem Fall die Zahl der Getöteten und verstanden den Zeitpunkt der Exekutionen falsch (bei Tag, nicht bei Nacht).

Auf der anderen Seite erkannten die Briten bei einigen Tö-tungsaktionen im Süden die harmonische Zusammenarbeit zwi-schen der SS und der Polizei auf der einen und der Wehrmacht auf der anderen Seite. Die 17. Armee hatte wegen einiger Sabotagefälle um die Liquidierung der Juden in Krementschuk gebeten. Degenhardt bereitete die Aktion vor und bat um die Zustimmung des Kommandanten des rückwärtigen Heeresbereiches Süd und erhielt sie, wie die Briten feststellen konnten. General Erich Friderici war mit dem Ergebnis der laufenden Exekutionen so zufrieden, daß er anfragte, ob Jeckelns Kampfgruppe in Krementschuk bleiben könne, anstatt mit Jeckeln nach Riga zu ziehen.[45]

Ein außergewöhnliches Beispiel für die unmenschliche Zusammenarbeit zwischen Wehrmacht und SS ereignete sich in der Stadt Nowgorod am Ilmensee ungefähr 100 Kilometer südöstlich von Leningrad. Dort waren die meisten (russischen) Patienten eines Krankenhauses an der Ruhr erkrankt. Die deutschen Soldaten brauchten das Gebäude als Quartier, doch was sollte mit den Patienten geschehen? Ein Arzt in leitender Funktion namens Freyberg vom Oberkommando der Wehrmacht wußte, daß ein Sonderkommando unter Herbert Lange (das in Posen stationiert war) lästige Kranke mit einem Gaswagen beseitigte. Freyberg beantragte, daß Lange, fünf Helfer und der Gaswagen mit einem Transportflugzeug des Militärs von Posen nach Nowgorod geflogen werden sollten. Der Höhere SS- und Polizeiführer Wilhelm Koppe in Posen gab das Gesuch an Himmler persönlich weiter. Der Reichsführer SS gab rasch seine Einwilligung, und Lange wurde sofort nach Nowgorod geschickt. Die Briten verfolgten den gesamten Funkverkehr der Aktion (über den hier erstmals berichtet wird).[46] Die Soldaten der Wehrmacht mußten sich bei der Ermordung Hunderter von Patienten nicht die Hände schmutzig machen.

Die deutschen Historiker brauchten Jahrzehnte, bis sie den Mythos in Frage stellen konnten, daß die deutsche Wehrmacht nur wenig oder gar nichts mit dem Holocaust oder allgemein mit Verbrechen gegen die Menschheit zu tun hatte. Einige Verantwortliche wie beispielsweise jene von Nowgorod wurden nie zur Rechenschaft gezogen.

Die Briten konnten über Funk auch einige Transporte deutscher Juden in den Osten verfolgen. Da die Ordnungspolizei an den Deportationen beteiligt war und für die Begleitung der Züge zuständig war, übermittelten die Polizeibehörden die Funkmeldungen über die Transporte mit dem Codierungssystem der Ordnungspolizei. Der Güterzug DO 26 verließ Berlin am 17. November 1941 um 6.25 Uhr Richtung Kowno (Kaunas). Im Zug befanden sich 944 Juden, zwei Offiziere der Gestapo und 15 Angehörige der Ordnungspolizei. Ein Offizier namens Exner führte das Kommando; er besaß eine Liste der Passagiere (mit Durchschlag). Auch der Proviant für die Reise war aufgelistet. Der Transport DO 56 mit 971 Juden verließ Bremen am 18. November Richtung Minsk. Begleitet wurde der Zug von einer Abteilung der Bremer Polizei unter der Leitung von Polizeimeister Bockhorn.[47] Der britische Nachrichtendienst wußte größtenteils über die bisherigen Vorgänge in Minsk Bescheid.

Wieviel wußte die britische Bevölkerung Ende 1941 und Anfang 1942 über die Ermordung der Juden und anderer Personen durch die Nazis? Aufgrund der energischen Bemühungen der SS und der Polizei um Geheimhaltung gab es bei den Exekutionen abgesehen von den Tätern meist keine Augenzeugen.[48] Einzelne Nachrichten, vorwiegend über bestimmte Vorfälle, gelangten dennoch in den Westen. Im Oktober 1941 berichtete der Zürcher Korrespondent der Jewish Telegraphic Agency in einem Artikel, der sich auf eine ukrainische Zeitungsmeldung stützte, daß die Deutschen die Juden an einen unbekannten Ort deportiert hätten, und daß in Shitomir nur noch 6000 von ursprünglich 50 000 Juden übriggeblieben seien.[49] *The Jewish Chronicle* in London meldete, daß Ende Oktober und Anfang November Tausende von Juden bei Pogromen in der Ukraine umgekommen seien.[50] Der Gesandte der polnischen Exilregierung, der im Untergrund in Polen tätig war, schickte Ende August einen Bericht über die Ermordung von 6000 Juden in Czyzew bei Lomza (im ehemals sowjetischen Ostpolen), der Mitte Oktober in London eintraf. Die polnische Exilregierung gab ihn an die Presse weiter. Auch die Jewish Telegraphic Agency brachte solche Vorfälle an die Öffentlichkeit.[51]

In dem deutschsprachigen Blatt *Die Zeitung*, das in London erschien, wurde Ende Oktober ein Artikel unter der Überschrift »Apokalypse« veröffentlicht, der auf einem Bericht im schwedischen *Social Democraten* basierte. Darin hieß es, daß die Juden, die von Deutschland in die besetzten Gebiete der Sowjetunion deportiert wurden, auf die eine oder andere Weise umgebracht würden. Tatsächlich existiere ein regelrechtes Programm für den vorsätzlichen Massenmord. Dieser Bericht erschien bald auch in der Londoner *Times*. Er kam einer Prophezeiung gleich, denn damals begannen die Deportationen.[52] Ende Oktober und im November wurde in den großen britischen Tageszeitungen ausführlich über die Deportationen deutscher und österreichischer Juden in den Osten berichtet. Die Berichte ließen keinen Zweifel daran, daß alle Juden deportiert werden würden.[53]

Gerhart Riegner, ein junger Rechtsanwalt, der Deutschland nach Hitlers Machtübernahme verlassen hatte und sich als Vertreter des Jüdischen Weltkongresses in der Schweiz niedergelassen hatte, beurteilte die Lage im Auftrag seiner Vorgesetzten Ende Oktober 1941 als düster.[54] Berichte über getötete Juden würden durchsickern, mal zehntausend hier, mal zehntausend dort. Wie viele Juden in Europa würden bei Kriegsende noch am Leben sein? Riegner wollte keine Kassandra sein, doch er drängte die Führer des Kongresses, sich in Großbritannien und den USA für die europäischen Juden einzusetzen, damit ihrer verzweifelten Situation soviel Aufmerksamkeit wie möglich zuteil würde.[55] Im Februar 1942 sandte der Jüdische Weltkongreß dem britischen Außenministerium einen 160 Seiten starken Bericht mit dem Titel »Juden im nationalsozialistischen Europa: Februar 1933 bis November 1941«, in dem die Verfolgung durch die Nazis dokumentiert wurde.[56]

Im November 1941 überbrachte Riegners Mitstreiter in Genf, Richard Lichtheim von der Jewish Agency for Palestine, dem Präsidenten der Jewish Agency Chaim Weizman unheilvolle Nachrichten. (Weizman war wesentlich an der Entstehung der Balfour-Erklärung vom November 1917 beteiligt gewesen, in der die Briten ihre Unterstützung für eine »jüdische Heimstatt« in Palästina zugesichert hatten. Er hatte von allen führenden Zionisten die besten Verbindungen zur britischen Regierung.) Lichtheim teilte ihm mit, daß ganze Züge mit Juden aus Deutschland, Österreich und dem Protektorat von Böhmen und Mähren nach Lodz gingen und von dort weiter an andere Orte, vermutlich bis nach Minsk. Lichtheim empfahl dringend, die Vorfälle weltweit bekannt zu machen; die Erklärungen von Staatsmännern und das Einschreiten neutraler Länder könnten in einigen Fällen Wirkung zeigen.[57]

Im Informationsministerium hatten die Beamten, die für die Zensur von Briefen und Telegrammen zuständig waren und die Pressemeldungen und private Korrespondenz aus Übersee nach wichtigen Informationen durchsahen, bereits begonnen, eine geheime Reihe von Dokumenten mit dem Titel »Berichte über das Judentum« anzulegen. Der dritte Bericht in dieser Reihe vom 22. Januar 1942 enthielt für die Experten für Briefe und Artikel eine Einleitung, die unmißverständlich klarstellte: »Die Deutschen verfolgen eindeutig eine Politik zur Ausrottung der Juden ... [in einem offiziellen deutschen Dokument heißt es], das einzig Jüdische, das es in Polen noch geben wird, werden jüdische Friedhöfe sein.«[58]

Diese Zeitungsberichte, Dokumente und Einschätzungen von Privatleuten boten der britischen Regierung eine Möglichkeit, auf die Ermordung der Juden zu reagieren, ohne ihre »streng geheimen Quellen« preisgeben zu müssen. Sie hätte nur die Berichte und Veröffentlichungen anderer hervorheben und unterstützen müssen. Doch wer wußte genug, um andere Berichte zu bestätigen?

Nur eine begrenzte Zahl von Regierungsstellen erhielt die dechiffrierten Meldungen – die Experten der Militärischen Abwehr in MI 8, die nachrichtendienstlichen Spezialisten für Deutschland in MI 14, das Luftfahrtsministerium, das Ministerium für Kriegswirtschaft und das Joint Intelligence Committee.[59] Das Außenministerium erhielt zu dieser Zeit nicht einmal Berichte von Ultra oder die dechiffrierten Polizeimeldungen, obwohl ein Mitglied des Außenministeriums, Victor Cavendish-Bentinck, Vorsitzender des Joint Intelligence Committee war und folglich Zugang zu den Akten hatte. Anscheinend hatte kein Empfänger der Berichte ein Interesse daran, sich eingehender mit den Berichten aus Bletchley Park zu befassen. (Ich schreibe »anscheinend«, da einige Akten dieser Ämter noch nicht freigegeben sind.) Natürlich erhielt das Außenministerium Informationen aus anderen Quellen, die zu ähnlichen Schlußfolgerungen geführt haben könnten, wie zum Beispiel ein Bericht des englischen Residenten in Bern, der sich auf Informationen aus polnischen Quellen stützte. Er schrieb, daß 1,5 Millionen Juden aus der ehemaligen sowjetischen Zone Polens einfach verschwunden seien; niemand wisse, was aus ihnen geworden sei.[60] Falls damit angedeutet werden sollte, daß sie getötet worden seien, war der Bericht übertrieben oder die Schlußfolgerung verfrüht. Dennoch sollte durchgedrungen sein, daß die Ermordung der Juden durch die Nationalsozialisten in den besetzten Gebieten der Sowjetunion Teil eines ganz konkreten Konzeptes war.

Weder die dechiffrierten Polizeimeldungen noch andere Informationen über das Verschwinden und die Ermordung von Juden stießen in London auf große Resonanz. Die britische Regierung hatte sich bereits auf einen Kurs des Schweigens gegenüber der nationalsozialistischen Politik und der Behandlung der Juden festgelegt. Seit Kriegsbeginn hatte man sich vor allem im Außenministerium zurückgehalten, wenn es darum ging, die Greueltaten der Nazis im allgemeinen anzuprangern, und besondere Vorbehalte gegenüber öffentlichen Äußerungen über die Massaker an den Juden gezeigt. In einem Weißbuch zu den deutschen Verbrechen, das Ende 1939 trotz der Einwände einiger Beamter des Außenministeriums herausgegeben wurde, ging es um antisemitische Aktionen und die Verfolgung der Kirchen in Deutschland. Das Außenministerium hielt das Weißbuch für nutzlos und meinte, neutrale Staaten würden es für »abgedroschene und tendenziöse Propaganda unsererseits« halten. Ein Rundschreiben des Informationsministeriums vom November 1939, in dem geeignete Propagandathemen für den Nahen Osten erörtert wurden, führte die »Judenverfolgung« als unerwünschtes Thema auf.[61] Im Jahr 1940 wurde George Bernard Shaw von der Regierung daran gehindert, die Verfolgung der Juden anzuprangern, da das vor allem in den USA negative Auswirkungen auf die öffentliche Meinung haben werde. Und im Juli 1941 riet das Informationsministerium, daß man, wenn man den Briten die nationalsozialistische Bedrohung glaubhaft machen wolle, sie nicht zu extrem wirken lassen sollte: »Schreckensmeldungen... sollten sehr sparsam verwendet werden. Sie dürfen sich nur auf die Behandlung absolut unschuldiger Menschen beziehen. Nicht auf gewalttätige politische Oppositionelle. Und nicht auf Juden.«[62]

Die British Political Warfare Executive (PWE; die Dienststelle für politische Kriegführung), ein erzwungener Zusammenschluß von Teilen des Informationsministeriums, der Special Operations Executive und der britischen Rundfunkanstalt BBC, nahm im August 1941 ihre Arbeit auf. Die schlecht koordinierte und abgestimmte PWE war für die offene und verdeckte Propaganda in allen feindlichen und vom Feind besetzten Ländern zuständig. Das Außenministerium konnte bei der Propaganda in feindlichen Ländern unter außenpolitischen Aspekten intervenieren. Auch das Informationsministerium und das Ministerium für Kriegswirtschaft beaufsichtigten diese neue Einrichtung, die der BBC direkte Anweisungen gab und deren Sendungen überwachte.[63]

Das britische Kabinett konnte sich bei der Propaganda auf keine grundsätzliche Linie einigen, auch bei der Formulierung der Kriegsziele, die als Grundlage für die Propaganda im besetzten Europa hätten dienen können, war man sich uneinig. Über Deutschland war man ebenfalls geteilter Meinung: Man wußte nicht, ob man die Schuld am Krieg Hitler, der NSDAP oder dem deutschen Volk geben sollte. Sollte die PWE den Deutschen Hoffnung für die Zukunft machen oder mit Vergeltung drohen?[64] Wenn den Deutschen eine bessere Zukunft angeboten werden sollte, warum sollte man dann auf ihrer Verantwortung für die Verbrechen der Nationalsozialisten herumreiten? Doch die mutmaßliche Beteiligung der Deutschen an der Ermordung der Juden konnte den Briten auch als Grund – oder als rationale Erklärung – dienen, warum die Briten über die Verbrechen nicht in Radiosendungen sprechen wollten. Im Juli 1942 lehnte A. David, ein Beamter im Außenministerium, die Veröffentlichung eines Augenzeugenberichts über eine Massenexekution deutscher deportierter Juden ab:

> Ich sehe nicht ein, warum wir für die Deutschen Programme über die Verfolgung der Juden senden sollten – mit der Begründung, daß sie nur wenig über diese Vorgänge wissen. Die nationalsozialistische Bewegung wird von vielen hingenommen oder sogar unterstützt, und sicher wissen alle Deutschen Bescheid, schließlich müssen sie mitmachen.[65]

139

Ein Historiker, der sich mit der britischen Kriegspropaganda beschäftigt, vertritt zwar die Ansicht, die PWE habe wiederholt dafür gesorgt, daß in Nachrichten und Rundfunksendungen auf die deutschen Verbrechen aufmerksam gemacht wurde. Aber alle Beispiele, die er aufführt, stammen aus der Zeit nach dem August 1942. Viele behandeln zudem Verbrechen an Nichtjuden.[66]

Es wäre sehr aufschlußreich, wenn man die Informationen, die die BBC über die Ermordungen der Juden durch die Nazis erhielt, mit dem Inhalt der BBC-Rundfunksendungen für Deutschland im Jahr 1941 vergleichen würde. Während des Krieges besaß die BBC beträchtliche Autonomie.[67] Leider sind die Aufzeichnungen über die deutschen Sendungen der BBC, wie ein Historiker meinte, »rätselhafterweise verlorengegangen«.[68] Doch es sind einige Belege erhalten. In einer vertraulichen Mitteilung, die unter den Mitarbeitern der Europaabteilung der BBC im Umlauf war, hieß es 1940, daß die Deutschen im allgemeinen für moralische Argumente nicht zugänglich seien. Im Februar 1941 schrieb ein Mitarbeiter des Europadienstes der BBC an einen Hörer: »Für die deutschen Hörer senden wir, zu Recht oder zu Unrecht, als Propaganda keine Aufrufe zu Sympathiebekundungen für die Juden.«[69]

Im Exil in den USA verfaßte Thomas Mann mehrere Aufrufe an die Deutschen, die er aufzeichnete und die die BBC sendete. Ein Teil der Reden von 1943 enthält mehrere frühe Anspielungen auf die Verbrechen an den Juden, zeigt aber auch, daß Mann kein Gespür für die Gesamtsituation hatte.

Im September 1941 warnte der Nobelpreisträger Thomas Mann, daß Himmler öffentlich erklärt habe, er werde die tschechische Bevölkerung »ausrotten«; demgegenüber gehörten die nationalsozialistischen »vollendeten Tatsachen« in Hinblick auf die Polen und Juden »zu den Gründen, aus denen es allerdings kein Vergnügen sein wird, nach diesem Kriege ein Deutscher zu sein«.

Im Januar 1942 stellte Mann fest, daß die Nationalsozialisten 400 holländische Juden nach Deutschland gebracht hätten, wo an ihnen Experimente mit Giftgas durchgeführt wurden; im Juni korrigierte er die Zahl auf 800 und erklärte, sie seien in Mauthausen umgebracht worden.[70]

Einige Hinweise auf den Inhalt der BBC-Sendungen stammen von regelmäßigen Untersuchungen der Reaktionen der Hörer in den verschiedenen europäischen Ländern. (In diesen Untersuchungen wurde die Wirkung der deutschen Propaganda und der britischen Sendungen auf die Deutschen von der nachrichtendienstlichen Abteilung für Europa bei der BBC analysiert. Sie basierten auf Briefen, welche die BBC aus dem Ausland erhielt, und anderen Quellen, die der Regierung zur Verfügung standen.) Aus den Untersuchungen geht hervor, daß die BBC viele deutsche Hörer hatte, die überwiegend an genauen Informationen über den Krieg interessiert waren, aber auch an Vorfällen, von denen man in Deutschland im allgemeinen nichts erfuhr, wie zum Beispiel über das Euthanasieprogramm oder die Beschlagnahmung von kirchlichem Eigentum.[71] Ein britischer Beamter sprach in der Schweiz mit »einem bedeutenden Deutschen mit Wohnsitz in der Schweiz, der in ständiger Verbindung zu wichtigen Leuten in Deutschland steht« über die Sendungen der BBC. (Bei dem Mann könnte es sich um Joseph Wirth handeln, der von 1921 bis 1922 deutscher Reichskanzler gewesen war. Der frühere Zentrumspolitiker lebte in Zürich, und die Beschreibung paßt auf ihn.) Im Frühjahr 1942 beklagte dieser deutsche Emigrant, daß Moskau Berichte über die Greueltaten der Nazis sendete und die Briten nicht – betrieb man in London immer noch Appeasement-Politik im Stil Chamberlains?

Dieser angesehene Deutsche möchte gerne hören, daß die ganze Welt über die Verbrechen und den Sadismus der Nationalsozialisten ebenso entsetzt ist wie er selbst. Er ist sehr erbost, daß die Menschen in London angesichts der Judenverfolgung nur betreten schweigen.[72]

Historiker haben viele Gründe für die Zurückhaltung der Briten gefunden, über die nationalsozialistischen Verbrechen an den Juden zu Beginn des Krieges zu sprechen. Zweifellos hatte die verlogene Propaganda der Alliierten im Ersten Weltkrieg dafür gesorgt, daß Berichte über die Greueltaten des Feindes mit einigem Mißtrauen betrachtet wurden. Joseph Goebbels führte die Erfahrungen aus dem Ersten Weltkrieg an, um die späteren Berichte der Alliierten über die nationalsozialistischen Verbrechen in Mißkredit zu bringen.[73] Die britische Öffentlichkeit reagierte auf das Ende 1939 erschienene Weißbuch zu den deutschen Greueltaten eher ablehnend. Die Briten fühlten sich von der Regierung manipuliert. Doch die darin enthaltene Beschreibung der Konzentrationslager in Deutschland schuf einen Bezugsrahmen, der dann, bewußt oder unbewußt, auf spätere Informationen angewendet wurde. Ob die Information über diese Lager vor dem Krieg zuverlässig waren oder nicht, nur wenige konnten glauben, daß sich die Nazis noch barbarischer aufführen könnten.[74]

In der Regierung und in der Öffentlichkeit gab es gelegentlich Zweifel an den Informationen, die aus jüdischen Quellen stammten. Schließlich hatten die Juden angeblich ein Interesse daran, die Leiden ihres Volkes zu übertreiben, oder ihnen wurde die Tendenz unterstellt, immer das Schlimmste zu befürchten.[75] Natürlich waren vor allem Leute mit antisemitischer Einstellung für diese Skepsis empfänglich, doch sie war nicht nur auf Antisemiten beschränkt. Viele Briten (und Amerikaner) wollten auch nicht von der Vorstellung liberaler Kreise abrücken, daß die Nazis verschiedene Feinde hätten und die nationalsozialistische Bewegung einen Angriff auf die gesamte Zivilisation darstelle. Es gab die kuriose Vorstellung, daß man durch die besondere Hervorhebung der jüdischen Opfer den Standpunkt der Nationalsozialisten übernehmen und die Juden als ein eigenständiges Volk betrachten würde. Für die Briten hätte diese Haltung gefährliche Auswirkungen auf den Balanceakt haben können, den sie in Palästina auszuführen versuchten.[76] Jede Form der Zustimmung zu einer verstärkten jüdischen Präsenz in Palästina konnte Unruhen unter den Arabern zur Folge haben.

In ihrem »Weißbuch von Palästina« vom Mai 1939, das dazu beitragen sollte, den arabischen Widerstand gegen das britische Mandat in Palästina abzuschwächen, hatte die britische Regierung die jüdische Einwanderung nach Palästina für die kommenden fünf Jahre auf 75 000 Personen beschränkt und das Konzept eines jüdischen Staates in Palästina explizit abgelehnt. Der arabischen Bevölkerung wurde ein Veto zu jeglicher weiterer Einwanderung von Juden zugestanden.

Großbritannien sah sich im Nahen Osten mit akuten und

langfristigen Problemen konfrontiert. Ende 1941 konnten die deutschen Truppen östlich von Libyen, das von den Italienern gehalten wurde, Richtung Suezkanal (und Palästina) vorstoßen, konnten aber auch über den Kaukasus in den Nahen Osten vorstoßen oder versuchen, durch das Gebiet der neutralen Türkei zu ziehen. Die deutschen Versuche, gegen die britische Herrschaft in Palästina und Ägypten die Unterstützung der Araber zu gewinnen, stießen bei einigen arabischen Führern auf Gegenliebe, und es gab in den britischen Armeen viele Muslime.[77] Langfristig gesehen wollte Großbritannien seine Stellung als Großmacht in der Region erhalten und mußte deshalb auch die Interessen der Araber berücksichtigen.

Mitunter wurde befürchtet, die offizielle Bestätigung des Massakers an den Juden würde dem Kampf gegen Deutschland an sich schaden und in Kriegszeiten vielleicht sogar gefährden, denn schließlich mußte man dem in Europa weitverbreiteten Antisemitismus und der Feindseligkeit der Araber gegenüber den Juden Rechnung tragen. Wenn man den Belangen der Juden zu große Aufmerksamkeit zukommen ließ, könnte in den Augen vieler Menschen die Behauptung der Nazipropaganda bestätigt werden, daß die Alliierten einen Krieg für die Juden führten.[78] Und schließlich stand bei der militärischen Auseinandersetzung so viel auf dem Spiel, daß viele Regierungsmitglieder und Privatleute ihre ganze Aufmerksamkeit und alle Anstrengungen auf den Krieg konzentrieren wollten. Andere Dinge wurden kaum beachtet, vor allem nicht, wenn sie einem raschen Sieg hätten im Wege stehen können.

Churchill teilte die emotionale Abneigung gegenüber den Belangen der Juden, die bei einigen seiner Kollegen durchaus vorhanden war, gewiß nicht; er war für die Zionisten.[79] Doch in seinen Reden und Rundfunkansprachen ging er nicht zu weit, weil er den kriegsbedingten Konsens in der Regierung nicht gefährden wollte. Er nutzte jedoch eine Gelegenheit, um die Vorfälle im Osten indirekt anzusprechen. Am 25. Oktober 1941 veröffentlichte Präsident Roosevelt eine Stellungnahme, in der er die Exekution unschuldiger Geiseln in Frankreich durch die Deutschen als einen abscheulichen Terrorakt verurteilte. Churchill stimmte ihm in einer eigenen Erklärung zu und benutzte dann das, wie er es bezeichnete, Gemetzel in Frankreich als Veranschaulichung für die Verbrechen der Nazis in anderen Ländern – in Polen, Jugoslawien, Norwegen, Holland, Belgien und vor allem hinter den vorrückenden deutschen Truppen in der Sowjetunion. Sie überstiegen »alles, was man seit den dunkelsten und bestialischsten Zeiten der Menschheit gesehen hat... Die Sühne für diese Verbrechen muß von nun an zu den wichtigsten Zielen dieses Krieges gehören.«[80]

Diese Erklärung ging weiter als die Rede vom 24. August. Wieder stützte sich Churchill auf Informationen aus den dechiffrierten Meldungen der Ordnungspolizei. Doch erneut ordnete er die Naziverbrechen in einen größeren Gesamtzusammenhang ein und wieder erwähnte er die Ermordung der Juden nicht explizit. Bei einem so allgemeinen Ansatz wurde das Schicksal der Juden im Osten nicht wirklich sichtbar. Die *New York Times* schloß daraus dann auch, Churchills Hinweis auf eine Vergeltung nach dem Krieg beziehe sich auf die Verbrechen an unschuldigen Franzosen.[81]

Im November sandte Churchill dem *Jewish Chronicle* zum hundertjährigen Bestehen eine Mitteilung, in der den jüdischen Opfern des Nazismus mehr Aufmerksamkeit zuteil wurde:

Niemand hat unter den unaussprechlichen Schandtaten, die dem Körper und Geist der Menschen von Hitler und seinem abscheulichen Regime zugefügt wurden, schrecklicher gelitten als die Juden. Die Juden traf die volle Wucht des nationalsozialistischen Angriffs auf die Bastionen der Freiheit und der Menschenwürde. Sie trugen und tragen eine Last, die unerträglich scheint. Sie ließen niemals zu, daß der Nazismus ihren Willen brach: Sie haben nie den Mut zum Widerstand verloren. Das Leid der Juden und ihr Anteil am Kampf wird am Tag des Sieges gewißlich nicht vergessen werden. Noch einmal werden die Juden zur gegebenen Zeit erfahren, daß die Prinzipien der Rechtschaffenheit, die ihre Väter zu ihrem Ruhm der Welt verkündeten, triumphieren werden. Noch einmal wird sich erweisen, daß die Mühlen Gottes, auch wenn sie langsam mahlen, trefflich klein mahlen.[82]

Churchills Brief erschien in einer Zeitung mit einer ganz bestimmten Leserschaft und begrenzter Verbreitung. Sein Schreiben war die Sympathiebekundung eines Regierungschefs und Politikers an eine wichtige Wählergruppe. Was den letzten Punkt betraf, sollte sich Churchills Prophezeiung als falsch erweisen: Die Mühlen Gottes mahlten in diesem Fall nicht trefflich klein, zumindest nicht in dieser Welt.

An anderer Stelle ergab sich ein anderes Bild. Im Januar 1942 trafen sich die Exilregierungen von neun west- und mitteleuropäischen Staaten im St. James's Palace in London und unterzeichneten eine Resolution. Darin wurde das deutsche Terrorregime verurteilt, das gekennzeichnet sei von »Verhaftungen, Massenvertreibungen, Massakern und der Hinrichtung von Geiseln«. Die Exilregierungen griffen Präsident Roosevelts Erklärung vom 25. Oktober und Churchills begleitende Stellungnahme auf, in denen die Bestrafung von Kriegsverbrechen als ein wichtiges Kriegsziel bezeichnet wurde, und forderten die gerichtliche Verfolgung derer, die in den besetzten Gebieten Verbrechen an Zivilisten befohlen oder ausgeführt hatten. Doch die Unterzeichnenden ignorierten die Bitte des Board of Deputies of British Jews und der Anglo-Jewish Association, auf das Leid der Juden und ihre Leistungen im Kampf gegen die Nazis hinzuweisen. Großbritannien hatte bereits zuvor den Entwurf für einen formalen Zusatz abgelehnt, in dem die Verfahren gegen NS-Verbrecher für die Zeit nach dem Krieg festgelegt werden sollten. Zusammen mit den Dominions, den USA und der UdSSR hatte Großbritannien die St. James's-Erklärung nur als Beobachter unterzeichnet.[83]

Die militärischen Möglichkeiten der Briten ließen sich von begrenzt bis nicht vorhanden beschreiben. Im Herbst 1941 war Großbritannien nicht in der Lage, all seine Gebiete in Übersee zu verteidigen. Die Briten warteten auf den nächsten Schlag, immer in der Hoffnung, daß die Sowjets standhalten und die USA alsbald in den Krieg eintreten würden. Nur dann bestand für die britische Regierung eine realistische Chance, Deutschland zu besiegen. Die Auswahl ziviler oder militärischer Ziele für einen Vergeltungsschlag für das Vorgehen der Nationalsozialisten gegenüber den sowjetischen Juden hatte für einen realistischen britischen Politiker nicht gerade Priorität, vor allem nicht angesichts der Tatsache, daß Großbritannien selbst in großer Gefahr war. Das dringendste Anliegen war nun, das militärische Gleichgewicht zugunsten Großbritanniens mit allen Maßnahmen zu verschieben, die von der militärischen Führung als notwendig erachtet wurde.

Selbst Mitte des Jahres 1942, als Großbritannien in einer militärisch günstigeren Lage war, fand die Idee, Bombardierungen als Vergeltung für die deutschen »Greueltaten« durchzuführen, nur wenig Unterstützung. Ein konservativer Parlamentsabgeordneter forderte, daß die Briten auf die Zerstörung der tschechischen Stadt Lidice mit der Drohung reagierten, die Royal Air Force werde für jede Person, die in den besetzten Gebieten getötet wurde, eine ungeschützte deutsche Stadt oder ein deutsches Dorf zerstören. Churchill antwortete, es gebe dafür gar nicht genug Dörfer in Deutschland und außerdem würden die alliierten Bomber dort angreifen, wo sie am meisten bewirken könnten. Frank Roberts, der stellvertretende erste Sekretär von der Zentralen Abteilung des britischen Außenministeriums, bemerkte, daß die deutschen Städte bereits stark bombardiert wurden – über die Gründe sollten sich die Europäer ihre eigenen Gedanken machen.[84] In diesem Fall hatte der Widerstand nichts mit der Befürchtung zu tun, man könnte die jüdische Frage in Palästina aufwerfen.

Die Idee, den hungernden Juden in den polnischen und sowjetischen Ghettos Hilfsgüter zukommen zu lassen, wurde durchaus angesprochen, doch das hätte die Nationalsozialisten nicht davon abgehalten, die Bewohner der Ghettos zu ermorden. Und die britische Regierung hatte sich bereits entschlossen, die Deutschen zur Ernährung und Versorgung aller Menschen in den besetzten Gebieten zu zwingen. Im Juli 1940 hatte Großbritannien den USA im Zusammenhang mit dem Vorschlag, in das besetzte Frankreich, Belgien und die Niederlande Hilfsgüter zu schicken, mitgeteilt:

> Die Regierung Seiner Majestät weiß die humanitären Ideen zu schätzen, die sich in dem Wunsch äußern, die betroffenen Gebiete mit Hilfsgütern zu beliefern, [doch] sie

ist überzeugt, daß es eine völlig falsche Maßnahme wäre. Diese würde den Krieg verlängern, indem sie den Deutschen bei den Problemen helfen würde, die sie selbst verursacht haben. So schmerzlich die Entscheidung auch ist, die Regierung hat dennoch beschlossen, daß bei der Aufrechterhaltung der Blockade auch für Hilfsgüter keine Ausnahme gemacht werden kann ... Der Regierung Seiner Majestät ist bewußt, daß ihre Entscheidung auf Kritik stoßen wird, an deren Ernsthaftigkeit kein Zweifel besteht. Doch sie hat die Absicht, den Krieg so schnell wie möglich zu gewinnen und die unterdrückten Völker auf diese Weise von der Herrschaft der Nationalsozialisten zu befreien.[85]

London war nicht geneigt, für das Wohl der europäischen Juden 1941 oder später mit dieser Politik zu brechen. Es gab jedoch die Möglichkeit, Informationen gezielt zu verbreiten und einzusetzen. Großbritannien betrieb bereits die sogenannte politische oder psychologische Kriegführung, vor allem in Form von Radiosendungen in feindlichen oder neutralen Ländern. Zu einem Zeitpunkt, als das NS-Regime immer noch Juden in den besetzten Gebieten der Sowjetunion töten ließ, bereits deutsche Juden in den Osten deportiert wurden, wobei die meisten dieser Juden gar nicht wußten, was die Deportationen bedeuteten, wäre es hilfreich und ein Gebot der Moral gewesen, *diese Menschen* zu warnen. Es hätte sich gelohnt, die wesentlichen Informationen, die die Regierung aus den dechiffrierten Polizeimeldungen und anderen Quellen gezogen hatte, entsprechend verschlüsselt nach Deutschland und in die von Deutschland besetzten Gebiete zu senden, um Juden und Nichtjuden gleichermaßen zu alarmieren. Die Nationalsozialisten waren auf die Geheimhaltung ihres Programms zur Massenvernichtung so erpicht, weil sie fürchteten, daß die Verbreitung dieser Informationen ihre Ziele gefährden und ihren Interessen schaden könnte.

Die britische Regierung verteilte und nutzte die Informationen aus anderen dechiffrierten Meldungen. Wenn die Kryptanalytiker des Nachrichtendienstes Informationen entschlüsselten, die nützlich genug waren, daß sich die Verteilung an

Ministerien und Kommandeure im Feld lohnte, verschleierten sie deren Herkunft, damit die Geheimhaltung gewahrt blieb. Kreative Verfasser der Memoranden erfanden einen Informanten, der einem deutschen Kommandeur über die Schulter gesehen oder ein Dokument aus einem Papierkorb gefischt hatte.[86] Wenn aus den dechiffrierten Meldungen die Position von deutschen Schiffen oder anderen möglichen Zielen hervorging, schickten die Briten Aufklärungsflugzeuge los, welche die feindlichen Objekte »orten« sollten, damit der Feind diese mit der Ortung in Verbindung bringen würde. Im Sommer und Herbst 1941 ließ Großbritannien der Sowjetunion einige wichtige Informationen aus Ultra-Meldungen zukommen, damit die sowjetische Armee dem deutschen Angriff besser standhalten konnte. Die Ultra-Informationen wurden in anderes, weniger brisantes Material »verpackt« und fälschlich anderen Informationsquellen, wie zum Beispiel verläßlichen Spionen, zugeschrieben.[87] Kurz gesagt, wenn es einen triftigen Grund gab, Informationen weiterzuleiten, fanden die Verantwortlichen normalerweise auch einen Weg, dies zu tun.

Nachrichtendienstliche Informationen wurden genutzt und sollten auch genutzt werden. Manchmal setzt man solche Informationen am besten ein, wenn man unauffällig militärische Gegenmaßnahmen einleitet: Die ursprüngliche Information und die entsprechende Maßnahme kommen erst Jahrzehnte nach den Ereignissen ans Licht. In einer Demokratie läßt man manchmal auch Informationen durchsickern oder gibt sie bekannt, um Einfluß auf die öffentliche Meinung zu nehmen. Soweit man das heute beurteilen kann, wurden die Informationen der Briten über die Anfänge dessen, was man heute als Holocaust bezeichnet, ob sie nun aus dechiffrierten Meldungen oder anderen Quellen stammten, einfach gesammelt und unter Verschluß gehalten. Nur wenige hochrangige Mitglieder der britischen Regierung, ob sie nun Zugang zu den dechiffrierten Meldungen hatten oder nicht, waren der Meinung, es gebe ausreichende Gründe, diese Informationen publik zu machen oder gar entsprechende Reaktionen darauf in Erwägung zu ziehen.

Die Sorgen des britischen Nachrichtendienstes waren durchaus nicht unbegründet. Die Verwendung der dechiffrierten Meldungen konnte die Deutschen auf die britischen Erfolge bei der Entzifferung der deutschen Codes aufmerksam machen und veranlassen, ihre Codierungssysteme zu ändern. Churchill hatte sich in seiner Rede vom 24. August 1941 bereits allzu deutlich auf dechiffrierte Informationen bezogen. Die Sorge der Deutschen um die Sicherheit ihrer Codes hatte jedoch ungewöhnliche Folgen. Wie bereits oben erwähnt, änderte die Ordnungspolizei nach Dalueges Warnung vom 13. September ihr Codierungssystem und wechselte nach und nach von »Double Transposition« zu »Double Playfair«. Am 11. November war der Prozeß abgeschlossen. Der Vorgang des Codewechsels ermöglichte es jedoch den britischen Spezialisten, bei den Meldungen aus Deutschland alle Verschlüsselungsverfahren bis auf vier zu »knacken«. Und bei den Meldungen aus den besetzten Gebieten in der Sowjetunion wurden alle Codierungssysteme bis auf zwei entschlüsselt; zuvor war die Zahl der nicht entschlüsselten Codierungssysteme höher gewesen. Ein Kryptanalytiker vom britischen Nachrichtendienst zitierte eine bekannte Redensart, um die Situation zu verdeutlichen: »Das Bessere ist der Feind des Guten.«[88] Rückblickend bekommt man jedoch den Eindruck, daß die Briten die Ermordung der Juden im Osten hätten publik machen können, ohne ihre Erfolge beim Entschlüsseln der Codes auch nur im geringsten zu gefährden.

7 Auschwitz wird entschlüsselt

Die dechiffrierten Meldungen der deutschen Polizei boten den Männern des britischen Nachrichtendienstes einen breiten Überblick über die vielen Aspekte des Krieges im Osten. Die deutschen Streitkräfte hatten nicht mit dem hartnäckigen Widerstand der sowjetischen Truppen gerechnet, und der strenge russische Winter traf sie im Dezember 1941 unvorbereitet. Um die Verluste zu begrenzen und einen sowjetischen Durchbruch zu verhindern, wandte sich die Heeresleitung an die SS- und Polizeibehörden mit der Bitte um Unterstützung. Als Folge davon wurden die Soldaten der Waffen-SS und sogar ältere Männer wie die Polizisten aus dem Reserve-Polizeibataillon 11 plötzlich in Kampfhandlungen eingesetzt. Die Truppen, die zuvor hinter der Front nach Juden und Partisanen gesucht oder zusammen mit litauischen Hilfstruppen Massenexekutionen an Juden durchgeführt hatten, erlitten nun schwere Verluste. Bach-Zelewski beschwerte sich erregt, und sein Verhältnis zu Daluege verschlechterte sich zusehends – eine Entwicklung, die die Briten als Gradmesser für die zunehmenden Spannungen zwischen den deutschen Führungskräften betrachteten.[1]

Die dechiffrierten Meldungen enthielten 1942 jedoch deutlich weniger Einzelheiten über Massenhinrichtungen an Juden und anderen Opfern in den besetzten Gebieten der Sowjetunion als im Sommer und Herbst 1941. Die Warnungen, daß die Kommunikation per Funk nicht abhörsicher sei, hatten die Indiskretionen deutlich reduziert. Gelegentlich bezeichneten Höhere SS- und Polizeiführer Aktionen gegen Partisanen in ihren Meldungen als Exekutionen von Juden.[2] Meistens wurde bei der Meldung der Todeszahlen der Begriff »töten« mit Euphemismen wie »erledigen« oder »Sonderbehandlung« oder »nach Kriegs-recht erschossen« umschrieben. In der Regel wurden jedoch die Opfer nicht näher bezeichnet.[3] Wenn man in den dechiffrierten Meldungen von 1942 nach Hinweisen auf die Entstehung der »Endlösung« sucht, fallen gewisse Veränderungen auf. Herbert Degenhardt, der eifrige Organisator des Massenmords, reiste im Februar oder März von Riga nach Mogilew, um eine Personallücke zu schließen.[4] Bach-Zelewski hatte sich einer schweren Darmoperation unterziehen müssen, deren Nachwirkungen noch durch einen Nervenzusammenbruch verschlimmert wurden. Nach Ansicht des Reichsarztes-SS Dr. Ernst Grawitz war der Zusammenbruch unter anderem eine Folge »der von ihm [Bach-Zelewski] geleiteten Judenerschießungen im Osten«. Bach-Zelewski, der sich in einem SS-Krankenhaus in Berlin erholte, durchlebte dort die Erschießungen der Juden noch einmal.[5] Die Briten wußten, daß er vor der Operation wegen seiner Schmerzen Opium nahm, und sie wußten auch, daß er für die Operation und die anschließende Genesung in Berlin war. Sie erfuhren jedoch nichts von Dr. Grawitz' präziser Diagnose.[6]

Degenhardt war eine Zeitlang Bach-Zelewskis Stab in Mogilew unterstellt. Es war kein Zufall, daß Himmler erneut nach Mogilew reiste. Zur gleichen Zeit waren in der Stadt drei Gaswagen im Einsatz.[7] Himmler sandte Bach-Zelewski freundliche Genesungswünsche per Funk: Alles sei in bester Ordnung; er denke an seinen guten alten Freund.[8]

Degenhardts Tätigkeit in Mogilew war Teil eines größeren Vorhabens. Die SS- und Polizeitruppen in den besetzten Gebieten der Sowjetunion gingen Anfang des Jahres 1942 erneut gegen Juden vor. Bis zum Sommer wurden in vielen noch bestehenden Ghettos größere Erschießungsaktionen durchgeführt, und auch den ganzen Herbst über folgten die Hinrichtungen rasch aufeinander.[9] Himmler ordnete an, daß die Zahl der Einsätze und Verluste aller Polizeibataillone seit dem 22. Juni 1941 gesammelt werden sollte. Das Ergebnis sollte Hitler vorgelegt werden. Himmler selbst meldete Hitler die Anzahl der Exekutionen.[10] Doch diese Daten waren nicht Teil der von den Briten dechiffrierten Meldungen. Der britische Nachrichtendienst las andere Berichte, wie zum Beispiel eine deutsche Funkmeldung über die Erschießung von 700 arbeitsunfähigen Juden in einem Gebiet südwestlich von Kamenez in der Ukraine,[11] die allgemeine Rückschlüsse auf die nationalsozialistische Judenpolitik erlaubten.

Die dechiffrierten Meldungen enthielten auch zahlreiche Hinweise auf ein anderes Problem der Deutschen – den katastrophalen Mangel an Arbeitskräften, hervorgerufen durch die erschreckend hohe Sterberate unter den sowjetischen Kriegsgefangenen, die von der Wehrmacht sehr schlecht behandelt wurden. Durch die Entsendung polnischer Arbeiter nach Deutschland konnte der Mangel an Arbeitskräften in den deutschen Fabriken ausgeglichen werden, doch nun kam es zu Engpässen in Polen.[12] Diese Zwangslage trug vermutlich zu der Entscheidung bei, jüdische Facharbeiter und Juden, die schwere Arbeit verrichten konnten, als Arbeitskräfte einzusetzen, anstatt sie sofort zu töten. Die SS bestand jedoch auf einer direkten Kontrolle.[13]

Hitler selbst gab die Erlaubnis (die per Funk weitergegeben und von den Briten abgehört wurde) zum Einsatz der Juden als Zwangsarbeiter beim Straßenbau im nördlichen Sektor der besetzten Gebiete in der Sowjetunion; in einigen anderen Fällen wurde der Einsatz jüdischer Arbeitskräfte jedoch abgelehnt.[14] Die Spannung zwischen Ideologie und Realität konnte zu schweren Konflikten führen. Neun Monate später wandte sich Rudolf Höß, der Kommandant von Auschwitz, über das SS-Wirtschaftsverwaltungshauptamt (WVHA) an Adolf Eichmann. Er wollte sicherstellen, daß die Transporte mit holländischen Juden nicht im schlesischen Kosel anhielten, wo sie möglicherweise zur Zwangsarbeit abkommandiert werden konnten. Die Organisation Schmeldt setzte dort bereits Tausende von Juden für den Bau kriegswirtschaftlich wichtiger Fabriken ein.[15] Höß wollte, daß die Juden direkt nach Auschwitz gebracht wurden. Die Briten dechiffrierten auch diese Nachricht.[16] Falls einige Juden zumindest vorläufig der Gaskammer entgingen, standen sie dennoch unter der ständigen Kontrolle der SS.

Mit dem Bau des Lagers und der Anlagen in Auschwitz verschob sich die Durchführung der »Endlösung« im Verlauf des

Jahres 1942 geographisch nach Westen. Chelmno und Auschwitz lagen in einem Teil Polens, der von den Deutschen 1939 offiziell annektiert worden war. Im allgemeinen konnte die SS im Osten leichter operieren als im eigentlichen Deutschland, doch die Zivilverwaltung und die Gauleiter im Wartheland (wo Chelmno lag) und in Oberschlesien (wo Auschwitz lag) waren ungewöhnlich kooperativ. Auschwitz lag besonders verkehrsgünstig; Juden aus vielen Teilen Europas konnten mit dem Zug bis vor die Tore des Lagers gebracht werden. Im Gegensatz dazu konnte Mogilew aus dem Westen überhaupt nicht mit dem Zug erreicht werden. Man hätte die Juden über einen Teil der Strecke auf Schiffen transportieren müssen. Außerdem hatten militärische Belange im Gebiet Mitte Vorrang. Die Güterzüge mit Juden hätten selbst auf der Strecke nach Minsk gestört. Manchmal mußten sich sogar ehrgeizige SS-Potentaten der Realität beugen. Drei weitere Öfen für das Krematorium, für deren Anschaffung sich Bach-Zelewski eingesetzt und die er auch bezahlt hatte, wurden im August 1942 nach Auschwitz umdirigiert.[17] Doch die SS unterhielt weiterhin ein »kleines« Vernichtungslager bei Maly Trostenez in der Nähe von Minsk, allerdings gibt es darüber nur wenige oder gar keine Informationen in den dechiffrierten Meldungen der deutschen Polizei.[18]

Die Vernichtungslager der Aktion Reinhard – benannt nach Reinhard Heydrich, der im Juni 1942 einem Attentat tschechischer Widerstandskämpfer zum Opfer fiel – besaßen ebenfalls geographische und praktische Vorzüge.[19] Nachdem Himmler und seine Untergebenen einen Großteil der Schwierigkeiten mit der Zivilverwaltung im Generalgouvernement aus dem Weg geräumt und die Kontrolle über das Schicksal der Juden und ihren Besitz erlangt hatten[20] und nachdem die Gaskammern und Krematorien in Belzec, Sobibór, Treblinka und Majdanek einsatzbereit waren, erwies es sich als rationell, sie für polnische Juden und einige Transporte von außen zu verwenden.

Die Mitarbeiter des WVHA in Oranienburg nördlich von Berlin – von dem aus die Vernichtungslager, Konzentrationslager, Lager mit Fabriken, Arbeitslager, andere Lagerarten und die Wirtschaftsunternehmen der SS gelenkt wurden – kommunizierten häufig über Funk. Im Gegensatz zur Ordnungspolizei benutzten die meisten Abteilungen der SS die komplizierte Enigma-Codierungsmaschine. Den Briten gelang es jedoch ab Dezember 1940, mindestens einen Code zu entschlüsseln, der vom WVHA verwendet wurde. Sie konnten die Gespräche trotz einiger Rückschläge fast bis Kriegsende abhören und dechiffrieren.[21] Allmählich gewannen sie einen Einblick in die Aktionen, die in Verbindung mit dem Holocaust durchgeführt wurden. Auch in der SS war man trotz der Enigma nach wie vor über die Geheimhaltung besorgt. Streng geheime Informationen wurden nur per Kurier übermittelt. Doch eine Funkanweisung des WVHA war selbst ein Hinweis auf die Vorgänge in den Lagern. Am 11. Juni 1942 erfuhr mindestens ein KZ-Kommandant, der zuvor Anweisungen zur Geheimhaltung beim Funkverkehr erhalten hatte, daß die Berichte über die Exekutionen nicht mehr länger als streng geheim (Geheime Reichssache), sondern nur noch als geheim galten.[22] Das bedeutete, daß die KZ-Kommandanten dem WVHA die Exekutionen über Funk melden konnten. Die Anweisung deutete darauf hin, daß in den Lagern brisantere Dinge als nur einfache Erschießungen der Gefangenen durchgeführt wurden.[23] Die britischen Abhörspezialisten fingen wirre Fetzen über Gespräche zwischen Eichmann, der für die Aussiedlung und den Transport der Juden zuständig war, und verschiedenen Leitern der Konzentrations- und Vernichtungslager auf.[24]

Der SS- und Polizeiführer Odilo Globocnik, der für die Aktion Reinhard verantwortlich war, gab in seinen Funksprüchen nur wenig über die Vernichtungslager Belzec, Sobibór und Treblinka preis. Doch er benachrichtigte einen Untergebenen Eichmanns per Funk über die »Aussiedlung« rumänischer Juden mit dem Zug nach Trawniki; von dort sollten sie auf die entsprechenden Lager verteilt werden. (Zu diesem Zeitpunkt wußten die britischen Spezialisten bereits, was »Aussiedlung« bedeutete.) Das WVHA erkundigte sich auch per Funk nach den Uhren und anderem persönlichen Besitz, die im Zuge der Aktion Reinhard »sichergestellt« wurden.[25] Eine Kürzung der Benzinzuteilung erschwerte Globocnik die Durchführung seiner »Sonderaufgaben«, der empfohlene Euphemismus, mit dem Globocnik sich in einem Brief in getarnter Form auf den Massenmord an den Juden bezog. Globocnik wandte sich mit seiner Bitte um Treibstoff an Himmlers Militäradjutanten, doch Himmler schlug vor, die Wertgegenstände in bewachten Zugwaggons statt in Lastwagen zu transportieren, um Diebstähle zu verhindern.[26] Dieser schriftliche Austausch gelangte jedoch nicht in die Hände der britischen Abhörspezialisten.

Mitunter drangen wichtige Informationen über Auschwitz per Funk nach draußen, weil Auschwitz eine Ansammlung von Lagern mit unterschiedlichen Funktionen war, von denen manche weniger geheim waren als andere. Auschwitz war ursprünglich ein Konzentrationslager für verschiedene Kategorien polnischer Gefangener gewesen; ab 1941 wurde das Lager rasch ausgebaut. Auschwitz II (Birkenau) wurde 1942 zum Zentrum der Massenvernichtung; viele Gefangene, die noch Schwerstarbeit leisten konnten, wurden in der Fabrik für synthetischen Kautschuk (Buna) der I.G. Farben in Monowitz, Auschwitz III, eingesetzt.[27]

Auschwitz, vor allem Auschwitz III, brauchte Arbeitskräfte, und diese Information konnte ohne weiteres gefunkt werden. Das Reichssicherheitshauptamt erklärte, aus noch unbekannten innenpolitischen Gründen könnten ungefähr 1000 arbeitsfähige deutsche Juden am 3. und 4. Juni 1942 nicht nach Auschwitz gebracht werden,[28] doch die Slowakei als Marionettenstaat der Nationalsozialisten half, die Lücke zu füllen. Seit dem 16. Juni rollten neue Transporte mit Juden für den Arbeitseinsatz aus der Slowakei nach Auschwitz.[29] Die Waggons mit slowakischen Juden gehörten im März 1942 in Auschwitz zu den ersten, bei denen »selektiert« wurde – die Arbeitsfähigen wurden einstweilen verschont, während die Kinder, die Alten und Schwachen in die Gaskammern geschickt wurden. Die Transporte vom 16. bis 20. Juni bestanden jedoch aus Erwachsenen, deren Arbeitskraft gebraucht wurde – zumindest vorübergehend.[30] Im November 1942 erfuhren die Briten, daß 396 Gefangene als Bauarbeiter im Buna-Lager eingesetzt waren und 1568 im Buna-Werk selbst arbeiteten. (In seinen berühmten Erinnerungen beschreibt Primo Levi seine Arbeit in der Bunafabrik.)[31] Informationen über Birkenau und den durchorganisierten Vernichtungsprozeß waren in den dechiffrierten Meldungen nur schwer auszumachen, aber sie

155

waren enthalten. In einer teilweise entstellten dechiffrierten Meldung vom Juni 1942 erwähnte der SS-Brigadeführer Dr. Hans Kammler, der Leiter des SS-Amtes Bauwesen im WVHA und Konstrukteur der Lager und Lagereinrichtungen, einen Kamin für das Krematorium.[32] Zu der Zeit wurden in Birkenau zusätzliche Gaskammern und Krematorien errichtet.[33]

Die Abhörspezialisten fingen auch die Berichte über zahlreiche Besprechungen zwischen dem Leiter des WVHA Oswald Pohl und Rudolf Höß sowie zwischen Kammler und Höß auf.[34] Die Besprechungen standen vermutlich in Zusammenhang mit dem Unmut, der auf höchster Ebene über die schleppende Entwicklung der »Endlösung« geäußert wurde. Es gab Probleme bei den Transporten, Engpässe behinderten die Deportation der Juden und den Bau neuer Vernichtungseinrichtungen.[35] Himmler stattete Auschwitz am 17. und 18. Juli einen zweitägigen Inspektionsbesuch ab und beobachtete die Vergasung der Juden. Er ordnete dann eine wesentliche Vergrößerung des Lagers an und beförderte den KZ-Kommandanten Höß. Im Anschluß daran ging er nach Lublin und besichtigte die Einrichtungen in Globocniks Vernichtungslager Sobibór.[36] Keine der beiden Reisen schlug sich in den dechiffrierten Meldungen nieder. Es wäre ohnehin schwierig für die britischen Spezialisten gewesen, Mitte 1942 allein aus den Meldungen eine Verbindung zwischen den Judentransporten nach Auschwitz und den neuen Einrichtungen dort herzustellen. Es gibt dafür auch keinen Hinweis. Eine Meldung vom November, daß in Auschwitz zur Ausstattung der neuen Wachen dringend 600 Gasmasken gebraucht wurden, war da schon aufschlußreicher, doch auch sie war nur ein Bruchstück des Mosaiks.[37]

Himmler und seine Mitarbeiter hatten eine Vorliebe für positive Bilanzen und Statistiken. Zu Beginn des Jahres 1942 erhielten die einzelnen Lager über das WVHA eine Anweisung von Himmler, die Zahl der Häftlinge für jedes Jahr seit 1933 nach ihren unterschiedlichen Kategorien zusammenzustellen: politische Gefangene, Kriminelle, Juden, Polen, spanische Kommunisten und Russen. Himmler wollte wissen, wie viele Gefangene in jedem Lager entlassen worden und wie viele gestorben waren.[38] Falls die Anfrage über Funk beantwortet wurde (was nicht sehr wahrscheinlich ist), existieren die entsprechenden Berichte nicht mehr oder wurden noch nicht freigegeben.

Allerdings meldeten 1942 mehrere Lager, darunter auch Auschwitz, fast täglich die Zahl der Zugänge und Abgänge bei den Gefangenen. Gemäß den Anweisungen wurde die Zahl der Gefangenen nach bestimmten Kategorien aufgeschlüsselt – Deutsche, Juden, Polen und Russen. Abgesehen von einer Ausnahme (die später erklärt wird) konnte der britische Nachrichtendienst die Schwankungen der Gefangenenzahlen und die Todesrate mit geringer Verzögerung verfolgen.[39] Zwischen Januar und März 1942 betrug die Zahl der Juden wenige hundert. Ab April schlug sich die Zahl der Deportierten aus der Slowakei nieder, und die Zahl der Juden stieg in die Tausende, Ende Juli waren es sogar über 10 000. Der Höchststand wurde Ende August mit über 12 000 erreicht, dann ging die offizielle Zahl der Juden wieder zurück. Im August 1942 starben 6829 Männer und 1525 Frauen im Lager. Ab dem 1. September sollten »natürliche« Todesfälle nicht mehr per Funk, sondern nur noch schriftlich übermittelt werden.[40]

In der Statistik wurden nur die Gefangenen erfaßt, die in den Lagern von Auschwitz registriert waren. Bei den Todeszahlen waren die aufgeführt, die erschossen oder zu Tode geprügelt worden waren, auch die, die aufgrund von Krankheiten oder Unterernährung gestorben waren. In der Statistik *fehlten* jedoch jene Juden (und eine kleinere Zahl von »Zigeunern«), die sofort nach ihrer Ankunft für die Gaskammern selektiert worden waren. Diese Auslassung – gehörte auch sie zur Verschleierungstaktik? – könnte die Interpretation der Funktion von Auschwitz beeinträchtigt haben, andere Informationen hätten diese Lücke jedoch mit Sicherheit schließen können.

Fast seit Ausbruch des Krieges las der britische Nachrichtendienst die dechiffrierten Mitteilungen der deutschen Reichsbahn. Seit Februar 1941 wurde der deutsche Zugverkehr zusätzlich von einer eigenen Abteilung (dem Railway Research Service) im Ministerium für Kriegswirtschaft untersucht.[41] (Falls die dechiffrierten Meldungen noch existieren, wurden sie offensichtlich noch nicht freigegeben.) Einige Meldungen des WVHA bezogen sich ebenfalls auf die Transporte verschiedener Kategorien von

Juden nach Auschwitz. Mitte Juli 1942 wurde in einer Meldung erklärt, daß ein bestimmter Transport aus Frankreich nicht ausschließlich mit Juden besetzt sei, was darauf hindeutet, daß dies bei den anderen Transporten der Fall war. In einer Meldung vom Oktober 1942 wurde nebenbei auf die Judentransporte aus polnischen, tschechischen und holländischen Gebieten Bezug genommen.[42] Die Meldungen der Reichsbahn müssen sogar noch genauere Informationen enthalten haben. Folglich muß der britische Nachrichtendienst über das Ausmaß der Deportationen Bescheid gewußt haben. Aufgrund der Statistik war den Briten auch klar, daß die erhöhte Zahl der Lagerinsassen nicht der Zahl der in Zügen nach Auschwitz transportierten Juden entsprach, daß aber auch keine Juden das Lager wieder verließen. War Auschwitz zu einer der größten Städte Europas geworden? Es gab nur eine logische Schlußfolgerung für das Schicksal der Juden. Doch die Mutmaßungen und Schlußfolgerungen des britischen Nachrichtendienstes über Auschwitz-Birkenau existieren entweder nicht mehr oder sind noch unter Verschluß.[43]

Die Briten erhielten durch die nachrichtendienstliche Organisation der polnischen Exilregierung zusätzlich verschiedene Berichte über die Vorgänge in Auschwitz und anderen Vernichtungslagern. (Für unsere Zwecke sind vor allem die Berichte der Polen interessant, die an die Briten und Amerikaner weitergegeben wurden, nicht die wesentlich größere Zahl der Informationen, die nur an die polnische Exilregierung gingen.) Die Berichte dieser Informanten, vor allem von entflohenen Gefangenen, kamen nur mit erheblichen Verzögerungen nach London, und neben handfesten Augenzeugenberichten kursierten auch viele Gerüchte. Dennoch waren die Nachrichten aus dem polnischen Untergrund eine wichtige Ergänzung und Bestätigung der Erkenntnisse der britischen Abhörspezialisten.

Ein polnischer Spion mit Stützpunkt in London, Tadeusz Chciuk-Celt, sprang zweimal mit dem Fallschirm über Polen ab. Ende Dezember 1941 landete Chciuk-Celt zum ersten Mal in Polen und blieb dort bis Mitte Juni 1942. Er schlug sich von Polen nach Budapest durch und schickte im Herbst 1942 einen Bericht nach London über die Massenhinrichtungen und die Vergrößerung des Lagers Auschwitz. Chciuk-Celts Originalberichte gingen verloren oder sind noch nicht freigegeben, doch er schrieb 1945 und später einige seiner Erlebnisse für eine Veröffentlichung auf.[44] Sein Bericht deckt sich mit Angaben in zeitgenössischen Dokumenten, die bereits freigegeben sind.

Am 15. November 1942 berichtete der polnische Untergrund, daß Zehntausende Menschen, überwiegend Juden und sowjetische Kriegsgefangene, in Auschwitz eingetroffen seien »einzig zum Zweck ihrer sofortigen Vernichtung in Gaskammern«. Diese Nachricht erreichte die polnische Exilregierung in London am 27. November.[45] Das Direktorium für zivilen Widerstand in Polen berichtete am 23. März 1943, daß in einem neuen Krematorium in Auschwitz-Birkenau ungefähr 3000 Menschen am Tag, die meisten davon Juden, beseitigt würden.[46] Das war annähernd die Zahl, die nach dem Krieg für den damaligen Zeitpunkt rekonstruiert wurde. Das Krematorium IV hatte am 22. März den Betrieb aufgenommen, einen Tag vor dem Bericht, und das Krematorium V war ungefähr zwei Wochen später betriebsbereit. Zusammen konnten in beiden 3000 Leichen am Tag verbrannt werden.

Der Bericht über das neue Krematorium, den Stefan Korbonski aus dem polnischen Untergrund nach London schickte, erschien im April 1943 zusammen mit ähnlichen Informationen in einem polnischen Bulletin namens *Poland Fights*. Darin hieß es, Mitte des Jahres 1942 seien 63 340 Gefangene in Auschwitz-Birkenau registriert gewesen, weitere 22 000 Personen seien im Lager eingetroffen, nicht registriert und einfach umgebracht worden. Unter den nicht registrierten Personen hätten sich 4000 Polen, 10 000 Juden und 8500 sowjetische Kriegsgefangene befunden. Der Bericht enthielt darüber hinaus den Hinweis, daß schätzungsweise 57 000 Menschen in Auschwitz-Birkenau durch Krankheiten, Erschöpfung oder Hinrichtungen umgekommen waren.[47]

Am 18. April 1943, einen Tag vor dem Beginn des Aufstandes im Warschauer Ghetto, verfaßte ein polnischer Untergrundkurier, der sich nach London hatte durchschlagen können, eine lange Schilderung über seinen Aufenthalt in Polen und auf dem europäischen Kontinent in der Zeit vom November 1941 bis Oktober 1942.[48] Dieser Bericht enthielt einige Fehler, und außerdem schätzte der Kurier das Verhältnis zwischen Polen und Juden in Polen völlig falsch ein, doch er lieferte auch detaillierte Informationen über Auschwitz:

Ich lebte einige Wochen in Auschwitz. Ich kenne die Bedingungen gut, weil ich sie untersucht habe … Die ausführlichsten Informationen erhielt ich von Leuten [polnischen Gefangenen], die freigekommen waren. Als ich Auschwitz Ende September [1942] verließ, betrug die Zahl der registrierten Gefangenen über 95 000 … Unter den [nicht registrierten] befanden sich 20 000 russische Kriegsgefangene, die im Sommer 1940 [1941] dorthin [nach Auschwitz] gekommen waren und große Gruppen von Juden aus anderen Ländern. Die Kriegsgefangenen starben an Unterernährung. Die Juden wurden en masse vernichtet.
Aufgrund der Informationen, die ich sammelte, und meiner eigenen Beobachtungen kann ich versichern, daß die Deutschen folgende Tötungsmethoden verwendeten. a) Gaskammern: Die Opfer wurden ausgezogen in die Kammern gebracht, in denen sie dann erstickten; b) Elektrische Kammern: Diese Kammern hatten Metallwände. Die Opfer wurden hineingetrieben und dann wurde elektrische Hochspannung eingeleitet; c) Das sogenannte Hammerluft-System. Das ist ein Lufthammer [vermutlich Töten durch Luftdruck]; d) Erschießen, oft wurde jede zehnte Person getötet.

Angeblich waren die ersten drei Methoden die häufigsten. Der Bericht, der auf unterschiedlichen Informationsquellen basierte, enthielt natürlich falsche Angaben (Elektrokammern und das Hammerluft-System waren eine Erfindung) und Schlußfolgerungen. Dennoch ließ der Kurier keinen Zweifel daran, daß eine große Anzahl von Juden in Birkenau vergast wurde:

Die Gestapo-Männer standen an einer Stelle, von der aus sie mit Gasmasken das Massensterben ihrer Opfer beobachten konnten. Die Deutschen luden die Leichen auf und brachten sie mit großen Räumfahrzeugen an eine Stelle außerhalb von Auschwitz. Sie hoben Gruben aus, in die sie die Toten warfen und bedeckten die Gruben mit Kalk. Das Verbrennen der Opfer in elektrischen Öfen wurde [in dieser Zeit] nur selten praktiziert. Das liegt daran, daß in solchen Öfen nur ungefähr 250 Menschen in 24 Stunden verbrannt werden können.[49]

Der polnische Kurier traf sich in London mit Dr. Ignacy Schwarzbart, einem Mitglied des Polnischen Nationalrats und Vertreter des Jüdischen Weltkongresses. Am 27. April sandte Schwarzbart einen Bericht über dieses Treffen und die Schilderung des Kuriers an die Vertretung polnischer Juden in den USA innerhalb des Jüdischen Weltkongresses. Er bat die Empfänger um strikte Geheimhaltung. Doch die amerikanische Regierung erhielt den Bericht ebenfalls, da die Post aus Übersee von der Zensurstelle geöffnet wurde. Wichtige und nützliche Informationen wurden zusammengefaßt, danach wurden die Briefe wieder zugeklebt und weitergeleitet.[50] Die Briten müssen die Informationen vom polnischen Nachrichtendienst oder vielleicht sogar direkt von dem Kurier erhalten haben. Der Bericht wurde auf Bitte des Kuriers hin nicht veröffentlicht, doch die westlichen Regierungen hatten ihn bekommen. Martin Gilbert hat die Ansicht vertreten, der Massenmord in Birkenau sei dennoch unentdeckt geblieben. Er meinte zu diesem Bericht: »Es liegen allerdings keine Anhaltspunkte dafür vor, daß diese Enthüllung irgendwelche Auswirkungen gehabt hätte oder daß sie jemals wieder zitiert oder erwähnt worden wäre.«[51] Aber haben wir überhaupt Zugang zu allen Aufzeichnungen des britischen Nachrichtendienstes zu diesem Bericht?

Am 18. Mai stellte der militärische Abwehrdienst der Polen in London einen weiteren Bericht über die Situation in Polen zusammen, der als Diplomatenpost nach Washington geschickt wurde. Eine polnische Version ging im Juni an den Vereinten Generalstab der Alliierten. Die Informationen über Auschwitz-Birkenau, die dieses Mal aus anderen Quellen stammten, wurden darin auf den neuesten Stand gebracht. Demnach betrug die Gesamtzahl der in Auschwitz-Birkenau ermordeten Menschen bis zum Dezember 1942 640000: darunter 65000 Polen, 26000 sowjetische Kriegsgefangene und 520000 Juden.[52]

Im Mai 1943 ließ die polnische Botschaft in London dem britischen Außenministerium erneut einen Bericht aus erster Hand über die Morde in Treblinka zukommen, das der Autor für das Zentrum der Vernichtung europäischer Juden hielt. Er führte jedoch noch andere Vernichtungszentren auf, und auch Auschwitz wurde genannt.[53]

Ende August 1943 übermittelte die polnische Regierung Informationen an die Briten, die sie erst kürzlich über die systematische Entvölkerung eines Teils der Provinz Bialystok und fast der ganzen Provinz Lublin erhalten hatte. Es hieß, daß Hunderttausende aus Lublin deportiert oder getötet worden seien. Frauen und alte Männer seien vergast worden, und einige Kinder habe man nach Deutschland gebracht, wo sie als Deutsche erzogen werden sollten, oder an deutsche Siedler verkauft. Roger Allen vom britischen Außenministerium wandte sich dagegen, die polnischen Erkenntnisse zu übernehmen, die auf dürftigen Beweisen basierten. Er wollte vor allem nicht glauben, daß Polen in Gaskammern ermordet wurden. Welchen Vorteil sollte denn eine Gaskammer gegenüber einem Maschinengewehr haben, fragte er skeptisch.

Diese Frage entlockte Victor Cavendish-Bentinck, dem Vorsitzenden des Geheimdienstausschusses (Joint Intelligence Committee), der Zugang zu den dechiffrierten Meldungen der deutschen Polizei und der SS hatte, einen aufschlußreichen Kommentar. Cavendish-Bentinck kritisierte zunächst die jüdischen und polnischen Informationen über die Greueltaten: Beide Gruppen (die Juden in erheblich größerem Ausmaß) versuchten seiner Meinung nach, die Briten »aufzustacheln«, und hätten anscheinend auch Erfolg damit. Er tat tatsächlich Informationen aus polnischen und jüdischen Quellen als erfunden ab. Cavendish-Bentinck stellte dann mehrere Aspekte des letzten polnischen Berichtes in Frage, vor allem die Aussage, daß Polen vergast wurden. Es gebe mehr Beweise, argumentierte er, daß die Russen polnische Offiziere bei Katyn in dem von der Sowjetunion besetzten Gebiet Polens ermordet hätten. (Im Frühjahr 1943 entdeckten deutsche Soldaten die Massengräber polnischer Offiziere im Wald von Katyn in der Nähe von Smolensk. Die Sowjetunion und Deutschland schoben sich gegenseitig die

Schuld an dem Massenmord zu, doch bereits während des Krieges deuteten die Fakten darauf hin, daß die Täter Sowjets waren. Heute weiß man, daß Stalin mit Unterstützung des Politbüros im Frühjahr 1940 beschloß, die Polen töten zu lassen. Die sowjetischen Exekutionskommandos verwendeten deutsche Munition, die in den zwanziger und dreißiger Jahren an die UdSSR verkauft worden war.[54] Schließlich gestand Cavendish-Bentinck, die Briten hätten gewußt, daß das Naziregime Juden jeden Alters vernichten wollte, wenn sie nicht noch als Arbeitskraft genutzt werden konnten. Doch er verglich einige Berichte über Gaskammern mit den Geschichten aus dem Ersten Weltkrieg über die Herstellung von Fett aus Leichen, die sich als Greuelpropaganda der Alliierten entpuppt hatten.[55]

Cavendish-Bentinck hatte recht, wenn er behauptete, daß einige polnische und jüdische Berichte übertrieben oder ungenau waren;[56] in Hinblick auf die Juden hatte er aber das Wesentliche erkannt: Auf die eine oder andere Weise brachten die Nationalsozialisten fast alle Juden um, deren sie habhaft werden konnten. In einem handschriftlichen Nachtrag fügte er jedoch hinzu: »Ich bin überzeugt, daß wir einen Fehler machen, wenn wir dieser Gaskammergeschichte offiziell Glauben schenken.«[57] Aus seiner Bemerkung geht nicht hervor, ob seine Skepsis bezüglich der Gaskammern sich auch auf deren Einsatz bei der Vernichtung der Juden erstreckte.

Der Strom von Informationen über Auschwitz schwoll an. Der Bericht einer polnischen Frau mit dem Codenamen Wanda vom Dezember 1943 erreichte den militärischen Abwehrdienst der Polen Ende Januar 1944 in London. Wanda hatte offensichtlich bereits früher über Auschwitz-Birkenau geschrieben und wurde als absolut verläßlich angesehen. Ihr Bericht ging an den amerikanischen Verbindungsmann für die alliierten Exilregierungen und an den amerikanischen Militärattaché in London mit der Bitte, ihn an alle wichtigen Stellen weiterzuleiten. Der amerikanische Geheimdienst (Office for Strategic Services, OSS) in London und vermutlich auch in Washington erhielt den Bericht ebenfalls. Wanda erklärte, daß bis zum September 1942 468 000 nicht registrierte Juden in Auschwitz-Birkenau vergast worden seien. In den folgenden acht Monate seien 60 000 Juden aus Griechenland; 50 000 aus der Slowakei und Böhmen und Mähren; 60 000 aus Holland, Belgien und Frankreich; und 11 000 aus anderen Ländern eingetroffen – 98 Prozent der Neuankömmlinge seien vergast worden. Insgesamt wurden also nach Wandas Angaben bis Anfang Juni 1943 mindestens 645 000 Juden vergast. Auch sie beschrieb den Prozeß der Selektion und des Tötens:

> Jeder ankommende Transport wird in Auschwitz ausgeladen. Die Männer werden von den Frauen getrennt und dann wahllos in Gruppen zusammengestellt. Frauen und Kinder werden in Autos und Lastwagen verladen und dann in die Gaskammern in Brzezinka gebracht. Dort ersticken sie innerhalb von zehn bis fünfzehn Minuten unter den schrecklichsten Qualen. Die Leichen werden durch eine Öffnung hinausgeworfen und im Krematorium verbrannt. Bevor die Todgeweihten in die Gaskammern gehen, müssen sie baden. Derzeit stehen in Birkenau-Brzezinka drei große Krematorien mit einer Kapazität für 10 000 Menschen am Tag, in denen unaufhörlich Leichen verbrannt werden. Die Anwohner bezeichnen sie als »das ewige Feuer«.

Wanda erwähnte auch, daß die überwiegende Mehrheit der »Zigeuner« aus Griechenland und Südfrankreich sofort vergast wurde.[58]

In seinem 1982 ins Deutsche übersetzten Buch *Auschwitz und die Alliierten* behauptete Martin Gilbert, der Westen habe keine ausreichenden Informationen über die Gaskammern und Krematorien gehabt, mit denen in Auschwitz Hunderttausende von Juden beseitigt wurden. Erst als vier Häftlinge im April und Mai 1944 entkommen konnten und ihre Berichte im Juni in den Westen gelangten, habe der Westen davon erfahren:

> Das Geheimnis der Gaskammern von Auschwitz-Birkenau blieb von der ersten Maiwoche 1942 an, dem Zeitpunkt ihrer Inbetriebnahme, bis zur dritten Juniwoche 1944 gewahrt; die Tatsache, daß die vielen hundert Deportationszüge aus Frankreich, Holland, Belgien, Italien, Griechenland und anderswo allesamt nach Auschwitz-Birkenau

gingen, blieb im Westen ebenso unbekannt wie die schreckliche Wahrheit, daß die allermeisten der dorthin deportierten Juden an der Endstation der sofortige Tod erwartete.[59]

Doch wie hier gezeigt wurde, waren solche Informationen durchaus vorhanden, auch wenn einige britische Regierungsmitglieder, die dazu Zugang besaßen, sich lieber nicht damit befaßten oder die Berichte nicht glauben wollten. Die Abhörspezialisten des britischen Nachrichtendienstes hatten vielleicht eine Zeitlang Schwierigkeiten, die verschiedenen Funktionen der Lager in Auschwitz auseinanderzuhalten. Die Historiker können jedoch leider nicht untersuchen, auf welche Weise ihnen das gelang, da man davon ausgehen kann, daß die entsprechenden Dokumente noch nicht freigegeben worden sind.

Natürlich brachten die ausführlichen Berichte, die die beiden entkommenen Häftlinge Rudolf Vrba und Alfred Wetzler über Auschwitz und Birkenau verfaßten und Mitte 1944 publik machten, den westlichen Regierungen zusätzliche Erkenntnisse und vermittelten der Öffentlichkeit in Großbritannien und den USA neue Informationen.[60] Doch die Mitarbeiter des britischen Nachrichtendienstes, die Zugang zu den dechiffrierten Meldungen oder Informationen des polnischen Geheimdienstes hatten, erfuhren nicht erst aus dem Vrba-Wetzler-Bericht, daß Tausende von Juden in Auschwitz-Birkenau ermordet wurden und daß Giftgas ein wesentlicher Bestandteil des Tötungsprozesses war.

Gilbert räumte ein, daß bruchstückhafte Berichte über Auschwitz als Vernichtungszentrum für Juden bereits früher im Umlauf waren, doch er behauptete, keiner habe Eindruck gemacht.[61] Wenn er damit sagen wollte, daß kein Bericht einen Eindruck auf die westlichen Regierungen machte, dann hat er mit dieser Aussage recht. Die Quellen und der damalige Wissensstand der Amerikaner über den Holocaust und die Interaktion zwischen britischen und amerikanischen Regierungsmitgliedern in bezug auf den Holocaust müssen allerdings genauer untersucht werden.

8 Amerikanische Einschätzungen

Die Vereinigten Staaten konnten wie Großbritannien aus einer günstigen Lage heraus Informationen über geheime Naziverbrechen sammeln, wenn auch nicht mit raffinierten technischen Mitteln. Bis Dezember 1941 waren die Vereinigten Staaten rein formal gesehen neutral, und während der ersten Welle des Völkermordes arbeiteten noch amerikanische Reporter und Diplomaten in Deutschland. Die amerikanischen Beobachter verfügten zwar über nichts den entschlüsselten deutschen Polizeimeldungen vergleichbar Aufschlußreiches, aber wichtige Informationen über das Vorgehen der Nazis gegen die Juden konnten sie doch allgemein zugänglichen Quellen entnehmen: Berichten von Angehörigen des Regimes wie Regimegegnern. Einige Informationen erreichten die amerikanische Regierung und Öffentlichkeit, aber nur wenige wurden über den Rundfunk in den von den Nazis besetzten Ländern Europas verbreitet, und zwar auch nicht nach Pearl Harbor und dem Kriegseintritt der USA. Die Amerikaner hatten zwar keine Probleme mit den Arabern in Palästina wie die Briten als Folge der Mandatsverwaltung, aber manche Verantwortliche in Washington teilten andere politische Einschätzungen und Erwägungen der Briten.

Nach dem deutschen Überfall auf die Sowjetunion berichtete die jüdische Presse in den USA überwiegend rasch und umfangreich. Jiddische Zeitungen in New York schrieben im Juli 1941, daß die Nazis in Minsk, Brest Litowsk und Lwow Hunderte von Juden getötet hätten. Jiddische Presseorgane hatten eine Gesamtauflage von etwa 400 000, mehr als die Hälfte erschien in New York City. Die Jewish Telegraph Agency (JTA), eine jüdische Nachrichtenagentur, gab ein *Daily News Bulletin* heraus, und

das war die wichtigste Quelle der meisten englischsprachigen jüdischen Tages- und Wochenzeitungen in Amerika. JTA-Meldun-
gen wurden manchmal auch von den großen nichtjüdischen Zeitungen aufgegriffen.[1]

Weitere relativ frühe Zeitungsberichte über Gewaltakte und
Morde stammten aus sowjetischen und polnischen Quellen; jüdische Opfer wurden dabei in der Regel nicht besonders hervorgehoben. Am 26. Oktober erschien jedoch in der *New York
Times* ein Artikel über ein von Deutschen und Ukrainern be-
gangenes Massaker an 15 000 Juden in Galizien, wohin auch Juden aus Ungarn deportiert worden waren. Dem Artikel lagen
nach Ungarn gelangte Briefe und Augenzeugenberichte von Offizieren zugrunde. Mitte November brachte das *New York Journal American* eine Geschichte über die Ermordung von angeblich 25 000 Juden in Odessa durch Rumänen; die tatsächliche
Zahl der Opfer war mehr als doppelt so hoch. Einige Wochen
später erschien an gleicher Stelle ein Bericht über die Ermordung
von 52 000 Menschen in Kiew (darunter mehr als 33 000 in Babi
Yar getötete Juden); die Informationen stammten aus sowjetischer Quelle.[2]

Amerikanische Reporter schrieben auch ausführlich über die
Deportationen von Juden aus Deutschland; einige Reporter wurden Augenzeugen und sahen, wie Juden in Waggons gepfercht
wurden. Zu Anfang hieß es, die deutschen Juden würden in
Ghettos oder Lager nach Polen gebracht, von sowjetischen Gebieten war noch keine Rede. Ende Oktober schrieb der leitende
Deutschlandkorrespondent von AP Louis P. Lochner, die vollständige Eliminierung der Juden aus dem Leben in Europa sei
»beschlossene deutsche Politik«, über das Los der aus Deutschland deportierten Juden wisse man nichts. Ende November berichtete die *New York Herald Tribune* über die Lebensbedingungen der Juden in den sowjetischen Gebieten. Die
Angaben über die Zahl der Deportierten wurden als zutreffend
übernommen (so war zum Beispiel die Rede von 20 000 Juden,
die in die Pripjetsümpfe bei Pinsk getrieben worden waren), aber
hinsichtlich Meldungen über extreme Ausschreitungen blieb die
Zeitung zurückhaltend: »In einigen hier eingegangenen Berichten aus Mitteleuropa ist von deutschen Massakern an Juden

die Rede.«³ Diese Haltung setzte sich dann auch bei den großen amerikanischen Zeitungen durch: Berichte über Massenmorde an Juden wurden mit Skepsis behandelt.

Im September 1941 registrierten amerikanische Diplomaten eine Verschärfung der Nazipropaganda gegen Juden und die Wiederbelebung des Vorwurfs, das Judentum wolle das deutsche Volk vernichten. In den Zeitungen stand zu lesen, daß die Judenfrage »ohne jegliche Sentimentalität« gelöst werden müsse. Wenige Wochen später hörte man in der amerikanischen Botschaft in Berlin Gerüchte über die massenhafte Deportation deutscher Juden nach Lublin, Lodz und Warschau als Teil einer Politik mit dem Ziel, »alle Juden so rasch wie möglich aus Deutschland heraus nach Polen und in andere östliche Gebiete zu verbringen«. In späteren Lageberichten hieß es, die Deportationen hätten sich verzögert, weil nicht genug Züge zur Verfügung stünden.⁴ Wie die Diplomaten berichteten, wurden die Deportationen von der Bevölkerung nicht gut aufgenommen:

> ...die Bevölkerung Berlins zeigt zunehmend größere Anteilnahme an den Juden, je mehr über den Umfang der gegenwärtigen Aktion bekannt wird. In etlichen Fällen wurden Menschen gemaßregelt, weil sie auf der Straße und in Geschäften freundlich zu älteren Personen mit dem Judenstern gewesen waren oder weil sie die gegenwärtigen drastischen Maßnahmen öffentlich kritisiert hatten.⁵

Ende Oktober rechnete man in der amerikanischen Botschaft damit, daß innerhalb weniger Monate alle Juden aus Deutschland deportiert sein dürften, und Mitte November wurde aus der Botschaft mitgeteilt, daß körperlich leistungsfähige Juden aus Deutschland zur Zwangsarbeit nach Rußland gebracht würden.⁶ Unabhängig davon berichtete ungefähr zur selben Zeit der amerikanische Militärattaché in Berlin, es bestehe kein Zweifel, daß SS-Einheiten in vielen besetzten Gebieten in Rußland Juden töteten. Das *normale Vorgehen* der Nazis bei der Einnahme einer Stadt sehe so aus, daß sie vor Ort Kommandos zusammenstellten, die Juden von der übrigen Bevölkerung trennten und sie erschossen. Er berichtete auch vollkommen zutreffend über

Massaker an sowjetischen Kriegsgefangenen.[7] Die logische Schlußfolgerung wäre gewesen, daß auch die Deportierten im Osten umgebracht wurden. Die Diplomaten wußten, daß die deportierten Juden ein schweres Los erwartete; aus dem Osten drangen Gerüchte nach Berlin, daß Juden an Krankheiten, Kälte, Hunger und manche durch regelrechte Massaker starben.[8] Aber welches Schicksal den Deportierten tatsächlich bevorstand, wußte man nicht.

Mitte November veröffentlichte Propagandaminister Joseph Goebbels in der Zeitung *Das Reich* einen mit seinem Namen gekennzeichneten Artikel unter der Überschrift *Die Juden sind schuld*. Darin gab er den Juden die Schuld am Krieg. Nach dem Gesetz der Vergeltung werde nun Deutschland Hitlers Prophezeiung vom 30. Januar 1939 erfüllen, daß ein Krieg zur Vernichtung der jüdischen Rasse in Europa führen werde. Goebbels verurteilte alle Deutschen, die sich von den Juden so weit täuschen ließen, daß sie Anteilnahme an deren Schicksal zeigten: Zu den größten Schwächen der Deutschen zählten ihr Großmut und ihre Bereitschaft zu vergessen. Es sei doch bemerkenswert, daß über jede Maßnahme gegen die Juden in Deutschland am nächsten Tag in der britischen und amerikanischen Presse berichtet werde. Die Juden müßten folglich über einen geheimen Kommunikationsweg zu den Feindstaaten verfügen.[9] Goebbels lieferte eine ideologische und emotionale Rechtfertigung für den Holocaust, aber zwischen den Zeilen wurde eine gewisse Nervosität erkennbar, daß bestimmte Informationen durchsickern konnten, zumal um dieselbe Zeit Massenhinrichtungen deportierter deutscher Juden in Kowno, Riga und Minsk geplant waren.[10]

Die deutsche Kriegserklärung an die USA unmittelbar nach Pearl Harbor veränderte die Situation der amerikanischen Beobachter in Deutschland schlagartig. Die meisten amerikanischen Reporter, die das Land nicht verlassen hatten, die Botschaftsangehörigen und eine Handvoll amerikanischer Militärs wurden als feindliche Ausländer zunächst in Berlin interniert und dann in einem bewachten Zug in den Kurort Bad Nauheim nördlich von Frankfurt gebracht. Die Amerikaner schafften es, in dieser Zeit erzwungener Untätigkeit, die rund fünf Monate dauerte, trotz der Anwesenheit eines Gestapo-Offiziers ihr Leben weitgehend selbst zu organisieren. Vor einem batteriebetriebenen Radio hörten sie jeden Abend BBC (und einige andere ausländische Sender) und hielten sich über die Ereignisse in der Welt auf dem laufenden.[11]

Im Februar oder Anfang März 1942 verteilte der amerikanische Militärattaché einen Fragebogen an die Reporter in Bad Nauheim und bat jeden einzelnen um eine Analyse der öffentlichen Meinung in Deutschland, um eine Einschätzung der Stärken und Schwächen der Rundfunksendungen verschiedener Länder und um Empfehlungen, wie die künftige amerikanische Informationspolitik aussehen sollte. Der Militärattaché Lieutenant Colonel W. D. Hohenthal faßte die Ergebnisse zusammen und formulierte als Fazit, daß »Propaganda« von entscheidender Wichtigkeit sei, um die Moral des deutschen Volkes zu untergraben und seine Kriegsanstrengungen zu schwächen. Mit der Propaganda solle das Hauptziel verfolgt werden, einen Keil zwischen das deutsche Volk und die Führung sowie zwischen die regulären Streitkräfte und die NSDAP zu treiben.[12]

Da es sehr schwierig ist, ein Bild der öffentlichen Meinung in einem Polizeistaat zu gewinnen,[13] verdienen die ausführlichen Antworten der Reporter Beachtung. Sie sagen zudem auch etwas über ihre Einstellung zum politischen Klima in Deutschland aus und spiegeln Einschätzungen wider, in welcher Weise die Vereinigten Staaten auf die Situation hätten Einfluß nehmen können. P. C. Fisher von der National Broadcasting Company (NBC) meinte beispielsweise, die amerikanische Propaganda solle sich in erster Linie auf die deutsche Intelligenz konzentrieren, die Intellektuellen könnten und würden die Botschaft dann an die übrige Bevölkerung weitergeben. Fisher plädierte dafür, der amerikanische Rundfunk solle vor allem das korrupte Justizwesen der Nazis anprangern, die Untaten der Gestapo, die barbarischen Judenpogrome und die Greueltaten der SS in Polen und anderen besetzten Ländern. Er warnte allerdings davor, die amerikanische Propaganda zu stark auf die Situation der Juden zu konzentrieren, es sollten auch keine Propagandaartikel von Juden verfaßt oder verbreitet werden: »Ich sage das nicht aus Intoleranz oder etwaiger Abneigung gegen die Rasse, sondern nur weil ich weiß, daß alles, was nach jüdischer Betrachtungsweise aussieht oder nach jüdischem Tonfall klingt, angezweifelt und in Deutschland nicht gut aufgenommen werden wird.«[14] J. M. Fleisher von United Press wies darauf hin, daß über Greueltaten nur mit hieb- und stichfesten Beweise berichtet werden dürfe, so daß keine Zweifel am Wahrheitsgehalt aufkommen könnten:»Generell denke ich, daß es besser wäre, Greuel nicht zu sehr hervorzuheben, da die Greuelpropaganda im (Ersten) Weltkrieg von den Deutschen in starkem Maße angezweifelt wurde.«[15] Louis Lochner, der 21 Jahre in Deutschland gelebt hatte, drückte widerwilligen Respekt für die Effektivität der Nazipropaganda aus. Die Deutschen wiederholten allmählich, was Rundfunk und Zeitungen ihnen immer wieder erzählten:

Menschen, die 1933 die Juden noch gerecht behandeln wollten, sprechen nun die Argumente für die Entrechtung und Eliminierung der Juden nach, die sie in der Presse lesen. Oftmals konnte ich mich nicht zurückhalten und sagte zu deutschen Bekannten, die gedankenlos die verbreiteten Argumente und Schlagworte wiederholten:»Könnt ihr denn nicht mehr selber denken?«

Lochner merkte auch an, daß die Anordnung vom August 1941, alle deutschen Juden müßten einen gelben Davidstern tragen, bei den anständigen Deutschen auf Ablehnung stoße, daß aber das Propagandaministerium die unwahre Behauptung verbreite, der Judenstern sei die Vergeltung für eine Anordnung der Amerikaner, daß alle Deutschen in den USA Hakenkreuze tragen müßten. Dieser Propagandatrick habe kritische Stimmen zum Verstummen gebracht. (Ein amerikanischer Diplomat hatte zuvor schon berichtet, daß das Naziregime die Geschichte von den Hakenkreuzen verbreitete. Er hatte aber behauptet, daß die durchschnittlichen Deutschen der Geschichte kaum Glauben schenkten.) Lochner äußerte sich nicht dazu, ob amerikanische Rundfunkanstalten die Greueltaten gegen Juden senden sollten.[16]

Frederick Oechsner von United Press sprach sich gegen die leidenschaftliche Verteidigung der Juden aus.[17] Nur Glen Stadler, ebenfalls von United Press, empfahl explizit, die Gestapo in einer Medienkampagne anzuklagen und zugleich Zahlen über Konzentrationslager und die Todesraten in den Lagern zu veröffentlichen. Stadler wollte eine öffentliche Diskussion darüber, wie die Nazis die Juden behandelten, als Teil einer Berichterstattung, die von Wahrhaftigkeit, Genauigkeit und Wohlwollen für das deutsche Volk getragen sei.[18] Alvin Steinkopf von Associated Press hingegen warnte davor, den Juden Gelegenheit zu geben, Propaganda gegen die Nazis auszuarbeiten, denn man müsse damit rechnen, daß jüdische Immigranten, die die Deutschen haßten oder ungerecht beurteilten, sich Greuelgeschichten aus den Fingern saugen würden.[19]

Viele Korrespondenten empfahlen, die Argumentationslinie zu verfolgen, daß die nationalsozialistische Ideologie undeutsch sei. Mehrere Reporter sprachen sich insbesondere dafür aus, Berichte über das »Euthanasie«-Programm groß herauszustellen und Gerüchte zu verbreiten, daß schwer verwundete Soldaten getötet würden. Man konnte mit gutem Grund die Auffassung vertreten, daß Enthüllungen über die Morde an Juden und anderen Opfern eine Distanzierung ehrenhafter Deutscher vom Naziregime bewirken würden und die Amerikaner mit Fakten die antisemitische Propaganda der Deutschen entkräften könnten. Doch die meisten Journalisten zogen es vor, sich zu diesem Thema nicht zu äußern oder ihm eine untergeordnete Bedeutung in den amerikanischen Nachrichtensendungen beizumessen. Der Militärattaché drückte die Meinung der Mehrheit aus, wenn er ausführte, daß es nicht ratsam sei, die Sache der Juden vehement zu verfechten.[20]

In ihren Empfehlungen ließen die Journalisten nicht durchblicken, wieviel sie tatsächlich über die Judenverfolgungen der Nazis wußten. Wahrscheinlich fürchteten sie, daß die deutschen Behörden ihre Papiere beschlagnahmen könnten. Joseph Grigg von United Press erwähnte beiläufig, daß er eine Untersuchung über die Behandlung der Judenfrage in Deutschland und die Haltung der Deutschen gegenüber Juden durchgeführt habe, aber in seinen Antworten auf dem Fragebogen äußerte er sich so gut wie nicht über das Thema Verfolgung.[21]

Im Frühjahr 1942 tauschten die Deutschen die internierten Amerikaner gegen deutsche Staatsbürger aus, die aus ähnlichen

Gründen in den Vereinigten Staaten festgehalten wurden, und damit konnten die Reporter ungehindert sagen und schreiben, was sie wollten. Inzwischen hatte die amerikanische Presse wichtige Informationen aus anderen Quellen erhalten. Im März 1942 berichteten die JTA und die *New York Times* übereinstimmend, die »Gestapo« habe 240 000 aus Deutschland und anderen mittel- und osteuropäischen Ländern in die Ukraine verbrachte Juden ermordet. Die Deportationen würden fortgesetzt, hieß es in dem Artikel weiter. Diese Information stammte von S. Bertrand Jacobsen, einem Vertreter des American Jewish Joint Distribution Committee, einer jüdischen Wohltätigkeitsorganisation. Jacobsen hatte zwei Jahre in Budapest gearbeitet und mit ungarischen Soldaten gesprochen, die in den eroberten sowjetischen Gebieten im Einsatz gewesen waren. Nach seiner Rückkehr hielt er in New York eine Pressekonferenz ab.[22]

Anfang Juni 1942 legte Joseph Grigg einen detaillierten, düsteren Überblick über die Vorgänge im Baltikum vor. Demnach hatten in Lettland SS-Truppen und irreguläre lettische Kämpfer an mehreren Tagen im Sommer 1941 insgesamt 56 000 jüdische Männer, Frauen und Kinder umgebracht. In Litauen ermordeten spezielle »Säuberungs«-Trupps, die aus dem besetzten Polen gekommen waren, 30 000 Juden; Grigg schilderte, wie die Menschen mit Maschinengewehrsalven am Rande zuvor ausgehobener Gräber getötet wurden. In Polen wurden auf diese Weise mindestens 80 000 Menschen ermordet, zu einem großen Teil Juden. Grigg schätzte die Gesamtzahl der jüdischen Opfer auf mindestens 200 000. Frederick Oechsner bezifferte 1942 in einem Buch über seine Erfahrungen die Zahl der Menschen, die seit Beginn des Krieges im Osten bis zum Frühjahr 1942 von Exekutionskommandos der Nazis ermordet worden waren, auf mindestens 200 000, genaue Zahlen, so schrieb er, werde man nie nennen können. Stadler veranschlagte die Gesamtzahl der Opfer auf eher 400 000.[23] Wie sich herausstellte, lagen beide Schätzungen zu niedrig. Lochner äußerte sich nicht zur Ermordung von Juden, aber er beschrieb die Deportationen und verurteilte das barbarische Vorgehen der Nazis.[24]

Grigg brachte die Massaker mit Hitlers Drohung vor dem Deutschen Reichstag am 30. Januar 1939 in Verbindung, daß,

wenn es den Juden gelingen sollte, Deutschland einen Krieg auf-
zuzwingen, dieser Krieg mit der Vernichtung der jüdischen Rasse enden werde. Grigg schrieb: »Diejenigen von uns, die in
Deutschland gelebt haben, wissen, daß er und seine Helfershelfer
alles getan haben, diese Prophezeiung Wirklichkeit werden zu
lassen.«[25] Wer ein Gefühl für die Ereignisse und das Klima in den
von den Nazis besetzten Ländern hatte, begriff, nach welchem
Muster sie vorgingen.

Im Juni 1942 gelangten neue Berichte aus dem polnischen Untergrund nach London. Danach mußte man die Angaben über
die Zahl der Opfer deutlich nach oben korrigieren, und es wurde
klar, daß die Mordaktionen der Nazis keineswegs unbemerkt geblieben waren. Ein Teil dieses Materials wurde auch in den Vereinigten Staaten veröffentlicht. Der wichtigste Bericht, der an die
Öffentlichkeit gelangte, stammte vom Jüdischen Arbeiterbund in
Polen, kurz Bund genannt. Er war datiert vom 11. Mai 1942,
wurde am 21. Mai aus Warschau herausgeschafft, und schwedische Geschäftsleute, die zwischen Warschau und Stockholm hin
und her reisten, überbrachten ihn knapp zwei Wochen später der
polnischen Exilregierung in London. Der Bund faßte in seinem
Bericht die Mordaktionen der Nazis gegen die Juden in Polen
zusammen und sprach von bis dahin bereits 700 000 Toten. Die
übrigen Juden schwebten in höchster Gefahr:

> Die genannten Tatsachen beweisen wider allen Zweifel, daß
> die deutsche Regierung begonnen hat, Hitlers Prophezei-
> ung wahr zu machen, daß er in den letzten fünf Minuten
> des Krieges – wie er auch ausgeht – alle Juden in Europa
> töten wird. Millionen jüdischer Bürger in Polen sind un-
> mittelbar von der Vernichtung bedroht.

Der Bund verlangte eine sofortige Reaktion der Alliierten.[26]

Die BBC griff die Geschichte am 2. Juni auf und erließ am
24. Juni eine Nachrichtenempfehlung, sie groß herauszubringen.
Am 6. Juni leitete das polnische Kabinett den Alliierten eine
Note zu, in der die deutschen Verbrechen in Polen einschließlich
der Judenvernichtung angeprangert wurden. Szmul Zygielbojm,
dem Repräsentanten des Bundes in London, gelang es, einen gro-

ßen Artikel auf der Grundlage des Bund-Berichtes im *Daily Telegraph* vom 7. Juni unterzubringen. Darin war die Rede davon, daß die Nazis Speziallastwagen als fahrbare Gaskammern einsetzten.[27]

Am 29. Juni hielt Ignacy Schwarzbart, der Vertreter der Zionisten im Polnischen Nationalrat, eine Pressekonferenz in London ab und sprach davon, daß bereits eine Million Juden umgekommen seien. Die Londoner *Times* und andere britische Zeitungen berichteten groß über die Pressekonferenz und hoben die Zahl der Toten hervor.[28] Ein hochrangiger Mitarbeiter im polnischen Informationsministerium sagte zu Schwarzbart: »Hitler hat viele Juden umgebracht, aber Sie übertreiben die Zahlen doch ein wenig.« Auch der polnische Außenminister Eduard Raczynski, teilweise beeinflußt von Einstellungen im britischen Außenministerium, meldete Zweifel an: »Wir müssen unbedingt präzise sein und sehr darauf achten, daß wir uns nicht dem Vorwurf aussetzen, wir würden übertreiben.«[29] Die amerikanische Reaktion fiel eher verhalten und skeptisch aus. Einige amerikanische Zeitungen griffen die Berichte auf, rückten sie aber nicht besonders in den Vordergrund, andere Zeitungen schrieben sie jüdischen Quellen zu.[30] In einer CBS-Nachrichtensendung Ende Juni zitierte allerdings Quincy Howe Schätzungen des Jüdischen Weltkongresses, die besagten, daß die Deutschen seit Herbst 1939 mehr als eine Million Juden umgebracht hätten.[31]

Um dieselbe Zeit drang ein weiteres Geheimnis aus Polen nach draußen und ergänzte den Bericht des Bundes. Einige in Warschau eingeschlossene britische Soldaten hatten im Ghetto Zuflucht gefunden. Mitte Juni 1942 gelang einem Soldaten die Flucht, und im Verlauf von zwei Wochen schlug er sich nach Lissabon durch. Es ist anzunehmen, daß britische Beamte ihn in Lissabon und später in Großbritannien befragten, doch Aufzeichnungen dieser Gespräche liegen nicht vor. Hingegen existieren noch Aufzeichnungen eines amerikanischen Vertreters in Lissabon, der den Flüchtling befragte und seine Eindrücke und Einschätzungen niederschrieb. (Verschiedene Hinweise deuten darauf hin, daß es sich bei dem Amerikaner um Gerald M. Mayer handelte, einen ehemaligen NBC-Reporter, der fließend Deutsch sprach und damals auf dem Weg in die Schweiz war, wo er eine Außenstelle des American Office of War Information, OWI, übernehmen sollte.[32]) Die Aufzeichnungen beginnen mit den Worten:

Deutschland verfolgt die Juden nicht länger. Es vernichtet sie systematisch. Die neue Rassenpolitik, die mit ihrer eiskalt kalkulierten Brutalität die Schrecken von Magdeburg [das im Dreißigjährigen Krieg zerstört wurde] und Karthago übersteigt, wurde mir von einem britischen Offizier dargelegt, dem die Flucht aus der Hölle von Himmlers Warschauer Ghetto gelang. Seit mittlerweile mehreren Monaten arbeitet das Dritte Reich an der brutalen Vernichtung der jüdischen Bevölkerung durch zwei wirksame Methoden: Hunger und Massenhinrichtungen.

Im weiteren werden in dem fünfseitigen Dokument einige Erlebnisse des Offiziers wiedergegeben, und viele Gerüchte, die ihm zu Ohren gekommen sind. Das Dokument enthält Übertreibungen, einige Ungenauigkeiten und größere Lücken. Der Offizier berichtete von standrechtlichen Erschießungen in Sobibór, von Vergasungen konnte er noch nichts wissen, denn damit begannen die Nazis erst nach seiner Flucht. Er vermutete, daß die Ghettos die Zentren der Vernichtung waren und daß die Vernichtung durch Hunger, durch Krankheiten und gelegentliche Erschießungen erfolgte. Der Offizier hatte auch mitbekommen, daß Himmler im Frühjahr Warschau besucht und die vollständige Ausrottung der Juden gefordert hatte. Beiläufig hatte Himmler angemerkt, daß die Juden nicht so schnell verschwänden, wie der Führer es wünsche.[33]

Die Berichte des britischen Offiziers gelangten von dem Amerikaner in Lissabon zu Mitarbeitern des amerikanischen Geheimdienstes, und vermutlich erfuhr auch der britische Geheimdienst von ihnen. Aber es gibt keinen Anhaltspunkt, daß sie irgendeine unmittelbare Wirkung hatten. Die Informationen wurden nicht dazu verwendet, die Alliierten zu veranlassen, sich mit dem Schicksal der aus Westeuropa nach Polen deportierten Juden zu beschäftigen. Der bereits erwähnte Amerikaner in Lissabon schob einige Monate später einen weiteren Bericht über die Vernichtungspolitik der Nazis nach, verfaßt irgendwo nahe der deutschen Grenze (vermutlich auf Schweizer Seite):

> Das genaue Datum, wann Hitler beschlossen hat, die Juden im wahrsten Sinn des Wortes vom Antlitz Europas auszuradieren [sic], und zwar indem sie getötet werden, ist unbekannt. Evakuierungen und Deportationen, begleitet von Exekutionen, lassen sich bis zum Einmarsch in Polen zurückverfolgen, aber den Massenmord an ganzen jüdischen Gemeinden und ganzen Waggonladungen von Juden scheint es bis zum deutschen Überfall auf Rußland nicht gegeben zu haben.

Der Bericht kulminiert in der Schilderung, wie außerhalb von Minsk jüdische Frauen und Kinder in Lastwagen vergast wurden. Allerdings nahm der Autor an, daß Phosgen und nicht Kohlenmonoxid zur Tötung der Menschen eingesetzt wurde.[34]

Im Sommer 1942 berichteten amerikanische Diplomaten und die Mitarbeiter internationaler Hilfsorganisationen wie der Quäker-Hilfsorganisation American Friends Service Committee auch über barbarische Razzien, Internierungen und Deportationen von Juden aus dem unbesetzten Teil Frankreichs, in dem die Vichy-Regierung amtierte. Hohe Beamte der Regierung Pétain und der Polizei beschlossen, dem deutschen Wunsch nach Auslieferung ausländischer Juden nachzukommen. Zunächst nahm man an, die Deutschen wollten sich damit für Angriffe der französischen Résistance auf deutsche Soldaten rächen. Ab Ende Juni wurde verbreitet, die Juden sollten Zwangsarbeit im Osten leisten. Ab Juli rollten regelmäßig Züge mit Juden aus dem besetzten und aus dem unbesetzten Teil Frankreichs nach Osten. Die Vichy-Regierung verbreitete in der Öffentlichkeit, die Juden würden in ein ethnisches »Reservat« nach Polen gebracht. Einige Beobachter beließen es bei der Feststellung, über das Schicksal der deportierten Juden wisse man nichts.[35] Der amerikanische Geschäftsträger S. Pinkney Tuck versuchte, den französischen Ministerpräsidenten Pierre Laval davon abzubringen, die Deutschen bei den Deportationen zu unterstützen, doch als seine Bemühungen nichts fruchteten, drängte er Washington, 4000 nach ersten Deportationen in Frankreich zurückgebliebene jüdische Kinder zu schützen und aufzunehmen. Er sagte, die Kinder seien de facto Waisen, denn nach dem Willen der Nazibehörden würden ihre deportierten Eltern nicht am Leben bleiben. Der stellvertretende Außenminister schrieb gleichwohl in sein Tagebuch, die deportierten Juden würden im Osten als Zwangsarbeiter eingesetzt.[36] Wer die Amerikaner von der Realität des Holocaust überzeugen wollte, mußte hohe Barrieren überwinden. Zunächst einmal trugen sich die barbarischen Taten der Nazis aus amerikanischer Sicht in einem weit entfernten Teil der Welt zu. Dann war die Endlösung nicht nur einmalig in der Geschichte, sondern dem Wortsinne nach unglaublich. Diese Widerstände ließen sich nicht durch ein paar Geschichten überwinden, noch dazu wenn sie vorsichtig oder skeptisch formuliert waren. Wer wußte denn Bescheid und konnte sagen, was tatsächlich geschah? Manche Organisationen und Einzelpersonen waren zudem kaum geneigt, den Behauptungen von Juden zu glauben.

Dennoch bemühten sich Mitte 1942 einige Verantwortliche in Washington darum, den Blick der Öffentlichkeit auf die Verbrechen der Nazis zu lenken. Allen Dulles, der bald darauf die neue Außenstelle des Geheimdienstes Office of Strategic Services (OSS) in der Schweiz übernahm, schlug vor, daß ein alliiertes »Tribunal«, besetzt mit hochkarätigen Juristen aus alliierten und neutralen Ländern, alle Hinweise auf Gewaltakte und Plünderungen von Nazis, Faschisten und möglichst auch von Japanern überprüfen sollte. Das Tribunal sollte seine Erkenntnisse veröffentlichen und für einen kontinuierlichen Informationsfluß sorgen. Dulles' Vorgesetzter William J. Donovan, der wenig später Leiter des OSS wurde, begegnete dem Vorschlag mit Skepsis: Konnte man denn ein Tribunal einsetzen, in dem nur die Richter vertreten waren und nicht auch die Angeklagten? Dulles meinte, das Verfahren vor dem Tribunal könne mehr als Anhörung vor einem Geschworenengericht bewertet werden und weniger als Prozeß, und allein die Tatsache, daß Beschuldigungen öffentlich erörtert würden, könnte andere Feinde von vergleichbaren Taten abhalten. Dulles warb in Washington weiter für die Verwirklichung dieses seines Plans.[37]

Die Öffentlichkeits- und Informationspolitik der Regierung Roosevelt war genauso schwer zu koordinieren wie die der britischen Regierung. 1941 leitete Donovan ein Amt mit der Bezeichnung Coordinator of Information (Informationskoordination); daneben gab es noch eine kleine Organisation namens Office of Facts and Figures (Büro für Zahlen und Fakten), an deren Spitze der Schriftsteller und Mitarbeiter der Library of Congress Archibald MacLeish stand. (Mitte 1942 verschmolzen ein Teil von Donovans Arbeitsbereich, MacLeishs Organisation und andere verstreute Einrichtungen zum Office of War Information, Amt für Kriegsinformation, OWI.) Das Office of Facts and Figures arbeitete nach dem Grundsatz, daß der Feind mit der Wahrheit bekämpft werden sollte.[38]

MacLeish richtete das Committee on War Information Policy ein, eine Verbindungsstelle, die prüfte, in welcher Weise man Informationen über Gewalttaten der Japaner in Nanking einsetzen könnte. Ein Mitarbeiter hielt fest, daß Präsident Roosevelt einen Schriftsteller aufgefordert hatte, seine schrecklichen Erlebnisse in China niederzuschreiben. Der Bericht erschien in der *Saturday Evening Post* mit der Anmerkung, der Präsident habe der Veröffentlichung zugestimmt.[39]

Edgar Ansel Mowrer, ehemals Korrespondent der *Chicago Daily News* in Berlin und 1933 von den Nazis ausgewiesen, stellte die Behauptung auf, daß die Soldaten, die bislang am entschlossensten gegen die Achsenmächte gekämpft hatten – sowjetische, chinesische und Mitglieder der Royal Air Force –, alle von fanatischem Haß auf den Feind beseelt gewesen seien. Mowrer plädierte dafür, deren Erkenntnisse zu veröffentlichen, um den Amerikanern deutlich vor Augen zu führen, welch schlimme Veranlagung ihre Feinde hätten.

Der stellvertretende Kriegsminister John J. McCloy gab zu bedenken, daß einige Mitarbeiter des Kriegsministeriums fürchteten, die Freigabe von Informationen über Gewalttaten könne Vergeltungsakte gegen ausländische Bevölkerungsgruppen in den USA zur Folge haben, und darauf wiederum könnten ausländische Staaten mit Racheakten an amerikanischen Kriegsgefangenen reagieren. Generell sei die Stimmung aber positiv für eine »geeignete Verwendung« von Erkenntnissen über Gewalttaten. Der ehemalige Journalist Lowell Mellet, mittlerweile Leiter des Office of Governmental Reports, einer Koordinierungsstelle für Informationen über die Regierungsarbeit, wandte dagegen ein, die Amerikaner müßten nicht hassen, um tapfer zu kämpfen, und ein weiterer Verantwortlicher meinte, Berichte über Greueltaten seien dann besonders wirkungsvoll, wenn darin auch Heldentaten eines oder mehrerer Opfer erwähnt würden.

MacLeish zog daraus den Schluß, daß es die Politik der Regierung sein müsse, Material über Greueltaten, das eindeutig die Barbarei und Unmenschlichkeit der feindlichen Regime zeigte, schonungslos einzusetzen, aber auf keinen Fall konstruiertes oder in irgendeiner Weise verfälschtes Material zu verwenden. Die Regierung benötigte klar dokumentierte Fakten, damit keinerlei Zweifel an ihrer Glaubwürdigkeit aufkämen.[40] Doch selbst Mitte 1942 besaßen die Amerikaner noch keine Dokumentation über die Judenvernichtung der Nazis, die dieser Anforderung entsprochen hätte.

Im Juni 1942 weckten das Massaker im tschechischen Lidice und die vollständige Zerstörung der Stadt neue Empörung im Westen. MacLeish, mittlerweile stellvertretender Direktor des neuen OWI, beschloß, Lidice als Symbol der »deutschen Unterdrückung« zum zentralen Gegenstand einer Kampagne zu machen.[41] Auch das Weiße Haus und das Außenministerium legten nun größeren Wert darauf, eine öffentliche Diskussion über die Greueltaten des Feindes und die alliierten Gegenmaßnahmen in Gang zu bringen, und kündigten Prozesse nach Kriegsende an.[42] Doch alle offiziellen Stellungnahmen enthielten wenig Informationen über das Vorgehen der Nazis gegen die Juden.

Am Abend des 21. Juli, einen Tag vor der Gedenkfeier der Juden anläßlich der Zerstörung des Tempels in Jerusalem, nahmen rund 20000 Menschen an einer vom Amerikanischen Jüdischen Kongreß, der B'nai B'rith und dem Jewish Labor Committee organisierten Kundgebung im Madison Square Garden teil, mit der sie gegen Hitlers Greueltaten protestierten. Präsident Roosevelt richtete eine Grußadresse an die Versammlung, und stützte sich darin zu einem Teil auf neue Meldungen:

Die Bürger, gleich welcher Religion sie angehören, werden die Besorgnis unserer jüdischen Mitbürger angesichts des Wütens der Nazis gegen ihre hilflosen Opfer teilen. Den Nazis wird es genausowenig gelingen, ihre Opfer zu vernichten, wie es ihnen gelingen wird, die Menschheit zu versklaven. Das amerikanische Volk fühlt nicht nur mit allen Opfern von Naziverbrechen, sondern es wird die Täter auch schonungslos zur Verantwortung ziehen am Tag der Abrechnung, der kommen wird.

In der Passage ist nicht die Rede davon, daß die Gewalttaten der Nazis sich in besonderer Weise gegen die Juden richteten, und sie enthält auch keinen Hinweis darauf, daß man an eine Rettungsaktion noch während des Krieges dachte, doch hervorzuheben ist, daß Roosevelt hier das Wort »vernichten« gebraucht.

Die Botschaft des englischen Premierministers Churchill an die Teilnehmer der Kundgebung klang ähnlich. Er griff Gedanken seiner Rede vom 25. Oktober 1941 auf und betonte, daß die Vergeltung für Kriegsverbrechen ein zentrales Anliegen der Alliierten sei. Schließlich formulierte er noch einmal neu, was er bereits im November 1941 dem *Jewish Chronicle* gesagt hatte: »Die Juden zählten zu Hitlers ersten Opfern, und von da an standen sie beim Widerstand gegen die Aggression der Nazis in der ersten Reihe.« Churchill würdigte den Einsatz der 10 000 palästinensischen Juden, die in britischen Truppen im Nahen Osten Dienst taten, aber er ging nicht auf die von einigen Juden erhobene Forderung nach einer gemeinsamen Armee von Palästinensern und staatenlosen Juden ein.[43] Er, der als Regierungschef besser als andere über die Morde und Mordpläne der Nazis Bescheid wußte, sprach nur am Rande davon.

Bei der Versammlung wurde auch eine Botschaft des American Jewish Committee verlesen, das häufig zurückhaltender und konservativer auftrat als andere jüdische Organisationen. In der Botschaft wurden die barbarischen Massenmorde an Zivilisten verurteilt: »Hunderttausende wehrloser Juden – Männer, Frauen und Kinder – wurden und werden unter Mißachtung aller Gesetze des modernen Kriegsrechts von den Nazis ermordet, die ganz offen ihre Absicht kundtun, alle Juden in Europa zu vernichten.«[44] Wenn der amerikanische Präsident und der englische Premierminister sich in ihren Botschaften ähnlich geäußert hätten, dann hätte dies Aufmerksamkeit auf Berichte über die Massenmorde der Nazis gelenkt und deren Glaubwürdigkeit erhöht. Aber auf beiden Seiten des Atlantiks überwogen politische Vorsicht und taktisches Kalkül.

Weder Roosevelt noch Churchill nannten Gründe für ihre Zurückhaltung, aber aus Äußerungen von Mitarbeitern können wir folgern, welche Überlegungen eine Rolle spielten. Im Juli eröffnete die britische Dienststelle für politische Kriegführung (Political Warfare Executive, PWE) ein Büro in New York, das Informationen sammeln sollte, und Vertreter des Büros sowie des britischen Informationsministeriums trafen sich künftig regelmäßig mit hochrangigen Vertretern des amerikanischen OWI, um die Informationspolitik beider Seiten zu koordinieren. (Die Vertreter des OWI in London verfuhren genauso.) Anfang September vermerkte Harold Butler vom britischen Informationsministerium, daß beide Regierungen zurückhaltend seien bei der Veröffentlichung von Berichten über Massaker. Er erörterte die Frage, ob man Deutschland anders behandeln sollte als Japan, und empfahl, beide Regierungen gleich zu behandeln. MacLeish sagte, die Vereinigten Staaten neigten zur Vorsicht mit offiziellen Stellungnahmen, nachdem eine Stellungnahme zur japanischen Bombardierung Manilas eine unerwünschte Reaktion gezeitigt habe, aber die amerikanische Koordinierungsstelle Committee on War Information Policy diskutierte das Thema kurz darauf erneut.[45]

Am nächsten Tag legte MacLeish der Koordinierungsstelle den Entwurf für eine Stellungnahme vor, in der klar zwischen den Machthabern und der Bevölkerung in den Feindstaaten unterschieden wurde. Er plädierte dafür, zuverlässige Informationen über militaristische und faschistische Kräfte (Einzelpersonen wie Parteien) in den Feindstaaten zu veröffentlichen, soweit damit das Ziel erreicht werden könne, die amerikanische Öffentlichkeit und die Welt über Charakter und Ziele des Feindes aufzuklären. Doch...

... es ist generelle Auffassung, daß Material über Greueltaten, die an Staatsangehörigen anderer Länder begangen
wurden, in den Köpfen unserer Staatsangehörigen eher pa-
thologische als erwünschte Wirkungen erzeugen könnte ...
Bei einem solchen Verfahren sollten die barbarischen Taten
und Akte der Grausamkeit, die nicht dazu benutzt werden,
um die Natur des Feindes unmittelbar zu erhellen, sondern
nur um Abscheu und Haß gegen alle Angehörigen der Rassen zu wecken, die sich solche Taten haben zuschulden
kommen lassen, nicht veröffentlicht werden.

MacLeish formulierte auch die Sorge, daß die Feindstaaten mit
Repressalien gegen amerikanische Gefangene reagieren könnten,
wenn die Amerikaner Berichte über deren Greueltaten allzu
massiv publizieren sollten.[46] Seine Empfehlungen wurden von
der Koordinierungsstelle ohne Widerspruch entgegengenommen.
Man rechnete damit, daß weitere Mitglieder der Stelle sie lesen
und sich erst später dazu äußern würden, doch die Institution
wurde kurz darauf aufgelöst. Vielleicht war sie durch die Einrichtung einer neuen britisch-amerikanischen Stelle funktionslos
geworden.

In seinen Memoiren zeichnete Mowrer ein nicht allzu schmei-
chelhaftes Bild des Committee on War Information Policy. Mac-
Leish und etliche andere waren brillante Köpfe, doch jeder hatte
seine eigene Meinung und verteidigte sie hartnäckig. Doch die
grundlegende Aufgabe des Committee war alles andere als klar,
nur die Vertreter des Militärs schienen eine eindeutige Vorstellung zu haben. Sie wollten jeglichen Informationsfluß, der
die Kriegsanstrengungen beeinträchtigen könnte, so weit wie
möglich unterbinden.[47]

In Erwartung weiterer Absprachen mit den Briten übte das
OWI bei der Freigabe von Informationen über die Ermordung
von Juden durch die Nazis Zurückhaltung. Im Oktober 1942 gab
die halbautonome Übersee-Abteilung des OWI (unter ihrem
Leiter Robert Sherwood) eine zentrale Direktive für die Aus-
strahlung amerikanischer Radiosendungen nach Europa heraus.
Sherwood und das OWI wollten die Rekrutierung von Arbeitskräften in den von den Deutschen besetzten Ländern mit einer

»Arbeitskräfte-Kampagne« stören. Sie erklärten, daß der Einsatz von Fremdarbeitern in Deutschland Teil eines Planes zur Entvölkerung der besetzten Gebiete sei: Hitler trenne die Männer von ihren Familien, weil das einen Rückgang der Geburtenrate zur Folge haben werde. Tötungen und die Inkaufnahme von Todesfällen gehörten ebenfalls zu dem Plan.

Hitler will sicherstellen, daß die Deutschen selbst bei einer Niederlage im Krieg allein durch ihre zahlenmäßige Überlegenheit Europa beherrschen. Je weiter die deutschen Verluste steigen (zu verwenden ist eine Zahl nicht über viereinhalb Millionen), desto mehr Nichtdeutsche muß er töten oder an der Fortpflanzung hindern. (Es gibt reichlich Material, um dieses Thema den ganzen Winter hindurch zu verfolgen. Jeder Bericht aus Polen liefert entsprechende Hinweise.) Die Deutschen gestehen offen ein, daß sie die Juden vernichten wollen; daß sie auch die Polen, Tschechen, Franzosen und Griechen vernichten wollen, gestehen sie zwar nicht ein, es ist aber genauso zu belegen.[48]

Der letzte Satz deutet darauf hin, daß Sherwood und die Auslandsabteilung des OWI entweder keine Vorstellung hatten, was der Begriff Vernichtung tatsächlich hieß, oder daß sie entschlossen waren, zwischen dem Massenmord an den Juden und dem Leiden der übrigen Völker nicht zu differenzieren.

Die amerikanische Regierung überwachte Radiosendungen, weil sie verhindern wollte, daß Informationen durchsickerten, die den Kriegsanstrengungen hätten schaden können. Im November 1942 versuchte der deutsche Theologe Paul Tillich, der 1934 in die Vereinigten Staaten gekommen war, über den Rundfunk eine Warnung an das deutsche Volk abzusetzen, sie sollten sich nicht an der Judenverfolgung beteiligen. Der Kernpunkt seiner Intervention war, daß die Deutschen, sollten die Judenverfolgungen nicht aufhören, damit rechnen müßten, später genauso behandelt zu werden wie die Juden. Zensoren des OWI in New York hinderten ihn daran, seine Botschaft zu übermitteln.[49]

Die amerikanische Regierung war nur so weit an der Verbreitung von Berichten über Greueltaten interessiert, als sie sich davon die Mobilisierung der eigenen Bevölkerung und der Welt draußen im Sinne der amerikanischen Kriegsanstrengungen erhoffte. Einige Verantwortliche bei den Alliierten meinten, die Beschäftigung mit der Not der Juden könne die psychologische Kriegführung behindern. Juden aus fremden Ländern waren in den Vereinigten Staaten und in anderen Teilen der Welt keine sonderlich beliebte Bevölkerungsgruppe. Die Nazipropaganda im Rundfunk und in anderen Medien verkündete täglich, daß die Alliierten den Krieg nur wegen der Juden führten, und die Amerikaner wollten ebensowenig wie die Briten diesem Vorwurf Nahrung geben.[50] Im Rückblick kann man sagen, daß beide Regierungen ausschließlich Berichte auswählten, von denen sie annahmen, daß sie die Naziherrschaft in den besetzten Ländern und in Deutschland selbst unterminieren und die Position der Nazis bei neutralen Staaten verschlechtern würden. Ihre Informationen über die Stimmungslage in Deutschland waren widersprüchlich. Sie leiteten oft weitreichende Schlußfolgerungen daraus ab und kümmerten sich zu wenig darum, einfach zu berichten, was geschah.

Zu viele ehemalige und noch tätige Journalisten, die entweder in die Regierung geholt worden waren oder von der Regierung gelenkt und beeinflußt wurden, erlagen der Vorstellung, ihre Aufgabe sei es, die Moral daheim zu stärken und draußen psychologische oder politische Kriegführung zu betreiben. Von wenigen Ausnahmen abgesehen, ließen sie sich so sehr von ihren Annahmen leiten, was Erfolg versprechen könnte, daß sie das tatsächliche Erscheinungsbild der Naziherrschaft nicht mehr wahrnahmen und nicht in der Lage waren, dem amerikanischen Volk (und durch Radiosendungen auch dem deutschen Volk) die wahre Natur des Nationalsozialismus vor Augen zu führen. Und es gelang ihnen auch nicht, die Werte westlicher Demokratien überzeugend zu vermitteln.

9 Durchbruch im Westen

Mehr als ein Jahr lang ließen sich die westlichen Regierungen
weder durch Geheimdiensterkenntnisse noch durch Presse-
berichte zu einer öffentlichen Reaktion auf jene Politik bewegen,
die im Sprachgebrauch der Nazis die »Endlösung der Judenfrage« hieß. Doch in den letzten fünf Monaten des Jahres 1942
brachten zusätzliche Informationen aus einer Reihe anderer
Quellen auf beiden Seiten des Atlantiks einen wichtigen Durchbruch. Die Informationen flossen nicht nur reichlicher, sie vermittelten darüber hinaus ein klareres Bild, welchen Plan die Nazis verfolgten. Eindeutige, entsetzliche Schilderungen eines
prominenten deutschen Industriellen, eines Nazi-Gegners, und
eines polnischen Untergrundkuriers gelangten zu den Regierungen und jüdischen Organisationen. Die Informationen aus
diesen beiden Quellen hatten auf die westlichen Regierungen die
stärkste Wirkung, und dennoch klagten beide Männer später darüber, daß der Westen nur sehr schwach reagiert habe. Diese
beiden Schilderungen waren im Spätsommer und Herbst 1942
keineswegs die einzigen Hinweise auf den organisierten Völkermord, aber sie verstärkten sich wechselseitig zu einem entscheidenden Zeitpunkt Ende November 1942.

Die Geschichten des führenden deutschen Industriellen und
des mutigen jungen Polen sind bereits an anderer Stelle dargestellt worden.[1] Allerdings gibt es um die deutsche Quelle, die
dem Jüdischen Weltkongreß Informationen übermittelte, immer
noch eine Kontroverse, und einige Forscher haben auch den
Wert der Informationen angezweifelt. Zu beiden Punkten liegen
mittlerweile neue Erkenntnisse vor. Neues Material stützt zudem
die seit langem vertretene Annahme, daß der polnische Kurier

frühzeitig über den Holocaust informierte. Und schließlich müssen wir heute die Art und Weise, wie die amerikanische und die britische Regierung auf die beiden Berichte reagierten, neu bewerten vor dem Hintergrund der Erkenntnisse über den Massenmord der Nazis an Juden, die der britische Geheimdienst aus dechiffrierten Meldungen gewonnen hatte.

Am 30. Juli 1942 traf sich ein deutscher Industrieller aus Breslau namens Eduard Schulte in Zürich mit einem Schweizer Geschäftspartner. Schulte erzählte seinem Gegenüber, daß in Hitlers Hauptquartier der Plan erörtert werde, alle Juden aus Deutschland und den von Deutschland besetzten Ländern nach Osten zu deportieren und dort mit Blausäure umzubringen. Damit wäre die Judenfrage ein für allemal gelöst. Insgesamt, so Schulte, sollten 3,5 bis 4 Millionen Juden bei der Operation getötet werden, sie sei für den Herbst angesetzt. Die Leichen würden in einem riesigen Krematorium verbrannt.

Tatsächlich befand sich der Plan nicht mehr im Stadium der Erörterung, er war bereits angelaufen. Es handelte sich um ein Unternehmen von so gigantischen Ausmaßen, daß es nicht von einem Tag auf den anderen durchgeführt werden konnte, wie Schulte glaubte, und auch nicht so kurzfristig, wie die Naziführung hoffte, sondern es nahm etliche Monate in Anspruch. Doch abgesehen von solchen Details hatte der Breslauer Geschäftsmann, dessen Unternehmen Bergwerke unweit von Auschwitz besaß, die Konzeption der Endlösung enthüllt. Eindringlich mahnte er seinen Geschäftspartner, keinesfalls seinen Namen zu nennen (denn er kehrte nach Deutschland zurück), und drängte ihn dann, seine Informationen unverzüglich an Churchill und Roosevelt weiterzuleiten.[2]

Was Schulte für den Beginn eines Programms hielt, war tatsächlich die beschleunigte Fortführung einer bereits laufenden Aktion. Kritiker wandten später ein, daß Schultes Bericht sehr unpräzise und keineswegs der erste dieser Art gewesen sei.[3] Unbestreitbar schilderte Schulte nicht als erster die Massenmorde der Nazis an den Juden, aber erstmals wurde der Westen aus einer gut informierten deutschen Quelle darüber ins Bild gesetzt, daß die Nazis die vollständige Vernichtung des jüdischen Volkes planten. Bis dahin hatte es nur Mutmaßungen gegeben. Ungeachtet mancher Ungenauigkeiten in Schultes Darstellung bleibt doch festzuhalten, daß sein Bericht eine sehr viel größere Wirkung auf die westlichen Regierungen hatte als frühere Berichte, da sich die Umstände mittlerweile geändert hatten. Der Historiker Christopher Browning hat kürzlich Schultes Darstellung in den deutschen Kontext eingeordnet. Schulte enthüllte den von Himmler Mitte 1942 vorangetriebenen Plan, die Vernichtung der Juden durch den Bau zusätzlicher Gaskammern und großer Krematorien zu beschleunigen. Energische Anstrengungen wurden unternommen, bis Ende 1942 alle Juden in Polen auszulöschen mit Ausnahme einiger weniger in den Arbeitslagern, die der SS unterstanden. Darüber hinaus arbeitete das Reichssicherheitshauptamt daran, im Laufe der letzten Wochen des Jahres 1942 Juden aus verschiedenen Regionen Europas in die Vernichtungslager zu transportieren. Browning charakterisierte Schultes Darstellung als »wahr im Kern, welches Schicksal den europäischen Juden zugedacht war«, und zutreffend im Hinblick auf die Details, die Himmler und seine Gefolgsleute bei ihrem Besuch am 17. und 18. Juli 1942 in Auschwitz erörtert haben mußten.[4]

Innerhalb weniger Tage gelangte Schultes Warnung zu Benjamin Sagalowitz, dem Leiter des Informationsbüros des Verbandes der Schweizerischen Jüdischen Gemeinden. Sagalowitz informierte umgehend Gerhart Riegner, den Vertreter des Jüdischen Weltkongresses in Genf. Riegner schickte seit längerer Zeit regelmäßig Berichte über Greueltaten der Nazis und Massaker an Juden in Osteuropa und über die Deportation von Juden aus Westeuropa in den Osten nach Washington und London. Die neuen Informationen ergänzten die Erkenntnisse über die Brutalität der Deportationen, die Riegner aus anderen Quellen gewonnen hatte. Riegner wandte sich an seinen Mentor, den angesehenen Juraprofessor Paul Guggenheim, der ihn drängte, die Botschaft ohne den Hinweis auf ein riesiges Krematorium weiterzuleiten. Guggenheim riet Riegner weiterhin, die Bemerkung aufzunehmen, daß er nicht imstande sei, die Richtigkeit der Informationen zu überprüfen. Riegner nahm die beiden Änderungen vor und ging dann zum amerikanischen Konsulat in Genf. Er bat Vizekonsul Howard Elting jr., die amerikanische

Regierung zu informieren und den Bericht an Rabbi Stephen S. Wise weiterzuleiten, den Präsidenten der amerikanischen Sektion des Jüdischen Kongresses.[5] Anschließend suchte Riegner auch noch das britische Konsulat auf und übergab seinen Bericht mit der Bitte um Weiterleitung an Sidney Silverman, einen Labour-Abgeordneten im Unterhaus, der zugleich Vorsitzender der britischen Sektion des Jüdischen Weltkongresses war.

Vizekonsul Elting hatte zwar seine Zweifel, verfaßte aber pflichtgemäß ein Memorandum für seine Vorgesetzten in der amerikanischen Gesandtschaft in Bern. Darin schilderte er Riegner als einen ernsthaften, nüchternen Mann, der sich nicht an die amerikanische Vertretung gewandt hätte, wenn er nicht von der Wahrheit der Informationen überzeugt wäre. Mitarbeiter der Gesandtschaft leiteten Riegners Botschaft nach Washington weiter, äußerten jedoch schriftliche Zweifel an deren Wahrheitsgehalt. Der amerikanische Geschäftsträger in der Schweiz, Leland Harrison, glaubte zwar, daß Juden als Folge der schlechten Behandlung durch die Nazis und der miserablen Lebensbedingungen starben, aber er glaubte nicht, daß die Nazis systematisch alle Juden vernichten wollten. Mitarbeiter des Außenministeriums faßten die beigefügte Einschätzung für das Office of Strategic Services (OSS) zusammen und charakterisierten Riegners Schilderung als »ein wildes, von jüdischen Ängsten inspiriertes Gerücht«.[6]

Im Außenministerium herrschte die Ansicht vor, man solle die unbestätigten Behauptungen zurückhalten und sie nicht an Rabbi Wise weiterleiten. Selbst wenn sie zutreffend sein sollten, was konnte man schon tun? Das Außenministerium wollte nicht, daß andere Stellen die Informationen veröffentlichten, und man bemühte sich zu verhindern, daß sie mit diplomatischer Post an dritte Stellen (wie etwa Rabbi Wise) in den Vereinigten Staaten gingen. Riegner wurde mitgeteilt, er müsse zusätzliches Material vorlegen, das die Behauptungen stütze.[7] Die Reaktion des amerikanischen Außenministeriums zeigt zum einen, daß frühere Informationen und Veröffentlichungen über die Ermordung von Juden nur von begrenzter Wirkung gewesen waren, und zum anderen, daß die Europaabteilung im Ministerium wenig Neigung verspürte, der Sache nachzugehen.

Bei den Briten fand Riegner mehr Gehör, aber auch nur dank glücklicher Umstände. Riegners Telegramm nach London war für Sidney Silverman bestimmt. Ein wachsamer Mitarbeiter des britischen Außenministeriums legte eine Nachricht an einen Abgeordneten nicht einfach beiseite. Frank Roberts schrieb am 15. August: »Ich sehe keinen Weg, wie wir diese Botschaft länger zurückhalten könnten, obwohl ich fürchte, daß sie unangenehme Auswirkungen haben wird. Natürlich verfügen wir über keine Informationen zu dieser Sache.«[8] (In einigen dechiffrierten Meldungen vom Juni 1942 war von dem Krematorium in Auschwitz die Rede,[9] Roberts wußte von den Meldungen jedoch nichts.) Insgesamt wurde Riegners Botschaft im britischen Außenministerium mit Skepsis aufgenommen, obwohl die Mitarbeiter frühere Berichte über Massaker in Polen kannten.

Anfang Juni hatte der Leiter der polnischen Exilregierung, Ministerpräsident Wladislaw Sikorski, in einer Sendung der BBC für Polen eine Rede gehalten. Darin erwähnte er auch die Hinrichtungen von Juden in Wilna und Lwow (Lemberg) und sagte voraus, die Nazis würden »allen Juden die Kehle durchschneiden, egal wie der Krieg ausgeht«. Am 24. Juni wies die BBC, wie bereits erwähnt, ihre Journalisten an, einen Bericht über die Hinrichtung von Juden in den Gebieten um Wilna, Lodz und Lublin zu bringen. Am 27. Juni teilte Szmul Zygielbojm, der Vertreter des Bundes beim Polnischen Nationalrat, in einer Rundfunksendung (allem Anschein nach die erste jiddische BBC-Sendung) die zentrale Erkenntnis eines vom Bund erarbeiteten Berichts mit: Demnach waren in Polen bis dahin bereits 700 000 Juden umgekommen.[10] Am nächsten Tag erklärte ein Londoner Rabbi im Europadienst der BBC, daß die massenhafte Ermordung von Juden in vollem Gange sei und nach den Juden andere Bevölkerungsgruppen Zielscheiben der Nazis würden.[11] Einer Untersuchung zufolge nahm die BBC solche Enthüllungen eher in ihre Auslandssendungen als in ihre heimischen Sendungen auf – über den Massenmord an Juden in Polen wurde im heimischen Rundfunk erstmals am 9. Juli berichtet. Als der britische Diplomat Sir Robert Vansittart, ein erbitterter Feind der Deutschen, im September im BBC-Inlandsradio sagte, daß in Polen täglich Tausende von Juden vergast würden, darunter auch

Kinder, befanden die BBC-Verantwortlichen, er sei weit über die verifizierten Fakten hinausgegangen.[12]

Nach der öffentlichen Berichterstattung im Juni und Anfang Juli 1942[13] wirkten jüdische Organisationen in Großbritannien auf unterschiedlichen Kanälen verstärkt auf die britische und die amerikanische Regierung ein, Anstrengungen zu unternehmen, um den Massenmord an den Juden zu stoppen, gegebenenfalls durch einen politischen Kurswechsel. Am 5. Juli organisierte der Rat der polnischen Juden in Großbritannien eine Konferenz zahlreicher jüdischer Organisationen. Dabei wurde ein Bericht über die Greueltaten der Nazis gegen Juden in Polen erarbeitet und im Anschluß allen Mitgliedern beider Häuser des britischen Parlaments zugeleitet. Ein Abgeordneter richtete eine Anfrage an die Regierung, ob sie beabsichtige, über neutrale Kanäle den Juden in den polnischen Ghettos Lebensmittel und Medikamente zukommen zu lassen, damit sichergestellt wäre, daß es ihnen nicht schlechter ging als Kriegsgefangenen. Außenminister Anthony Eden hatte bei früheren Entscheidungen darauf beharrt, daß Nahrungsmittel nur dann geliefert werden dürften, wenn sie nicht dem Feind zugute kämen. Die Regierung sei bereit, so Eden, die Lieferung von Medikamenten in besetzte Gebiete zu unterstützen, aber nur an besetzte Gebiete im engen Sinn des Wortes.[14]

Am 8. Juli verabschiedete der Polnische Nationalrat eine Resolution, in der die »sytematische Zerstörung der Lebenskraft des polnischen Volkes und das geplante Abschlachten praktisch der gesamten jüdischen Bevölkerung« angeprangert wurden. Am nächsten Tag legten Vertreter polnischer und jüdisch-polnischer Organisationen bei einer Pressekonferenz im Informationsministerium neue Beweise vor. Der britische Informationsminister Brendan Braken, ein enger Vertrauter Churchills, stellte die Redner vor und drückte in seinen einführenden Worten Entsetzen und Abscheu angesichts der Naziverbrechen in Polen und insbesondere angesichts der Greueltaten gegen Juden aus. Er hielt sich an die Standardlinie – Vergeltung würde nach dem Sieg geübt werden –, fügte aber noch einige Gedanken hinzu: Die Alliierten sollten die Namen der Verantwortlichen sammeln, die Täter sollten rasch vor Gericht gestellt werden, und die Bestrafung müsse der Schwere der Taten entsprechen. Der BBC-Rundfunk sendete Brakens Worte am Tag darauf.[15]

Als nächstes appellierte der Rat der Polnischen Juden in Großbritannien an Amerika und England, nach Mitteln zu suchen, wie noch im Krieg der deutschen Schreckensherrschaft und dem planmäßigen Massenmord an den Juden Einhalt geboten werden könnte. Premierminister Churchill wandte sich mit der Bitte an die Luftwaffe zu prüfen, ob es möglich wäre, als explizite Vergeltung für die Greueltaten der Nazis eine deutsche Stadt auszulöschen. Doch obwohl die britische Luftwaffe massive Bombenangriffe flog, lehnte die Regierung den Vorschlag einer solchen Verknüpfung ab.[16]

In dieser Situation traf Anfang August Riegners Telegramm aus Genf ein. Allem Anschein nach bestätigte und ergänzte es nicht nur bereits vorliegende Informationen, darüber hinaus erschien es dringlicher denn je, daß der Westen handelte. All jenen, die dafür plädierten, daß der Westen ausschließlich militärische Ziele verfolgte, kam das Telegramm ungelegen. Silverman hielt Riegners Bericht für glaubwürdig und bat das Außenministerium um die Erlaubnis, ihn an Rabbi Wise in New York weiterzuleiten; das Außenministerium stimmte zu. Silverman ersuchte weiterhin um eine Einschätzung des Außenministeriums, ob die Informationen veröffentlicht werden sollten. Ein Mitarbeiter des Außenministeriums, Denis Allen, hielt den Bericht insoweit für zutreffend, als davon die Rede war, daß eine große Zahl von Juden in Polen gestorben seien und daß es Hinrichtungen gegeben habe. Er faßte die Politik der Nazis in der Formel zusammen, sie wollten »unnütze Esser« beseitigen, leistungsfähige Juden jedoch als Zwangsarbeiter einsetzen. Damit traf er durchaus einen richtigen Aspekt. Die angebliche »Vernichtung auf einen Schlag« wies er indes als abenteuerliche Geschichte zurück.[17]

Roosevelt ging in einer Pressekonferenz am 21. August auf die Informationen ein, die von den Exilregierungen mehrerer europäischer Länder nach Amerika gelangt waren. Es sehe so aus, als könne die barbarische Besatzungspolitik der Nazis »sogar zur vollständigen Vernichtung bestimmter Bevölkerungsgruppen führen«. Die amerikanische Regierung sei an zusätzlichen Berichten aus zuverlässigen Quellen interessiert: »Mit anderen Worten, wir wollen Nachrichten – aus jeder verläßlichen Quelle – über die Greueltaten.«[18]

Am 29. August erreichte Rabbi Wise (über Silverman in London) Riegners Telegramm, und er leitete es weiter an den stellvertretenden Außenminister Sumner Welles, den zweiten Mann im State Department, der Roosevelts Vertrauen genoß, zusammen mit einem Begleitschreiben, in dem er sich für Riegners Verläßlichkeit verbürgte. Welles rief Wise an und räumte ein, daß Riegners Information stimmen könnte, gab jedoch zu bedenken, es sei unlogisch, daß die Nazis massenhaft Juden ermorden sollten, da sie doch Arbeitskräfte bräuchten. Wise bat Welles, er solle eine Begegnung zwischen Geschäftsträger Harrison und Riegner arrangieren und weiteres Beweismaterial sammeln. Er drängte Welles, mit den Informationen vorerst nicht an die Öffentlichkeit zu gehen und abzuwarten, bis weitere Nachforschungen Riegners Darstellung entweder bestätigten oder widerlegten.[19]

Jahrzehnte später wurde Wise vehement vorgeworfen, er habe auf Riegners Telegramm hin nicht genug unternommen.[20] Diese Kritik ist zweifellos übertrieben; nicht alle Kritiker haben berücksichtigt, was Wise tatsächlich unternahm und was er zu der Zeit wußte beziehungsweise nicht wußte. Wise wandte sich an Felix Frankfurter, den Richter am obersten Gerichtshof, und bat ihn, Riegners Telegramm dem Präsidenten vorzulegen.[21] Am 4. September erreichte Wise ein zweites Telegramm aus der Schweiz über die Ermordung von Juden im Warschauer Ghetto; die Absender waren Recha und Yitzchok Sternbuch von der jüdisch-orthodoxen Organisation Agudat Israel. Das Telegramm wurde ihm von Vertretern der Organisation in New York übergeben. Unmittelbar darauf leitete Wise eine Konferenz von Vertretern der großen jüdischen Organisationen in New York. Er informierte sie über seine Unterredung mit Welles und setzte sie davon in Kenntnis, daß dieser darum gebeten habe, mit den Informationen so lange nicht an die Öffentlichkeit zu gehen, bis sie entweder bestätigt oder widerlegt worden seien. Die Konferenzteilnehmer erörterten mögliche Maßnahmen, falls und sobald die Informationen bestätigt werden würden.[22] Wise unterstützte

Welles' Bitte um vorläufige Geheimhaltung, und die Vertreter der anderen jüdischen Organisationen stimmten zu.

In der darauffolgenden Woche fuhr Wise zweimal nach Washington und sprach mit verschiedenen Verantwortlichen in der Regierung über die verzweifelte Lage der Juden im von den Deutschen beherrschten Europa. Er fragte Finanzminister Henry Morgenthau jr. um Rat – sollte er mit seinen Informationen an die Öffentlichkeit gehen oder nicht?[23] Er hörte immer wieder die Darstellung, die der polnische Botschafter in Washington verbreitet hatte: Die Nazis seien imstande, alle Juden umzubringen, aber zur Zeit würden sie Juden aus dem Warschauer Ghetto an die Ostfront deportieren, wo diese Befestigungsanlagen bauen müßten.[24] Wise wußte nicht, welche Version nun der Wahrheit entsprach. Am 17. September entwarf er eine telegrafische Nachricht an Alexander Easterman von der britischen Sektion des Jüdischen Weltkongresses in London: »Tun alles Erdenkliche [,] weiterhin Gespräche mit Regierungsverantwortlichen STOP [.] Washington glaubt, Deportationen aus dem Warschauer Ghetto wegen Baumaßnahmen, nicht wegen Ermordung.«[25] Wise war offensichtlich geneigt, der weniger dramatischen Version der Ereignisse Glauben zu schenken, die in Washington kursierte.

Wise schickte Kopien der Telegramme von Riegner und von Agudat Israel auch an den außerordentlich gut informierten Staatssekretär im Justizministerium Oscar Cox. Cox leitete Kopien an den polnischen Botschafter weiter und schrieb dazu: »Wenn dies Fakten sind, muß in der Sache etwas unternommen werden.« Und weiter: »Meines Erachtens sollte die Angelegenheit nicht als jüdisches Problem behandelt werden, sondern als Teil der gesamten Greuelproblematik.« Der polnische Botschafter antwortete, er kenne die Telegramme bereits. Er vermittelte den Eindruck, daß er von der Ermordung der Insassen des Warschauer Ghettos wisse.[26]

Unter diesen Umständen erschien Welles' Ersuchen, zunächst einmal abzuwarten und weiter nachzuforschen, durchaus vernünftig, und Wises Entscheidung, mit dem betreffenden Telegramm nicht an die Öffentlichkeit zu gehen, war in dieser Situation keineswegs falsch. Es hinderte ihn nicht, andere Berichte zu veröffentlichen und Gespräche zu führen. Wenn die jüdischen Organisationen rasches Handeln der Regierung wünschten, durften sie nicht auf Konfrontationskurs mit einem der wenigen Männer (und obendrein dem mächtigsten) im Außenministerium gehen, der ihnen wohlwollend gegenüberstand. Anders als die Europaabteilung im Außenministerium interessierte sich Welles wirklich für die Politik der Nazis gegenüber den Juden, und er leitete eine amerikanische Untersuchung in die Wege, die hauptsächlich von der Schweiz aus geführt wurde; Einzelheiten darüber wurden an anderer Stelle dargelegt.[27] Die Nachforschungen zogen sich allerdings sehr in die Länge, sehr viel mehr als Wise und andere erwartet hatten.

Jahrzehnte später behaupteten manche Autoren beharrlich, jedermann in Europa habe gewußt, was während des Krieges mit den Juden geschehen sei, aber niemand im Westen habe eingreifen können. Eine solche Darstellung, verfaßt vom Präsidenten des Franklin-und-Eleanor-Roosevelt-Instituts, der kein professioneller Historiker ist, erschien 1996 im *New York Times Magazine*:

> Innerhalb von Monaten, nachdem Churchill die aufgefangenen Funksprüche erhalten hatte, erfuhren Roosevelt, Eisenhower, Marshall, die Nachrichtendienste der Alliierten, alle Leiter jüdischer Organisationen, die jüdischen Gemeinden in Großbritannien und Amerika und jeder, der Zeitung las, daß die europäischen Juden in Massen ermordet wurden.[28]

Diese Darstellung impliziert, daß es im Grunde keine Rolle gespielt hat, ob die von den Briten dechiffrierten deutschen Polizeimeldungen zurückgehalten wurden oder nicht.

Tatsächlich hatte selbst im September 1942 der mächtigste Mann im amerikanischen Außenministerium noch Zweifel daran, daß die Nazis so etwas wie eine »Endlösung« wirklich realisieren wollten. Der Präsident der Vereinigten Staaten hatte öffentlich weitere Informationen aus verläßlichen Quellen über Greueltaten der Nazis verlangt, aber nichts weist darauf hin, daß der britische Nachrichtendienst seine Informationen den Amerikanern zugänglich machte. Selbst der Präsident der amerikanischen Sektion des Jüdischen Kongresses hegte Zweifel, ob die Informationen, die er Ende August und Anfang September 1942 von Gerhart Riegner aus Genf erhalten hatte, wirklich verläßlich waren. Andere, die weniger dicht am Geschehen und weniger gut informiert waren, hatten es noch viel schwerer, sich ein Bild von den tatsächlichen Vorgängen zu machen.

Mehr Informationen besaßen einige Briten in maßgeblichen Positionen. Gleichzeitig mit den Amerikanern kündigte Sir John Simon am 7. Oktober im britischen Oberhaus die Einsetzung einer alliierten Kommission zur Untersuchung von Kriegsverbrechen an (bezeichnet wurde sie als Kommission der Vereinten Nationen zur Untersuchung von Kriegsverbrechen, denn »Vereinte Nationen« hießen damals die Länder, die gemeinsam gegen die Achsenmächte kämpften), und er erwähnte kurz auch die Judenverfolgungen durch die Nazis.[29] Am nächsten Tag setzte Victor Cavendish-Bentinck den Ständigen Staatssekretär im Außenministerium, Sir Alexander Cadogan, davon in Kenntnis, daß die beiden verläßlichsten Informationsquellen über Naziverbrechen erst nach Kriegsende genutzt werden könnten: Die eine Quelle waren britische Tonbandaufzeichnungen von Gesprächen deutscher Kriegsgefangener untereinander, die andere Quelle waren »die abgefangenen Polizeimeldungen von SS-Einheiten etc. an Hauptquartiere. Sie enthielten in der Vergangenheit Berichte über Massenhinrichtungen etc.« Cavendish-Bentinck schlug vor, daß zwei Mitarbeiter des Außenministeriums das Material daraufhin sichten sollten, was zu gegebener Zeit von der alliierten Kommission verwendet werden könnte, und Cadogan war damit einverstanden.[30]

Als Folge dieser Entscheidung erhielten drei weitere Mitarbeiter des Außenministeriums – Cadogan und zwei Untergebene – Einblick in das Geheimnis der dechiffrierten deutschen Polizeimeldungen und Kenntnis von unanfechtbaren Beweisen für den Massenmord der Nazis an Juden im Osten. (Bei der Durchsicht entstand überdies eine Akte mit einschlägigen Dokumenten, die sehr viel später ins Nationalarchiv der Vereinigten Staaten gelangte.[31]) Einer der beiden Untergebenen Cadogans war Denis Allen, der Mann, der im August befunden hatte, die

Nazis würden lediglich »unnütze Esser« beseitigen, und Berichte über die Vernichtung der europäischen Juden kurzerhand als abenteuerliche Geschichte abgetan hatte.

Die amerikanischen Nachforschungen zu Riegners Bericht fanden gänzlich unabhängig von diesen Aktivitäten statt. Myron Taylor, der amerikanische Gesandte beim Vatikan, sah sich außerstande, dort weitere Informationen zu beschaffen, aber der amerikanische Geschäftsträger in Bern, Leland Harrison, übermittelte ab Oktober Informationen, die an Rabbi Wise weitergeleitet wurden.[32] Ende November lag dem amerikanischen Außenministerium ausreichend Material aus anderen Quellen vor, um Welles zu überzeugen. Er rief Wise nach Washington und sagte ihm, daß seine schlimmsten Befürchtungen bestätigt worden seien. Wise organisierte daraufhin Pressekonferenzen in Washington und New York und teilte der Öffentlichkeit mit, was er wußte. Die Nachrichtenagentur Associated Press griff die Geschichte auf, am 25. November berichtete die *New York Herald Tribune* darüber unter der Schlagzeile: »Wise sagt, Hitler habe 1942 die Ermordung von 4 Millionen Juden befohlen.« Die Nachricht erreichte damit eine breitere Öffentlichkeit als je zuvor, aber den meisten großen Zeitungen in Amerika war sie gleichwohl keine Titelgeschichte wert.[33]

Am selben Tag, als der zitierte Artikel erschien, traf ein polnischer Untergrundkurier mit dem Decknamen Karski auf einer Basis der Royal Air Force außerhalb Londons ein. Er hatte Polen Anfang Oktober verlassen und sich durch das besetzte Frankreich und Spanien bis Gibraltar durchgeschlagen. Seine Informationen trafen schon vor ihm in London ein. Ein in einem Schlüssel verborgener Mikrofilm wurde am 17. November nach London geflogen. Polnische Politiker in London faßten die Informationen auf dem Mikrofilm über die Ermordung von Juden zu einem zweiseitigen Bericht in englischer Sprache zusammen. Am Abend des 25. November – an dem Tag, als Karski eintraf und der Zeitungsbericht über Riegners Telegramm erschien – übergaben die Polen ein Exemplar des Berichts an Alexander Easterman von der britischen Sektion des Jüdischen Weltkongresses.[34]

Dem Jüdischen Weltkongreß in London entging nicht, daß

Riegners Telegramm (veröffentlicht am 25. November) und Karskis Botschaft (eingegangen am 25. November) sich wechselseitig bestätigten. Am Morgen des 26. November wandten sich Sidney Silverman und Alexander Easterman an den parlamentarischen Staatssekretär im britischen Außenministerium Richard Law und überließen ihm ihre Kopie des Berichts der Polen zur Einsicht. Sie wiesen darauf hin, daß das amerikanische Außenministerium mittlerweile vom Wahrheitsgehalt der beiden Berichte überzeugt war: Sie wußten, daß Welles sich in diesem Sinne über Riegners Telegramm geäußert hatte. Law reagierte sehr zurückhaltend. Er war der Ansicht, das amerikanische Außenministerium könne kaum besser informiert sein als das britische. Vor dem Hintergrund dessen, was man über das Naziregime wußte, paßten die beiden Geschichten möglicherweise zur Ideologie der Nationalsozialisten. Doch damit unterschätzte Law vollkommen die Beweise, die Karski soeben geliefert hatte und die ihm in der englischen Zusammenfassung vorlagen. Law begriff, welcher Zusammenhang zwischen Karskis Information und Riegners Bericht bestand, aber er zweifelte auch an letzterem. Er teilte Silverman und Easterman mit, daß der britische Konsul in Genf ebenfalls eine Unterredung mit Riegner geführt hätte, aber von Riegner nicht habe erfahren können, auf welche Fakten er sich stütze. Die beiden Vertreter des Jüdischen Weltkongresses drängten auf eine Erklärung der vier Mächte zu dem Vernichtungsplan der Nazis. Law zweifelte den Wert einer solchen Erklärung an, aber er wies das Außenministerium darauf hin, daß sie »in einer schrecklichen Lage« wären, wenn sich die Berichte als wahr erweisen sollten und sie nichts unternommen hätten. Er merkte weiterhin an, daß Silverman und seine Freunde erhebliche Unruhe stiften könnten.[35]

Weder Law noch die anderen Mitarbeiter des britischen Außenministeriums, die er informierte, hatten Zugang zu den entschlüsselten Meldungen der deutschen Polizei und der SS, und nur diese Meldungen hätten die Zweifel, ob die Beweise für die Pläne und Taten der Nazis ausreichend und zuverlässig waren, ausräumen können. Das politische Dilemma wäre selbstverständlich durch den Zugang zu solch eindeutigen Belegen nur noch größer geworden, denn inzwischen waren die Mitarbeiter im britischen Außenministerium zu der Überzeugung gelangt, daß man gegen die Verfolgung der Juden durch die Nazis nicht viel unternehmen sollte. Sie meinten, die Alliierten hätten kaum Möglichkeiten einzugreifen, und die wenigen vorhandenen Möglichkeiten wären den Kriegsanstrengungen abträglich.

Silverman und Easterman drängten weiter. Unter ausdrücklichem Bezug auf Riegners Telegramm wandten sie sich abermals an den amerikanischen Botschafter John G. Winant (neben anderen), und Winant berichtete nach Washington:

Jedesmal habe ich, wie ich gebeten wurde, die Angelegenheit Mr. Eden zur Kenntnis gebracht. Im Außenministerium wurde mir mitgeteilt, daß sie keine eindeutigen Informationen über ein solches Programm [der Nazis] hätten. Letzte Woche [Ende November-Anfang Dezember] wurde ich gebeten, bei meiner eigenen Regierung um Intervention nachzusuchen.[36]

Die jüdischen Organisationen brauchten Hilfe von außen, und einige Hilfe bekamen sie von der polnischen Exilregierung, die nach Karskis Bericht eher zu einer Intervention geneigt war.

Ein Forscher hat vor kurzem die Frage aufgeworfen, ob Karski in seinem Bericht wohl deutlich genug hervorgehoben hatte, in was für einer verzweifelten Lage die polnischen Juden waren. Karski war selbst kein Jude, und die polnische Untergrundbewegung hatte wahrlich genug Probleme mit der deutschen Besatzung. Vielleicht legte Karski vor allem die polnischen Probleme dar und kam auf die Tragödie der Juden erst Monate später zu sprechen. Daß die Juden nicht als gleichrangige Staatsbürger angesehen wurden, hatte in Polen eine lange Tradition.[37] Für die Historiker wäre es heute sehr hilfreich, wenn sie Zugang zu dem Mikrofilm hätten beziehungsweise dem auf der Grundlage dieses Films erstellten zwanzigseitigen polnischen Bericht und zu den Protokollen der Befragungen Karskis durch die Briten. Doch der Mikrofilm und der polnische Bericht sind noch nicht aufgefunden worden, und die Akte des britischen Kriegsministeriums über Karski wird planmäßig erst im Jahr 2018 freigegeben.[38]

Gleichwohl gibt es mindestens vier brauchbare, wenn auch unvollständige Berichte – drei aus dem Jahr 1942, einen undatierten, vermutlich von Anfang 1943 – welche Informationen Karski in London über die Realisierung der Endlösung in Polen vorlegte. Der erste Bericht ist eine britische Zusammenfassung, in der möglicherweise Karskis Informationen mit Material aus anderen, dazu passenden Quellen vermischt wurde. Am 2. Dezember 1942 legte das Political Intelligence Department (Abteilung Politische Aufklärung) des britischen Außenministeriums seinen wöchentlichen Bericht vor, und in dem Abschnitt über Polen hieß es, er stütze sich zu großen Teilen auf einen ausführlichen Bericht, »verfaßt in sehr nüchterner Sprache«, aus einer verläßlichen Quelle, den die polnische Exilregierung erhalten habe. Der Bericht bestätige Annahmen, die in früheren Wochenberichten ausgedrückt worden seien, daß die deutsche Regierung das Ziel verfolge, die jüdische »Rasse« in Polen auszulöschen. (Diese Annahmen stützen sich auf andere Belege als die dechiffrierten Meldungen der deutschen Polizei und der SS. Frühere Berichte des britischen Nachrichtendienstes über die Politik der Nazis hatten hochrangige Mitarbeiter im Außenministerium wenig beeindruckt.)

Nach der Zusammenfassung in dem britischen Dokument enthielt der polnische Bericht eine Übersicht über Hinrichtungen von Juden in Polen seit Herbst 1941. Es hieß, im März 1942 habe Himmler bei einem Besuch im Generalgouvernement den Befehl gegeben, bis Ende des Jahres 1942 mindestens die Hälfte der in der Gewalt der Nazis befindlichen Juden zu liquidieren. Im Juli stattete Himmler Polen erneut einen Besuch ab, der Druck wurde also aufrechterhalten. Die Vorbereitungen für Deportationen aus dem Warschauer Ghetto »in den Osten« wurden einigermaßen detailliert beschrieben, und es war vermerkt, daß Adam Czerniakow (der Name tauchte in der falschen Schreibung Czerbiakow auf), der Vorsitzende des Judenrates im Ghetto, Selbstmord begangen hatte, nachdem er aufgefordert worden war, im Juli 1942 Juden für Deportationen auszuwählen. Weiterhin wurde in der Zusammenfassung erwähnt, daß viele ältere und kranke Juden in Warschau erschossen, die meisten aber in Güterwagen gepfercht worden seien. Die Züge gingen höchstwahrscheinlich nach Treblinka unweit Malkinia auf der Strecke Warschau-Bialystok, nach Sobibór in der Gegend von Lublin und nach Belzec in Ostgalizien.

An diesen drei Orten wurden »Lager« eingerichtet, und zwar nach Einschätzung der meisten Menschen in Polen ausschließlich zu dem Zweck, dort die Juden umzubringen, die den entsetzlichen, langen Transport überstanden hatten. Es ist aus offensichtlichen Gründen für die Polen in Warschau sehr schwierig, Informationen aus erster Hand zu erhalten, was in den »Lagern« geschieht, doch nach dem Bericht, der die Grundlage der vorliegenden Zusammenfassung bildet, weiß man nur von zwei kleinen Gruppen, alles in allem 4000 Personen, daß sie in Richtung der deutsch-russischen Front geschickt wurden [zu Bauarbeiten].[39]

Karski identifizierte damit zutreffend die Vernichtungslager der »Aktion Reinhard« und widerlegte die Annahme, die Juden würden systematisch als Zwangsarbeiter eingesetzt.

Am 30. November diktierte Karski in aller Eile einen detaillierten Bericht, was er über die Vernichtungspolitik der Nazis erfahren hatte; von ihm gibt es eine Zusammenfassung, die ungefähr zur selben Zeit entstand. Am 2. Dezember sollte Karski mit Zygielbojm und Schwarzbart zusammentreffen, den beiden jüdischen Vertretern im Polnischen Nationalrat in London. Einen Tag vor dem Treffen erhielt und las Schwarzbart den Bericht, den Karski diktiert hatte. Daraufhin schickte er umgehend ein Telegramm an den Jüdischen Weltkongreß in New York, in dem es unter anderem hieß, die Deportationen überträfen die schlimmsten Befürchtungen bei weitem, die Juden in Polen seien fast gänzlich ausgerottet, und in Belzec, Treblinka und Sobibór gebe es Vernichtungslager.[40]

Der detaillierteste Bericht entstand nach dem Treffen am 2. Dezember. Wahrscheinlich handelt es sich um Zygielbojms und Schwarzbarts Rekonstruktion dessen, was Karski gesagt und geschrieben hatte; möglicherweise wurden manche Zitate auch im Hinblick auf die Veröffentlichung ausgeschmückt oder abgeändert, um die polnischen und jüdischen Quellen in Polen zu schützen.[41] Der sehr bewegte, namentlich nicht genannte Erzähler ist Karski:

Ich kann nicht alles berichten, was ich gesehen habe: Es übersteigt die Kraft eines jeden Menschen, die Vorgänge zu beschreiben, deren Augenzeuge ich geworden bin. Darüber hinaus fürchte ich, daß Sie mir nicht glauben würden, wenn ich in der Lage wäre, alles zu schildern. Kurz nachdem ich die polnische Grenze überschritten hatte, wandte ich mich an mehrere diplomatische Vertreter Großbritanniens und erzählte ihnen, was ich miterlebt hatte. Sie hörten mir höflich zu, zeigten große Anteilnahme, gaben mir aber zu verstehen, daß mir in Anbetracht meiner schrecklichen Erlebnisse meine überreizte Phantasie makabre Bilder vorgaukle und daß das, was ich erzählt hätte, nur zum Teil wahr sein könne...
Von den dreieinhalb Millionen Juden in Polen und den fünf- bis siebenhunderttausend, die aus anderen von den Nazis besetzten Ländern dorthin gebracht wurden, sind nur noch wenige am Leben. Es geht nicht mehr um die Unterdrückung der Juden, sondern um ihre vollständige Vernichtung durch alle erdenklichen und perfektionierten Methoden von Qual und Folter...
In Warschau sah ich den ersten Teil [der Deportationen] und am Rand von Belzec den zweiten und letzten Teil. Aus Warschau werden die Juden zu den Gleisanlagen am Stadtrand getrieben, wo ein langer Zug mit Viehwaggons für sie bereitsteht. Doch noch bevor sie die Gleise erreichen, werden schon viele aus diesem oder jenem Grund erschossen. Insbesondere jene, die zurückgefallen sind. Die ganze Strecke ist buchstäblich mit Leichen übersät... Dann werden sie auf die Waggons geladen, [ein-] hundert Leute in einen Waggon, und der erste Teil der Reise beginnt, die zwischen zwei und acht Tagen dauert. Nicht ein einziges Mal während der Reise werden die Türen der Waggons geöffnet, und das hat zur Folge, daß viele sterben, bevor sie die »Auslesestelle« erreichen... ungefähr fünfzig Kilometer außerhalb der Stadt Belzec.

In der Uniform eines polnischen Polizisten habe ich mir das Ausleselager unweit von Belzec angesehen. Es ist eine große Kaserne, nur zur Hälfte überdacht. Als ich dort war, befanden sich etwa fünftausend Männer und Frauen in dem Lager. Doch alle paar Stunden trafen neue Judentransporte ein, Männer und Frauen, Junge und Alte, die letzte Etappe auf dem Weg in den Tod...
Die Wachen schießen unablässig in die Menge. Überall liegen Leichen. Von Krämpfen geschüttelte Menschen steigen über die Leichen und registrieren sie kaum. Alle paar Minuten wählen die Wachen einige Männer aus, damit sie die Toten aus der Menge herausholen, die Leichen werden entlang des Zaunes aufgestapelt. Auch dies geschieht ohne eine Gefühlsregung, mit ausdruckslosen Gesichtern, als wäre ihnen nicht im mindesten bewußt, was sie da tun. Sie sind keine normalen Menschen mehr, sondern eine große, konvulsivische Masse, die ihren letzten Atemzug tut.

Dem Bericht zufolge fuhr Karski fort mit der Schilderung, wie die Nazis die Juden in Viehwaggons pferchten und sie entweder an Ort und Stelle dem Tod überließen oder sie ins nahegelegene Belzec transportierten, wo sie mit Giftgas oder durch Stromschläge umgebracht wurden. Der Bericht schloß mit der Botschaft eines ungenannten Sprechers des Bundes (später identifiziert als Leon Feiner):

Was mit uns geschieht, übersteigt das Vorstellungsvermögen zivilisierter Menschen vollkommen. Sie [die Menschen im Westen] glauben nicht, was sie hören. Sagen Sie ihnen, daß *wir alle sterben.* Sie sollen all jene retten, die noch am Leben sind, wenn der Bericht sie erreicht. Wir werden ihnen niemals verzeihen, daß sie uns keine Waffen gegeben haben, auf daß wir hätten sterben können wie ich, mit einem Gewehr in der Hand.[42]

Trotz ihrer Verzweiflung machten der Führer des Bundes und ein Zionistenführer in Warschau weitere konkrete Vorschläge: Die Alliierten sollten öffentlich erklären, eines ihrer Kriegsziele sei es, die Vernichtung der Juden zu verhindern; sie sollten eine Propagandaoffensive einleiten, um das deutsche Volk darüber zu informieren, was geschah und welche politisch Verantwortlichen in den Massenmord verwickelt waren; sie sollten öffentlich an das deutsche Volk appellieren, es möge Druck auf das Regime ausüben, den Massenmord zu stoppen; sie sollten öffentlich erklären, daß das deutsche Volk in die kollektive Verantwortung genommen werden würde, wenn der Völkermord fortgesetzt werden sollte; und sie empfahlen, die Alliierten sollten wichtige deutsche Kulturstätten bombardieren und Deutsche in alliierter Gefangenschaft, die treu zu Hitler stünden, exekutieren. Karski trug diese Forderungen offensichtlich in London vor (trotz eigener Vorbehalte), aber sie blieben wirkungslos. Mißtrauische britische Mitarbeiter der Gegenspionage hielten ihn etliche Tage fest, bis sie den Inhalt seiner Geschichte zu ihrer Zufriedenheit überprüft hatten.[43]

Der vierte Bericht, ein Memorandum der polnischen Exilregierung vom 9. Dezember, enthielt Beweismaterial aus einer Reihe polnischer Quellen für die britische und die amerikanische Regierung. In dem Dokument wurde wieder hervorgehoben, welch wichtige Rolle Himmlers Besuche in Polen spielten; ansonsten stützte es sich weitgehend auf Karskis Beschreibung der Deportationen aus dem Warschauer Ghetto. Von den 250 000 bis zum 1. September aus Warschau deportierten Juden seien nur noch 4000 – für schwere Arbeiten ausgewählte – Juden am Leben. Die übrigen seien mit Zügen in Vernichtungslager wie »Tremblinka«, Belzec und Sobibór gebracht worden. Insgesamt seien seit 1939 über eine Million polnischer Juden umgekommen.[44]

Einige Mitarbeiter des britischen Außenministeriums zweifelten genau wie ihre Kollegen im amerikanischen Außenministerium weiterhin, ob die Belege für eine Endlösung tatsächlich glaubwürdig waren,[45] und Verantwortliche bei der BBC verhielten sich ebenso. In der BBC-Inlands- und der Auslandsabteilung wurden die jüngsten Berichte Ende November diskutiert und die Beweise für einen »Plan« zum Massenmord abgewogen. Schließlich kam man überein, das Thema bis auf weiteres nicht spektakulär herauszustellen.[46] Dennoch sickerten die Informationen nach und nach an die breite Öffentlichkeit und zu höherrangigen Politikern durch. Als Vertreter amerikanischer jüdischer Organisationen für den 2. Dezember einen Tag der Trauer und des Gebets ankündigten (er wurde auch in anderen Ländern begangen), unterstützte der New Yorker Bürgermeister Fiorello La Guardia die Aktion; eine halbe Million jüdischer Arbeiter legten für zehn Minuten die Arbeit nieder, die National Broadcasting Company übertrug landesweit einen Gedenkgottesdienst. Im Leitartikel der *New York Times* stand zu lesen, fünf Millionen Juden seien von der Vernichtung bedroht.[47]

Ende November bemühte sich eine kleine Gruppe jüdischer Verantwortlicher in Amerika um eine Unterredung mit Präsident Roosevelt. Sie wollte ihm die mittlerweile gesammelten Beweise für die Endlösung vorlegen. Welles unterstützte Wise und vier weitere Verantwortliche bei ihren Bemühungen und verhalf ihnen zu einem Gesprächstermin am 8. Dezember. Zum Zeitpunkt ihres Gesprächs mit Roosevelt hatte sich die Stimmung in London zugunsten einer offiziellen Erklärung der Alliierten entwickelt.[48]

Am 1. Dezember hatte der polnische Außenminister Raczynski in einem Brief an den britischen Außenminister Eden den Massenmord der Nazis an den Juden angesprochen. Er verwies darauf, welche Bedeutung Himmlers Besuch Mitte Juli in Polen gehabt hatte, und schilderte die Deportationen aus dem Warschauer Ghetto seit dem 23. Juli. Raczynski nannte drei Bestimmungsorte der Transporte: Tremblinka [sic], Belzec und Sobibór. Dies seien Vernichtungslager, die Juden würden dort auf unterschiedliche Weise getötet, unter anderem durch Gas und durch Stromschläge.[49] Am nächsten Tag übermittelte der sowjetische Botschafter Iwan Maisky seine persönliche Zustimmung (aus Moskau hatte er keine Instruktionen erhalten) zu einer alliierten Erklärung, in welcher der Massenmord an den Juden angeprangert werden sollte. Am 4. Dezember traf sich zudem in Washington der polnische Ministerpräsident Sikorski mit Welles und erläuterte ihm, in welcher Weise die Nazis ihr Judenproblem lösten. Polnische Politiker drängten auf eine gemeinsame Protesterklärung der Regierungen aller Länder, die von den Verbrechen an der jüdischen Bevölkerung in Polen betroffen waren.[50]

Am 6. Dezember diskutierten die Botschafter Winant und Maisky mit Eden über die verzweifelte Situation der Juden in ganz Europa. Zur selben Zeit richtete William Temple, der Erzbischof von Canterbury, einen offenen Brief an den Herausgeber der *Times*. Die neuen Erkenntnisse und der Druck von innen und außen veranlaßten Eden, am 7. Dezember den britischen Botschafter in Washington zu informieren, daß er nunmehr kaum noch Zweifel daran habe, daß die Deutschen nach und nach alle Juden mit Ausnahme einiger Arbeitskräfte mit besonderen Fähigkeiten ermorden wollten.[51]

Am nächsten Tag übermittelte London den Entwurf einer Erklärung im Namen der britischen, der amerikanischen und der sowjetischen Regierung, daß sie mittlerweile von der Realität der Endlösung überzeugt seien. Darin hieß es, die deutschen Behörden würden nun offensichtlich Hitlers wiederholt geäußerte Absicht in die Tat umsetzen, alle Juden in Europa zu vernichten, und sie würden Juden aus allen unterworfenen Gebieten nach Osteuropa deportieren. Körperlich leistungsfähige Juden würden durch Zwangsarbeit vernichtet, körperlich schwache lasse man erfrieren oder verhungern. In der Erklärung wurden Massenhinrichtungen bestätigt, aber Gaskammern und Krematorien wurden mit keinem Wort erwähnt. Nach der Verurteilung der Naziverbrechen betonten die Alliierten ihre Absicht, die Täter zur Verantwortung zu ziehen, und riefen alle freiheitsliebenden Völker zum Sturz der Hitler-Diktatur auf.[52]

Am 8. Dezember übergaben folgende Personen Präsident Roosevelt ein Memorandum mit dem Titel »Ausrottungsplan«: Maurice Wertheim vom amerikanischen Jewish Committee, Adolph Held vom Jewish Labor Committee, Henry Monsky von B'nai B'rith, Israel Rosenberg vom Bund Orthodoxer Rabbiner in den Vereinigten Staaten und Stephen Wise. Das Memorandum enthielt einen eigenen Absatz über Hitlers Befehl, die Juden auszulöschen, und auch Riegners Telegramm wurde zitiert. Wise appellierte an Roosevelt, er möge das Vernichtungsprogramm der Welt zur Kenntnis bringen und versuchen, es zu stoppen. Roosevelt erwiderte, daß der Regierung die meisten

Fakten bekannt seien – amerikanische Vertreter in der Schweiz und in anderen Ländern hatten die entsprechenden Bestätigungen übermittelt –, daß es aber schwierig sei, eine praktikable Vorgehensweise zu finden. Hitler und seine Gefolgsleute seien »ein extremes Beispiel für einen Fall von nationaler Psychopathologie«, doch die Alliierten könnten nicht das ganze deutsche Volk als Mörder ansehen und annehmen, daß es Hitlers Taten billige. Roosevelt stimmte zu, in einer zweiten Stellungnahme die Massenmorde anzuprangern, und er erwähnte noch einmal die Bestrafung nach Kriegsende: »Die Mühlen der Götter mahlen langsam, mahlen aber trefflich klein.«[53] Die gleiche Metapher hatte Churchill in seiner Botschaft im *Jewish Chronicle* ein Jahr zuvor gebraucht.[54]

Churchill und Roosevelt waren beide nicht nur fähige Politiker, sondern auch sehr gebildet. Churchill erhielt 1953 den Literaturnobelpreis, und ihm war das entsprechende englische Sprichwort, das auf griechische und lateinische Vorbilder zurückging, gewiß geläufig. Roosevelt könnte das Sprichwort aus Henry Wadsworth Longfellows Übersetzung des deutschen Dichters Friedrich von Logau aus dem 19. Jahrhundert gekannt oder in einem guten Zitatenschatz gefunden haben.[55] Ihre Versionen wichen leicht ab – Roosevelt sprach von den »Mühlen der Götter«, nicht von »Gottes Mühlen« –, doch die Tatsache, daß das Sprichwort bei beiden auftaucht, deutet darauf hin, daß sie auf die Ersuchen jüdischer Organisationen in mehr oder weniger der gleichen Weise reagierten. Sie beide konzentrierten sich darauf, den Krieg so rasch wie möglich zu gewinnen. Die Drohung mit Vergeltung nach Kriegsende war die einzige Ablenkung von ihrem Hauptziel, die sie in Erwägung ziehen wollten, und es sollte sich zeigen, daß Roosevelt diesen Gedanken entschiedener vertrat als Churchill.[56]

In der Art, wie die beiden Staatschefs mit Bitten von jüdischer Seite umgingen, gab es einen symbolischen, aber gleichwohl wichtigen Unterschied. Roosevelt sprach mit einer jüdischen Delegation, allerdings verwendete er einen Großteil der halbstündigen Unterredung auf Themen am Rande. Eine Woche später ersuchte James de Rothschild den britischen Premierminister, eine Gruppe hochrangiger britischer Juden zu einem Gespräch über die Situation der Juden in Europa zu empfangen. Churchills Privatsekretär John Miller Martin leitete die Bitte an das Außenministerium weiter mit folgenden Anweisungen:

> Wie Sie sehen, hat Mr. Churchill dies an das Sekretariat im Außenministerium weitergeleitet. Von hier wird keine Bestätigung erfolgen, und ich wäre Ihnen dankbar, wenn Sie sicherstellen könnten, daß in allen Kontakten mit der Vertretung [der britischen Juden] klar gemacht wird, daß sich auf Mr. Churchills Ersuchen hin Mr. Eden um die Angelegenheit kümmert.[57]

Churchills direktes Engagement hielt sich in engen Grenzen. Nachdem am 10. Dezember die Nachricht von polnischer Seite bei ihm eingegangen war, bat er das Außenministerium um weitere Informationen.[58] Der Secret Intelligence Service (SIS) hatte seit Mitte September 1941, mehr als ein Jahr lang, Churchill keine Hinrichtungen von Juden mehr gemeldet, und seitdem hatte Churchill allem Anschein nach keinerlei Berichte über die Not der europäischen Juden erhalten und auch nicht erbeten. Er hatte das Außenministerium ermächtigt, sich um alle Angelegenheiten im Zusammenhang mit dem Massenmord zu kümmern, und das Außenministerium zeigte wenig Neigung, den schlimmsten Berichten Glauben zu schenken, geschweige denn Empfehlungen auszusprechen, wie auf sie reagiert werden sollte.

Da Churchill nun in der zweiten Dezemberwoche 1942 Interesse an der Angelegenheit zeigte, konnten Mitarbeiter der mittleren Ränge (im britischen und im amerikanischen Außenministerium) eine gemeinsame Erklärung der Alliierten nicht mehr verhindern.[59] In Anbetracht der zeitlichen Abfolge der Ereignisse ist es jedoch unwahrscheinlich, daß Churchills Ersuchen Eden oder Roosevelt maßgeblich beeinflußte. Beide hatten ihre Einstellung bereits zuvor geändert.

Am 14. Dezember informierte Eden das Kriegskabinett über den Stand der Erkenntnisse und bestätigte Berichte über Massaker in Polen und Deportationen von Juden nach Polen: »Es könnte durchaus sein, daß die Umsiedlungen im Hinblick auf die Massenvernichtung der Juden erfolgen.« Das Kabinett stimmte dem Vorschlag einer gemeinsamen Erklärung zu, und mit geringfügigen Änderungen ergab der britische Entwurf vom 8. Dezember die gemeinsame Alliierte Erklärung vom 17. Dezember – die erste offizielle Stellungnahme der Alliierten während des Krieges, in der die Ermordung der Juden durch die Nazis verurteilt wurde. Sidney Silverman, der ursprüngliche Adressat von Riegners Telegramm, richtete im Unterhaus eine Frage an die Regierung, und Eden verlas als Antwort die Erklärung. Im Anschluß sprach James de Rothschild sehr bewegt über die Leiden der Juden in Europa, und die Unterhausabgeordneten erhoben sich im Gedenken an die Juden zu einer Schweigeminute von ihren Plätzen.[60]

Solange die Fakten nicht in dieser Weise offiziell anerkannt waren, hatte kein einflußreicher Politiker auch nur daran gedacht, den politischen Kurs zu verändern oder andere Möglichkeiten zu erwägen. Von Rettungsmaßnahmen war in der gemeinsamen Erklärung nicht die Rede. Doch sie war eine notwendige Vorbedingung dafür, daß die westlichen Regierungen offiziell Überlegungen anstellten, wie dem Morden Einhalt geboten werden könnte. Die Erklärung war nur zustande gekommen, weil jüdische Organisationen und die polnische Exilregierung ihre eigenen Informationsquellen besaßen – sie waren zwar nicht so detailliert wie die deutschen Polizei- und SS-Meldungen, aber detailliert genug, um ein einigermaßen zutreffendes Bild zu vermitteln. Ein Mitarbeiter des britischen Außenministeriums bezeichnete die polnische Regierung als die treibende Kraft hinter der Erklärung, wenngleich, wie er beklagte, das Außenministerium die Hauptarbeit habe leisten müssen.[61] In Wirklichkeit hatten auch jüdische Organisationen diesseits und jenseits des Atlantiks Anteil daran. Ihr Gewicht war immerhin so groß, daß sie Gehör auf den höchsten Ebenen des britischen wie des amerikanischen Regierungsapparates fanden.

Im britischen Oberhaus dankte am 17. Dezember Viscount Herbert Samuel der Regierung dafür, daß sie an der Erklärung mitgewirkt hatte, und merkte an, das einzige entfernt vergleichbare Ereignis in der Geschichte sei der Massenmord der Türken an den Armeniern im Ersten Weltkrieg. Weiterhin warf Samuel die Frage auf, ob der Westen nun etwas unternehmen sollte, um die noch lebenden Juden zu retten, und wies darauf hin, daß die Zusammenarbeit neutraler Länder positive Ergebnisse haben könne.[62] Samuel sah die Situation sehr richtig, doch weder Großbritannien noch die Vereinigten Staaten folgten in den nächsten zwölf Monaten dem von ihm vorgeschlagenen Kurs.

10   Reaktionen auf die Berichte

Im Dezember 1942 und Januar 1943 beschloß die britische Dienststelle für politische Kriegführung (Political Warfare Executive, PWE), mehr Informationen über die Greueltaten der Nazis gegen Juden zu verbreiten, und zwar durch wiederholte Berichterstattung in der BBC und in anderen Medien. Wie entsprechende Meldungen auf die deutschen Zuhörer wirkten, war damals schwer zu beurteilen, und das ist es bis heute, aber eine gewisse Wirkung hatten sie zweifellos. Die Nazis setzten alles daran, Dämme gegen die von außen hereinströmenden Informationen über ihre Politik der Massenvernichtung zu errichten und die Wirkungen solcher Meldungen über ihre geheimen Maßnahmen möglichst schon im Vorfeld zu neutralisieren.

An dem Tag, als der Zweite Weltkrieg begann, erließ Propagandaminister Joseph Goebbels eine Verfügung, nach der es allen Deutschen verboten war, ausländische Radiosendungen zu hören, auch Sendungen deutscher Verbündeter. Wer gegen das Gesetz verstieß (in Großbritannien sprach man von »Schwarzhörern«), riskierte Zwangsarbeit; wer Nachrichten aus ausländischen Sendungen verbreitete, wurde mit Zwangsarbeit oder mit Exekution wegen Wehrkraftzersetzung bestraft. Die Verfügung richtete sich in erster Linie gegen den deutschsprachigen Dienst der BBC, der seit Jahren in Deutschland die mit Abstand wichtigste Quelle für Informationen aus dem Ausland war und im Krieg der am meisten gehörte verbotene Sender.[1] Fast 16 Millionen deutsche Haushalte hatten ein Radio angemeldet, etliche andere besaßen Radios, ohne Gebühren zu entrichten. (Fünf Millionen Haushalte besaßen Kurzwellenempfänger, eine Art Statussymbol, die übrigen hatten Lang- und Mittelwellenempfänger.[2]) Ausländische Sendungen brachten den Deutschen ein anderes Bild der Wirklichkeit ins Haus, ohne die verzerrende Propaganda der Nazis; einige informierten die Deutschen über den tatsächlichen Verlauf des Krieges, und das waren Fakten, die im deutschen Rundfunk gewiß nicht gesendet wurden. Viele Deutsche nahmen darum das erhebliche Risiko auf sich und brachen das Gesetz, das mit aller Strenge durchgesetzt wurde. Über Strafen wurde zu Abschreckungszwecken groß berichtet.[3] Presse und Rundfunk in Deutschland versuchten die Deutschen gleichfalls davon abzuhalten, daß sie »Feindsender« hörten, und wollten ihnen einreden, ausländische Sendungen seien reines Gift. Die Behörden rechtfertigten das Verbot und die harte Verfolgung damit, daß sie falsche Darstellungen in ausländischen Berichten nicht korrigieren könnten, weil sie sonst militärische Geheimnisse preisgeben müßten.[4]

Gleichzeitig unternahmen die Nazis auch Anstrengungen, den britischen und amerikanischen Rundfunk zu stören, und sendeten auf denselben Frequenzen. Doch die Sendungen der BBC auf Kurzwelle waren kaum anfällig für Störungen, und BBC-Sendungen auf anderen Wellenbereichen konnten selbst mit kleinen Radiogeräten noch empfangen werden, wenn der Störsender sie nicht vollständig überlagerte. Die Aufklärungsabteilung der BBC ging davon aus, daß deutsche Hörer auf der einen oder anderen Frequenz ausländische Sendungen in annehmbarer Qualität empfangen konnten. Ausländer und Diplomaten, die sich zu dieser Zeit in Deutschland aufgehalten hatten, bestätigten dies.[5]

Ein Verantwortlicher der Gestapo soll Ende 1941 geschätzt haben, daß der deutschsprachige Dienst der BBC etwa eine Million Hörer erreichte. Die BBC-Aufklärungsabteilung hielt diese Zahl bei den regelmäßigen Hörern für zu hoch, aber für deutlich zu niedrig bei den gelegentlichen Hörern. Überdies nahm man an, daß zahlreiche Deutsche aus der Mittel- und Oberschicht die BBC-Inlandssendungen in englischer Sprache verfolgten (die weniger Propaganda enthielten): Der polnische Untergrund zog sie ebenfalls den BBC-Sendungen in polnischer Sprache vor.[6]

Am 10. Dezember 1942 gab die PWE eine Direktive heraus, daß verstärkt über Hitlers Plan, die europäischen Juden zu vernichten, berichtet werden sollte, und kündigte eine »feierliche

Erklärung« der Großmächte auf der Grundlage von polnischem Beweismaterial an. Unabhängig davon, ob eine solche Erklärung tatsächlich erfolgen würde, wollte die PWE Europa auf jeden Fall die vollständigen Fakten vorlegen.[7] Die nächste Direktive eine Woche später war noch deutlicher und eindringlicher:

Bei der nüchternen Präsentation der Fakten ist hervorzuheben: i) Der wohlüberlegte Plan, die Juden auszulöschen. Das eine Kriegsziel, das Hitler immer noch zu erreichen hofft in den wenigen Monaten [!], die ihm verbleiben. ii) Die zivilisierte Welt wird die Deutschen und ihre Vasallen danach beurteilen, welche Haltung sie in den kommenden Monaten zu Hitlers Plan einnehmen. iii) Die Sendungen in den wichtigsten Sprachen sollten in dieser Woche zumindest ein Wort der Ermutigung an die Adresse der Juden enthalten.[8]

Eine Woche lang wurde im Europadienst der BBC mehrmals täglich die Erklärung der Alliierten vom 17. Dezember zusammen mit der Stellungnahme des Polnischen Nationalrates in London verlesen.[9] Das war eine bislang einmalige Maßnahme, und sie war von großer Bedeutung: Ohne Zweifel rettete die Botschaft viele Menschenleben, weil Juden daraufhin untertauchten oder flohen und weil einige Nichtjuden sich angesprochen fühlten und Juden halfen.[10] Auf Ersuchen von Vertretern jüdischer Organisationen, die sich an Außenminister Eden und an Richard Law, den parlamentarischen Staatssekretär im Außenministerium, gewandt hatten, warf die britische Luftwaffe bei den Bombenangriffen im Januar 1943 1,2 Millionen Flugblätter ab, in denen die Vernichtungspolitik der Nazis enthüllt wurde. Allein 150 000 Exemplare eines Flugblattes mit einem längeren Auszug aus der Erklärung der Alliierten vom 17. Dezember 1942 wurden über Berlin abgeworfen.[11]

Das Office of War Information (OWI) und amerikanische Rundfunksendungen für Europa starteten Mitte Dezember keine eigene Kampagne (vergleichbar der des britischen Rundfunks) zur Aufklärung über die Judenvernichtung durch die Nazis.[12] Auf der Grundlage von Material, das in London gesammelt worden war, stellte Edward R. Murrow von Columbia Broadcasting Systems (CBS) eine ungewöhnlich ausführliche Radiosendung für die amerikanischen Hörer zusammen und berichtete über die Ermordung von Millionen Menschen, vor allem Juden: »Die Bezeichnung ›Konzentrationslager‹ ist überholt, genauso wie die Begriffe ›Wirtschaftssanktionen‹ und ›Nicht-Anerkennung‹ überholt sind. Heute ist es angebracht, nur noch von ›Vernichtungslagern‹ zu sprechen.« CBS sendete auch die Erklärung der Alliierten vom 17. Dezember 1942.[13] Aber all diese Sendungen erreichten nur amerikanische Zuhörer, keine deutschen.

Voice of America (VOA) sendete um diese Zeit über Kurzwelle direkt nach Europa, und britische Stationen übertrugen Programme von Voice of America auf Lang- und Mittelwelle. Das PWE kooperierte eng mit OWI und VOA,[14] und es ist möglicherweise britischem Einfluß zuzuschreiben, daß die Vernichtungspolitik der Nazis in einigen Sendungen der VOA erwähnt wurde. Insgesamt jedoch ließen sich die amerikanischen Verantwortlichen beim Rundfunk und bei anderen Medien nicht gerne auf dieses Thema ein. Aus einem Anfang Januar 1943 verfaßten Memorandum der OWI-Überseeabteilung mit Leitlinien für die Berichterstattung über Greueltaten und Terror spricht Ambivalenz. So heißt es darin, die wichtigste Überlegung bei jedem Bericht müsse wie bisher sein, welche Wirkung er auf die Moral von Freund wie Feind habe:

> 2 a) Über jeden von unseren Feinden begangenen Akt der Gewalt und Unterdrückung…kann berichtet werden, sofern der Akt des Widerstands [durch unsere Freunde] als der zentrale Aspekt in den Vordergrund gehoben werden kann. Er gibt keine nützliche Geschichte ab, wenn nur der Terror geschildert wird und daraus hervorgeht, daß jeder Akt des Widerstands (von den Deutschen; A.d.Ü.) schonungslos geahndet wird.
> b) Nützlich ist jede Geschichte, die eines der zentralen Themen unserer Direktiven konkretisiert, etwa die absichtsvolle *[sic]* Entvölkerung Europas durch die Deutschen. In solchen Geschichten wird es eher um große Gruppen von Menschen als um kleine Gruppen gehen.

3) Eines unserer wichtigsten Anliegen ist es, dem Feind seine Schuld vor Augen zu führen und ihm zu zeigen, daß wir um seine Schuld wissen. Es ist wichtig, das deutsche Volk darüber zu informieren, was seine Führer den Polen, den Juden, den Griechen und anderen antun. Man darf bezweifeln, daß viel davon in Deutschland bekannt ist.
4) Letzten Endes hängt alles davon ab, wie solche Berichte angelegt sind... Allein Greueltaten zu schildern wird nur das Entsetzen wecken.[15]

Die Sorge, daß mit der Propaganda auch die gewünschten Wirkungen erzielt wurden, schien schwerer zu wiegen als alle Überlegungen, das deutsche Volk über die Taten der Naziführer und ihrer Gefolgsleute zu informieren. Zu allen sonstigen Problemen kommt noch hinzu, daß die verschiedenen Überlegungen des OWI widersprüchlich waren: Wenn dagegen entschieden wurde, einfach über Greueltaten zu berichten, bedeutete dies auch, daß das deutsche Volk nicht darüber informiert wurde, was in Europa geschah. Überdies wurde kaum differenziert, wie die Nazis bei der Verfolgung unterschiedlicher Bevölkerungsgruppen vorgingen.

Kurze Zeit nach dem 17. Dezember versuchte die PWE in leicht veränderter Form weiterhin, die Ermordung von Juden mit Greueltaten gegen andere Gruppen in Verbindung zu bringen: Auf diese Weise hoffte man mehr Zuhörer zu erreichen.

Die Leiden der Juden sollten nunmehr in das größere Bild der Verfolgung durch die Nazis eingefügt werden... Wir sollten im Kopf behalten, daß 1. die Verfolgung der Juden in allen von den Nazis besetzten Ländern das Vorspiel zur Verfolgung anderer Bevölkerungsgruppen war; 2. es sich bei der Verfolgung der Juden neben der physischen Brutalität um eine subtile Form der politischen Kriegführung handelt mit dem Ziel, die menschlichen Bindungen zwischen verschiedenen Gruppen und Individuen in allen Ländern zu zerschlagen und jegliches Gefühl der gemeinsamen Zugehörigkeit zu einer Nation zu zerstören.[16]

Entsprechend dieser Leitlinie heißt es in der ersten Direktive der PWE aus dem Jahr 1943, daß die Nazis nunmehr die Vernichtung des polnischen Volkes in Angriff genommen hätten,[17] eine Formulierung, die vollkommen falsch war: Die Nazis töteten zwar viele Polen und begingen viele Greueltaten gegen Polen, dennoch waren Juden und Polen (nach der Formulierung in einer bekannten Untersuchung) »ungleiche Opfer«.[18]

Ausländer, die Deutschland verließen, Deutsche, die ins Ausland reisen konnten (und bereit waren zu sprechen), und Personen, die es wagten, ins Ausland zu schreiben, berichteten übereinstimmend, daß die BBC-Sendungen in Deutschland viel Beachtung fanden und daß die Deutschen in der Regel über die Verfolgung der Juden Bescheid wußten.[19] Weit auseinander gingen jedoch die Einschätzungen, welche Auswirkungen dieses Wissen hatte. Ein deutscher Journalist in Schweden sagte, die britische Propaganda habe den Kampfeswillen der Deutschen gestärkt und die Deutschen hätten große Angst vor einer Eroberung ihres Landes durch die Russen, weil sie um das Vorgehen ihrer Landsleute im Osten wüßten, sich schuldig fühlten und Vergeltung fürchteten. Sie fürchteten aber auch, daß Briten und Amerikaner Rache für die Ermordung der Juden nehmen würden. Die Nazis nutzten solche Ängste aus, um ihren Rückhalt bei der Bevölkerung zu sichern – etwa nach dem Motto »Kraft durch Furcht«.[20]

Ein deutscher Diplomat, der kein Nazi war, erzählte einer britischen Quelle in Spanien, daß nur eine Minderheit der deutschen Intellektuellen zusätzlich zu den Opfern von Verfolgungen die wahre Natur des Dritten Reiches durchschauten, die Mehrheit stehe loyal zum Hitler-Regime. Anfang 1943 berichtete allerdings ein spanischer Architekt, der einige Zeit in Berlin verbracht hatte, daß der Kampfgeist der Deutschen erlahmt und der Wunsch nach Frieden weit verbreitet sei. Er empfahl den Briten, sie sollten betonen, daß sie das Regime zerstören, aber nicht das deutsche Volk vernichten wollten.[21]

Ein fünfunddreißigjähriger Mann aus Guatemala, der sieben Jahre in Deutschland gelebt und eine Deutsche aus einer einflußreichen Familie geheiratet hatte, unterhielt in der Nazizeit viele Kontakte zu Deutschen. Er berichtete, nachdem er im März

1943 Deutschland verlassen hatte, daß die meisten Deutschen zwar den Juden gegenüber negativ eingestellt seien, daß aber Anfang 1943 nahezu einhellig die Meinung vertreten werde, die Nazis seien in der Judenfrage zu weit gegangen.[22]

Jede Einschätzung der vorherrschenden Stimmung konnte sich nur auf eine schmale Datenbasis stützen und daher nur andeutungsweise ein Bild vermitteln. Doch die Tatsache, daß Antisemitismus innerhalb eines bestimmten Rahmens in der deutschen Bevölkerung weit verbreitet war, könnte ein Teil der Erklärung sein, warum so viele Deutsche die Gestapo beim Vollzug der Rassengesetze ab 1935 unterstützten oder mit Hilfe der Gestapo alte Rechnungen mit einzelnen Juden beglichen und sie anzeigten, weil sie angeblich abfällige Bemerkungen über die Regierung gemacht hatten. Ab März 1933 ermöglichten es in Nazideutschland Gesetze und Bestimmungen, auch Menschen ins Gefängnis zu bringen, die nur privat den Staat oder die Partei kritisiert hatten, und im Zeitraum 1933–1941 war die Denunzierung von Juden an der Tagesordnung. (Bei manchen Denunzierungen spielten private Motive die ausschlaggebende Rolle.[23]) Konnte man von den Deutschen in einem Polizeistaat während des Krieges erwarten, daß sie Risiken für Menschen eingingen, die ihnen gleichgültig waren oder die sie unter dem Einfluß der Nazipropaganda ablehnten? Die Tatsache, daß es einen weit verbreiteten Antisemitismus gab, bedeutete freilich nicht, daß alle Deutschen eifrige und willige Vollstrecker waren.

Beobachter der BBC nahmen an, daß die deutsche Bevölkerung den immer neuen Vorwürfen der Nazis gegen die Juden Glauben schenkte. So tief durchdrungen die Naziführer von der Ungleichheit der Juden auch gewesen seien, sie hätten doch nicht so massiv antisemitische Propaganda betrieben, wenn sie nicht überzeugt gewesen wären, daß sie damit die Menschen auf ihre Seite bringen konnten: »Ein großer Teil der Öffentlichkeit unterstützt das Regime in seiner Entschlossenheit, die Juden zum Sündenbock zu machen.« Darüber hinaus stellten die Beobachter fest, daß die öffentliche Meinung zwar in bestimmten Bereichen einen gewissen Einfluß auf das Regime hatte, daß es aber keine Anzeichen für eine Modifizierung der antisemitischen Politik als Reaktion auf die öffentliche Meinung gab.[24]

In den Berichten der BBC-Aufklärungsabteilung wurden vielleicht die Möglichkeiten der deutschen Öffentlichkeit überschätzt, die Umsetzung zentraler Dogmen der nationalsozialistischen Ideologie und Hitlers persönlicher Glaubenssätze zu verhindern. Das Naziregime änderte manchmal seine Methoden mit Rücksicht auf die Öffentlichkeit – aber kaum seine Ziele und seine politische Strategie. Beispielsweise hatte das Murren wegen des »Euthanasie«-Programms gewisse Wirkungen gezeigt, aber die Tötungen gingen gleichwohl weiter, wenn auch künftig unter sorgfältiger Geheimhaltung.

Selbstverständlich machten sich die Naziführer Gedanken über die Moral der Bevölkerung. Im September 1942 hielt Goebbels im Propagandaministerium eine Rede vor etwa 60 deutschen Journalisten und Verlegern (unter ihnen auch ein Informant des polnischen Geheimdienstes). Darin äußerte er sich sehr besorgt, ob das deutsche Volk wohl fähig wäre, durch den Krieg verursachte Leiden auszuhalten. Die Deutschen litten immer noch an der seelischen Last der Revolution im November 1918, darin sah Goebbels wie Hitler den Grund für die Niederlage Deutschlands im Ersten Weltkrieg. Die Deutschen seien politisch unreif, so Goebbels, die Briten mit der stolzen Vergangenheit eines Weltreichs seien viel besser gerüstet, Not und Leid zu ertragen. Ohne dieses Bewußtsein und die Solidarität in schwierigen Zeiten, ohne die Erinnerung an den deutschen Zusammenbruch 1918 hätte Großbritannien nach dem Fall Frankreichs vielleicht auch sämtliche Kriegsanstrengungen eingestellt.[25]

Doch beim Thema Juden zeigte Goebbels keine Spur von Zweifel oder Nachgiebigkeit. Er mahnte die Journalisten, über manche Angelegenheiten Stillschweigen zu bewahren, weil die Deutschen so empfindlich seien, und erklärte dann, es gebe immer noch 48 000 [Juden] in Berlin. Sie wüßten mit tödlicher Sicherheit, daß sie, je weiter der Krieg voranschreite, in den Osten verbracht und einem mörderischen Schicksal ausgeliefert werden würden. Sie fühlten bereits die unentrinnbare Härte der physischen Ausrottung und fügten deshalb dem Reich Schaden zu, wo immer sie könnten, solange sie noch lebten.[26]

So offene Worte über den Massenmord mußten natürlich Reaktionen auslösen und waren dem Anliegen der Geheimhaltung gewiß nicht zuträglich. Aber Goebbels ging es darum, die Ermordung der europäischen Juden zu rechtfertigen und nicht die öffentliche Meinung zu ändern. Gleichwohl beeinflußten Einschätzungen der Stimmungslage in der Bevölkerung die Entscheidungen der Nazis im Zusammenhang mit der Endlösung zumindest am Rande. Das einzige belegte Beispiel, wie ein privater Schritt von Bürgern die Politik der Nazis abmilderte und sogar veränderte, ist eine Protestaktion von Berlinern im März 1943, die direkt und persönlich von dieser Politik betroffen waren: von (nichtjüdischen) Deutschen mit jüdischen Ehepartnern.

In seiner Eigenschaft als Gauleiter von Berlin wollte Goebbels schon lange die Hauptstadt »judenfrei« machen,[27] und Hitler war einverstanden. Doch einige Juden, etwa besonders qualifizierte Arbeitskräfte, hatten erreicht, daß sie zunächst nicht deportiert wurden, und andere Juden waren von den Deportationen ausgenommen, weil sie privilegierten Mischehen entstammten. Schließlich gab es noch die Juden mit deutschen Ehepartnern. Obwohl das Naziregime starken Druck auf die Ehepartner ausübte, hatten sich viele nicht scheiden lassen. Bis Anfang 1943 waren hochrangige Nazis in Partei und Regierung der Ansicht, daß die Deportation jüdischer Ehepartner aus nicht aufgelösten Mischehen politisch zu brisant wäre. Selbst Hitler neigte zu der Ansicht, daß die Lösung des schwierigen Problems der Abkömmlinge aus privilegierten Mischehen und der mit Deutschen verheirateten Juden bis nach dem Krieg würde warten müssen.[28]

Gegen Ende 1942 erlitt Deutschland eine Reihe schwerer militärischer Rückschläge. Ende Oktober durchbrachen die Briten in Nordafrika die deutschen Verteidigungslinien bei El Alamein, Anfang November landeten amerikanische und britische Truppen in Französisch-Nordafrika und übernahmen die Kontrolle über das Gebiet. Im Osten hielt Leningrad der deutschen Belagerung unter schwersten Opfern weiter stand. Im Süden der Sowjetunion gelang den deutschen Streitkräften zwar der Vormarsch nach Stalingrad, aber Mitte November leiteten die Sowjets eine wohlgeplante Gegenoffensive ein. Doch die Verschlechterung der militärischen Lage Deutschlands hatte nicht zur Folge, daß die Nazis die Juden verschont hätten (sie spornte sie eher zu weiteren Maßnahmen gegen die Juden an).

Ende 1942 änderte sich die offizielle Haltung gegenüber Juden in Mischehen; dies hing auch mit dem Vorhaben zusammen, daß bis Anfang 1943 Deutschland »judenfrei« sein sollte. Unternehmer erhielten entsprechend Hitlers persönlicher Entscheidung die Anweisung, ihre jüdischen Arbeitskräfte durch Fremdarbeiter zu ersetzen. Manche warnten die Juden, so daß sie untertauchen konnten. Jüdische Ehepartner in kinderlosen Ehen gerieten ebenfalls ins Schußfeld, vor allem in Berlin, wo Goebbels und das Reichssicherheitshauptamt übereinkamen, nunmehr eine härtere Linie zu verfolgen. Ende Februar 1943 versprach Hitler in einer Rede erneut, daß der Krieg zur Vernichtung des europäischen Judentums führen werde. Die radikalen Nazis sahen sich in ihrem Eifer bei der Lösung der Judenfrage bestätigt.

Mit einer massiven Demonstration der Stärke wollte Goebbels die Trennung der Familien erreichen. Er holte die Leibstandarte Adolf Hitler zu Hilfe, eine Abteilung der Waffen-SS. Sie sollte zusammen mit der Gestapo und der Stadtpolizei Juden festnehmen und in die Kerker der Hermann-Göring-Kaserne in der Rosenstraße schaffen; von dort sollten sie nach Auschwitz deportiert werden. Einige Juden wurden tatsächlich weggebracht. Doch unmittelbar nach den Verhaftungen versammelten sich die deutschen Ehepartner (meist Frauen) und Verwandte vor den Toren der Kaserne, zunächst auf der Suche nach Informationen über den Verbleib ihrer Angehörigen. Mehrere Tage vergingen, die Menschenmenge vor der Kaserne wurde immer größer und ähnelte immer mehr einer Protestversammlung. Schließlich wurde der Beschluß, die jüdischen Partner aus Mischehen zu deportieren, aufgehoben, »übereifrige Untergebene«, so hieß es, hätten die Razzia durchgeführt. Einige jüdische Ehemänner, die zur Zwangsarbeit nach Auschwitz deportiert worden waren, kehrten sogar wieder zurück, mehr als 1700 Juden wurden freigelassen, und im übrigen Deutschland blieben die jüdischen Ehepartner unbehelligt, denn man fürchtete, daß die Deportationen zuviel öffentliches Aufsehen und vielleicht zu großen Unmut wecken und damit womöglich das gesamte Vorhaben gefährden würden.[29]

Zweifellos spielten bei dieser Protestaktion mehrere Faktoren eine Rolle – unter anderem eine besonders hohe Zahl deutschjüdischer Ehen in Berlin und der Mut und die Treue der Menschen, die sich Tag für Tag in der Rosenstraße versammelten. Sicher veranlaßte viele auch das Wissen um die wahre Bedeutung der Deportationen, daß sie dorthin gingen und protestierten, genau wie es viele Juden veranlaßte, lieber unterzutauchen, als sich in das Los zu fügen, das die Nazis ihnen im Osten bereiten würden.

Gelegentlich finden sich in Berichten von Heydrichs SD über die Stimmung unter den Deutschen noch andere Anzeichen für Klagen, Abscheu oder auch Verzweiflung angesichts der bekanntgewordenen Greueltaten – wenngleich nicht so ausgeprägt, daß man auf weitverbreiteten Unmut oder ein ernstes Problem hätte schließen müssen.[30] Mitte 1943 reagierte die Bevölkerung nicht gut auf eine neue Welle von Anklagen der Nazis gegen Bolschewiken und Juden – die Vorwürfe erinnerten zu sehr an das, was die Menschen über das Verhalten der Deutschen im Osten gehört hatten. Einige Deutsche glaubten nicht einmal dem (zutreffenden) Vorwurf der Nazis, die Sowjets hätten über 10 000 polnische Offiziere umgebracht und im Wald von Katyn verscharrt; sie nahmen vielmehr an, die Toten seien von Deutschen ermordete polnische und sowjetische Juden.[31] Sie wollten die Nazipropaganda nicht hören, weil darin beunruhigende Themen auftauchten. Im Herbst 1943 sagte eine Frau mittleren Alters aus Bayern: »Denken Sie denn, daß niemand ausländische Sender hört? Sie haben jüdische Frauen und Kinder in einen Waggon geladen, aus der Stadt gefahren und sie mit Gas vernichtet.« Die Frau wurde zu drei Jahren Gefängnis verurteilt.[32]

Die britischen Informationskampagnen, so eingeschränkt sie auch waren, hatten damals zumindest die Wirkung, daß sie die Propaganda neutralisierten und mehr Deutschen die ungeheuerlichen Verbrechen vor Augen führten.[33] Auch wenn es so gut wie ausgeschlossen ist, direkt Ursache und Wirkung zu identifizieren, kann man doch sagen, daß die Anstrengungen der Briten im Dezember 1942 und Anfang 1943 in einem gewissen Umfang dazu beitrugen, Juden zu retten. Vor diesem Hintergrund ist es nicht verwunderlich, daß die Nazis verhindern wollten, daß aus dem Ausland Informationen über die Endlösung nach Deutschland drangen.

Auf fast schon schizophrene Weise erhoben sie einerseits lautstark immer neue Drohungen gegen die Juden und setzten andererseits alles daran, die Endlösung geheimzuhalten. Ausbrüche offizieller antisemitischer Rhetorik dienten auch praktischen Zwecken: Sie sollten die Getreuen der Partei zum Handeln anstacheln und das Gefühl einer revolutionären Bewegung wachhalten. Die Rede vom jüdischen Bazillus oder jüdischen Ungeziefer richtete sich zum einen an jene Menschen, die bereitwillig alles Negative über die Juden glaubten, sollte aber zum anderen den in verschiedenen Schichten der deutschen Bevölkerung, vor allem bei Nationalkonservativen, latent vorhandenen Antisemitismus ansprechen und anstacheln.[34] Über Jahre hinweg verkündeten hochrangige Politiker immer wieder, der Krieg werde die Folge haben, daß alle Juden im deutschen Einflußbereich hart bestraft würden.[35]

Das Jahr 1941 hindurch war ein Thema der Nazipropaganda der Hinweis, amerikanische Juden planten die Sterilisation aller Deutschen unter 60 Jahren.[36] Angesichts eines solche Planes schien jede den Juden zugedachte Strafe gerechtfertigt. Diese Behauptung mag absurd klingen, aber sie verfehlte ihre Wirkung nicht. Die Personen, die bei der BBC die Entwicklung der öffentlichen Meinung in Deutschland beobachteten, folgerten anhand einiger Indikatoren, daß die in der offiziellen Nazipropaganda und in halboffiziellen Flüsterkampagnen immer wieder auftauchenden Schreckensbilder, wie die Deutschen nach der Niederlage behandelt würden, die Wirkung hatten, daß die Bevölkerung weiter den Krieg und ihre Regierung unterstützte. In diesem Zusammenhang verwiesen sie insbesondere auf den Sterilisierungs-»Plan«.[37]

Bisweilen warfen die Naziführer den Juden genau das vor, was die NS-Ideologen den Juden zufügen wollten: Psychiater bezeichnen dieses Phänomen als Projektion. So behauptete beispielsweise Himmler in einer privaten Ansprache vor der SS-Elite im November 1938, die Juden wollten alle Deutschen, egal ob sie auf der Seite der Partei stünden oder nicht, aushungern und abschlachten.[38] Der Verweis auf Schreckensszenarien wie dieses diente der Rechtfertigung der antijüdischen Politik.

Von einigen Ausnahmen abgesehen[39] ließ es die offizielle Pro-

222

paganda zur jüdischen Bedrohung mit der Andeutung der endgültigen Vernichtung des Judentums bewenden. Martin Bormann, der Leiter der Parteikanzlei, legte im Oktober 1942 in einer Anweisung an Funktionsträger der Partei fest, was offiziell
gesagt werden durfte und was nicht. Er kritisierte Goebbels' In-
diskretion nicht ausdrücklich, sagte aber, das Durchsickern von
Informationen über die »Endlösung« stelle ein Problem dar.

Im Zuge der Arbeiten an der Endlösung der Judenfrage
werden neuerdings innerhalb der Bevölkerung in verschiedenen Teilen des Reichsgebietes Erörterungen über
»sehr scharfe Maßnahmen« gegen die Juden besonders in
den Ostgebieten angestellt. Die Feststellungen ergaben, daß
solche Ausführungen – meist in entstellter und über-
triebener Form – von Urlaubern der verschiedenen im
Osten eingesetzten Verbände weitergegeben werden, die
selbst Gelegenheit hatten, solche Maßnahmen zu beobachten. Es ist denkbar, daß nicht alle Volksgenossen für die
Notwendigkeit solcher Maßnahmen das genügende Verständnis aufzubringen vermögen, besonders nicht die Teile
der Bevölkerung, die keine Gelegenheit haben, sich aus eigener Anschauung ein Bild von den bolschewistischen
Greueln zu machen.

Da die nächste Generation der Deutschen womöglich nicht
mehr begreifen werde, warum es nötig sei, Millionen Juden aus
dem europäischen Wirtschaftsraum zu eliminieren, müßten die
Führer Deutschlands jetzt handeln: »Es liegt in der Natur der
Sache, daß diese teilweise schwierigen Probleme im Interesse der
endgültigen Sicherung unseres Volkes nur mit rücksichtsloser
Härte gelöst werden können.«[40] Bormanns Worte waren zugleich Rechtfertigung und Erläuterung, wieviel offen gesagt werden durfte.

Szmul Zygielbojm, der Kontakte in die von den Nazis besetzten Gebiete unterhielt, merkte Mitte Februar 1943 an, daß die
Deutschen in den letzten fünf Wochen die Sendungen der BBC
besonders massiv gestört hätten. Das Naziregime wolle nicht,
daß die Deutschen von den »Ungeheuerlichkeiten« in Polen er-

führen, »denn man fürchtet, wenn der durchschnittliche Deutsche die Tatsachen hört und sie glaubt, werden sie [die Deutschen] fürchten, daß sie für die Untaten zahlen müssen, und dadurch könnte ihre ›Moral‹ gebrochen werden«.[41]

Die Meldungen, die vom Westen verbreitet wurden, veranlaßten die Nazis darüber hinaus, sich in kleinen, aber vielsagenden Schritten der neuen Situation anzupassen. Am 30. November 1942 schrieb Himmler einen kurzen Brief an Gestapo-Chef Heinrich Müller, in welchem er auf das einging, was Rabbi Stephen Wise verbreitete. In einer Pressekonferenz am 24. November hatte dieser unter anderem gesagt, die Nazis würden das Fleisch vergaster Juden zu Seife verarbeiten und die Knochen zu Düngemehl.[42] Himmler wußte, daß die Kommandanten seiner Vernichtungslager so etwas nicht tun würden, aber er fürchtete, daß übereifrige Untergebene die Grenzen überschritten haben könnten. Überdies wollte er Müller noch einmal vor Augen führen, wie wichtig Geheimhaltung war. Sein Brief bot dafür ein gutes Beispiel.

Er mahnte Müller, dafür zu sorgen, daß, da gegenwärtig eine erhöhte Sterblichkeit bei den Juden zu beobachten sei, die Leichen begraben oder möglichst verbrannt würden, damit nichts anderes mit den Leichen geschehen könne. Falls es doch irgendwo Mißbrauch mit Leichen gegeben habe, müsse er, Himmler, unverzüglich davon unterrichtet werden.[43]

Die beiden Männer wußten genau, daß Gaskammern und Erschießungskommandos für die erhöhte Sterblichkeit der Juden verantwortlich waren, sie wußten aber auch, daß so etwas nicht schriftlich festgehalten werden durfte. Die nächste Generation würde es womöglich nicht verstehen, allem Anschein nach verstand es ja auch die gegenwärtige Generation nicht.

Müller war nicht für die konkrete Ermordung der Juden zuständig, aber für einen Großteil der Vertuschungsarbeit. Seit Juni 1942 leitete er entsprechende Operationen, die von Spezialeinheiten mit der Bezeichnung 1005 durchgeführt wurden. Müller hatte Paul Blobel, den ehemaligen Leiter einer Einsatzgruppe, des sogenannten Sonderkommandos 4a, angewiesen, die Spuren von Judenerschießungen im Osten zu beseitigen. Nach dem Krieg sagte Blobel aus, er habe den Befehl erhalten, in die besetzten Gebiete zu gehen und die Massengräber mit den Opfern von Operationen der Einsatzgruppen auszuheben – alles unter strikter Geheimhaltung und ohne irgendwelche schriftliche Aufzeichnungen. Blobel begann mit den Leichen der Vernichtungslager Chelmno und Auschwitz-Birkenau, die man bis zu dem Zeitpunkt noch begraben hatte. Erst allmählich ging man dazu über, sie zu verbrennen (teils in Krematorien, teils auf andere Weise). Nächste Stationen seiner Mission waren die Vernichtungslager Sobibór, Belzec und Treblinka, bei allen drei waren viele Tote begraben. Erst danach, im Herbst 1942, beseitigte Blobel in den eroberten sowjetischen Gebieten die Beweise für den Völkermord.[44] Er und seine Männer gruben Hunderttausende Leichen aus und verbrannten sie. Selbstverständlich wußten sie nichts von den dokumentarischen Beweisen für die Massenmorde, die bis dahin in Bletchley Park zusammengetragen worden waren.

Anfang Dezember registrierte Himmlers Stab eine Reihe weiterer ausländischer Kommentare zur deutschen Judenpolitik und leitete sie an die zuständigen Stellen weiter. Darunter war auch der Vorschlag des Erzbischofs von Canterbury, wiedergegeben in der Londoner *Times,* die Alliierten sollten alle Juden aufnehmen, denen die Flucht aus Ländern unter Naziherrschaft gelang. Der Erzbischof empfahl weiterhin, allen direkt und indirekt Beteiligten mit Bestrafung nach Kriegsende zu drohen. Eine Notiz über die Worte des Erzbischofs ging an das RSHA.[45] Die Kopie einer telegrafischen Mitteilung der Nachrichtenagentur Reuters in London über die Vernichtung der Juden wurde dem SD zugeleitet, außerdem eine Stellungnahme von Lady Reading vom Jüdischen Weltkongreß.[46] Es liegt kein Hinweis vor, wie Himmler auf die Erklärung der Alliierten reagierte, aber es ist anzunehmen, daß die Erklärung selbst und die Rundfunkberichte über die Erklärung seine seit längerem gehegte Besorgnis über das Durchsickern von Informationen verstärkten. In Anbetracht der unerwünschten Publizität muß die Beseitigung der Leichen um so dringlicher erschienen sein, und allen mit der Endlösung befaßten Personen muß um so deutlicher bewußt geworden sein, wie tief sie verstrickt waren. Jetzt konnten sie nicht mehr zurück.

Die PWE mutmaßte, daß die Erklärung der Alliierten die Naziführung in Schwierigkeiten gebracht hatte.[47] Goebbels schrieb in sein Tagebuch:

> [Rothschild] hat das Wort ergriffen und in tränenseliger Weise das Schicksal der polnischen Juden beklagt. Das Unterhaus hat am Ende der Sitzung eine Schweigeminute eintreten lassen ... Das paßt auch durchaus zum englischen Unterhaus. Dieses Parlament ist in Wirklichkeit eine Art von Judenbörse. Die Engländer sind überhaupt die Juden unter den Ariern.«[48]

Goebbels wehrte die Kritik mit Schimpfworten ab, doch seine Propagandamaschinerie mußte Mittel und Wege ersinnen, einer möglichen Wirkung solcher Meldungen in Deutschland entgegenzuwirken.

Neue Probleme durch westliche Berichte über die Vernichtungspolitik der Nazis änderten indes nichts daran, wie Hitler, Himmler, Goebbels und ihre direkten Untergebenen den Zusammenhang zwischen Krieg und Endlösung betrachteten. In der speziellen Weltsicht der Nazis standen hinter allen deutschen Schwierigkeiten die Juden, und natürlich waren auch die Juden verantwortlich dafür, wenn die Moral im eigenen Land und der Eifer der Verbündeten Deutschlands gegenwärtig zu wünschen übrig ließen. Um diese Zeit erreichten Himmler Informationen, daß die Juden die Quelle der Probleme mit Ungarn seien. Gottlob Berger, der Chef des Ergänzungsamtes der Waffen-SS, berichtete, der ehemalige Erzherzog Albert von Ungarn habe ihm in einer Unterredung mitgeteilt, daß die ungarische Regierung nicht bereit sei, in der Judenfrage etwas zu unternehmen. Der ungarische Reichsverweser Admiral Miklós Horthy, der wohl unter jüdischem Einfluß stehe, wolle sich Deutschland gegenüber allem Anschein nach auf keine weitergehenden Verpflichtungen einlassen und abwarten, wie der Krieg sich entwickle.[49]

Aus der Sicht der NS-Elite waren militärische Rückschläge kein Grund für einen Kurswechsel bei der Endlösung, sondern eher ein Grund, sie voranzutreiben. Himmler unternahm eine

Reihe von Vorstößen, um die Endlösung im Dezember 1942 und Januar 1943 voranzubringen – zur selben Zeit, als sich Deutschlands Niederlage in der Schlacht um Stalingrad abzeichnete, der größten Schlacht der Weltgeschichte. Er drängte auf die Deportation und »Emigration« der Juden in Frankreich (einschließlich der italienischen Besatzungszone) in den Osten.[50] Aber die Italiener waren nicht bereit, die Deportation von Juden aus ihrem Gebiet zu gestatten, und Himmler fürchtete, ihre Haltung könne den anderen europäischen Ländern als Präzedenzfall dienen, die Zusammenarbeit mit den Deutschen in der Judenfrage zu verweigern. Wenn Deutschlands wichtigster verbündeter Staat nicht mitmachte, warum sollten dann sie mitmachen?[51] Himmler bat Staatssekretär Theodor Ganzenmüller, der im Verkehrsministerium für die Reichsbahn zuständig war, um die Bereitstellung weiterer Züge für Judentransporte. Die Juden waren in den Augen der Nazis ein Unterstützungsreservoir für Partisanen, und zwar in der Region um Bialystok und den sowjetischen Gebieten ebenso wie in Westeuropa.[52] Er sprach es zwar nicht aus, aber die Bestimmungsorte für alle Juden und alle Personen, die verdächtigt wurden, Partisanen zu sein oder Partisanen zu unterstützen, waren Auschwitz und Maidanek.[53]

Die westliche Berichterstattung eröffnete dem Naziregime eine neue Option. Wenn die Alliierten sich wirklich Sorgen um das Leben der europäischen Juden machten, dann konnte Deutschland vielleicht wirtschaftlichen und militärischen Nutzen daraus ziehen, daß es ausgewählte Gruppen von Juden verschonte. In Notizen zu einer Unterredung mit Hitler am 10. Dezember 1942 vermerkte Himmler, daß er vorsichtig die Möglichkeit angesprochen habe, einige Juden gegen Lösegeld freizugeben (ein Vorschlag, dem er ablehnend gegenüberstehe) und andere als Geiseln festzuhalten. Hitler habe geantwortet, daß er, Himmler, Freilassungen erlauben könne, aber nur, falls dies hohe Devisenbeträge einbringe. Bei derselben Gelegenheit schlug Himmler die Einrichtung eines Sonderlagers für Juden mit Verbindungen in die Vereinigten Staaten vor, und er vermerkte Hitlers Zustimmung mit einem Kontrollzeichen. (Dieses Gespräch gab wahrscheinlich den Ausschlag dafür, daß 1943 das Lager Bergen-Belsen eingerichtet wurde – dort sollten ursprünglich rund 10 000 Juden festgehalten werden, die man als Geiseln behalten wollte.[54]

Ausländische Kritik an Deutschlands Judenpolitik brachte Himmler auch dazu, daß er versuchte, die Sympathiebekundungen fremder Länder für die Juden als leere Worte zu entlarven. So sagte er, nachdem ihm zu Ohren gekommen war, daß die Schweiz und Spanien gegen die Deportation einiger Juden mit schweizerischer und spanischer Staatsbürgerschaft (zusammen mit den anderen Juden) aus Frankreich protestiert hatten, zu Außenminister Joachim von Ribbentrop, die Franzosen sollten einfach ein paar Juden über die schweizerische und die spanische Grenze treiben. Das würde rasch deutlich machen, welche Haltung die neutralen Länder in Wirklichkeit gegenüber den Juden einnähmen. Implizit meinte Himmler, die neutralen Länder würden dann schon aufhören, Deutschlands Vorgehen zu kritisieren.[55]

Zusammenfassend läßt sich sagen, daß die ausländische Berichterstattung über die Vernichtungspolitik der Nazis die NS-Führung veranlaßte, einige wenige Experimente in Erwägung zu ziehen, etwa daß sie Juden für Lösegeld oder als Geiseln festhalten oder daß sie kleine Gruppen von Juden zur Stimulierung des Antisemitismus im Ausland freigeben könnten. Himmler war bereit, eine begrenzte Zahl von Juden am Leben zu lassen, wenn dies für Deutschland (und insbesondere für die SS) mit Vorteilen verbunden wäre: wenn es die Endlösung beschleunigen, Geld einbringen und Zwietracht unter Deutschlands Feinden säen würde.

Der britische Außenminister Anthony Eden notierte in seinem Tagebuch über die Parlamentssitzung, in der er die Erklärung der Alliierten verlesen hatte: »Der dramatische Effekt war weitaus größer, als ich erwartet hatte.«[56] Aber der politische Effekt, der darin bestehen sollte, breite Kritik zu wecken, daß Großbritanniens Anstrengungen zur Rettung der von Verfolgung bedrohten Opfer unzureichend waren,[57] verwandelte sich binnen kurzem in ein erhebliches politisches Problem für Eden und das Außenministerium. Da die Briten nicht in der Lage waren, eine akzeptable eigene Lösung zu finden, wandten sie sich bald an

Washington, teils um kleinere Hilfsmaßnahmen zu diskutieren und in die Wege zu leiten, vor allem aber um die Verantwortung dafür zu teilen, daß die Regierungen sich weigerten, so zu handeln, wie es die britische öffentliche Meinung und verschiedene Interessengruppen forderten.

Das britische Außenministerium teilte der Botschaft in Washington mit, die Erklärung der Alliierten »machte einen einzigartigen, tiefen Eindruck auf das britische Parlament und die Öffentlichkeit«.[58] Die Öffentlichkeit, allen voran der Erzbischof von Canterbury und einige Abgeordnete aus allen Parteien, sprachen sich nun für Taten aus, anstatt die Politik der Nazis weiterhin nur anzuprangern. Fünf Tage nach der Verlesung der Erklärung fragte ein Mitarbeiter im Außenministerium erstaunt, wie Großbritannien einfach die bisherige Politik fortsetzen könne: Wenn Großbritannien nicht gewillt sei, Schritte zur Rettung der Juden zu unternehmen, wieso sollte dann irgendein anderes Land handeln?[59] Besonders häufig wurden die Alliierten ersucht, sie sollten den Juden die Flucht in neutrale Länder erleichtern und die Aufnahme von mehr Flüchtlingen ermöglichen, indem sie den Verbleib der Flüchtlinge, die bereits in neutrale Länder gelangt waren, neu regelten.[60]

Als ein Ergebnis des Umschwungs in der öffentlichen Meinung richtete das britische Kabinett am 23. Dezember ein neues Gremium ein, den Ausschuß für die Aufnahme und Unterbringung Jüdischer Flüchtlinge (kurz Flüchtlingsausschuß des britischen Kriegskabinetts). Der Ausschuß setzte sich zusammen aus dem Außenminister (Eden), dem Innenminister (Herbert Morrison), dem Kolonialminister (Oliver Stanley) und einigen ihrer Untergebenen. Der Auftrag des Ausschusses lautete, Lösungen für die Juden auszuarbeiten, die bereits aus den vom Feind besetzen Ländern entkommen waren und die noch entkommen würden. Doch bei seiner ersten Sitzung am 31. Dezember wies der Ausschuß die meisten Vorschläge von Parlamentsabgeordneten und anderen Personen zurück, die sich Gedanken über die Unterbringung der Flüchtlinge in den neutralen Ländern gemacht hatten. Stanley sprach sich zudem dagegen aus, zwischen Juden und anderen Flüchtlingen zu unterscheiden, und der Ausschuß strich das Wort »Jüdisch« aus seinem Namen.[61]

Zu dieser Entscheidung trugen möglicherweise die Ausführungen Morrisons bei:

Der Innenminister sagte, das Innenministerium werde sich
nicht weigern, eine begrenzte Zahl von Flüchtlingen [in
Großbritannien] aufzunehmen, sagen wir 1000 bis 2000,
aber gewiß nicht mehr ... und nur unter der Bedingung, daß
sie auf die Isle of Man geschickt und dort so lange bleiben
würden, wie er es für angebracht halte. Er könne jedoch
nicht akzeptieren, daß einer Einreise von Juden jedweder
Herkunft Tür und Tor geöffnet werde. Es dürfe nicht vergessen werden, daß sich in diesem Land bereits etwa
100 000 Flüchtlinge, hauptsächlich Juden, aufhielten und
daß das Unterbringungsproblem schon jetzt sehr gravierend
sei und im Falle neuer Luftangriffe eine kritische Schwelle
erreichen werde.
Der Innenminister fügte noch hinzu, daß es hierzulande einen beträchlichen, unter der Oberfläche schwelenden Antisemitismus gebe. Falls es zu einem wesentlichen Anstieg
der Zahl jüdischer Flüchtlinge käme oder falls diese Flüchtlinge dieses Land nach dem Krieg nicht wieder verließen,
wären wir in ernsten Schwierigkeiten.[62]

Am selben Tag bezog Premierminister Churchill die britische
Militärführung in die Diskussion ein. Bei einer Unterredung mit
den Stabschefs bat Churchill den Stabschef der Royal Air Force,
Sir Charles Portal, die Bitte des polnischen Ministerpräsidenten
Sikorski zu prüfen, daß bestimmte Ziele in Polen als Vergeltung
für die Verfolgung durch die Deutschen bombardiert würden.
Churchill drängte zudem auf zwei oder drei massive Bombenangriffe auf Berlin; dabei sollte die RAF Flugblätter abwerfen
des Inhalts, daß die Bombenabwürfe Vergeltungsschläge für die
Verfolgung von Polen und Juden seien. Portal erklärte sich bereit, die erstgenannte Bitte zu prüfen, wandte aber ein, es sei ein
weiter Flug bis zu den genannten Zielen in Polen. Die Stabschefs
unterstützten den Vorschlag, ein oder zwei Luftangriffe auf Berlin zu fliegen, äußerten sich aber nicht dazu, die Luftangriffe explizit als Vergeltungsschläge zu deklarieren.[63]

In einer im Anschluß an das Gespräch verfaßten Notiz sprach sich Portal aus mehreren Gründen gegen einen als Vergeltungsschlag angekündigten Bombenangriff aus: Die Legitimität der anderen britischen Luftangriffe auf Städte als militärische Ziele könne dadurch in Frage gestellt werden, ein solcher Angriff könne Vergleiche mit der Brutalität der Deutschen provozieren, er könne eine Fülle ähnlicher Bitten seitens der Exilregierungen anderer Staaten zur Folge haben, und er könne die Deutschen veranlassen, Repressalien gegen gefangene britische Flieger zu ergreifen. Eden hatte andere Einwände: Die Deutschen würden womöglich noch mehr Polen und Juden umbringen oder behaupten, sie würden das Morden einstellen, wenn die Bombenangriffe aufhörten. Diese Einwände veranlaßten Churchill, das Vorhaben nicht weiter zu verfolgen.[64] Mitte Januar 1943 vermerkte ein Mitarbeiter des Außenministeriums, Erklärungen über Vergeltungsschläge seien in Erwägung gezogen, aber verworfen worden, und ein anderer notierte, alle künftigen Bitten um Vergeltungsmaßnahmen würden rundweg abgelehnt.[65]

Ende Dezember 1942 meldete ein britischer Diplomat aus der Türkei, daß Rumänien bereit sei, nicht weniger als 70 000 Juden freizulassen. Ein Flüchtlingsspezialist des Außenministeriums bezeichnete dies als eine »erschreckende Aussicht«, doch die Regierung müsse sich ihr stellen, weil sie sonst die Vorwürfe der Erzbischöfe treffen würden. Es zeigte sich wenig später, daß Rumänien Großbritannien diese Prüfung doch ersparte.[66] Eine weitere Diskussion Anfang Januar 1943 illustriert die im Außenministerium vorherrschende Sicht: Das Innenministerium fragte an, ob es bei der Ablehnung von Visaanträgen jüdischer Flüchtlinge, die nach Großbritannien kommen wollten, erklären könne, daß gegenwärtig Verhandlungen mit den anderen alliierten Regierungen über die Lösung des Problems der jüdischen Flüchtlinge im Gange seien. Das Außenministerium riet zur Vorsicht:

Wir meinen, wir sollten um jeden Preis verhindern, daß übertriebene Hoffnungen auf die jüngste Erklärung im Parlament gegründet werden und daß wir die offensichtlichen (für uns, wenngleich nicht, wie es scheint, für die Öffent-

231

lichkeit) Schwierigkeiten der Situation hervorheben sollten. Aus diesem Grund empfehlen wir, das Wort »Diskussionen« durch »Konsultationen« zu ersetzen... Die Formulierung sollte weiterhin, so denken wir, kein Versprechen enthalten, daß das Ergebnis derartiger Konsultationen in irgendeiner Weise bekannt gegeben wird, und es wäre vielleicht besser, nicht von einem »gemeinsamen [alliierten oder amerikanisch-britischen] Plan« zu sprechen, sondern zu sagen [die Alliierten führten Konsultationen durch, um zu erörtern], »ob eine Aussicht besteht, die großen Schwierigkeiten, die jeder nennenswerten Erleichterung entgegenstehen, zu überwinden«.[67]

Man kann wohl folgern, daß »Konsultationen« (und später tatsächlich Verhandlungen) darüber gemeint waren, welche Rechtfertigung oder welcher Vorwand dafür angeführt werden konnte, daß selbst die kleinsten Schritte unterblieben, den Juden auf dem Kontinent zu Hilfe zu kommen.

Schwierigkeiten gab es unbestreitbar. Die Nazis würden nicht Juden in großer Zahl freilassen, nur weil die Alliierten es verlangten. Weniger unzugänglich waren jedoch Deutschlands Verbündete und Mitstreiter – unabhängige Regierungen, die Verträge mit Deutschland hatten, an deutscher Seite im Krieg kämpften oder sich mit deutscher Militärpräsenz auf ihrem Territorium arrangieren mußten. Die Regierungen Frankreichs (mit Sitz in Vichy), Rumäniens und der Slowakei mußten entscheiden, ob sie ihre Juden an Deutschland ausliefern wollten. Die Beispiele Italiens und Ungarns und der nur lose mit Deutschland verbundenen Regierungen Bulgariens und Finnlands zeigten, daß Länder, deren Handlungsfreiheit in der einen oder anderen Weise eingeschränkt war, ihre Beteiligung an der Endlösung durchaus begrenzen oder sich ganz davon fernhalten konnten. Die eindrucksvolle Abgeordnete und Schriftstellerin Eleanor Rathbone wies darauf hin, daß der Westen die Möglichkeit gehabt habe, Gegendruck auf Deutschlands »Satelliten« in Europa auszuüben, damit sie die Juden an sichere Zufluchtsorte evakuierten.[68] Doch die britischen Politiker fürchteten gerade, daß die Nazis und ihre Satelliten Juden in großer Zahl ausreisen

lassen *könnten*. Alexander Easterman vom Jüdischen Weltkongreß drückte Anfang Januar in einer Unterredung mit Richard Law im britischen Außenministerium die Hoffnung aus,
daß die Nazis 100 000 jüdische Kinder freigeben könnten, wenn
die Alliierten Druck auf sie ausübten. Law erwiderte, seiner
Meinung nach seien die Nazis tatsächlich von den Schlagworten
ihrer antijüdischen Kampagnen überzeugt: Je mehr sich ihre Lage auf den Schlachtfeldern verschlechtere, desto stärker würden
sie auf einen Sieg über die Juden drängen.»Freilich wird nicht
jeder mit mir darin übereinstimmen, und wir können nicht das
Risiko eingehen, daß die Deutschen unseren Bluff entlarven.«[69]
Ein großer Zustrom von Juden nach Großbritannien oder Palästina würde zu erheblichen Problemen mit den Arabern führen,
und darum sei Großbritannien besser beraten, auf einseitige Vorstöße zu verzichten. Dies war die Leitlinie der Politik im britischen Außenministerium.[70]

Anfang 1943 gingen täglich neue Ersuchen ein, die Regierung
solle etwas unternehmen, manchmal sehr emotional oder von so
einflußreichen Personen vorgetragen, daß sie nicht einfach über-
gangen werden konnten. Am 16. Januar schrieb Lady Reading an
Premierminister Churchill:

Sie kennen die schreckliche Not der Juden in der Hand der
Nazis besser, als ich es Ihnen mit meinen Worten jemals
schildern könnte. Ich habe mich gefragt, was kann ich tun,
wie kann ich helfen. Und die Antwort ist eindeutig: Nur
Mr. Churchill kann helfen, und ich kann wenigstens so viel
tun, daß ich ihm schreibe und ihn bitte zu helfen. Unter anderen Umständen wäre ich in Sack und Asche zu Ihnen gekommen und hätte für mein Volk gebeten, nun schreibe ich
Ihnen in diesem Geist. Immer noch ist es möglich, einige zu
retten, wenn die eisernen Fesseln der Bürokratie entzwei-
gehauen werden... England kann gewiß nicht zu solcher
Heuchelei *[sic]* verkommen, daß die Parlamentsabgeordneten ihr Mitgefühl mit den toten Juden bekunden,
während seine Regierungsmitglieder dieselben Juden zum
Tode verurteilen. Es ist ausgeschlossen, daß Sie von solchen
Dingen wissen. Ich kann nicht glauben, daß Sie sie dulden

233

würden. Immer noch gibt es etwa 40 000 Einwanderungs-
zertifikate für Palästina, auch nach den Weißbuch-Verein-
barungen. Mr. Churchill, wollen Sie nicht die Anweisung
geben, daß die Zertifikate denjenigen zur Verfügung stehen,
denen die Flucht gelingt, ob Mann, Frau oder Kind? Ist es
möglich, ist es wirklich möglich, die Zuflucht im Heiligen
Land zu verweigern?
Ich verbleibe Ihr glühendster Bewunderer und Ihre er-
gebenste Dienerin. V. Reading.

Churchills Büro bat Eden um eine Einschätzung, und die Experten des Außenministeriums formulierten den Entwurf einer
Antwort, Eden segnete ihn ab. Die Situation erforderte wohlüberlegte Wortwahl und, wie ein Mitarbeiter es ausdrückte, einen mitfühlenden Ton.

...Wir erörtern das ganze weitreichende Problem von Rettung und Hilfe für Juden und Nichtjuden unter dem Joch
des Feindes gegenwärtig mit allergrößter Dringlichkeit. Ich
kann Ihnen versichern, daß uns der Ernst der Lage vollkommen bewußt ist, allerdings muß ich die großen Schwierigkeiten betonen, denen wir uns gegenübersehen und auch
weiter gegenübersehen werden. Selbst wenn wir die Erlaubnis erhielten, alle Juden herauszubekommen (die nichtjüdischen Flüchtlinge lasse ich für den Augenblick beiseite),
wäre allein die Frage des Transports ein schwer zu lösendes
Problem. Die Fluchtwege gehen fast vollständig durch
Kriegsgebiet, wo unsere militärischen Erfordernisse im Vordergrund stehen, und im Interesse unseres letztlichen Sieges
müssen wir ihnen auch Vorrang geben.
Diese Schwierigkeiten sind sehr realer Natur, und ich
fürchte, sie können nicht als »Fesseln der Bürokratie« vom
Tisch gewischt werden. Doch wir werden tun, was wir
können.[71]

Zu dem Zeitpunkt, als diese Antwort formuliert wurde, hatte die
Regierung vor dem Parlament eine weitere Erklärung abgegeben
des Inhalts, daß die Verfolgung aus rassischen oder religiösen

Gründen durch die Nazis nur durch einen Sieg der Alliierten gestoppt werden könne.[72]

Die britische Regierung schreckte vor einseitigen Vorstößen selbst zusammen mit neutralen Ländern wie der Schweiz und Schweden zurück. In einem Schreiben, in dem das Außenministerium die Gesandtschaft in Schweden von dem politischen Druck zu Hause in Kenntnis setzte, erwähnte es auch, daß neutrale Länder in vielen Rettungsszenarien eine Schlüsselrolle spielten. Nach der Bemerkung, daß die geographische Situation allem Anschein nach »Schweden vor einem erheblichen Zustrom« von Flüchtlingen »schützt«, fragte das Außenministerium an, wie viele Flüchtlinge sich bereits in Schweden befänden. Auf jeden Fall werde Großbritannien Schweden nicht auffordern, allein mehr zu tun; alles weitere sei nur als Teil internationaler Bemühungen möglich.[73]

Obwohl die Besorgnis wegen Palästina in Washington nicht annähernd so groß war wie in London, dachten einige Mitarbeiter ähnlich, doch sie scheuten die mit Rettungsversuchen verbundenen Gefahren weniger. Im State Department herrschte die Meinung vor, daß Rabbi Wise mit den Fakten Schindluder getrieben habe und man ihm Einhalt gebieten müsse.

Wises Kontaktmann im Außenministerium war Sumner Welles, derselbe, der etliche amerikanische Diplomaten gebeten hatte, die Angaben in Gerhard Riegners Telegramm vom August 1942 über die Endlösung zu überprüfen. Später hatte Welles hinreichend Beweise aus amerikanischen Quellen und über Riegner erhalten, daß er Rabbi Wise eine Bestätigung für diese Fakten geben konnte, die dieser dann veröffentlichte. Ein entscheidendes Beweisstück war eine eidesstattliche Erklärung über Informationen, die von Carl Burckhardt stammten, einem hochrangigen Mitarbeiter des Internationalen Roten Kreuzes (Burckhardt verfügte über reichhaltiges Wissen aus früheren Verhandlungen mit Hitler und etliche Kontakte zu einflußreichen Personen in Deutschland).[74] Doch Welles wollte seine Erkenntnisse und seine Unterredung mit Wise nicht dokumentieren. Er teilte auch den Spezialisten in der Europaabteilung, der Visaabteilung und der Sonderabteilung, in deren Bereich Flüchtlingsangelegenheiten fielen, nicht mit, daß sie die Berichte über die Endlösung als zutreffend anzusehen hatten. Welles' Versäumnis erleichterte es den Mitarbeitern des Außenministeriums auf der mittleren Ebene, an ihrer Sicht festzuhalten: daß die Berichte über die Vernichtungspolitik der Nazis unbestätigt seien und, falls sie doch zutreffen sollten, man nichts tun könne.[75]

Unmittelbar vor und auch noch nach Veröffentlichung der Alliierten Erklärung vom 17. Dezember lehnten einige Mitarbeiter des Außenministeriums eine derartige Stellungnahme ab und kritisierten Wise, weil er gesagt hatte, das Außenministerium habe die Richtigkeit seiner Informationen bestätigt. Die Europaabteilung teilte der britischen Botschaft in Washington am 30. Dezember mit, daß, hätte man die eidesstattliche Erklärung über Burckhardts Informationen gesehen, bevor sie Wise übergeben wurde, der Zusatz beigefügt worden wäre, man übernehme keinerlei Verantwortung für den Inhalt. Robert Borden Reams, Spezialist für Flüchtlingsangelegenheiten im Außenministerium, vertrat zunächst die Ansicht, eine Erklärung der Alliierten wegen Massenmorden der Nazis an Juden würde die Täter womöglich zu weiteren Massakern anstacheln. Dann kritisierte er in einem internen Memorandum:

Wenn Rabbi Wise die Mitteilung [daß Riegner Beweise geliefert habe] als einen inoffiziellen Bericht seines Vertreters behandelt und mit Hilfe der guten Dienste des Außenministeriums weitergeleitet hätte, wäre nicht viel Schaden entstanden. Statt dessen verbreitete er die darin enthaltenen Informationen mit viel öffentlichem Aufsehen und leitete sie offiziellen Stellen im Außenministerium zu… Es muß erneut betont werden, daß all diese Berichte nicht bestätigt sind. Aus offensichtlichen Gründen ist es nicht möglich, Bestätigungen über das Verhalten der Deutschen in den verschiedenen besetzten Ländern zu erhalten… Unzweifelhaft wird das jüdische Volk in Europa unterdrückt, und gewiß sind zahlreiche Juden seit Kriegsbeginn auf die eine oder andere Weise ums Leben gekommen. Ob sich die Zahl der Toten auf Zehntausende beläuft oder, wie in diesen Berichten behauptet wird, auf Millionen, ist für das Hauptproblem nicht von Belang… Unser wichtigstes Ziel ist es, den Krieg zu gewinnen, und alle anderen Überlegungen müssen diesem Ziel untergeordnet werden.[76]

In einem weiteren Memorandum bezeichnete Elbridge Durbrow aus der Europaabteilung Wises Umgang mit Riegners Bericht als Verdrehung der Tatsachen. Es gebe keinen Zweifel daran, daß die Nazis brutal gegen die Juden in Polen vorgingen, aber »das Außenministerium hat niemals irgendwelche Informationen aus offiziellen Quellen erhalten, und darum ist es ihm nicht möglich, derartige Behauptungen offiziell zu bestätigen«.[77]

Die Verantwortlichen im amerikanischen Außenministerium wußten nichts von den Informationen über die Ermordung von Juden durch die Nazis, die in Bletchley Park gesammelt wurden und dem britischen Geheimdienst vorlagen. Analytiker des Geheimdienstes in London hätten ohne weiteres die Behauptung widerlegen können, daß der Westen nicht herausfinden könne, was die Nazis im besetzten Europa taten. Sie verfügten über ein ziemlich klares Bild, aber nur ausgewählte Verantwortliche wurden unterrichtet. Von Oktober 1942 an hatten mindestens drei Mitarbeiter des Außenministeriums aus Bletchley Park genau jene Art von »offiziellen« Beweisen erhalten, die nach Durbrows Worten dem amerikanischen Außenministerium nicht zur Verfügung standen: die deutschen Funksprüche im Wortlaut.

Die weitgehend ablehnende Haltung des amerikanischen Außenministeriums und die Betonung, daß man offiziell über keine Informationen verfüge, hatten einige unangenehme Auswirkungen: So klagten Mitarbeiter der Visaabteilung, sie seien auf Weihnachtskarten 1942 als Mörder beschimpft worden.[78] Da man der Ansicht war, Wise habe dem Außenministerium »Probleme« bereitet, bot sich als eine Lösung an, ihm den Zugang zu Informationen von Riegner aus Genf zu erschweren oder ihn ganz vom Informationsfluß abzuschneiden. Im Februar 1943 entwarf ein Mitarbeiter der Europaabteilung ein Telegramm an die amerikanische Gesandtschaft in Bern mit der Empfehlung, künftig keine Berichte zur Weiterleitung an private Personen und Instanzen anzunehmen: »Solche privaten Nachrichten werden [auf diese Weise] der Zensur neutraler Länder entzogen, und man muß befüchten, daß wir durch ihre Übermittlung Gefahr laufen, daß die neutralen Länder Schritte unternehmen, unsere Kommunikationswege für amtliche Geheimsachen zu beschneiden oder zu sperren.«[79] Dies war ein eher dünner Vorwand, um einen ungeliebten Boten loszuwerden. Gewiß wollte die Schweiz Deutschland nicht dadurch gegen sich aufbringen, daß sie Berichte über Greueltaten veröffentlichte oder die Übermittlung derartiger Berichte von schweizerischem Boden aus erlaubte – mit dieser Politik behinderte sie die Arbeit jüdischer Organisationen im Land und veranlaßte sie, Hilfe bei wohlgesinnten diplomatischen Vertretern westlicher Staaten zu suchen.[80] Die Schweiz war zwar bedacht, Deutschland nicht zu verärgern, aber bestimmt wollte sie die Vereinigten Staaten ebensowenig damit verärgern, daß sie ihre diplomatischen Kanäle sperrte.

Als Riegner das nächste Mal über die Kanäle des Außenministeriums eine telegrafische Mitteilung an Wise schicken wollte, mußte Leland Harrison, der zuvor Riegner gebeten hatte, bei der Informationsbeschaffung behilflich zu sein, ihm auseinandersetzen, daß neue Instruktionen ihm untersagten, die Mitteilung an Wise weiterzuleiten, obwohl er persönlich bereit und sehr daran interessiert sei. Harrison schlug Riegner vor, Wise direkt zu telegrafieren, doch Riegner erklärte daraufhin, die Informationen seien sehr brisant und vertraulich: Er könne nicht riskieren, daß ein unverschlüsseltes Telegramm von den Deutschen aufgefangen würde. Harrison erwiderte, er wolle versuchen, die Situation in Washington zu klären, und bat das State Department, Riegner nicht vom Informationsfluß abzuschneiden. Die Europaabteilung stimmte schließlich zu, aber nur unter der Bedingung, daß sie die volle Ermessensfreiheit behielt, ob sie Meldungen an Wise weiterleitete oder nicht. Selbst Staatssekretär Welles, der mittlerweile über die Kontroverse informiert worden war, sagte Wise eindringlich, er dürfe, wenn er die Information an die Öffentlichkeit bringe, keinen Hinweis auf die Quelle und den Weg der Übermittlung geben.[81]

Das Telegramm (vom 10. März), das Riegner an Wise schicken wollte, betraf ausgerechnet die Festnahme von 15000 Juden in Berlin Ende Februar und Anfang März, darunter auch die privilegierten Juden in Mischehen, als Teil des oben erwähnten Planes, bis Ende März alle Juden aus Berlin zu deportieren und umzubringen. Riegner beriet sich mit Willem Visser't Hooft vom Ökumenischen Rat der Kirchen, der ihn mit ergänzenden Informationen versorgt hatte, und drängte dann die Alliierten, alles Erdenkliche zur Rettung dieser Menschen zu unternehmen. Er empfahl insbesondere den Austausch von Juden gegen deutsche Zivilisten, die in westeuropäischen oder alliierten Ländern festgehalten wurden; amerikanische und britische Garantien für die Versorgung von Flüchtlingen mit Lebensmitteln in neutralen Ländern und eventuell die Verbringung von Flüchtlingen dorthin; und schließlich riet er, die BBC solle in täglichen Sendungen die Deutschen und andere warnen, nicht am Vernichtungsprogramm der Nazis mitzuwirken. Der amerikanische Konsul in Genf schickte das Telegramm an die Gesandtschaft in Bern, ohne zu wissen, ob es Wise überhaupt erreichen würde.[82] Wie sich herausstellte, handelten die deutschen Ehefrauen der Berliner Juden schneller.

Im britischen Außenministerium machte man sich, wenngleich eingeschränkt, auch Gedanken über die künftige öffentliche Berichterstattung über die Endlösung. Im Mai 1943 versuchte Richard Lichtheim, Riegners Verbindungsmann in Genf, eine Botschaft mit Einzelheiten über die Verfolgung von Juden in Bulgarien und Rumänien von Genf an den Vertreter der Jewish Agency in London zu schicken. Er drängte darauf, die Informationen zu veröffentlichen, und empfahl BBC-Sendungen mit Berichten und Warnungen an die Regierungen von Bulgarien und Rumänien, daß sie später für die Verfolgung der Juden zur Verantwortung gezogen werden würden. Das Außenministerium leitete das Telegramm an die Jewish Agency weiter, *tilgte* aber Lichtheims Empfehlung, die Informationen an die Öffentlichkeit zu bringen. In einem internen Memorandum schrieb ein Mitarbeiter des Außenministeriums, es sei besser, die Jewish Agency gar nicht erst auf solche Gedanken zu bringen.[83]

Die Entwicklungen in London und Washington nach der Alliierten Erklärung vom 17. Dezember 1942 folgten einem ähnlichen Muster. Die Berichterstattung in den westlichen Staaten über die Endlösung bewirkte, daß auf die Regierungen Druck ausgeübt wurde, Abhilfe zu schaffen. In Großbritannien war die öffentliche Meinung, repräsentiert durch einige Parlamentsabgeordnete und Vertreter der anglikanischen Kirche, früh ein einflußreicher Faktor. In den Vereinigten Staaten hielt sich der Kongreß zurück, und die jüdischen Organisationen, selbst uneins über Vorgehensweisen und Prioritäten, hatten nur wenige einflußreiche Verbündete. Doch selbst in den Vereinigten Staaten wurden in der Öffentlichkeit immer häufiger Stimmen laut, die Rettungsmaßnahmen verlangten, woraufhin einige Verantwortliche im Außenministerium den Informationsfluß zu stoppen versuchten.

Wenn die westlichen Regierungen die Vernichtungspolitik der Nazis bereits früher offiziell zur Kenntnis genommen hätten, wären die Rufe nach Rettungs- und Hilfsmaßnahmen bereits früher laut geworden, und der Druck auf ihre Politiker wäre stärker gewesen.

11 Konkurrenz und Kooperation

Am 20. Januar 1943 schickte das britische Außenministerium ein
Aide-mémoire nach Washington des Inhalts, daß beabsichtigt
sei, eine gemeinsame Basis für einen britisch-amerikanischen
Dialog über das Flüchtlingsproblem zu schaffen. Die Briten
sprachen sich ausdrücklich dagegen aus, das Flüchtlingsproblem
als ein rein jüdisches Problem zu behandeln, mit der Begründung, daß viele andere Völker auch litten und daß es Kritik geben würde, wenn die Alliierten sich bevorzugt der Juden an-
nähmen. Das britische Außenministerium sah die Gefahr eines
wachsenden Antisemitismus überall dort, wo ausländische Juden
ins Land kämen. Deutschland und seine Satelliten könnten andere Länder mit Emigranten überschwemmen. Die Denkschrift
schloß mit der Frage, ob die Vereinigten Staaten gemeinsames
Handeln für ratsam erachteten und ob sie an einer inoffiziellen
und informellen Konferenz der Vereinten Nationen (der Alliierten; A.d.Ü.) zu dem Thema teilnehmen würden.[1] Letzten Endes war die Denkschrift eine Einladung an die US-Regierung,
gemeinsam Schritte zu unternehmen und damit den Kritikern in
beiden Ländern entgegenzutreten.

Ungefähr eine Woche danach bat ein hochrangiger Mitarbeiter
der britischen Botschaft in Washington den stellvertretenden
Außenminister Welles um eine Einschätzung der amerikanischen
Haltung in der Flüchtlingsfrage. Welles lehnte jede Stellungnahme ab, solange er nichts Definitives sagen könne.[2] Die Amerikaner reagierten zurückhaltend, zum Teil weil sie fürchteten,
der britische Vorstoß könnte eine Falle sein, zum Teil weil Welles andere außenpolitische Meinungsverschiedenheiten mit den
Briten noch nicht ausgeräumt hatte.[3] Das britische Außenmini-

sterium hatte jedoch auf eine rasche Antwort gehofft, weil Hinweise auf eine gemeinsame Politik beider Länder das britische Parlament davon abbringen würden, weiter Druck auf das Kriegskabinett auszuüben.[4]

Am 3. Februar trafen einige Mitglieder aus beiden Häusern des britischen Parlaments privat zusammen und kamen überein, einen Antrag einzubringen, daß »sofortige Maßnahmen auf breitester und großzügigster Basis ergriffen werden unter Berücksichtigung von militärischen und Sicherheitserfordernissen, um Personen, denen die Ermordung droht, rasch zu helfen und vorübergehendes Asyl zu gewähren«. Bis zum 23. Februar hatten 260 Unterhausabgeordnete den Antrag unterschrieben, und der Erzbischof von Canterbury erklärte sich bereit, ihn im Oberhaus einzubringen.[5] Eden warnte das Kriegskabinett, daß es schwierig sei, dem Parlament zu sagen, Großbritannien sei an internationalen Gesprächen über Flüchtlingsprobleme beteiligt, wenn die Vereinigten Staaten keinerlei Interesse signalisierten.[6]

Am 24. Februar fragte ein Abgeordneter in der Unterhausdebatte über den Antrag (der angenommen wurde) Eden, ob Großbritannien alles tue, was es allein tun könne, und ob er multilaterale Schritte beschleunigen könne. Eden antwortete, daß Großbritannien allein eine gute, geradezu makellose Bilanz vorweisen könne, daß aber die Frage multilateraler Schritte »in mancherlei Hinsicht recht vertrackt« sei. Eden konnte die Fakten nicht nennen, aber er meinte damit den Umstand, daß die amerikanische Antwort auf die britische Einladung zu einer Konferenz immer noch auf sich warten ließ. Der innenpolitische Korrespondent des *Manchester Guardian* sah die Situation ganz anders als Eden. Er schrieb, die britische Regierung habe in der Frage der jüdischen Flüchtlinge »das Handtuch geworfen«. Das Kriegskabinett habe die falsche Entscheidung getroffen, daß Großbritannien erst dann handeln werde, wenn es erreicht habe, daß andere Länder, insbesondere die Vereinigten Staaten, sich beteiligten.[7]

Am nächsten Tag leiteten die Flüchtlingsexperten des amerikanischen Außenministeriums der britischen Botschaft in Washington einen Vorschlag zu. Das US-Außenministerium war einverstanden, daß das Flüchtlingsproblem nicht als ein rein jüdisches Problem behandelt wurde, aber anstelle von bilateralen Schritten sprach es sich für die Einberufung einer Konferenz aus, um das seit langem ruhende staatliche Flüchtlingskomitee wieder zum Leben zu erwecken. Damit kamen die Amerikaner der britischen Strategie entgegen, sicherten sich aber zugleich mit dem Vorschlag gegen Bitten um einseitige amerikanische Rettungs- und Hilfsmaßnahmen ab. In dem Dokument wurden weiter (reichlich aufgebauscht) alle positiven Schritte aufgelistet, die Amerika in der Vergangenheit unternommen hatte. Alles in allem sollte es eher wie ein eigener Vorschlag aussehen und nicht wie eine Reaktion auf den britischen Vorschlag. Am 3. März informierte das US-Außenministerium die Presse über die amerikanische Haltung.[8]

Der britische Geschäftsträger Ronald Campbell beklagte sich bei Welles über die verspätete Antwort und über die Veröffentlichung der amerikanischen Note. Welles verteidigte das amerikanische Vorgehen nicht nur, er startete auch einen vernichtenden Gegenangriff:

> Die britische Regierung hat zugelassen, daß der Eindruck entstehen konnte, die britische Regierung sei die große, herausragende Kämpferin für das jüdische Volk und verteidige als einzige die Rechte der Religionsfreiheit und der persönlichen Freiheit, und sie werde in ihrem Wunsch, praktische Maßnahmen zum Schutz der Juden in Europa und anderswo und zur Sicherung der persönlichen Rechte und Freiheiten zu unternehmen, gehindert durch das Widerstreben der Regierung der Vereinigten Staaten und durch den Unwillen der Vereinigten Staaten, selbst... über Worte und Gesten hinaus tätig zu werden.[9]

Verantwortliche im britischen Außenministerium meinten zwar, daß Welles' Angriff sich eher gegen die britische Propaganda richtete als gegen die britische Außenpolitik, aber sie verstanden auch, daß Welles in Flüchtlingsangelegenheiten eine liberalere Position einnahm als manche seiner Kollegen im State Department – und daß er einigermaßen enttäuscht war.[10]
Welles' Angriff bestürzte die Verantwortlichen im britischen

Außenministerium zwar zunächst, doch sie brauchten die amerikanische Rückendeckung so dringend, daß sie den außerordentlichen Affront hinnahmen. Da Großbritannien und die Vereinigten Staaten sich nunmehr prinzipiell auf ein Treffen geeinigt hatten,[11] konnte das britische Außenministerium allein mit dem Hinweis auf die Mitte April geplante Konferenz alle Bitten abweisen, darunter auch eine Bitte des Deputiertenrates der Britischen Juden, daß Großbritannien energische neue Schritte in der Flüchtlingsfrage unternehmen solle.[12] In einer eigenwilligen Interpretation der Ereignisse gab das Außenministerium der öffentlichen Meinung im Land die Schuld für all die Schwierigkeiten und teilte der britischen Botschaft in Washington mit, Abgeordnete und prominente Personen hätten Konsultationen (nicht Aktionen) gefordert.

Die Regierung Seiner Majestät ergriff jede mögliche Maßnahme, 1) um die Hoffnung zu zerstreuen, daß sehr weitreichende Hilfsmaßnahmen zum gegenwärtigen Zeitpunkt, da sich der Krieg an einem entscheidenden Wendepunkt befindet, ergriffen werden könnten; 2) um boshafte Vergleiche mit den Vereinigten Staaten zu vermeiden. Es war gleichwohl unmöglich, den Gedanken einer gemeinsamen Aktion der Vereinten Nationen ganz und gar abzulehnen, nachdem der Vorstoß der Regierung der Vereinigten Staaten ... erfolgt war. Wir befanden, daß ein gemeinsames Vorgehen der Vereinten Nationen ohne größere Schwierigkeiten ausgearbeitet werden könnte, sofern wir uns über gemeinsame politische Leitlinien einigen könnten. Unsere Hoffnung war nicht nur, daß die Regierung der Vereinigten Staaten in der Lage sein würde, die gastliche Aufnahme von Flüchtlingen anzukündigen (in diesem Punkt sind wir uns der innenpolitischen Komplikationen in Amerika voll und ganz bewußt) und an der Bereitstellung eines Auffanggebiets in Nordafrika mitzuwirken (was, wie wir wissen, primär eine Frage der militärischen Sicherheit ist), sondern daß, was von weit größerer Bedeutung ist, die Vereinigten Staaten zusammen mit uns und anderen Vereinten Nationen neutralen Staaten Zusicherungen geben würden, auf die wir unsere größten Hoffnungen setzen, daß sie Flüchtlinge weiterhin und womöglich in noch größerer Zahl aufnehmen könnten.[13]

Diese Worte gaben die Sache nicht korrekt wieder, sie waren eher so etwas wie die diplomatische Einkleidung einer schroffen Wahrheit: Die Briten erwarteten von den Vereinigten Staaten, daß sie die Aufnahme weiterer Flüchtlinge ablehnen würden, und ihre Weigerung wäre dann der willkommene Anlaß für die Briten, sich gleichfalls zu weigern.

Daß die Briten die alliierten Zusicherungen an neutrale Länder betonten, die bereit wären, Flüchtlinge aufzunehmen, hieß im Klartext, daß die Briten selbst den neutralen Ländern keinerlei Zusicherungen geben wollten. Einen Tag zuvor hatte die Schweizer Gesandtschaft in London beim Außenministerium angefragt, inwiefern die anglo-amerikanischen Gespräche die Interessen der Schweiz berühren würden. Der Schweizer Geschäftsträger in London hatte bereits um eine Garantie gebeten, daß die Schweiz sich nach Kriegsende nicht weiter um Flüchtlinge werde kümmern müssen, und Alec Randall sagte, dies sei ein Punkt, den die Briten und die Amerikaner bei ihrem Treffen erörtern würden. Der Schweizer Vertreter betonte die Besorgnis angesichts des anhaltenden Zustroms von Flüchtlingen in sein Land. Randall beruhigte ihn: Die Diskussionen würden informell und nur vorbereitend sein. Selbstverständlich werde die Schweiz nicht ohne vorherige angemessene Konsultation zu irgend etwas verpflichtet werden.[14]

Außenminister Eden reiste nach Washington und diskutierte dort eine Reihe von Themen und Problemen der Kriegsallianz. Auf eine entsprechende Nachfrage seines Ministeriums teilte er mit, daß er auf seiner Reise keine Flüchtlingsprobleme erörtern werde.[15] Es war nicht das erste Mal, daß er das Thema zu vermeiden versuchte. Am 4. Februar hatte er eine halbe Stunde mit Jan Karski gesprochen, dem Mann, der als Überbringer von Nachrichten über die Endlösung 1942 eine so wichtige Rolle gespielt hatte.[16] Karski schilderte Eden die Situation der polnischen Untergrundkämpfer und die Not der polnischen Juden. Doch als er vorschlug, die Alliierten sollten Flugblätter abwerfen und

Bombenangriffe zur Vergeltung durchführen, um der weiteren Ermordung von Juden Einhalt zu gebieten, schnitt Eden ihm das Wort ab: »Der polnische Bericht über Greueltaten hat uns bereits erreicht.« Karski erinnerte sich später an seine Worte: »Die Angelegenheit wird ihren korrekten Gang nehmen.«[17] In Edens Zusammenfassung der Unterredung für das Kriegskabinett wurden die Juden nur beiläufig erwähnt: Karski habe gesagt, daß die gesamte Einwohnerschaft von Warschau, auch die verbliebenen Juden, in ihrem Haß auf die Deutschen, aber auch in ihrem Widerstand gegen sie, geeint seien.[18]

Edens mangelnde Bereitschaft, das Thema der jüdischen Flüchtlinge in Washington anzusprechen, veranlaßte den Parlamentarischen Staatssekretär Richard Law, Eden zu telegrafieren und ihm das politische Problem in ungewöhnlich offenen Worten zu schildern:

Ich bedaure, daß ich Sie wegen der Juden belästigen muß, aber wir werden in [eine] schlimme Lage geraten, wenn Cranborne [Viscount Cranborne war Minister für die Kolonien und ein Sprecher der Regierung] bei der für den 23. März angesetzten Debatte im Oberhaus gar nichts über die Konferenz sagen kann. Es wird eine sehr heftige Debatte werden mit dem Erzbischof von Canterbury in Person und anderen Kirchenmännern in Vertretung...
Ich weiß, wie unerquicklich dies ist, aber inzwischen sind fast zwei Wochen vergangen, seit wir die Einladung zu einer Konferenz angenommen haben, und es wird sehr heikel sein, wenn wir bekennen, daß überhaupt nichts geschehen ist, seit wir die Einladung angenommen haben. Ich denke, es würde auch sehr sonderbar aussehen, wenn Sie nach den Bekundungen, die auf Ihre Erklärung im Unterhaus folgten, zurückkämen und sagten, Sie hätten das Thema [in den Vereinigten Staaten] nicht angesprochen.
Natürlich wäre es ganz und gar nicht nötig, daß Sie in irgendeiner Weise ins Detail gehen. Wir hätten nur sehr gern, daß Cranborne in etwa folgende Worte sagen könnte: »Ich gehe davon aus, daß das Problem dem Außenminister sehr präsent ist und daß er ohne Zweifel jede Gelegenheit er-

greifen wird, die sich ihm bietet, um die vorgeschlagenen Erörterungen voranzubringen.«[19]

Eden verstand die Botschaft. Am 22. März traf er mit dem amerikanischen Außenminister Cordell Hull und dem britischen Botschafter Lord Halifax zusammen. Den amerikanischen Aufzeichnungen zufolge – allem Anschein nach die einzigen Aufzeichnungen über die Unterredung, die noch existieren – sprach Eden davon, daß die Briten versuchen wollten, 30 000 Juden aus Osteuropa nach Palästina zu bringen. Hull gab die Reaktion der Araber zu bedenken, aber Eden erläuterte, daß die Juden, sollte der Plan tatsächlich verwirklicht werden, unter die britische Einwanderungsquote für Juden fallen würden. Er forderte die Amerikaner auf, Spanien, Portugal, der Schweiz und Schweden Zusicherungen zu geben, daß sie nicht auf unabsehbare Zeit Flüchtlinge aufnehmen müßten. Die britische Regierung wollte überdies die bevorstehende Konferenz über Flüchtlingsprobleme ankündigen, und Mitarbeiter beider Ministerien trafen sich zur Ausarbeitung eines Entwurfs, der umgehend nach London geschickt wurde.[20]

Am nächsten Tag debattierte das Oberhaus den Antrag von Erzbischof Temple, der verlangte, alle Menschen aufzunehmen, denen die Flucht nach Großbritannien gelingen würde, und auf rasches Handeln des Kriegskabinetts drängte. In seiner Erwiderung lehnte Viscount Cranborne einseitige Schritte der Briten ab und verwies auf Engpässe bei Nahrungsmitteln und Transportkapazitäten. Aber er verlas die britisch-amerikanische Erklärung, die soeben eingetroffen war, daß die beiden Staaten bei einer Konferenz Mitte April auf den Bermudas gemeinsam an Lösungen für die Flüchtlingsprobleme arbeiten wollten.[21] Eden war im Sinne ihrer wichtigsten Anliegen tätig geworden.

Am 24. März wandte sich Nahum Goldmann vom Jüdischen Weltkongreß zusammen mit Moshe Shertok von der Jewish Agency und Rabbi Maurice Perlzweig an William Strang, einen Verantwortlichen im britischen Außenministerium, der Eden nach Washington begleitet hatte, und drängte auf eine Erklärung der Alliierten, daß sie alle Juden aus den von den Achsenmächten beherrschten Gebieten aufnehmen würden. Sumner Welles arrangierte als nächstes für Joseph M. Proskauer vom American Jewish Committee und Rabbi Wise einen Gesprächstermin mit Eden. Proskauer und Wise waren gemeinsam Vorsitzende des Joint Emergency Committee on European Jewish Affairs, einem Ausschuß, in dem Vertreter der wichtigsten jüdischen Organisationen in Amerika saßen und der sich mit den Angelegenheiten der europäischen Juden befaßte. Eden nahm sich am 27. März eine halbe Stunde für eine Unterredung.[22] Wise und Proskauer drängten auf eine alliierte Erklärung mit dem Ersuchen an Hitler, er solle allen Juden erlauben, das besetzte Europa zu verlassen. Eden bezeichnete den Vorschlag als »in absurder Weise unmöglich«. Er lehnte es auch ab, die Juden auf dem Seeweg von Spanien und Portugal nach Palästina zu bringen, weil das Mittelmeer zu gefährlich sei. Erwachsene Juden aus Bulgarien könnten nicht in die Türkei fliehen, weil »die Türkei nicht mehr Personen Ihres Volkes aufnehmen will«. (Britische Diplomaten hatten kurz zuvor berichtet, daß in der Türkei ein erheblicher Antisemitismus existiere, aber Großbritannien hatte keinerlei Anstrengungen unternommen, die Türkei zur Aufnahme von weiteren Flüchtlingen zu bewegen.[23]) Auch dem Vorschlag, Lebensmittel für die hungernden Juden nach Europa zu bringen, erteilte Eden eine Absage, ebenso wie allen anderen Vorschlägen. Entmutigt wandten sich Wise und Proskauer wieder an Welles, und dieser versprach, er werde alles in seiner Macht Stehende tun.[24]

Später am selben Tag traf Eden erneut mit den Ministern Hull und Welles zusammen, Harry Hopkins, Lord Halifax und Strang waren bei dem Gespräch ebenfalls zugegen. Anders als die Mitarbeiter der mittleren Ebene des Außenministeriums stimmten die Amerikaner in dieser Runde nicht mit der Haltung der Briten überein. Aus Hopkins' Aufzeichnungen geht hervor, daß Hull Eden drängte, etwas für die 60 000 bis 70 000 bulgarischen Juden zu tun, die von der Vernichtung bedroht waren.[25] Eden antwortete, wenn die Alliierten einen Präzedenzfall schüfen, würden Juden überall auf der Welt ähnliche Maßnahmen für die polnischen und deutschen Juden verlangen: »Hitler kann uns bei jedem derartigen Angebot beim Wort nehmen, und es gibt ganz einfach auf der ganzen Welt nicht genug Schiffe und andere Transportmittel, um dies durchzuführen.« Er sagte, daß Groß-

britannien bereit sei, Zehntausende Juden nach Palästina zu bringen, daß dies aber mit erheblichen Transport- und Sicherheitsproblemen verbunden wäre – Deutschland würde mit den
Flüchtlingen Agenten einschleusen. Er warnte die Amerikaner,
keine teuren Versprechungen zu machen.[26] Generell behagte
Eden die Immigration von Juden nach Palästina nicht. Im April
notierte Edens Privatsekretär in sein Tagebuch:»Unglücklicher-
weise ist A. E. in der Palästinafrage nicht umzustimmen. Er liebt
die Araber und haßt die Juden.«[27]
Welles hingegen war hinsichtlich einiger Rettungsmöglichkeiten zuversichtlich. Zehn Tage vor der Bermuda-Konferenz
drückte er die Hoffnung aus, daß es möglich sein könne, bulgari-
sche Juden in die Türkei und ins britisch kontrollierte Ägypten
zu bringen. Er sagte auch, daß er weitere Massenkundgebungen
in den Vereinigten Staaten zugunsten von Rettungs- und Hilfsmaßnahmen begrüße, denn nur Präsident Roosevelt könne die
britische Regierung dazu bewegen, die bisherige ablehnende
Haltung aufzugeben und doch noch einen Appell an Deutschland für die Freilassung aller Juden zu richten. (Selbst wenn ein
solcher Appell bei den Naziführern wenig fruchte, werde er
doch in Deutschland und ganz Europa das Augenmerk auf die
Endlösung lenken und die Menschen vielleicht ermutigen, gegen
die Massenvernichtung Widerstand zu leisten. Auf jeden Fall
wäre ein solcher Appell eine erneute Warnung an die Juden, den
Versprechungen zu einer angeblichen »Umsiedlung« nicht zu
glauben.) Welles meinte, die Bermuda-Konferenz wäre ein Erfolg, wenn es gelingen würde, 50 000 Menschenleben zu retten.[28]
Nach einem Besuch von Salomon Adler-Rudel von der Jewish
Agency in Stockholm teilte Rabbi Wise Welles mit, daß die
schwedische Regierung eine erhebliche Zahl polnischer Juden
aufnehmen würde, insbesondere wenn die Vereinigten Staaten sie
um einen solchen Akt der humanitären Hilfe ersuchen sollten.
Wise fragte, ob der amerikanische Geschäftsträger in Stockholm,
Herschel Johnson, das Thema mit Schweden erörtern könne,
und Welles gab Johnson eine entsprechende Anweisung.[29] Johnson erfuhr, daß Schweden bereits an Deutschland herangetreten
war mit dem Angebot, norwegische und holländische Juden aufzunehmen; beide Anfragen waren abgelehnt worden. Deutsch-

land sei nur dann von seiner pauschal abweisenden Haltung ab-
gerückt, wenn angeboten worden sei, hohe Summen als Lösegeld
für bestimmte Juden zu bezahlen. Die Schweden hatten wenig
Hoffnung, daß Deutschland Juden ohne drückende Forderungen
freigeben würde, aber sie wollten es zumindest versuchen.[30]
Am 15. April diskutierte das schwedische Kabinett die mögliche Aufnahme von 20 000 jüdischen Kindern. Der Vorschlag
wurde positiv aufgenommen, teilweise weil die Regierung meinte, der Schritt werde einen guten Eindruck in London und Washington machen. Das Kabinett gab seine Zustimmung unter der
Voraussetzung, daß Großbritannien und Amerika die Kosten für
den Unterhalt der Kinder tragen, zusätzliche Lebensmittel-
importe erlauben und zusichern würden, daß Schweden die Kinder nach Kriegsende wieder abgeben könne. Erik Boheman, Generalsekretär im schwedischen Außenministerium, sagte zu
Adler-Rudel, daß Schweden lieber jüdische Kinder aus den Nie-
derlanden aufnehmen würde als aus Polen, aber daß dies keine
unerläßliche Bedingung sei.[31] Die schwedische Entscheidung fiel
wenige Tage vor der Eröffnung der britisch-amerikanischen
Konferenz auf den Bermudas am 19. April, und sie hätte einigen
Einfluß auf die Beratungen haben können, doch die Delegationen steuerten in eine andere Richtung.

Auf amerikanischer Seite hatten der Staatssekretär im Außenministerium Breckinridge Long und sein Flüchtlingsexperte Robert Borden Reams die Konferenz vorbereitet, und das erklärt
zumindest teilweise, warum die Amerikaner schließlich neben
der Delegation des Außenministeriums nur die zweite Garde
entsandten: ausnahmslos Politiker ohne Erfahrungen mit dem
Thema.[32] Die britische Delegation leitete, von Eden persönlich
ausgewählt, der Parlamentarische Unterstaatssekretär Law (Eden
hatte dafür gesorgt, daß er rechtzeitig wieder in London war und
sich noch vor Laws Abflug mit ihm beraten konnte).[33]

Bei den Arbeitssitzungen der Konferenz hinter verschlossenen
Türen waren sich beide Seiten einig, die neuralgischen Punkte
des jeweils anderen nicht zu berühren: Die Briten wollten keine
Schritte, die im Nahen Osten die Araber gegen sie hätten aufbringen können, keine wie auch immer gearteten Verhandlungen
mit den Deutschen über die Freilassung von Juden und keine Le-

bensmitteltransporte durch die alliierten Blockadelinien. Die Amerikaner wollten keine Beschlüsse, die ein Abrücken von ihrer rigorosen Immigrationspolitik verlangt hätten.[34] Am dritten Tag der Konferenz sandte Law einen freimütigen Zwischenbericht direkt an Eden:

2. ... Es geht gut in dem Sinne, daß die Amerikaner nicht hierher gekommen sind, um die Schuld des Scheiterns auf uns zu laden. Ich denke nicht, daß sie versuchen werden, uns wegen Palästina in Bedrängnis zu bringen... Ich denke... daß sie unsere Unterstützung dafür suchen, daß sie gegenüber ihrer eigenen Öffentlichkeit unangenehme Fakten präsentieren können. Entsprechend sollte es für uns hilfreich sein, wenn wir ihre Unterstützung gegen unsere eigenen Erzbischöfe anführen können. Aus dieser negativen, aber nicht unwichtigen Perspektive betrachtet, kann, meine ich, einiges Gutes hier herauskommen.
3. Ich gebe zu, daß ich auf der positiven Seite weniger hoffnungsvoll bin. Sie können stundenlang die Karte betrachten, und es ist keine Lösung zu erkennen. Ich stelle mir vor, daß die Leute hier darauf vorbereitet sind, Nordafrika zu empfehlen, aber es gibt keine Garantie (und meines Erachtens nur eine sehr geringe Wahrscheinlichkeit), daß eine solche Empfehlung in Washington akzeptiert würde. Es kann sein, daß ich übertrieben pessimistisch bin, und vielleicht klärt sich die Situation von selbst, wenn wir in konkrete Verhandlungen eintreten. Unter der Annahme, daß die Amerikaner vor allem bestrebt sind, uns den Schwarzen Peter zuzuschieben, liegt es in ihrem Interesse genauso wie in unserem, daß ein positives Ergebnis herauskommt.
4. Gegenwärtig bin ich geneigt zu glauben, daß unser vorrangiges Ziel sein sollte, sobald wie möglich irgendeine Form von überstaatlicher Struktur für die Behandlung des Problems einzurichten. Wenn wir das Problem in praktischen Möglichkeiten definieren können (d.h. eher in Tausenden als in Hunderttausenden) und wenn wir einen Apparat in Gang setzen können, der die Möglichkeiten ausnutzt (hier und dort ein neutrales Schiff chartern und eine

sichere Zuflucht in dieser oder jener Region für ein paar hundert jener bedauernswerten Gestalten finden), haben wir immerhin einiges getan ...
6. Ich sehe ein, daß es am 4. Mai [im Parlament] eine Debatte über die Flüchtlinge geben muß ... [Bis dahin] kann ich nur hoffen, daß wir eine förmliche Übereinkunft darüber erzielen, was nicht möglich ist, d. h. daß wir Hitler nicht bitten können, daß er uns seine Juden schickt, daß wir keine gefährlichen Nazis oder Kriegsgefangenen gegen deutsche Juden austauschen können, daß wir keine Lebensmittel für die Juden durch die Blockadelinien schicken können; und [ich hoffe], daß wir eine förmliche Übereinkunft erreichen, daß wir unmittelbar irgendeine Art der Kooperation zwischen den Regierungen einrichten.[35]

Für Law war es das wichtigste Ziel der Bermuda-Konferenz, eine Übereinkunft zu finden, was nicht getan werden sollte, und er wollte die Verantwortung für Maßnahmen auf ein internationales Gremium abschieben.

Wie nicht anders zu erwarten, beinhalteten die Vereinbarungen der Bermuda-Konferenz nur sehr kleine konkrete Schritte. Letzten Endes unterstützten weder Großbritannien noch die Vereinigten Staaten eine bilaterale Erklärung darüber, daß sie am Ende des Krieges die Verantwortung für Flüchtlinge übernehmen würden, die in neutralen Ländern Zuflucht gesucht hatten. Beide Länder drückten zwar ihre Achtung vor dem humanitären Beitrag der neutralen Staaten aus, zogen es aber vor, eine Garantie aller alliierten Mächte abzuwarten. Die beiden Delegationen gaben eine Presseerklärung heraus, vereinbarten aber Stillschweigen über das Abkommen selbst – anscheinend wollten sie Kritik an den dürftigen Resultaten der Konferenz vermeiden. Und im Anschluß an die Konferenz mußten erst Churchill und dann Roosevelt intervenieren, damit tatsächlich kleine Auffanglager für jüdische Flüchtlinge in Nordafrika eingerichtet wurden, wie es von der Konferenz angeregt worden war.[36]

Kurz nach Abschluß der Bermuda-Konferenz schrieb Erzbischof Temple an Eden und warb für das bereits zitierte Angebot Schwedens, mit Deutschland über die Aufnahme von 20 000 jüdischen Kindern zu verhandeln. Die schwedische Regierung meinte, daß das Angebot eine Chance haben könnte, wenn davon die Rede wäre, daß die Juden außerhalb Europas angesiedelt würden, und sie bat um entsprechende britische Zusicherungen sowie um Nahrungsmittelhilfen für die Flüchtlinge. Eden antwortete, daß er dem Vorschlag grundsätzlich positiv gegenüberstehe, doch er lehnte die Ansiedlung der Juden außerhalb Europas ab, unter anderem mit dem Argument, daß die Eltern ihre Kinder nach Ende des Krieges ohne Zweifel wieder in Europa würden zurückhaben wollen. Irgendwelche Garantien seien auf jeden Fall Sache aller Alliierten.[37] In einer anschließenden Diskussion mit dem britischen Geschäftsträger in Schweden unterstrich Generalsekretär Boheman noch einmal, daß die Ansiedlung außerhalb Europas der einzige Köder sei, den die Naziführer vielleicht schlucken würden; er war enttäuscht, daß die Briten eine entsprechende Zusicherung nicht abgeben wollten. Die amerikanische Reaktion war nur geringfügig flexibler. Nach (oder trotz) einiger Ermutigung durch Sumner Welles war das Außenministerium zu der Zusage bereit, daß man versuchen werde, diese Menschen nach Niederringung des Feindes wieder nach Hause zu bringen. Schweden verfolgte den Gedanken, an Deutschland heranzutreten, dann nicht mehr energisch weiter.[38]

Wie eine Episode aus der Zeit zeigt, hätte selbst der ursprüngliche schwedische Plan Chancen gehabt. Im Mai 1943 übermittelte die Schweizer Regierung Deutschland ein Ersuchen der Briten, 5000 jüdische Kinder aus dem Generalgouvernement Polen und aus anderen besetzten Gebieten im Osten nach Palästina ausreisen zu lassen. In seiner Antwort formulierte Himmler die bindenden Grundsätze für die Reaktion der Deutschen auf derartige Angebote und definierte den Grad ihres Entgegenkommens. Grundsätzlich sei er dagegen, aber er wäre zu einer Zustimmung bereit, wenn die Ausreise der Juden im Austausch gegen junge internierte Deutsche erfolgen würde, etwa nach einer Quote von vier Deutschen gegen einen Juden.[39] Das deutsche Außenministerium ergänzte Himmlers Bedingungen noch: Wenn man die 5000 Juden ausreisen ließe, könnten sie nicht nach Palästina gehen, weil die Araber sich dem widersetzen würden; sie könnten aber nach Großbritannien gehen, sofern die Briten zu einer Gegenleistung bereit wären (etwa zur Freilassung internierter Deutscher) und sofern das Unterhaus den Handel offiziell absegnen würde. Ende Juni einigten sich Himmler und Ribbentrop auf diese Formulierung, aber natürlich war ihnen klar, daß die Briten kaum mitspielen würden.[40]

Die Naziführer waren zur Freilassung oder zum Austausch einiger tausend Juden nur bereit, wenn die Juden Europa verließen und die Alliierten sich um sie kümmerten. Diese Regelung hätte ihnen erlaubt, ihr Ziel, alle Juden aus Europa zu vertreiben, weiterzuverfolgen, und es hätte aus ihrer Sicht auch die Chance geboten, den Antisemitismus und politische Unruhen in den alliierten Ländern zu schüren. Die Nazis hatten kein Interesse an einer Vereinbarung über die Ausreise einer bestimmten Zahl von Juden an sichere Orte in neutralen Ländern. (Ein neuer Vorschlag, einige jüdische Kinder aus Frankreich und Belgien nach Schweden ausreisen zu lassen, scheiterte daran, daß Deutschland erklärte, es könne dafür keine Transportmittel zur Verfügung stellen.) Der Austausch über diplomatische Kanäle zog sich ohne Ergebnis bis 1944 hin.[41]

Sumner Welles war enttäuscht, daß die Briten sich weigerten, Juden in den Nahen Osten zu evakuieren. Ende Juni wies er Lord Halifax darauf hin, daß unbedingt Juden aus Bulgarien herausgebracht werden müßten; wenn man weiter zögere, werde die Gelegenheit ungenutzt verstreichen und die Alliierten würden für das Schicksal der Juden verantwortlich gemacht werden. Aber Halifax wollte abwarten, bis für die Flüchtlinge aus Europa in Nordafrika »Konzentrationslager«, wie er sie nannte, eingerichtet wären.[42] Die Lager (empfohlen auf der Bermuda-Konferenz, aber noch nicht beschlossen) waren jedoch nicht konzipiert für so viele Tausende von Menschen, die Welles retten wollte und die Eden bei seinem Besuch in Washington im März beziffert hatte.

In einer Rede in Boston am 4. Mai zog der Staatssekretär im Außenministerium Adolf Berle, ein ehemaliger Redenschreiber und Berater von Präsident Roosevelt, eine Bilanz der bescheidenen Ergebnisse der Bermuda-Konferenz. Berle, der für seine Intelligenz, aber nicht gerade für ein besonderes Feingefühl bekannt war,[43] bestritt weder die Fakten, noch beschönigte er die alliierte Politik. Er sagte, Deutschland habe die vollständige Vernichtung der Juden in die Wege geleitet und seine Satellitenstaaten gezwungen, daran mitzuwirken. Zum erstenmal in der modernen Geschichte führe ein zivilisiertes Volk einen Völkermord durch, und Berle warnte die Deutschen, daß sie nach dem Krieg zur Verantwortung gezogen würden. Sofortige Hilfe für die Menschen, die unter der Tyrannei der Nazis litten, sei indes unmöglich:»Diesen hilflosen Unglücklichen kann nicht anders geholfen werden als durch eine Landung in Europa, durch einen Sieg über die deutschen Waffen und ein Zerbrechen der deutschen Macht. Einen anderen Weg gibt es nicht.« Ein Flüchtlingsspezialist im britischen Außenministerium kommentierte beifällig, die Verantwortlichen in den USA hätten nun endlich begriffen, wie schwierig die Lösung des Flüchtlingsproblems sei.[44]

Vielleicht hätte man im Westen die Ermordung der Juden durch die Nazis hingenommen, wenn der Krieg anders verlaufen wäre. Doch Mitte 1943 hatten sich die militärischen Perspektiven deutlich aufgehellt, und das bedeutete, daß immer mehr Menschen, auch in den Vereinigten Staaten, Berles Standpunkt einfach nicht akzeptieren konnten. Sobald deutlich wurde, wie bescheiden die Ergebnisse der Bermuda-Konferenz waren, erneuerte und verstärkte sich der Druck auf Briten und Amerikaner, endlich zu handeln.

Im April fand neben der Bermuda-Konferenz noch ein weiteres Treffen zwischen Briten und Amerikanern statt; dabei ging es jedoch nicht um die Vernichtungspolitik der Nazis und die Frage, wie die noch verbliebenen Juden gerettet werden könnten. Doch die bloße Tatsache, daß kein Zusammenhang hergestellt wurde – und die Art, wie die Briten mit Geheimdienstinformationen umgingen – ist höchst aufschlußreich.

Am 25. April trafen drei Verantwortliche des amerikanischen Nachrichtendienstes – William Friedman, Oberst Alfred McCormack und Oberstleutnant Telford Taylor – auf dem Weg nach Bletchley Park in London ein. Friedman, damals 51 Jahre alt, hatte sich als Autodidakt das Entziffern von Codes beigebracht und war zu der herausragenden Gestalt der amerikanischen Kryptologie geworden – nach Einschätzung eines Insiders war er

255

der beste Kryptologe seiner Zeit. Aber er hatte bereits einen Nervenzusammenbruch erlitten und leistete nur ein eingeschränktes Pensum an Arbeit.[45] McCormack war Rechtsanwalt und hatte wenig Erfahrung mit der Entzifferung von Codes. Taylor war ebenfalls Anwalt, noch sehr jung und diente seit fünf Monaten bei der Spezialabteilung der Armee, wo er sich um die englisch-amerikanische Kooperation im Geheimdienstbereich kümmern sollte.[46] Der Besuch der Amerikaner war von großer und bleibender Bedeutung für die geheimdienstliche Kooperation der beiden Staaten, aber es hatte lange gedauert, bis er endlich zustande kam.

Die britisch-amerikanische Geheimdienstkooperation während des Zweiten Weltkriegs war eine Folge der zunehmenden diplomatischen und militärischen Zusammenarbeit beider Länder, die schon einige Zeit vor dem formellen Kriegseintritt der Vereinigten Staaten begonnen hatte.[47] Die beiden Geheimdienste bildeten eine Welt für sich mit ihren jeweiligen Besonderheiten, und bisweilen gingen sie ganz andere Wege, als es die politischen Beziehungen nahegelegt hätten.[48]

Üblicherweise behalten Geheimdienste ihre Erkenntnisse für sich – und teilen sie nicht mit anderen. Die Amerikaner wußten nichts von den frühen Durchbrüchen der Briten bei der Entzifferung der Handchiffren der deutschen Polizei und der enigmaverschlüsselten Meldungen deutschen Militärs, und zu Anfang hatten sie nicht die geringste Ahnung, in welchem Umfang (und wie straff organisiert) in Bletchley Park Meldungen entziffert wurden. Die Kryptographen und Analytiker der Vereinigten Staaten arbeiteten verteilt – bisweilen sogar sehr aufgesplittert – in der Armee und im FBI.

Analytikern der Armee war es gelungen, eine japanische Verschlüsselungsmaschine nachzubauen, und im September 1940 hatten sie einen diplomatischen Code der Japaner namens Purple geknackt. Das Material erhielt den Namen Magic und war mehr oder weniger das Gegenstück zum britischen Ultra-Material. Ein Verantwortlicher bei der US-Armee erzählte den britischen Stabschefs umgehend von ihren Erfolgen bei japanischen und italienischen Codes und schlug einen Austausch der jeweiligen Informationen vor. Im Oktober billigten Verantwortliche im

Kriegsministerium diesen Vorschlag offiziell, und der Präsident und der Außenminister wurden unterrichtet.[49] Im Januar 1941 brachte eine Gesandtschaft von US-Marine und US-Armee eine »Magic«-Maschine nach Großbritannien, die den Briten sehr nützliche Dienst bei der Verfolgung der japanischen Aktivitäten im Fernen Osten leistete. Der Historiker Bradley F. Smith bezeichnete dies als eine der großzügigsten Gesten in der Geschichte der modernen kryptanalytischen Beziehungen.[50]

Das amerikanische Team bekam als Gegenleistung eine kurze Führung durch Bletchley Park, eine sehr allgemeine Einführung in die kryptologischen Methoden der Briten und einen Überblick über die Grundstruktur der Arbeitsteilung (das inzwischen berühmte Barackensystem, bei dem jeweils ein Team von Spezialisten in einer Holzbaracke mit Wellblechdach zusammengefaßt war). Doch bei den Enigma-Codes hatten die Briten damals noch keine großen Fortschritte erzielt, und die Amerikaner bekamen keine Enigma zu sehen, geschweige denn, daß ihnen eine übergeben worden wäre; sie wußten nicht einmal von ihrer Existenz und auch nicht von der Existenz der Maschinen (der sogenannten Bombas), mit denen die Briten die Walzeneinstellungen der Enigma herauszufinden versuchten. Die Amerikaner ahnten nach ihrem Besuch nicht, welch entscheidende Rolle Bletchley Park im Krieg bald spielen sollte.

Gestützt auf die wenigen zugänglichen Informationen meint Smith, daß Graham Stewart Menzies, der Leiter des Secret Intelligence Service (SIS), möglicherweise mit Rückendeckung durch Premierminister Churchill, verantwortlich dafür war, daß die Amerikaner auf Distanz gehalten wurden, möglicherweise weil sich die Briten Sorgen um die Geheimhaltung jenseits des Atlantiks machten. Tatsächlich hatten die Amerikaner mit Sicherheitsproblemen und ernsten Rivalitäten zwischen den einzelnen Diensten zu kämpfen. Aber das Ergebnis der britischen Zurückhaltung war, daß die amerikanischen Verantwortlichen beim Militär und im Geheimdienst zu dem Eindruck gelangten, sie hätten weit mehr gegeben als bekommen. Die daraus resultierende Verstimmung erschwerte die Zusammenarbeit zwischen Amerikanern und Briten im Geheimdienstbereich in der Folgezeit zusätzlich.[51]

Die von den Briten entzifferten handverschlüsselten Meldungen der deutschen Polizei waren nicht so brisant wie das Ultra-Material, aber auch der Umgang mit ihnen hing vom Klima der alliierten Beziehungen im Geheimdienstbereich ab. Nach und nach gaben die Briten ab der zweiten Jahreshälfte 1941 in indirekter Form Informationen aus Ultra-Material weiter, damit die amerikanischen Schiffe deutschen U-Booten im Atlantik ausweichen konnten,[52] und Ende 1942 leisteten sie ähnliche Unterstützung bei codierten Meldungen aus Italien, Frankreich, den französischen Kolonien, Brasilien und einigen anderen südamerikanischen Staaten, Portugal und Schweden. Ein britischer Nachrichtenoffizier meinte schließlich, der Informationsaustausch entwickle sich einseitig zugunsten der Amerikaner.[53]

Über das Vorgehen der deutschen Polizei brauchten die Amerikaner nichts zu wissen – zumindest dachten dies allem Anschein nach die Briten. Menzies und sein Stellvertreter Nigel de Grey waren grundsätzlich dagegen, irgendwelche Erkenntnisse aus Bletchley Park nach Washington weiterzuleiten. Erst nachdem die Briten auf eine Reihe technischer Probleme gestoßen waren, für die sie amerikanische Hilfe brauchten, gab der SIS nach: Wenn die amerikanische Armee bereit war, Vertreter nach England zu entsenden, würde man ihnen alles zeigen.[54]

Auf dieses Angebot ging der Besuch Ende April 1943 zurück. Die dreiköpfige amerikanische Delegation wurde durch Bletchley Park geführt und war sehr beeindruckt von der Größe (rund 5000 Leute) und der Produktivität der Einrichtung. Taylor blieb noch weiter in London und erhielt direkten Einblick in diplomatische Botschaften, die in einer separaten Abteilung unter der Leitung von Alastair Denniston, dem ehemaligen Leiter von Bletchley Park, in der Berkeley Street entziffert wurden.[55]

Am 17. Mai unterzeichneten hochrangige britische und amerikanische Geheimdienstmitarbeiter ein förmliches Abkommen über den Austausch von entzifferten Geheiminformationen. Der Austausch des Rohmaterials (der noch verschlüsselten Funksprüche) war nicht vorgesehen. Die Vereinbarung lief darauf hinaus, daß sich die Vereinigten Staaten auf das Abfangen und die Entzifferung nicht-deutscher Meldungen spezialisieren würden, insbesondere auf die japanischen, und daß die Briten ihr Quasimonopol für die deutschen Meldungen behalten und weitere Entzifferungsarbeiten leisten würden. Unmittelbar nach dem Abschluß der Vereinbarung konnte Taylor sich ein umfassendes Bild davon machen, was in Bletchley Park geschah.[56] Das erste Team amerikanischer Kryptanalytiker traf im Juli 1943 in Bletchley Park ein, um den Briten bei der Lösung ihrer Probleme zu helfen. Einer von ihnen war der Mathematiker Arthur Levinson, der etliche Jahre beim Army Signal Corps gearbeitet hatte. (Später war er lange Zeit und sehr erfolgreich für die American National Security Agency tätig.) Levinson empfand die Atmosphäre in Bletchley Park als geprägt von Optimismus und Zuversicht, und er registrierte, daß es keine Rangunterschiede gab. Lauter kluge Köpfe waren dort versammelt, sie hatten einige Erfolge erzielt und hofften auf weitere Erfolge in der Zukunft. Sie arbeiteten gemeinsam und kooperativ an einer wichtigen Aufgabe. Levinson übte sich im Entziffern deutscher Enigma-Botschaften, und dabei kamen ihm keine Meldungen über die Ermordung von Juden in die Hände. Hinweise auf derartige Vorgänge waren in den Funksprüchen der Deutschen offensichtlich selten.[57]

Doch ein britischer Kryptologe namens Walter Eytan – von Geburt deutscher Jude mit dem Namen Ettingham – der seit Anfang 1941 in Bletchley Park an enigmaverschlüsselten Botschaften von deutschen Kriegsschiffen und U-Booten arbeitete, erhielt Ende 1943 oder Anfang 1944 eine Meldung, daß ein Schiff unter deutscher Flagge Juden von Rhodos zur Endlösung transportierte. Von einer Endlösung hatte er bis dahin noch nichts gehört, jedoch war ihm, wie er sich später erinnerte, instinktiv klar, was der Begriff bedeutete. Gegenüber den anderen, die mit ihm Dienst hatten, verlor er damals darüber kein Wort.[58]

Den Kryptanalytikern in Bletchley Park gelang es bis Kriegsende nicht, den Enigma-Code zu knacken, den die Gestapo für ihre allergeheimsten Meldungen verwendete. Diese Meldungen hätten wohl Informationen über die Rolle der Einsatzgruppen und vielleicht auch über die Judendeportationen aus verschiedenen europäischen Ländern in die Vernichtungslager enthalten. Aber offensichtlich knackten sie andere Codes der Gestapo und des SD, und auch diese Meldungen dürften Informationen über die Judenvernichtung enthalten haben.[59] Die entsprechenden Aufzeichnungen sind bis heute noch nicht freigegeben.

An dieser Stelle sei noch einmal darauf hingewiesen, daß die Entzifferung der enigma-codierten Nachrichten ein schwieriges Unterfangen war. Man brauchte große Empfänger zum Abhören der Funksprüche, jede Frequenz mußte mehrfach überwacht werden, und die Horchposten an den Geräten brauchten feine Ohren, damit sie jeden einzelnen Buchstaben mitbekamen. Je mehr Personen ein und dieselbe Nachricht mithörten, desto größer war die Chance, daß man am Schluß einen nicht verstümmelten codierten Text hatte. Die Entzifferung einer Meldung hing folglich zum Teil davon ab, wie viele Personen zur Verfügung standen und wieviel Zeit man dafür verwenden konnte. Die Verantwortlichen mußten Prioritäten setzen und die Arbeitskräfte verteilen, sie konnten sich nicht um alle Meldungen mit gleicher Intensität kümmern.

Den Briten eröffnete sich eine neue wichtige Informationsquelle über das Vorgehen von SS und deutscher Polizei auf sowjetischem Gebiet, als im Oktober 1943 ein Flugzeug mit einem kroatischen Luftwaffenoffizier in Begleitung eines deutschen Polizisten hinter den britischen Linien im von den Alliierten besetzten Italien landete. Es stellte sich heraus, daß der Polizist, ein Österreicher namens Robert Barth, zuvor bei der Einsatzgruppe D (Einsatzkommando 10 b) gedient hatte; seine Angst war so groß, daß er redete. (Bisher wurde nur die einleitende Zusammenfassung von Barths Aussagen gegenüber dem britischen Geheimdienst freigegeben.)

Barth schilderte die Aufstellung der Einsatzgruppen im Mai 1941 und beschrieb ihren Auftrag: Sie sollten gegen Partisanen und Kommunisten vorgehen und allgemeine nachrichtendienstliche Aufgaben erfüllen. Er gab zu, daß Kommissare und führende Kommunisten festgenommen und erschossen wurden, behauptete aber fälschlicherweise, die Ordnungspolizei (»Schupos«) und die Waffen-SS würden die Erschießungen vornehmen. (Sie taten das zwar auch, aber die Einsatzgruppen erschossen sehr viel mehr Menschen.) Barth sagte auch, daß Juden fast ausnahmslos umgebracht würden, zu Anfang seien sie erschossen worden, später vergast. Dann kam er auf das Vorgehen der Einsatzgruppe E in Serbien und Kroatien im Jahr 1943 zu sprechen.[60] Nach dem Krieg gab er im Verhör durch Amerikaner, die Material gegen die Leiter der Einsatzgruppen sammelten, eine sehr detaillierte Schilderung der Vorgänge in Deutschland und der Ukraine im Jahr 1941,[61] wieviel davon er den Briten bereits Ende 1943 erzählte, ist unklar.

Den handverschlüsselten Meldungen der Ordnungspolizei, deren Entzifferung den Briten keine Schwierigkeiten bereitete, und den Enigma-Meldungen der SS, deren Entzifferung ebenfalls gelungen war, waren zwar nur wenige, aber wichtige Informationen über das Vorgehen der Nazis gegen die Juden in Europa zu entnehmen. Wenn die Alliierten bereit gewesen wären, das Morden der Nazis zu stoppen und Hilfsmaßnahmen einzuleiten, hätten die Meldungen der Polizei und der SS wichtige Aufschlüsse über Orte und Aktionen liefern können. Am 15. Oktober 1943 erfuhren die Briten beispielsweise, daß 700 Juden aus dem Lager Sobibór geflohen waren und daß Vergeltungsmaßnahmen vorbereitet wurden. Der Meldung war zu entnehmen, wo sich das Lager Sobibór befand: fünf Kilometer vom Fluß Bug entfernt zwischen Cholm und Wlodawa im Bezirk Lublin.[62] Unabhängig davon, was in diesem konkreten Fall hätte getan werden können, hätten solche Botschaften mit präzisen Angaben doch zumindest dazu genutzt werden können, Schritte für einen künftigen Zeitpunkt zu planen, an dem die militärische Lage sie erlauben würde. Aber in dieser Richtung wurde nichts unternommen.

Noch einige Zeit hatte nur die britische Regierung diese Option. Da das englisch-amerikanische Geheimdienstabkommen nur die verschlüsselten Botschaften der höchsten Geheimhaltungsstufe wie Ultra und Magic betraf und die handverschlüsselten Meldungen nicht eingeschlossen waren,[63] hatten die Amerikaner keinen formellen Anspruch auf die entzifferten deutschen Polizeimeldungen. Deshalb erhielt Taylor selbst Ende 1943 keine Kopien aktueller entzifferter Meldungen,[64] geschweige denn älteres Material. Doch 1944 wurde die Vereinbarung lockerer gehandhabt, und Taylor bekam nach und nach Kopien aktueller Meldungen.

Nach Kriegsende war Taylor an der Vorbereitung der Nürnberger Kriegsverbrecherprozesse beteiligt, und er gehörte dem amerikanischen Anklägerteam an. Etliche Jahrzehnte später schrieb er seine Erinnerungen an die Nürnberger Prozesse nieder. Darin berichtete er, daß ihm erst klargeworden sei, was der Holocaust bedeutete, als er in der zweiten Hälfte des Jahres 1945 in Nürnberg die wichtigsten Zeugen gehört und die Dokumente eingesehen habe.[65] Das war spät. Und in den Dokumenten, die er zu Gesicht bekam und auf die er sich stützte, fehlten die entzifferten Funksprüche der deutschen Polizei aus den Jahren 1941–42, in denen häufig von der massenweisen Ermordung von Juden die Rede war.

12 Der Vorstoß des Finanzministeriums

Der wichtigste Schritt in der amerikanischen Flüchtlingspolitik
während des Krieges war die Einrichtung des Kriegsflüchtlingsamtes (War Refugee Board), und mehrere Aspekte der Geschichte des Amtes sind wichtig für die vorliegende Untersuchung.[1] Bei einem Zusammenstoß zwischen dem Außenministerium und Verantwortlichen des Finanzministeriums trat
die gleiche politische Haltung zutage, wie sie auch in London
vorherrschte: Alle Aktionen zur Rettung der Juden behinderten
die Kriegsanstrengungen. Aber die Einrichtung des Flüchtlingsamtes auf Anregung des Finanzministeriums veränderte die Zusammenarbeit von Briten und Amerikanern beim Problem der
jüdischen Flüchtlinge grundlegend und hatte zur Folge, daß das
britische und das amerikanische Vorgehen sich künftig stark unterschieden. Das Amt leitete einige Maßnahmen ein, die man
zwar schon früher in Erwägung gezogen, aber nicht ergriffen
hatte. Eine Lektion aus dieser Geschichte muß sicher lauten, daß
bestimmte Schritte möglich gewesen wären, wenn eine dafür zuständige westliche Regierungsstelle von den frühen Geheim-
dienstmeldungen über die Endlösung Kenntnis erhalten und die
Alliierte Erklärung vom 17. Dezember 1942 ernst genommen
hätte.

Am 6. Oktober 1943 marschierten 400 orthodoxe Rabbiner
zusammen mit einem exzentrischen palästinensischen Juden namens Peter Bergson, der das Emergency Committee to Rescue
the Jews of Europe leitete, das Notkomitee für die Rettung der
Juden Europas, vom Kapitol zum Weißen Haus und protestierten damit gegen die amerikanische Untätigkeit angesichts
des Holocaust.[2] Die Demonstration in Washington spiegelte eine

Entwicklung der letzten Monate wider: Jüdische und liberale Kräfte, die entschlossen waren, an die Öffentlichkeit zu gehen und öffentlichen Druck auszuüben, übernahmen die Initiative von jenen, die hinter verschlossenen Türen etwas zu erreichen versuchten.

Während in Amerika der Ruf nach Taten immer lauter wurde – trotz einer starken antisemitischen und immigrantenfeindlichen Stimmung –, schwanden in Großbritannien die Hoffnungen auf konkrete Schritte immer mehr. Der britische Historiker Tony Kushner hat die Auffassung vertreten, die britischen Aktivisten hätten nach langem Kampf gegen die Unzugänglichkeit des britischen Außenministeriums Mitte 1943 resigniert.[3] Aber auch den amerikanischen Juden und ihren Verbündeten fehlte der Rückhalt in der Regierung, und ihre Chancen, eine Änderung der Regierungspolitik zu erzwingen, waren nicht viel größer als die jüdischer und humanitärer Gruppen in London. Britische Politiker glaubten, daß die antisemitischen und immigrantenfeindlichen Kräfte in den Vereinigten Staaten besser organisiert waren als in Großbritannien, und hielten es deshalb für unwahrscheinlich, daß die Regierung Roosevelt einen radikalen Kurswechsel vollziehen würde.[4] Wie sich herausstellte, war diese Annahme falsch. Ein Umschwung in der öffentlichen Meinung und ein Einstellungswandel in der amerikanischen Regierung führten tatsächlich noch vor Jahresende zu einem bemerkenswerten Kurswechsel in der amerikanischen Politik.

Es hatte bereits zuvor Anzeichen gegeben, daß die Amerikaner bereit waren, Lebensmittel und medizinische Hilfsgüter in die von den Nazis besetzten Gebiete zu schicken. Im März 1943 hatte sich der stellvertretende Außenminister Sumner Welles für einen Plan zur Rettung von Frauen und Kindern aus Belgien und Norwegen ausgesprochen und angedeutet, daß die Vereinigten Staaten noch weitere ähnliche Pläne verfolgten. Welles drängte den Präsidenten, wegen Rettungsmaßnahmen direkt Kontakt mit dem englischen Premierminister aufzunehmen, ansonsten werde die britische Regierung bei ihrer strikt ablehnenden Haltung bleiben.[5] Im Juni berichtete Francis Sayre, ein Mitarbeiter des amerikanischen Außenministeriums, Clarence Pickett von der Quäker-Hilfsorganisation American Friends Service Committee, daß über diese Angelegenheit kürzlich ein Gespräch zwischen Roosevelt und Churchill stattgefunden habe. Roosevelt habe sich nach Kräften bemüht, Churchill dazu zu bewegen, weiteren Lockerungen der Blockade in Europa zugunsten humanitärer Maßnahmen zuzustimmen, doch ohne Erfolg. Churchill habe darauf beharrt, daß nichts die Kriegsanstrengungen stören dürfe. Sayre fügte noch hinzu: »In der Öffentlichkeit wird als Grund angegeben, daß Deutschland dies [humanitäre Hilfe] aller Voraussicht nach behindern würde, aber das ist nicht der wahre Grund. In Wahrheit beharrt Churchill darauf, daß die militärischen Belange absoluten Vorrang haben müssen.«[6]

Sayres Schilderung deckt sich mit anderen Indizien. Eine von Churchills strategischen Visionen sah alliierte Luftangriffe vor, eine feste Umklammerung der von Deutschland besetzten Gebiete und ihre wirtschaftliche Isolation mit dem Ziel, Deutschland durch Aushungern in die Knie zu zwingen und auf diese Weise die alliierten Verluste möglichst gering zu halten.[7] Churchill und Roosevelt verbrachten zwischen dem 12. und 25. Mai viel Zeit miteinander, erörterten die Strategie für eine baldige Invasion Italiens und planten die Invasion Frankreichs vom Kanal her Mitte des Jahres 1944. In einer Ansprache vor dem Kongreß warnte Churchill am 19. Mai davor, »auch nur mit einer einzigen Faser« nachzulassen und nur »die kleinste Verminderung unserer Anstrengungen« zu dulden.[8] Ein Jahr später sagten Churchill und Eden dem stellvertretenden Außenminister Edward R. Stettinius ganz offen, daß es keine Nahrungsmittellieferungen durch die Blockade in das besetzte Europa geben werde. Eden fügte hinzu, die Blockade sei für Großbritannien seit jeher ein zentrales Instrument der Kriegführung.[9]

Wenn diese Strategie konsequent verfolgt wurde, hatte sie schwerwiegende Implikationen. Die Lieferung von Nahrungsmitteln und Medikamenten würde Deutschland ermöglichen, seine Ressourcen ganz auf die Kriegsproduktion zu konzentrieren, und das würde den Zusammenbruch hinauszögern. Die Evakuierung von Kindern, Alten und Kranken würde Deutschland von der Verpflichtung befreien, für wirtschaftlich nicht produktive Menschen zu sorgen, und wenn die Alliierten Deutschland einen Teil seiner Last abnähmen, würde Hitler womöglich versuchen, noch mehr auf sie abzuladen. Aus dieser Sicht war es der richtige Weg, einfach weiterzukämpfen und zur Linderung des Leidens nicht viel zu unternehmen.

Auf der Bermuda-Konferenz hatten sich die Vertreter Amerikas und Großbritanniens unter anderem auf eine vage verbale Ermutigung der neutralen Staaten zu humanitären Hilfeleistungen geeinigt und alle Länder, die gegen die Achsenmächte kämpften, dazu aufgefordert, Garantien für die Repatriierung von Flüchtlingen abzugeben.[10] Dieser Schritt war ein schwacher Ersatz für direkten amerikanischen und britischen Druck auf die neutralen Staaten, jüdische Flüchtlinge aufzunehmen, und es geschah nicht viel. Die Alliierten ließen auch mehrere diplomatische Gelegenheiten für die Rettung von Juden und ihre Unterbringung an sicheren, neutralen Orten ungenutzt verstreichen.

Im Juli 1943 ersuchten Vertreter des Jüdischen Weltkongresses die britische Regierung um Unterstützung bei dem Bemühen, die Schweiz zur Aufnahme von 100 000 Menschen zu bewegen, die aus Deutschland, Frankreich und Italien geflohen oder evakuiert worden waren. Der britische Gesandte in Bern, Clifford Norton, meinte, daß die Schweizer wohl kaum mitmachen würden, wenn die Mehrzahl erwachsene Juden wären, selbst wenn die Alliierten zusätzliche Lebensmittel und Treibstoff liefern würden. Er entschied, in einem so »ungünstigen« Augenblick nicht an die Schweizer heranzutreten.[11]

Später im selben Monat wurde die Regierung Mussolini gestürzt; auch sie hatte den italienischen Juden keinen sicheren Schutz geboten. Die neue Regierung Badoglio beschloß im September, sich aus der Achse und dem Krieg zurückzuziehen. Daraufhin überrannte Deutschland Italien mit seinen Truppen, und die deutsche Polizei begann mit der Deportation italienischer Juden nach Auschwitz und in das neue Vernichtungszentrum San Sabba bei Triest.[12] Es zeigte sich, daß es schwieriger war, Juden aus den Händen der SS und der deutschen Polizei zu befreien als aus den Händen der Italiener.

Der Jüdische Weltkongreß verfolgte unterdessen weiter einen Rettungsplan für die Juden in Rumänien und Frankreich. Weil die Alliierten nicht erlaubten, daß Hilfsgelder in die besetzten Gebiete Europas geschickt wurden, schlugen Gerhard Riegner und andere eine Alternative vor: Gelder sollten auf Sperrkonten in der Schweiz oder in den Vereinigten Staaten überwiesen werden und konnten als Bürgschaften (oder Auszahlungsgarantie nach dem Krieg) für Darlehen verwendet werden, die hilfreiche Quellen in Frankreich und Rumänien gewähren würden. Auf diese Weise würde bis Kriegsende kein Geld von außerhalb ins besetzte Europa fließen. Riegner bestätigte, daß reiche rumänische Juden bereit seien, auf dieser Grundlage Geld zu verleihen.[13]

Mitten in den Diskussionen über dieses Vorhaben – unter anderem führte Rabbi Wise dazu eine Unterredung mit Präsident Roosevelt – bekam Jan Karski, der sich mittlerweile in den USA aufhielt, am 28. Juli Gelegenheit, mit dem amerikanischen Präsidenten zu sprechen. Roosevelt fragte nach der Situation im polnischen und jüdischen Untergrund und sprach viele andere Themen an, doch Karski gelang es, das Gespräch auf die Konzentrationslager zu lenken und schließlich auf das Vorgehen der Nazis gegen die Juden. Er hob hervor, daß es sich grundsätzlich vom Vorgehen gegen andere Völker unterscheide, weil es die Politik der Nazis sei, die Juden restlos auszurotten. Wenn die Alliierten nicht eingriffen, werde das polnische Judentum nicht überleben. Der Präsident dankte Karski, sagte, daß sein Bericht wichtig gewesen sei und daß es ihn »ergriffen« habe, etwas über den polnischen Untergrund zu hören.[14]

Fünf Tage zuvor hatte Roosevelt zu Wise gesagt, er solle »weitermachen« mit seinem Plan zur Evakuierung und Rettung jüdischer Flüchtlinge aus Rumänien und Frankreich. Das war noch kein überzeugender Beweis, daß der Präsident den Plan unterstützte, auch wenn Wise zweifellos den Eindruck gewann, daß das Klima günstig war. Unmittelbar nach der Unterredung schrieb Wise einen Brief an den Präsidenten, und kurz nach seinem Treffen mit Karski erkundigte sich der Präsident beim Finanzministerium nach dem Stand der Dinge und bat die dortigen Verantwortlichen, Wise zu antworten. Dieser Vorstoß war zwar klein, aber gleichwohl bedeutsam – und er paßt zu der Erinnerung eines Mitarbeiters im Finanzministerium namens John Pehle, der später erzählte, Karskis Begegnung und Unterredung mit dem Präsidenten habe das Klima verändert. In dem Brief des

Präsidenten an Wise vom 14. August – der Entwurf dazu stammte vom Finanzministerium – hieß es, das Finanzministerium habe grundsätzlich zugestimmt und nun müßten nur noch mit dem Außenministerium und der amerikanischen Botschaft in Bern einige Details geklärt werden.[15] Das Klima im Außenministerium hatte sich allerdings nicht geändert. Zwei Wochen später beantwortete ein Mitarbeiter des Außenministeriums die Nachfrage eines Bürgers zu einem Artikel in der New York Times über die Ermordung von Juden in Treblinka. Der Mitarbeiter räumte ein, das Außenministerium habe aus verläßlichen Quellen Informationen über die Ermordung von Juden in Europa erhalten, aber er fügte hinzu, daß man über keine sicheren Angaben hinsichtlich der Zahl der Toten und der Art und Weise, wie sie ermordet worden seien, verfüge.[16] Niemand im Außenministerium bemühte sich besonders darum, die entsprechenden Angaben zu beschaffen, und weder der britische Geheimdienst noch das britische Außenministerium hatten überzeugende Unterlagen geschickt.

Anfang September skizzierte ein Mitarbeiter des Außenministeriums aus der Visaabteilung eine Antwort auf ein neuerliches Ersuchen des Notkomitees für die Rettung der Juden an den Präsidenten, Hilfs- und Rettungsmaßnahmen einzuleiten. In dem Entwurf wurde weiter die Linie vertreten, die Alliierten dürften dem Feind keine Gelegenheit zu Verhandlungen geben als Gegenleistung für wertlose Versprechen, die Not seiner Opfer zu lindern. Wiederholte Warnungen, keine Greueltaten zu begehen, hätten bislang keine oder nur geringe Wirkung, und man könne kaum hoffen, daß in Zukunft damit mehr zu erreichen wäre. Das in scharfen Worten formulierte Fazit enthielt implizit einen Angriff auf die Juden, die sich mit Protesten zu Wort meldeten:

Appelle wurden an diese Regierung gerichtet von Personen, denen die Not der europäischen Juden am Herzen liegt. Manche der Appelle sind rein emotionaler Natur und stammen von Personen, die selbst aus Europa geflohen sind und nach ihrer Aufnahme in den Vereinigten Staaten Sicherheit gefunden haben. Doch viele derjenigen, denen wir Schutz

gewährt haben, sind an Maßnahmen beteiligt, die darauf ab-
zielen, die baldige Niederlage unserer gemeinsamen Feinde
herbeizuführen. Ich bin sicher, daß wir, wenn dieser Krieg
zu Ende ist, keinen Grund haben werden zu bedauern, daß
wir die traditionelle Zuflucht und Gastfreundschaft unseres
Landes auf diese Personen ausgeweitet haben und daß die
gegenwärtig hilflosen Opfer der Nazityrannei ihre wahren
Retter erkennen werden.

Mit anderen Worten: Die Zahl der Flüchtlinge, die in den Streitkräften dienten, war größer als die Zahl der Unruhestifter – ein
indirektes Kompliment. Dieser scharf formulierte Entwurf kursierte im Außenministerium und fand Beifall, aber die allgemeine
Einschätzung ging doch dahin, das Fazit zu streichen: Es war
zwar richtig, würde aber zu Kontroversen führen. An Stelle des
Fazits wurde die Formulierung aufgenommen, daß die Vereinigten Staaten und das Intergouvernementale Flüchtlingskomitee weiterhin alles in ihrer Macht Stehende tun würden.[17]
   Im amerikanischen Außenministerium sowie zwischen dem
Außen- und dem Finanzministerium gab es eine heftige Auseinandersetzung darüber, ob der Vorschlag des Jüdischen Weltkongresses, mit Hilfe von Sperrkonten den Juden in Europa zu
helfen und sie eventuell herauszuholen, sinnvoll und praktikabel
sei. Die Aufsichtsbehörde für Fremdvermögen im Außenministerium befürwortete den Vorschlag, aber die Flüchtlings-
spezialisten, Staatssekretär Breckinridge Long, die Europaabteilung, die Nahostabteilung und James Dunn von der Abteilung
für Politische Angelegenheiten waren dagegen und zögerten
konkrete Schritte hinaus. Schließlich mußte Herbert Feis, Berater im Außenministerium für internationale wirtschaftliche
Angelegenheiten (später wurde er für seine historischen Arbeiten
mit dem Pulitzer-Preis ausgezeichnet) und selbst Jude, den Vorschlag bei Außenminister Cordell Hull persönlich vorbringen
und dessen Billigung einholen. Finanzminister Henry Morgenthau jr. hatte mit Hull auch den Entwurf seines Ministeriums für
den Brief des Präsidenten an Wise besprochen.[18]
   Sumner Welles arbeitete um diese Zeit nicht mehr im Außenministerium – er war Opfer einer sich zuspitzenden persönlichen

und politischen Rivalität mit Hull und seiner eigenen sexuellen Eskapaden geworden.[19] Bei der Einführung des neuen stellvertretenden Außenministers Edward R. Stettinius sprach sich Robert Borden Reams gegen alliierte Angebote zur Aufnahme von Juden und gegen alle Pläne für Nahrungsmittellieferungen an die Juden in Europa aus. Mit Angeboten zur Aufnahme von Juden sei die »Gefahr« verbunden, daß die Deutschen den Vereinigten Staaten und Großbritannien Juden in großer Zahl zur sofortigen Evakuierung überstellen könnten, und dies würde militärische und Transportprobleme aufwerfen. Die Verwirklichung des zweiten Vorschlags könne es den Deutschen ermöglichen, Nahrungsmittel für sich abzuzweigen, in jedem Fall aber werde damit die wirtschaftliche Blockade durchbrochen.[20] Dies lag auf der Linie der traditionell ablehnenden Haltung der Alliierten, aber die Situation hatte sich mittlerweile verändert, weil das Finanzministerium mit im Spiel war. Adolf Berle hatte sich der Auffassung des Finanzministeriums angeschlossen, und Long (der manchmal als das Haupthindernis im Außenministerium dargestellt wurde) mußte widerstrebend anerkennen, daß der Präsident den Vorschlag gebilligt hatte.[21]

Das Finanz- und nicht das Außenministerium beanspruchte die Urheberschaft für den Vorschlag, den rumänischen und französischen Juden zu Hilfe zu kommen. Leland Harrison in Bern erkannte nicht nur, daß der Vorschlag eine Veränderung der Politik bedeutete, sondern auch, daß das Außenministerium Vorbehalte hatte. Harrison arbeitete für das Außenministerium, nicht für das Finanzministerium, er wollte genaue Instruktionen von seinen Vorgesetzten. Er teilte seine Informationen auch seinem britischen Kollegen in Bern mit, und dieser wollte eine positive Bestätigung vom Ministerium für wirtschaftliche Kriegführung in London. Auf die Klage von Mitarbeitern des Finanzministeriums, das Außenministerium verzögere das Projekt, erwiderte das Außenministerium, man müsse sich erst mit den Briten abstimmen.[22] Dieses Spiel konnte noch eine Weile so weitergehen.

Anderswo wurde rascher gehandelt. Im November erschossen die SS und die Polizei im Distrikt Lublin innerhalb von drei Tagen annähernd 42000 Juden – die Operation hieß »Erntefest«.[23] Aber Rettung konnte durchaus auch schnell kommen. Am

29. September erfuhr das schwedische Außenministerium, daß Deutschland die Deportation aller Juden aus Dänemark plante. Das Ministerium warnte Deutschland daraufhin umgehend, daß Schweden sehr negativ auf diesen Schritt reagieren würde, und es bot an, die Juden in Schweden aufzunehmen. Falls Deutschland negative politische Folgen befürchte, sei man auch bereit, die Juden in Schweden zu internieren. Aus Deutschland kam keine Antwort,[24] aber dank der Tatsache, daß die geplante deutsche Aktion im voraus bekannt geworden war, und dank heroischer dänischer Evakuierungsanstrengungen gelangten rund 8000 dänische Juden nach Schweden.[25] Am 9. Oktober konnte Stockholm Washington darüber informieren, daß das Ziel der schwedischen Demarche, die Evakuierung möglichst aller dänischen Juden nach Schweden, tatsächlich erreicht worden war.[26] Dieser Erfolg war so eindrucksvoll, daß das Intergouvernementale Flüchtlingskomitee umgehend die Regierungen in London und Washington drängte, die vieldiskutierte (aber nie zustande gekommene) alliierte Garantie zu gewähren, daß Flüchtlinge nach dem Krieg in neutralen Ländern repatriiert würden, und den Plan weiterzuverfolgen, daß Schweden unter bestimmten Bedingungen 20 000 Juden zusätzlich aufnehmen könnte.[27]

Im November zeichneten sich immer deutlicher die politischen Risiken der fortdauernden amerikanischen Untätigkeit ab. Nach Monaten öffentlichen Drucks von seiten Bergsons vom Notkomitee und privater Interventionen des Staatssekretärs im Justizministerium Oscar Cox brachten der Kongreßabgeordnete Will Rogers und der Senator Guy Gillette aus Iowa (nicht bindende) Resolutionen im Repräsentantenhaus und im Senat ein, in denen der Präsident aufgefordert wurde, ein Komitee einzusetzen, das sich um die Rettung der noch in Europa verbliebenen Juden kümmern sollte.[28] Am 10. November sagte Roosevelt zu Stettinius, er sei überzeugt, daß die Vereinigten Staaten mehr für die jüdischen Flüchtlinge tun könnten, und schlug die Öffnung von Flüchtlingsbüros in Algier, Neapel, Portugal, Madrid und Ankara vor. Stettinius trug den Vorschlag im Außenministerium vor, und darauf wandte Ray Atherton von der Europaabteilung ein, wenn die Amerikaner im Alleingang handelten, würden sie am Schluß auch allein die Rechnung bezahlen.

Es sei besser, solche Dinge als gemeinsames Vorhaben mit anderen Staaten zusammen anzugehen. (Gemeinsame Vorhaben dauerten zudem immer etwas länger.) Stettinius machte sich weiterhin Sorgen um wachsenden politischen Druck und Kritik am Außenministerium im Kongreß und in der Presse.[29] Zu dem Zeitpunkt wußte er noch nicht, daß das Finanzministerium mit seiner Kritik noch erheblich verletzender und effektiver wirken sollte.

Finanzminister Henry Morgenthau jr. wohnte in Dutchess County im Bundesstaat New York in unmittelbarer Nachbarschaft des Präsidenten und war einer seiner politischen Vertrauten. Morgenthau war auch der einzige Jude im Kabinett und ohne Zweifel einer der prominentesten amerikanischen Juden. Er hatte Roosevelt 1938 und 1939 ermutigt, den Flüchtlingen zu helfen, doch seit Kriegsbeginn hatte er nicht mehr viel unternommen. Unter dem Eindruck von Informationen, die er im September 1942 von Rabbi Wise über den Plan der Nazis für eine Endlösung erhielt, und nach privaten Gesprächen mit Bergson im Jahr 1943, hatte Morgenthau sich zunehmend Gedanken über Hilfs- und Rettungsmaßnahmen für die Juden gemacht. Seine Untergebenen beschleunigten den Gang der Dinge dann noch.

Hochrangige Mitarbeiter im Finanzministerium – insbesondere John Pehle, Randolph Paul, Josiah DuBois und Ansel Luxford (allesamt keine Juden) – reagierten zuerst enttäuscht, dann verärgert, daß das Außenministerium den Plan des Jüdischen Weltkongresses immer weiter verzögerte. Sie brachten Morgenthau dazu, daß er einige Probleme mit Hull erörterte, und Hull trieb darauf die Dinge tatsächlich ein wenig voran. Am 10. Dezember kam auf einmal eine Übereinkunft der amerikanischen und der britischen Regierung zustande, daß die Exilregierungen aller besetzten Länder gedrängt werden sollten, eine Erklärung abzugeben, daß sie nach Kriegsende alle Staatsbürger, die als Flüchtlinge in neutralen Ländern Zuflucht gefunden hatten, wieder aufnehmen würden.[30]

Zwei voneinander unabhängige Entwicklungen im Dezember machten alle Bemühungen des Außenministeriums zunichte, dem politischen Druck zu widerstehen. Zum einen wurde öffentlich bekannt, daß Staatssekretär Long in Reaktion auf Kritik dem Kongreß früher erheblich übertriebene Zahlen genannt hatte, wie viele jüdische Flüchtlinge die Vereinigten Staaten seit 1933 angeblich aufgenommen hatten.[31] Zum zweiten bekräftigten ungefähr zur selben Zeit die Briten ihren Widerstand gegen den Plan des Jüdischen Weltkongresses und hoben die politischen Komplikationen der vorgeschlagenen Rettungsaktionen hervor. Wo würden 70 000 rumänische Juden Zuflucht finden, und welche Schwierigkeiten würden sie verursachen? Das Ministerium für wirtschaftliche Kriegführung schickte der US-Botschaft in London folgendes Dokument (und die Botschaft leitete es an das amerikanische Finanzministerium weiter):

Im Außenministerium ist man besorgt angesichts der Schwierigkeiten, Regelungen für eine beträchtliche Zahl von Juden zu finden, wenn es gelingen sollte, sie aus den vom Feind besetzten Gebieten zu retten ... Man rechnet damit, daß es nahezu oder sogar ganz unmöglich sein wird, die 70 000 Flüchtlinge zu versorgen, die nach dem Riegner-Plan gerettet werden sollen. Aus diesem Grund will das Außenministerium keiner auch nur vorläufigen finanziellen Regelung zustimmen.[32]

Das Außenministerium hatte Ähnliches bereits zuvor geäußert, aber noch nie derart »ungeschminkt« im diplomatischen Austausch mit einem US-Ministerium, in dem eine andere Meinung vertreten wurde.

Bei einer Strategiediskussion im Finanzministerium nannte Pehle die britische Haltung schockierend, Luxford merkte an, durch die Empfehlung, nichts zu tun, verurteilten die Briten die Menschen zum Tode, und DuBois bezeichnete das Telegramm als erstaunlich. Die Gruppe im Finanzministerium kam zu dem Schluß, daß man auf die Briten bei der Rettung größerer Zahlen jüdischer Flüchtlinge nicht mehr zählen könne. Morgenthau traf daraufhin die vorläufige Entscheidung, den Gedanken einer neuen Hilfskommission weiterzuverfolgen, die aus einflußreichen Persönlichkeiten bestehen sollte, und er wollte die Angelegenheit bei einem der nächsten Treffen mit Präsident Roosevelt er-

örtern. Am nächsten Tag sprach die Gruppe des Finanzministeriums mit Cox, und er gab ihnen wichtige Ratschläge, wie
sie die Einrichtung eines Flüchtlingsamtes am besten erreichen
könnten und welche Maßnahmen ein solches Gremium ergreifen
könnte. Den Stand der Diskussion trugen sie dann Außenminister Hull vor.[33]

Hull wußte, daß Ärger bevorstand, und hatte vorab bereits ein
Telegramm an den amerikanischen Botschafter in London geschickt und mitgeteilt, der britische Standpunkt habe ihn in Er-
staunen versetzt, der Botschafter solle in der Angelegenheit bei
Eden insistieren. Am 20. Dezember räumte Hull im Gespräch
mit Morgenthau ein, daß die Zustimmung des Außenministeriums tatsächlich lange habe auf sich warten lassen, doch soeben habe er sie erteilt und grünes Licht für den Plan des Jüdischen Weltkongresses gegeben. Zu einer überaus seltsamen
Unterredung kam es, als Long Morgenthau beiseite zog und die
Schuld für die Verzögerung auf einen ehemaligen Mitarbeiter der
Aufsichtsbehörde für Fremdvermögen zu schieben versuchte.
Tatsächlich hatte der Mann das Projekt unterstützt und Informationen an das Finanzministerium weitergeleitet. Er hieß Bernard Meltzer und war Jude. Morgenthau erwiderte, daß viele
Long für einen Antisemiten hielten.[34] Wenig später wurde Long
die Entscheidungskompetenz für Flüchtlingsangelegenheiten
entzogen.

Eine letzte Entwicklung gab für das Finanzministerium den
Ausschlag, daß es das Außenministerium direkt attackierte und
die Errichtung einer neuen Regierungsbehörde mit der Zuständigkeit für Flüchtlingsfragen erzwang. Josiah DuBois hatte um
eine Reihe von Telegrammen gebeten, in denen es um Riegner
ging, und heimlich waren sie ihm auch übergeben worden. Dabei
erfuhr er von den Anweisungen des Außenministeriums im
Februar 1943 an die amerikanische Botschaft in Bern, keine Informationen von Riegner mehr an Privatpersonen (Wise) weiterzuleiten.[35] Am Weihnachtstag 1943 entwarf DuBois ein Memorandum mit dem Titel »Bericht an den [Finanz-]Minister über
das Stillschweigen dieser Regierung zur Ermordung der Juden«.
Er warf Mitarbeitern des Außenministeriums nicht nur unge-
heuerliche Verschleppung vor, sondern schrieb auch, sie hätten

versucht, Schritte zur Rettung von Juden zu verhindern. Bei einer Unterredung am 31. Dezember berichtete er, Rabbi Irving Miller von der amerikanischen Sektion des Jüdischen Weltkongresses habe in etwa gesagt, das Verhalten der amerikanischen Regierung sei dazu angetan, Deutschland und seinen Satelliten zu signalisieren, »daß es uns vollkommen egal ist, was mit den Juden geschieht«.[36] Morgenthau änderte den Titel des Memorandums in »Persönlicher Bericht an den Präsidenten«. Wahrscheinlich gab er DuBois' Drohung, er werde zurücktreten, wenn das Weiße Haus nicht umgehend entschlossen handle, nicht weiter, aber er setzte Roosevelt auseinander, daß ein Skandal drohte, wenn man nicht rasch und entschieden den Kurs änderte.[37]

Am 22. Januar 1944 verfügte Präsident Roosevelt mit dem Erlaß 9417 die Einrichtung des Kriegsflüchtlingsamtes und wies ihm die Aufgabe zu, »alle in seiner Macht stehenden Maßnahmen zur Rettung derjenigen Opfer zu ergreifen, die in unmittelbarer Lebensgefahr schweben und [ihnen] im übrigen alle denkbare Hilfe und Unterstützung zu gewähren, soweit es sich mit der erfolgreichen Weiterführung des Krieges vereinbaren läßt«. Zuständig für das Amt sollten drei Minister sein – der Außen-, der Finanz- und der Kriegsminister –, Vizeaußenminister Stettinius übernahm die Stellvertretung von Hull. John Pehle wurde Geschäftsführender Direktor des Gremiums, und das bedeutete, wie Randolph Paul kommentierte: »Das Finanzministerium ist voll mit dabei und wird erreichen wollen, daß unter allen Umständen etwas geschieht.«[38] Zum erstenmal setzte sich eine Einrichtung einer westlichen Regierung entschlossen und kämpferisch dafür ein, wenigstens einen Teil der Menschen, die von den Nazis zur Vernichtung bestimmt waren, aus Europa herauszuholen oder wenigstens zu schützen.

Der britische Botschafter in Washington, Lord Halifax, wies die Regierung in London darauf hin, daß 1944 in Amerika gewählt werde und daß die Stimmen der Juden in den Vereinigten Staaten eine große Rolle spielten. Die Regierung Roosevelt werde keine britischen Vorschläge gutheißen, die in den Augen der amerikanischen Juden unmenschlich wären. Wenn das britische Außenministerium auf seiner Position beharre, werde Großbritannien am Schluß die volle Verantwortung für diese Politik tragen müssen. In London gab Eden unverzüglich seine Einwände gegen den Plan des Jüdischen Weltkongresses zu Protokoll – beide Regierungen könnten schließlich mit den Transport- und Unterbringungsproblemen überfordert sein –, aber er billigte rückwirkend die Schritte der Amerikaner.[39] Der auf der Bermuda-Konferenz erzielte Kompromiß wurde also nach und nach ausgehöhlt.

Wie sich herausstellte, hatte die Installierung des Kriegsflüchtlingsamtes eine Bedeutung, die weit über den Plan des Jüdischen Weltkongresses für Rumänien und Frankreich hinausging. Weder die mit der Evakuierung einer großen Zahl von Juden verbundenen Hoffnungen noch die Befürchtungen bestätigten sich. Auf deutschen Druck hin willigte Rumänien immer noch nicht ein, die Juden ausreisen zu lassen. Aber einige Unterstützung für die in Rumänien verbliebenen Juden kam zustande, und mehr als 2000 Juden gelang mit Hilfe von Bürgschaften die Ausreise nach Frankreich, in die Schweiz oder nach Spanien. Ausgehend von dem Konzept kreativ genutzter Sperrkonten wurden in den Jahren 1944–1945 weitere Rettungspläne entwickelt und einige auch erfolgreich umgesetzt.[40]

Die britische Regierung bemühte sich, rasch eine Vorstellung zu gewinnen, inwieweit sie sich dem Kriegsflüchtlingsamt und dem neuen Klima anpassen mußte, und sie forschte nach, ob die Amerikaner den Einsatz bewaffneter Kräfte zur Rettung bedrohter Menschen in Erwägung zogen. (Ein solches Vorhaben wäre auf erheblichen Widerstand gestoßen, zumal niemand wußte, ob die für Juni geplante Invasion in Frankreich erfolgreich verlaufen würde.) Da das Kriegsministerium kein Interesse bekundete, das neue Gremium zu unterstützen, teilte das Kriegsflüchtlingsamt geflissentlich mit, daß niemand den Einsatz von Kampftruppen zur Rettung von Opfern vorhabe, es sei denn, daß Rettungsmaßnahmen im Rahmen ohnehin geplanter militärischer Operationen möglich seien. Das amerikanische Außen-, Finanz- und Kriegsministerium planten gleichwohl, in anderer Weise zu kooperieren. Das Amt drängte die Briten, sie sollten die Existenz ihres Kabinettsausschusses zu Flüchtlingsangelegenheiten öffentlich bekanntmachen (bislang war sie geheimgehalten worden), und ersuchte London, sich auf eine ähnliche Flüchtlingspolitik zu verpflichten, wie sie in Amerika mit dem Flüchtlingsamt verfolgt wurde.[41]

In London sah man vor allem die negativen Auswirkungen solcher öffentlicher Erklärungen. In einer an das amerikanische Außenministerium gerichteten Note teilte das britische Außenministerium mit, der Jüdische Weltkongreß habe um eine neuerliche alliierte Protesterklärung gegen die Judenvernichtungspolitik der Nazis ersucht. Und weiter hieß es, die erste Erklärung aus dem Jahr 1942 sei wirkungslos geblieben, habe die Alliierten behindert und bei den Juden übertriebene Erwartungen geweckt. Möglicherweise dringe der Weltkongreß nun auf eine weitere Erklärung als Beweis dafür, daß die Alliierten einen eigenen nationalen Status der Juden anerkannten. Bevor Großbritannien das Ersuchen ablehne, wolle man die Einschätzung der Vereinigten Staaten einholen und eine Zusicherung, daß Washington den britischen Standpunkt unterstützen werde, falls die gleiche Anfrage während des Wahljahres auch an Amerika gerichtet werden sollte.[42] (Den britischen Politikern war bewußt, daß viele amerikanische Juden die US-Regierung dazu bewegen wollten, sich bei den Briten für die Errichtung einer jüdischen Heimstätte in Palästina einzusetzen.) In einer weiteren Note an den Flüchtlingsausschuß des Kriegskabinetts verurteilte Eden die Einrichtung des Kriegsflüchtlingsamtes als ein politisches Manöver.[43]

Wie sich zeigte, drängte das Kriegsflüchtlingsamt um diese Zeit bereits auf eine weitere Erklärung des Präsidenten zur Judenvernichtung durch die Nazis. Das amerikanische Außenministerium war alles andere als erfreut, und Reams verstieg sich sogar zu der Behauptung, die Erklärung aus dem Jahr 1942 habe die Judenverfolgungen noch verschlimmert. Er empfahl, jede neue Stellungnahme zuvor mit Großbritannien und der Sowjetunion abzustimmen (in der Überzeugung, daß eines der beiden Länder sie gewiß blockieren würde). Bei einem Treffen von Vertretern der verschiedenen Organisationen am 2. März beschwerte sich Myron Taylor, der amerikanische Vertreter im Exekutivkomitee des Intergouvernementalen Flüchtlingskomitees, daß das Kriegsflüchtlingsamt sich in seinen Zuständigkeitsbereich eingemischt habe und daß ohne die Mitarbeit der Briten keine wirkungsvollen Maßnahmen getroffen werden könnten. Robert Pell vom amerikanischen Außenministerium sprach sich gegen eine Propagandaoffensive aus mit dem Argument, daß die Nazis die Juden dann nur noch rascher umbringen würden. Pehle sah, daß der Widerstand wuchs, und wies Morgenthau auf die heraufziehende Gefahr hin. Morgenthau intervenierte bei Roosevelt, doch in Anbetracht des breiten Widerstandes blieb die Angelegenheit in der Schwebe.[44]

Am 19. März 1944 marschierten deutsche Truppen über die Grenzen des schwankenden Verbündeten Ungarn. Schlagartig waren damit rund 825 000 Juden – darunter auch Konvertiten, die nach dem ungarischen Rassengesetz aus dem Jahr 1941 als Juden galten – und Zehntausende jüdischer Flüchtlinge aus anderen Ländern in akuter Gefahr. Pehle und Morgenthau drängten den Präsidenten erneut zu einer Stellungnahme. Am 24. März gab Roosevelt bei einer Pressekonferenz eine Erklärung ab und verurteilte die systematische Folterung und Ermordung von Zivilisten durch Nazis und Japaner. Der »systematische massenhafte Mord an den Juden Europas« wurde in den vierten Absatz verbannt (beim Entwurf des Kriegsflüchtlingsamtes war er noch im ersten Absatz angesprochen worden), aber doch als »eines der schwärzesten Verbrechen der gesamten Geschichte« bezeichnet. In der Erklärung wurde weiterhin die Warnung ausgesprochen, daß alle, die an der Deportation von Juden aus Ungarn mitwirkten, bestraft würden.[45] Die Opposition hatte die Erklärung des Präsidenten zwar verwässern und verzögern, aber nicht verhindern können.

Am 30. März gab die britische Dienststelle für politische Kriegführung Leitlinien für Rundfunksendungen der BBC heraus:

Die Regierung Seiner Majestät unterstützt von ganzem Herzen die Erklärung des Präsidenten der Vereinigten Staaten, in welcher Deutschland und seine Satelliten vor den Folgen weiterer Verfolgungen auf ihrem Staatsgebiet gewarnt werden und welche an alle Menschen guten Willens überall auf der Welt appelliert, das in ihren Kräften Stehende zum Schutz der Opfer der Unterdrückung zu tun, die von Folter und Tod bedroht sind. Die Regierung Seiner Majestät nimmt jede Gelegenheit wahr, den betroffenen Ländern und Regierungen ihre volle Übereinstimmung mit der Erklärung des Präsidenten zu übermitteln und ihre Entschlossenheit, an allen mit einer wirksamen Fortführung des Krieges vereinbarten Maßnahmen mitzuwirken, die jenen Schutz und Hilfe gewähren, die Mittel finden, den Nazis und der Tyrannei der Nazis zu entfliehen.[46]

Der Begriff »Jude« tauchte in der Erklärung nicht auf. Der britische Außenminister Eden ließ sie am folgenden Tag veröffentlichen.[47]

Mitarbeiter im amerikanischen Regierungsapparat waren untereinander gespalten, ob die Wortwahl der Erklärung von Präsident Roosevelt tatsächlich klug war. Das Office of War Information (OWI) gab eigene Leitlinien für die Veröffentlichung der Botschaft in allen Sprachen heraus, und dazu gehörte die Erläuterung, daß die Erklärung keinen politischen Kurswechsel zum Ausdruck bringe. Weiterhin wurde angemerkt: »Im Hinblick auf die spezielle Erwähnung … der Judenverfolgung durch den Präsidenten muß der Eindruck vermieden werden, daß die Verurteilung sich auf dieses Thema beschränkt oder sich in besonderer Weise darauf richtet.«[48] Doch der amerikanische Botschafter in der Türkei, Laurence Steinhardt, und der dortige Vertreter des Kriegsflüchtlingsamtes, Ira Hirschmann, teilten dem Komitee mit, daß die Erklärung des Präsidenten zu einem außerordentlich günstigen Zeitpunkt ergangen sei, daß sie in den lokalen Medien große Beachtung gefunden und tiefen Eindruck auf die Menschen in den Balkanstaaten gemacht habe. Sie empfahlen, die Erklärung täglich im Rundfunk zu senden und dabei besonders die Bestrafung all jener hervorzuheben, die Greueltaten gegen Juden und andere Minderheiten begingen oder daran mitwirkten, sowie Flugblätter abzuwerfen, was beides geschah.[49] Ende April ersuchte das Kriegsflüchtlingsamt erneut das OWI und amerikanische Rundfunksender, noch einmal an die Ungarn zu appellieren, die ungarischen Juden und die Staatsangehörigen der Alliierten in Ungarn zu schützen, und das OWI entsprach dieser Bitte.[50]

Daß der Westen über die Vorgänge in Ungarn ab Mai 1944 informiert war, hatte für den weiteren Gang der Ereignisse und für die Planung von Rettungsmaßnahmen keine so große Bedeutung wie in früheren Jahren. Mittlerweile wußten die westlichen Länder, was zu erwarten war, denn wie aus Roosevelts Erklärung vom 24. März hervorgeht, hatten sie nunmehr eine präzise Vorstellung von der Judenpolitik der Nazis – der Endlösung der Judenfrage, wie die Nazis sie nannten. Tatsächlich warnte das Kriegsflüchtlingsamt die ungarische Regierung noch vor der Invasion Ungarns, an Verfolgungen mitzuwirken. Die *New York Times* skizzierte ungarische Deportationspläne in einem Artikel vom 10. Mai, bevor die ersten Züge nach Auschwitz rollten.[51]

Unter den ungarischen Juden zirkulierten mehr Informationen darüber, was Deportation bedeutete, als es zuvor bei den Juden in anderen Ländern der Fall gewesen war. Westliche Radiosender berichteten über Greueltaten und Massaker der Nazis. Ungarische Soldaten, die im Osten gedient hatten, erzählten auf Heimaturlaub, was sie gesehen hatten, und auch die Überlebenden der ungarischen jüdischen Arbeitstrupps gaben Informationen weiter und ebenso slowakische Juden, die nach Ungarn geflohen waren. Nach dem Krieg wurden zwar Vorwürfe erhoben, die ungarischen jüdischen Aktivisten hätten wichtige Informationen zurückgehalten, doch heute ist klar, daß man im Frühling 1944 wissen konnte, was in den Lagern der Nazis geschah. Gewiß bekamen einige Juden nichts mit und andere hörten nur vage Gerüchte, doch viele hatten verläßliche Quellen. Auf einem anderen Blatt steht, ob die ungarischen Juden das Schicksal hinnahmen oder sich zu Entscheidungen zwangen, die nur entsetzlich und tragisch sein konnten. Sie saßen in der Falle, und nur sehr wenige konnten entkommen.[52] Die Rettung der in Ungarn verbliebenen Juden war nur mit Hilfe aus dem Ausland, mit dem Beistand wohlgesinnter Juden und mit Glück möglich.

Der ungarische Reichsverweser Admiral Horthy gab in einer Unterredung mit Hitler am 18. März seine Einwilligung, daß Deutschland mehrere hunderttausend Juden aus Ungarn zur Zwangsarbeit deportierte. Adolf Eichmanns Spezialisten für Deportationen, hochrangige Mitarbeiter der ungarischen Regierung und die ungarische Polizei trieben innerhalb von zwei Monaten etwa die Hälfte aller in Ungarn lebenden Juden zusammen und deportierten sie.[53] Die meisten starben in den Todesfabriken des Lagers Birkenau.

Ziemlich am Anfang ereignete sich ein seltsamer Zwischenfall, der manchen als Ablenkungsmanöver erschien und anderen als eine gescheiterte Alternative zum Holocaust in Ungarn. Am 18. Mai 1944 flogen zwei Abgesandte im Auftrag hochrangiger Nazis nach Istanbul. (Die Türkei war neutral.) Der eine, Joel Brand, Leiter einer zionistischen Flüchtlingshilfsorganisation in Budapest, sagte, er überbringe eine Botschaft von Adolf Eichmann: Wenn die Alliierten Deutschland 10000 Lastwagen zum ausschließlichen Einsatz an der Ostfront lieferten, außerdem große Mengen Tee, Kaffee, Kakao, Suppe und bestimmtes Kriegsmaterial, würde Deutschland die ungarischen Juden am Leben lassen. Mit Brand zusammen reiste Andor Grosz (alias Andreas Gyorgy), ein zum römisch-katholischen Glauben konvertierter Jude, Schmuggler und Agent in den Diensten mehrerer Geheimdienste. Er behauptete, er habe eine eigene, kompliziertere Mission, die ihm von Verantwortlichen des SD in Ungarn übertragen worden sei: Er solle Kontakt zu Verantwortlichen in den Regierungen der Alliierten aufnehmen und Friedensverhandlungen zwischen Nazideutschland und den westlichen Staaten beginnen, deren Ziel die Zerschlagung der Sowjetunion sein solle. Nach kurzen Gesprächen mit jüdischen Vertretern in Istanbul reisten Brand und Gyorgy weiter ins britisch besetzte Syrien und versuchten von dort nach Palästina zu gelangen. Die Briten mißtrauten den beiden und ihren Angeboten, nahmen sie fest und überstellten sie dem Hauptquartier des Geheimdienstes in Kairo zu intensiven Verhören; damit waren sie erst einmal aus dem Verkehr gezogen.[54]

Der Historiker Randolph Braham hat angemerkt, daß Eichmann und seine Untergebenen gar nicht die Befugnis hatten, die Deportationen von Juden aus Ungarn zu stoppen; außerdem hätten sie kleinere Konzessionen nur dann gemacht, wenn sie sich davon einen Vorteil für die Durchführung der Endlösung erhofft hätten. Brahams Position ist umstritten, aber in einer späteren Untersuchung wurde der Ansatz auch auf Hitler und Himmler übertragen, die ihrerseits zuvor bereits zahlreiche hinterhältige Angebote unterbreitet hatten.[55]

Die Drahtzieher hinter Gyorgys Mission bleiben im dunkeln, und auch Ursprung und Ziel sind nicht klar.[56] Klar ist hingegen, daß Verantwortliche des SD in Ungarn bei diesen Vorgängen ihre Hände im Spiel hatten, allerdings sind bis heute wenig Originalunterlagen dazu aufgetaucht. Der Historiker Walter Laqueur schrieb 1981, die Briten hätten verschlüsselte Funksprüche des SD aufgefangen, F. H. Hinsleys offizielle Darstellung der Geschichte des britischen Nachrichtendienstes läßt diese Möglichkeit offen.[57] Britische Entzifferungsspezialisten lasen zumindest einige Meldungen von und über den ranghöchsten SS-Offizier in Budapest, Obergruppenführer Otto Winkelmann;[58] bis heute hat die britische Regierung die dechiffrierten Meldungen noch nicht freigegeben. Die alliierten Regierungen wollten jedenfalls auf solche Offerten, wie sie Brand und Gyorgy vorbrachten, nicht eingehen. Ira Hirschmann plädierte dafür, Interesse an Brands Vorschlag zu heucheln, in der Hoffnung, dies könne die Nazis veranlassen, die Deportationen auszusetzen oder zu reduzieren, aber die Briten wollten sich nicht einmal darauf einlassen.[59]

Die Deportationen gingen weiter, und das Kriegsflüchtlingsamt drohte der ungarischen Regierung mit schwerwiegenden Konsequenzen in der Zukunft.[60] Horthy weigerte sich zunächst, die Deportationen zu stoppen, aber er bat immerhin Deutschland, bestimmten Kategorien von Juden die Emigration zu erlauben. Hitler kam der Bitte insoweit entgegen, daß er die Emigration von 400 Juden mit schwedischen Schutzpapieren erlaubte, ferner die Emigration von 20 000 jüdischen Kindern nach Palästina und von 7000 weiteren Juden, sofern die Deportationen (der übrigen) fortgesetzt würden.[61]

Doch Anfang Juli stoppte Horthy alle Deportationen aus Ungarn. Braham hat aufgezählt, wer Druck auf Horthy ausgeübt hat: am 25. Juni eine Bitte des Papstes, am nächsten Tag eine Forderung Präsident Roosevelts, die Judentransporte sollten aufhören, am 30. Juni ein Ersuchen des Königs von Schweden. Und am 2. Juli erfolgte ein schwerer Bombenangriff auf Budapest. Nach Beratungen im Kronrat und im Ministerrat in Budapest gelang es den beiden Gremien, Horthy am 7. Juli zu einem Kurswechsel zu bewegen.[62] Später unterbreitete Ungarn über das Internationale Rote Kreuz das Angebot, Juden, die jünger waren als zehn Jahre und Visa für andere Länder besaßen, sowie alle Juden mit Palästina-Zertifikaten gehen zu lassen. Das Kriegsflüchtlingsamt empfahl eine gemeinsame öffentliche Erklärung von Amerikanern und Briten, daß sie sich bemühen würden, sichere Zufluchtsorte für alle in Ungarn verbliebenen Juden zu finden, doch die Briten reagierten etliche Wochen nicht auf den Vorschlag – bis Minister Morgenthau bei Gesprächen in London Churchill und Eden persönlich auf die Erklärung ansprach. Unterdessen gaben die Vereinigten Staaten Ungarn durch das Rote Kreuz Zusicherungen, daß alle aus Ungarn in neutrale oder alliierte Länder entlassene Juden mit Unterstützung der USA Hilfe und zumindest vorübergehende Aufnahme finden würden. Auf das Versprechen der Vereinigten Staaten hin stimmte Großbritannien einer ähnlich lautenden gemeinsamen Erklärung zu, aber Deutschland ließ keine größeren Zahlen der in Frage kommenden Juden ausreisen.[63]

Im Oktober zwangen die Nazis Horthy, eine neue, nazifreundliche Regierung (aus Angehörigen der Pfeilkreuz-Partei) zu ernennen, und die Transporte und Märsche von Juden aus Budapest wurden wieder aufgenommen. Doch dank der dreimonatigen Unterbrechung in der Durchführung der Endlösung und dank des Einmarsches sowjetischer Truppen im Januar 1945 zusammen mit den heroischen Bemühungen, die in den Monaten zuvor der berühmte schwedische Abgesandte Raoul Wallenberg, der Schweizer Konsul Charles Lutz und andere in Budapest unternommen hatten, blieben über 100 000 Juden verschont. Auf Druck der Amerikaner stellte die spanische Regierung Pässe und Schutzbriefe für mehr als 2000 ungarische Juden mit spanischen Vorfahren aus, das Kriegsflüchtlingsamt bewog lateinamerikanische Regierungen, die Ausgabe falscher Papiere an Juden nicht zu behindern, die sie als Staatsbürger jener Länder auswiesen.[64] Einigen wenigen tausend Juden gelang die Flucht aus Ungarn nach Rumänien und Jugoslawien. Und 1684 ungarische Juden wurden nach Bergen-Belsen deportiert – Ergebnis von bis heute umstrittenen Verhandlungen zwischen der zionistischen Flüchtlingshilfsorganisation in Budapest, dem Schweizer Vertreter des American Jewish Joint Distribution Committee, einer Wohltätigkeitsorganisation amerikanischer Juden, und einem Vertreter der SS. Von Bergen-Belsen schickten Himmlers Männer sie in zwei Etappen weiter in die Schweiz als »Zeichen des guten Willens« in dem Bestreben, die Amerikaner zu Verhandlungen zu bewegen. Roswell McClelland, der US-Vertreter des Kriegsflüchtlingsamtes in der Schweiz, machte die Unterhändler der SS glauben, die Freilassung einiger Juden könne für Himmler von Nutzen sein.[65] Doch alle Angebote, Juden in großer Zahl ausreisen zu lassen, erwiesen sich als Spiegelfechterei, sobald der Westen auf sie einging. Alles in allem hatten die Berichterstattung im Westen und diplomatische Bemühungen westlicher Staaten einen erheblichen Anteil daran, daß wenigstens ein kleiner Teil der ungarischen Juden gerettet werden konnte.

Viel wurde geschrieben (und viel mehr wird wohl noch geschrieben werden) über die besonders im Sommer und Herbst 1944 erhobenen Forderungen an Großbritannien und die Vereinigten Staaten, sie sollten Auschwitz-Birkenau bombardieren und damit dem Morden ein Ende setzen, sowie über die Ablehnung beider Regierungen. Besaßen die britischen und amerikanischen Bomber die erforderliche Reichweite, konnten sie ihre Fracht präzise genug auf die Gaskammern in Birkenau abwerfen, und wären die Bombardierungen möglich gewesen, ohne allzu viele Häftlinge zu töten? Diese Fragen werden nach wie vor heftig diskutiert, klar erscheint jedoch schon heute, daß ein solcher Bombenangriff nicht einfach gewesen wäre.[66] Die grundlegenden Fakten sind indes im Dickicht der Kontroverse und in der Erörterung technischer Details untergegangen.

Soweit bekannt ist, wurde der Vorschlag, Auschwitz zu bombardieren, erstmals von der polnischen Exilregierung im August 1943 vorgebracht. (Möglicherweise hatten polnische Politiker in London das Ziel Auschwitz sogar schon früher benannt.[67]) Die Polen beriefen sich darauf, daß sie einige Unterstützung bei der britischen Luftwaffe gefunden hätten, und ihr Plan sah vor, daß gleichzeitig der polnische Untergrund das Lager angreifen und versuchen sollte, die Gefangenen – viele waren Polen – zu befreien.[68] Wie bereits dargestellt, war zum damaligen Zeitpunkt viel über Auschwitz im Westen bekannt.[69] Doch die britischen Bomber hätten damals das Lager kaum mit einer einigermaßen adäquaten Bombenfracht erreichen können. Anfang 1943 verbesserten sich die Aussichten für eine Bombardierung von Auschwitz beträchtlich, denn nun hatten die Alliierten Stützpunkte und geeignetes Material in Italien (in Foggia).[70]

Je früher ein wirkungsvoller Bombenangriff auf die Gaskammern und Krematorien erfolgt wäre, desto stärker hätte er die Durchführung der Endlösung behindert. Doch es gibt keinen Anhaltspunkt dafür, daß eine Bombardierung Hitler, Himmler und ihre Gefolgsleute zu einem grundlegenden Kurswechsel gezwungen hätte. Eher hätten sie andere Orte und/oder andere Tötungsmethoden gewählt, wahrscheinlich wäre jedoch das rasende Tempo der Vernichtung ein wenig gebremst worden.

Durch die Flucht mehrerer Häftlinge aus Auschwitz (zu nennen sind insbesondere Rudolf Vrba und Alfred Wetzler) im Frühjahr 1944 drangen mehr Einzelheiten über die dortige Tötungsmaschinerie nach draußen und wurden jüdischen Organisationen sowie dem Kriegsflüchtlingsamt bekannt. Vor dem Hintergrund der neuen Informationen, wie die Menschen umgebracht wurden und welche Größenordnung das Morden erreicht hatte, machten einige jüdische Vertreter Vorschläge, wie man das Morden in Birkenau stoppen oder wenigstens unterbrechen könnte. Die Vorschläge gelangten zu den richtigen Stellen in den westlichen Regierungen, aber nichts deutet darauf hin, daß irgend jemand geprüft hat, ob die Bombardierung von Gaskammern und Krematorien durchführbar war. Erst die Historiker untersuchten ab 1978 diese Frage mit großer Gründlichkeit.

Das Kriegsflüchtlingsamt prüfte allerdings den Vorschlag, die Schienenwege und Brücken auf der Strecke nach Auschwitz zu bombardieren. Es kam aber zu dem enttäuschenden Ergebnis, daß, sollten die Bombardierungen erfolgreich sein, die Deutschen die Schäden rasch und leicht wieder reparieren könnten.[71] Vorschläge für die Bombardierung der Gaskammern und Krematorien gediehen 1944 nicht weit, und zwar aus Gründen, die wenig mit technischen Schwierigkeiten zu tun hatten. Das Kriegsflüchtlingsamt hatte weder die Kompetenzen noch das Gewicht, einen derartigen Plan durchzusetzen: Bei seiner Gründung hatte es auf militärische Optionen verzichten müssen.[72] Und sein Spielraum für Empfehlungen war durch andere politische und militärische Zwänge stark eingeengt. Der Außen- und der Kriegsminister konnten Finanzminister Morgenthau jederzeit überstimmen – und das war nur die erste Hürde. Bei den Politikern in Washington herrschte Konsens darüber, daß der Krieg so rasch wie möglich beendet werden müsse. Das Kriegsministerium widersetzte sich allem, was diesem Ziel auch nur ansatzweise im Wege hätte stehen können. Nachdem die Vorschläge der jüdischen Organisationen für die Bombardierung von Auschwitz-Birkenau eingegangen waren, übermittelte Pehle sie dem Kriegsministerium ohne die Dringlichkeit, mit der er ansonsten vorstellig wurde. Er wußte gewiß, daß dies ein riskantes Unterfangen war, und er wollte keinen Widerstand gegenüber anderen Vorhaben provozieren.

Der stellvertretende Kriegsminister John J. McCloy lehnte die Ersuchen ohne weitere Prüfung ab, obwohl amerikanische Flugzeuge Industrieanlagen in der Nähe von Auschwitz bombardierten. Die Bombardierung eines so genau umrissenen Ziels war mit erheblichen Schwierigkeiten verbunden, aber allem Anschein nach wollte das Kriegsministerium die technischen Probleme gar nicht erst untersuchen oder die amerikanischen Truppen vor Ort auffordern, dies zu tun. Folglich geht die Debatte der Historiker über Reichweite, Bombenfracht und die Präzision unterschiedlicher Bomber an der damaligen Problemstellung vollkommen vorbei: McCloy lehnte den Gedanken einer militärischen Intervention zu humanitären Zwecken rundweg ab – dies entsprach der allgemeinen Einstellung im Kriegsministerium –, und er hinderte das Kriegsflüchtlingsamt, ihn weiterzuverfolgen.[73] Damit war sehr unwahrscheinlich, daß irgend jemand anders in der US-Regierung diese Möglichkeit eingehender prüfen würde.

In London kam der Vorschlag weiter und weiter nach oben. Churchill äußerte Zustimmung, und daraufhin sprach sich auch Eden dafür aus. Tatsächlich reagierte Churchill am 11. Juli auf die Informationen über Auschwitz-Birkenau mit einem bemerkenswerten schriftlichen Kommentar, der an Eden gerichtet war und den Churchill in seiner »Geschichte des Zweiten Weltkriegs« zitiert:

> Ohne Zweifel haben wir es hier mit dem wahrscheinlich schlimmsten und scheußlichsten Verbrechen zu tun, das in der gesamten Weltgeschichte jemals begangen worden ist, begangen unter Einsatz eines wissenschaftlichen Apparates durch angeblich zivilisierte Menschen im Namen einer großen Nation und eines der führenden Völker Europas. Es ist ziemlich klar, daß alle an diesem Verbrechen Beteiligten, die uns irgendwie in die Hände fallen, auch wenn es Leute sind, die die Massaker lediglich in Befolgung von Befehlen durchgeführt haben, zum Tode verurteilt werden sollten, nachdem ihre Beteiligung an den Schlächtereien nachgewiesen worden ist.[74]

(Der Forscher Raul Hilberg zitiert diesen ausführlichen Kommentar als Indiz dafür, daß der Premierminister sich mehr Sorgen um die Reputation Deutschlands machte als um die Sicherheit der ungarischen Juden.[75]) Churchill hatte Eden vier Tage zuvor angewiesen, »holen Sie aus der Air Force heraus, was Sie können«,[76] aber die britische Regierung ließ die Gaskammern in Birkenau nicht bombardieren, ja konnte sich nicht einmal dazu durchringen, einem solchen Vorhaben gedanklich näherzutreten. Die Verantwortlichen des britischen Militärs (allen voran der Luftfahrtminister Sir Archibald Sinclair) befürworteten zwar eine humanitäre Mission, sprachen sich aber wie die Amerikaner gegen die Bombardierung der Schienenstrecken aus, weil sie dies für wenig wirkungsvoll hielten. Für die Bombardierung der Gaskammern und Krematorien waren genaue topographische Informationen erforderlich, und deren Beschaffung brauchte einige Zeit. Nach langem Zögern kam das Außenministerium zu dem Schluß, daß die Entscheidung der ungarischen Regierung, die Deportationen zu stoppen, und die technischen Schwierigkeiten gegen eine Bombardierung sprachen, auch wenn die topographischen Informationen mittlerweile zur Verfügung standen.

Schließlich sprach Anfang September der parlamentarische Staatssekretär Richard Law das endgültige Nein aus. Dabei verwies er darauf, daß im letzten Monat keine Deportationen aus Ungarn mehr stattgefunden hätten.[77] Das war nicht ganz richtig, und einige britische Verantwortliche wußten das auch. Im August war es Eichmann gelungen, einen Judentransport aus dem ungarischen Lager Sarvar entgegen der Anordnungen der ungarischen Regierung durchzuführen. Die Briten hatten die Meldung des Kommandanten der Sicherheitspolizei in Ungarn an das Reichssicherheitshauptamt (RSHA) aufgefangen, daß 1296 Juden aus Sarvar auf dem Weg nach Auschwitz waren. Die Analytiker beim britischen Geheimdienst zogen die naheliegende Folgerung, welches Schicksal den Juden bevorstand, auch wenn in der Meldung davon nicht die Rede war.[78] (Die Briten besaßen damals präzisere Angaben über die Zahl der Juden bei diesem Transport, als die Historiker aus verschiedenen anderen Quellen in den neunziger Jahren zusammenstellen konnten.[79]) Dieser Transport bewies, daß die Nazis an ihrem Vorhaben festhielten, die restlichen ungarischen Juden umzubringen, auch nachdem die ungarische Regierung die Deportationen gestoppt hatte.[80] Und das muß jedem klar gewesen sein, der Zugang zu den besten nachrichtendienstlichen Erkenntnissen hatte oder sich die Mühe machte, diese Informationen zu beschaffen. Im übrigen gingen auch die Judendeportationen aus anderen Regionen Europas nach Auschwitz-Birkenau weiter.

Abgesehen von dieser neuen Information, wieviel die Briten aus abgefangenen Meldungen wußten, ist die Geschichte, wie sie mit Bitten umgingen, Auschwitz-Birkenau zu bombardieren, nicht neu. Der Historiker Bernard Wasserstein hat vieles 1979 aufgedeckt, Martin Gilbert und der israelische Forscher Michael J. Cohen haben weitere Erkenntnisse beigesteuert. Alle drei Historiker kamen zu unterschiedlichen Erklärungen für die Untätigkeit der Briten. Wasserstein sah die Verantwortung beim Apparat des Außenministeriums,[81] Cohen hingegen befand, daß das Luftfahrtministerium und das Außenministerium sich gegenseitig vorwarfen, ein Projekt zu blockieren, das weder das eine Ministerium noch das andere wollte.[82] Gilberts Darstellung ist die ausführlichste, aber auch die verwirrendste, was teilweise daher rührt, daß er in chronologischer Abfolge Brands Mission, die Reaktionen der Alliierten und die Ablehnung der Bombardierung durch die amerikanische Regierung schildert, was jeweils sehr komplizierte Vorgänge waren.[83]

In seinem Fazit beharrt Gilbert darauf, daß die alliierten Regierungen erst Mitte 1944 erfahren hätten, was in Auschwitz-Birkenau geschah. Die Unkenntnis gehört für Gilbert zu der Erklärung, warum die Alliierten die Gaskammern nicht bombardierten und warum so viele ungarische Juden starben: Die Informationen seien sehr spät gekommen.[84] In seiner Abwägung, inwieweit Großbritannien verantwortlich dafür war, daß die Gaskammern nicht bombardiert wurden, erwähnt er einige nicht näher bezeichnete Einzelpersonen in London (vermutlich Mitarbeiter des Außenministeriums), die verhindert hätten, daß die Anweisung des Premierministers umgesetzt wurde, und er merkt an, daß Churchill nicht immer den politischen Kurs bestimmte. (Allerdings sagt Gilbert nicht, wer in diesem Fall den Kurs bestimmt haben soll.) Jenseits des Atlantiks sah er die Verantwortung beim Kriegsflüchtlingsamt, weil es das Projekt offiziell erst unterstützt habe, als es zu spät gewesen sei.[85] Cohen hingegen widersprach einem so nachsichtigen Urteil über Churchill mit dem Argument, der Premierminister habe bei vielen anderen Fragen sehr wohl verstanden, sich durchzusetzen. Warum sollte er ausgerechnet diesmal so ungewöhnlich erfolglos oder unaufmerksam gewesen sein?[86]

Mit Blick darauf, wie die Amerikaner mit Empfehlungen umgingen, die Gaskammern zu bombardieren, hat Richard Levy kürzlich Gilberts Argumentation aufgegriffen und weitergeführt mit dem Hinweis, daß nach Horthys Anordnung vom Juli 1944, die Transporte zu stoppen, nur noch relativ wenige ungarische Juden nach Auschwitz deportiert worden seien. Er schreibt dies zum guten Teil dem amerikanischen Bombenangriff auf Budapest am 2. Juli zu (es bestand kein Zusammenhang).[87] Mit anderen Worten: Die Empfehlungen, die Gaskammern in Birkenau zu bombardieren, seien so spät gekommen, daß die Mehrzahl der großen Deportationen aus Ungarn nicht mehr hätte aufgehalten werden können, selbst wenn die Bombardierungen erfolgreich gewesen wären – was nach Levys Einschätzung sehr zweifelhaft war. Levy zieht das Fazit, die Wirkung des amerikanischen Bombenangriffs auf Budapest am 2. Juli »stützt die damals oft vertretene Auffassung, daß der beste Weg, den Juden zu helfen, darin bestand, so rasch wie möglich den Krieg zu gewinnen«.[88] Dies war auch tatsächlich die offizielle Haltung der westlichen Regierungen bis zur Einrichtung des Kriegsflüchtlingsamtes, aber Levys Beispiel belegt nicht, daß diese Haltung auch richtig war. Der amerikanische Bombenangriff auf Budapest wirkte nur deshalb als Abschreckung, weil die Amerikaner gleichzeitig Drohungen gegen die ungarische Regierung erhoben und andere Länder ebenfalls Druck ausübten. Genau solcher Druck hatte bis 1944 gefehlt. Horthys Anweisung, die Judendeportationen zu stoppen, stützt die bereits an anderer Stelle in dem vorliegenden Buch vertretene Argumentation: Das Nazi-Regime war zwar ziemlich unempfindlich gegenüber Druck von außen, aber das gilt nicht für das deutsche Volk, die Satelliten der Nazis und Deutschlands Verbündete. Glaubwürdige Drohungen der westlichen Staaten gegen all jene, die an der Durchführung der Endlösung mitwirkten, hätten schon früher bedeutsame Folgen haben können.

Die Bombardierung der Gaskammern im Sommer oder Herbst 1944 wäre ein mächtigerer und überzeugenderer Ausdruck der Besorgnis angesichts des Massenmords an den europäischen Juden (und Zigeunern) gewesen als alles, was die Vereinigten Staaten und Großbritannien bis dahin gesagt und getan hatten. Doch schwerer als die Ablehnung, Auschwitz zu bombardieren, wog der Umstand, daß die westlichen Regierungen bereits soviel Zeit – vom Herbst 1941 bis zur Gründung des Kriegsflüchtlingsamtes – ungenutzt hatten verstreichen lassen.

13 Die Mühlen der Götter

Winston Churchill und Franklin Delano Roosevelt betonten beide immer wieder, daß die Alliierten alle Personen bestrafen würden, die am Massenmord an den europäischen Juden beteiligt gewesen waren, und bei ihrem Treffen im Juni 1942 übergab Roosevelt Churchill ein Memorandum über die Greueltaten der Achsenmächte.[1] Die britischen offiziellen Stellen machten während des Krieges von den entschlüsselten Meldungen der deutschen Polizei und der SS zwar keinen Gebrauch, aber sie sammelten doch Beweismittel für eventuelle Kriegsverbrecherprozesse nach dem Sieg. Das Schicksal dieser Beweismittel zeigt zum einen, welchen Stellenwert die Alliierten juristischen Verfahren nach dem Kriegsende beimaßen, und zum anderen, daß die Geheimhaltung eine alles beherrschende Bedeutung für sie hatte.

Am 7. Oktober 1942 schlug der britische Lordkanzler Sir John Simon in Übereinstimmung mit einer gleichzeitigen Ankündigung Präsident Roosevelts die Einrichtung einer Kommission der Vereinten Nationen (d. h. der Alliierten) zur Untersuchung von Kriegsverbrechen vor. Die Kommission sollte Beweismaterial zusammentragen für Prozesse gegen Personen, die Greueltaten und Verbrechen an Staatsangehörigen der Alliierten verübt hatten. Simon erwähnte in seiner Stellungnahme zwar auch die Verfolgung der Juden durch die Nazis, aber er ließ die Frage offen, ob die Alliierten es zu ihrer Aufgabe machen würden, Personen vor Gericht zu bringen, die Menschen in Deutschland, und keine alliierten Staatsangehörigen, terrorisiert und ermordet hatten. Angesichts der rechtlichen Komplikationen plädierten einige britische Verantwortliche dafür, die maßgeblich an Verbrechen beteiligten Personen auf der Seite des Feindes sollten durch Regierungsentscheidung und nicht durch Gerichtsverfahren bestraft werden. Dennoch richtete das Kriegskabinett eine eigene Kommission für die Behandlung von Kriegsverbrechern ein.[2]

Mitarbeiter des britischen Geheimdienstes erkannten spätestens im Herbst 1942, daß die entschlüsselten deutschen Polizeimeldungen wichtiges Beweismaterial für das enthielten, was bald als »Verbrechen gegen die Menschlichkeit« bezeichnet wurde. Graham Stewart Menzies stimmte einem Vorschlag von Victor Cavendish-Bentinck zu, daß zwei zuverlässige Mitarbeiter des Außenministeriums anhand der Funksprüche ein Dossier für die Anklage zusammenstellen sollten. Offiziere des militärischen Geheimdienstes wurden angewiesen, wichtige Funksprüche zu übersetzen und dabei besonders auf Euphemismen der Nazis wie »Sonderbehandlung« zu achten. Sie sollten ermitteln, wie viele Menschen erschossen oder mißhandelt worden waren, wer die Verantwortung für die Taten getragen hatte und welche Einheiten der Polizei, der SS oder der Wehrmacht mitgewirkt hatten. Die beiden mit dieser Aufgabe betrauten Männer, Denis Allen und ein Mann namens Campbell, waren Mitarbeiter des Außenministeriums. Sie erhielten das bereits vorliegende Beweismaterial über Greueltaten in der Vergangenheit in sorgfältiger Übersetzung und mit Erläuterungen, und sie sollten auch künftig alle wichtigen Informationen bekommen, die sich aus weiteren Meldungen ergeben würden.[3]

Auf diese Weise gelangten Kopien der relevanten Funksprüche ans Außenministerium, aber in dessen bis heute zugänglich gemachten Akten tauchen sie nicht auf. Nach Auskunft eines Archivars im Public Record Office, der einen ausführlichen Index der Akten des Außenministeriums einsehen konnte, scheint es, daß die Kopien bei einer Routinedurchsicht unwichtiger Archivbestände entfernt wurden. Die Akte des Joint Intelligence Committee über 1941–1942 begangene Greueltaten mit Dokumenten in deutscher Originalsprache ist jedoch erhalten geblieben.[4]

Einige hochrangige britische Politiker konnten sich für den Plan nicht begeistern, Kriegsverbrecherprozesse durchzuführen.

Im Juni 1942 teilte Anthony Eden dem Kriegskabinett mit, daß er einen internationalen Gerichtshof oder einen sonstigen speziellen juristischen Apparat ablehne. Er wollte, daß jeder einzelne alliierte Staat Taten an den jeweils eigenen Staatsangehörigen aburteilte, und er empfahl dafür die Einrichtung entweder von Militärgerichten oder von Zivilgerichten in anderen Ländern, die nach bestehenden Gesetzen und Verfahrensregeln Recht sprechen sollten. Eden befürchtete, Großbritannien könnte die Last aufgebürdet werden, eine große Zahl von Kriegsverbrechen abzuurteilen, und er drängte auf eine rasche Erledigung der Angelegenheit, um bald wieder ein friedliches Miteinander in Europa möglich zu machen.[5]

Großbritannien legte also seine Verpflichtungen selbst fest und vermied dadurch, daß ihm die Verantwortung für die Aburteilung der Personen zugewiesen wurde, die sich durch die Verfolgung und Ermordung der europäischen Juden schuldig gemacht hatten. In dem Plädoyer, auf der Grundlage bestehender Gesetze und Verfahrensregeln Recht zu sprechen, blieb unberücksichtigt, daß das Naziregime die deutsche Rechtsordnung so weit pervertiert hatte, daß die Deportation und Ermordung der deutschen Juden in Nazideutschland kein Gesetzesverstoß war. Möglicherweise beschäftigte sich das Außenministerium nach Edens Stellungnahme nicht weiter mit den Funksprüchen, die Hinweise auf Verbrechen an nichtbritischen Staatsbürgern enthielten, weil dieser Bereich keine Priorität mehr genoß, aber letztlich wissen wir es nicht.

Kriegsverbrecherprozesse nach Ende des Krieges waren von Anfang an ein amerikanisches Projekt. Einige Verantwortliche in Washington meinten, allein die Ankündigung von Prozessen, in denen die Täter sich als schlichte Kriminelle verantworten müßten, sei ein wichtiger Aspekt der psychologischen Kriegführung. Der Bezug auf den eindeutigen Rahmen des Rechts appelliere an den »gesetzesgläubigen deutschen Geist«, er werde die juristische Schuld der Täter betonen und auf manche Deutsche abschreckend wirken, so daß sie sich nicht an Greueltaten beteiligten. Kriegsverbrecherprozesse würden überdies sicherstellen, daß wirklich die Schuldigen zur Verantwortung gezogen würden und nicht das deutsche Volk als ganzes unterschiedslos eine kollektive Strafe träfe.[6] Mit anderen Worten: Die Aussicht auf Kriegsverbrecherprozesse würde während des Krieges eine wohltuende abschreckende Wirkung auf die Deutschen haben und nach Ende des Krieges eine gezieltere und gerechtere Bestrafung der Täter durch die Alliierten ermöglichen. Es wurde ein interministerieller Ausschuß eingerichtet (dem auch Ben Cohen, der politische Berater im Weißen Haus, angehörte), der Pläne für die internationale Verfolgung von Kriegsverbrechern entwickeln sollte.

Unterdessen teilte Eden der britischen Botschaft in Washington mit, London arbeite keineswegs an derartigen Plänen, sondern halte ein internationales Kriegsverbrechertribunal für nicht wünschenswert. Eden gab der Sowjetunion die Schuld, daß sich die Umsetzung des Vorschlags von Lord Simon verzögert habe,[7] doch offensichtlich war das nur die halbe Wahrheit.

Ein von dem gemeinsamen (amerikanisch-britischen) Ausschuß für Informationspolitik erstelltes Memorandum spiegelte die amerikanische Haltung wider. Ein britischer Mitarbeiter des Ausschusses berichtete, das Papier sei an höchster Stelle in London nicht gut aufgenommen worden, und schlug vor, es zurückzuziehen.[8] Die Briten hielten grundsätzlich nicht viel von dem Gedanken, nachdrücklich mit Kriegsverbrecherprozessen nach dem Krieg zu drohen, weil das Außenministerium Vergeltungsakte der Deutschen an britischen Kriegsgefangenen fürchtete. Churchill und Eden neigten dazu, einzelne ausgewählte Nazis zu bestrafen, aber sie nicht in einem offiziellen Gerichtsverfahren abzuurteilen.[9]

Damit blieben mehrere Fragen offen: Konnten darüber hinaus auch andere Deutsche für Verbrechen in Deutschland und im besetzten Europa bestraft werden, und wenn ja, wie viele? Wer würde die Strafen vollstrecken und wie? Lordkanzler Simon wollte, daß nach formaljuristischen Regeln würde verfahren werden, und betrachtete es als Aufgabe der Kommission zur Untersuchung von Kriegsverbrechen, die erforderlichen Beweise zusammenzutragen.[10] Die Kommission jedoch wußte nichts von dem geheimen Beweismaterial in den Händen des britischen Nachrichtendienstes und des Außenministeriums, und Eden weigerte sich, das Mandat der Kommission auf rassisch oder religiös motivierte Greueltaten in Feindstaaten auszudehnen. Später warfen sich das Außenministerium und das Kriegsministerium gegenseitig einen falschen Umgang mit der Kommission vor.[11] Von 1943 an wurde anscheinend aus den decodierten Polizei- und SS-Meldungen kein Beweismaterial mehr für Kriegsverbrecherprozesse wegen Taten gegen Juden zusammengetragen. Doch Verantwortliche im britischen Nachrichtendienst, insbesondere die Deutschlandexperten in der Abteilung MI 14, erhielten, sammelten und ordneten (und analysierten wahrscheinlich auch) weiterhin die Informationen aus allen entschlüsselten Meldungen.[12] Bis zum heutigen Tag wurden relativ wenige Akten des MI 14 freigegeben. Doch die zugänglichen Unterlagen vermitteln einen recht guten Eindruck, was geschehen und was unterblieben ist.

Die Kryptanalytiker ließen in ihren Bemühungen nicht nach. Sie hatten zunächst einige Schwierigkeiten mit neuen Codes der deutschen Polizei, die Ende 1942 eingeführt worden waren, doch schon Anfang 1943 gelang ihnen die Entschlüsselung einer beträchtlichen Zahl von Meldungen.[13] Bei den Funksprüchen gab es das alte Problem von Verschleierungen und Euphemismen, aber das kannte man seit Dalueges Warnung am 13. September 1941. Die Abhörspezialisten sammelten unter anderem wichtige Informationen über die Deportation von Juden aus Frankreich im Jahr 1944, und die Informationen flossen auch dann noch, als alliierte Truppen immer weiter vordrangen.[14] Entschlüsselte Enigma-Meldungen der SS enthielten wichtige Informationen über den Holocaust in Ungarn. Aber wer registrierte die Informationen in ihrer vollen Tragweite und machte andere darauf aufmerksam? Hatten die Erkenntnisse irgendeinen Einfluß auf die Pläne der Briten?

Bei der Moskauer Konferenz, die Anfang November 1943 zu Ende ging, einigten sich der sowjetische Außenminister Wjatscheslaw Molotow, der amerikanische Außenminister Cordell Hull und der britische Außenminister Anthony Eden auf eine Erklärung, daß Greueltaten in Kriegsverbrecherprozessen abgeurteilt werden sollten, und zwar in den und durch die Länder, in denen die Taten begangen worden waren. Die Haupttäter der Achsenmächte, deren Verbrechen nicht einem bestimmten geographischen Raum zugeordnet werden konnten, sollten durch gemeinsame Entscheidung der Alliierten abgeurteilt werden. Der Tenor der Moskauer Erklärung hatte in mancherlei Hinsicht schwerwiegende Folgen:

> Und so sollen die Deutschen, die an Massenerschießungen italienischer Offiziere oder an der Hinrichtung französischer, holländischer, belgischer und norwegischer Geiseln oder von Bauern auf Kreta beteiligt waren und die an den Massakern am polnischen Volk oder in anderen Gebieten der Sowjetunion teilgenommen haben... wissen, daß sie an die Stätten ihrer Verbrechen zurückgebracht und an Ort und Stelle von den Völkern verurteilt werden, gegen die sie sich vergangen haben. Jene [die bisher nicht beteiligt waren]... sollen sich hüten, es den Schuldigen gleichzutun, denn ganz sicher werden die drei alliierten Mächte sie bis in den letzten Winkel der Erde verfolgen und sie ihren Anklägern zuführen, damit Gerechtigkeit walten kann.[15]

Von den Juden war in der Erklärung keine Rede.

Am 28. Juni 1944 – gerade zwei Tage nachdem Churchill die Vorgänge in Auschwitz-Birkenau als »das wahrscheinlich schlimmste und scheußlichste Verbrechen in der gesamten Weltgeschichte«[16] bezeichnet hatte – beschloß das Kriegskabinett, daß die Alliierten nicht die formaljuristische Verantwortung für die Aburteilung von Verbrechen, die aus rassischen, religiösen oder politischen Motiven in Feindesland begangen worden waren, übernehmen würden.[17] Nachdem dieser Beschluß aktenkundig geworden war, verblaßte die Bedeutung des aus den deutschen Funksprüchen zusammengetragenen Beweismaterials rasch.

Einige Deutschlandexperten im britischen Nachrichtendienst hatten gehofft, daß die Informationen aus den Funksprüchen während der Besetzung Deutschlands nach Kriegsende von Nutzen sein würden.[18] Der Spezialist für die deutsche Polizei war Brian Melland. Einer seiner ehemaligen Kollegen beschrieb ihn einmal als einen Mann der großen Auftritte. Im Herbst 1943 und Anfang 1944 hielt er eine Reihe überaus lebendiger Vorträge vor amerikanischen und britischen Offizieren, die mit den alliierten Truppen nach Deutschland vordringen sollten.[19] Melland teilte zwar die damals verbreitete Neigung zu stereotypen Bildern vom Nationalcharakter verschiedener Völker, lieferte aber den Amerikanern und Briten eine sorgfältige, detailreiche Analyse der Stellung der deutschen Polizei innerhalb des Nazisystems und ihres Wandels im Laufe der Zeit, und er hob ganz besonders die Rolle der Bataillone der Ordnungspolizei hervor:

> Vielleicht überrascht es Sie, zu hören, daß Bataillone, Regimenter und sogar ganze Divisionen der deutschen Polizei in diesem Krieg als gewöhnliche kämpfende Truppen oder, in einer besonderen und charakteristischen Weise, als Sicherheitskräfte hinter den Kommunikationslinien und in den besetzten Gebieten eingesetzt werden. In all ihren Funktionen arbeiten diese Polizei-Soldaten sehr eng mit Himmlers SS zusammen... Die enge Verbindung von Polizei und SS unter Himmlers Führung kann gar nicht ernst genug genommen werden, denn sie ist das mächtige Rückgrat des gesamten Naziregimes...
> Ich möchte Ihnen aber gleichwohl sagen, daß die deutschen Polizeibataillone und -regimenter, die aus Männern der kasernierten Schutzpolizei bestehen und um Polizeireservisten ergänzt wurden, ein langes, düsteres Register der Beteiligung an Terroraktionen hinter den Kommunikationslinien und im rückwärtigen Heeresgebiet haben. Sie haben in blutigen Massakern Tausende von Männern, Frauen und Kindern abgeschlachtet, und wir dürfen diese Tatsache niemals aus dem Blick verlieren, wenn wir es mit Angehörigen der Polizeibataillone zu tun haben. Wir dürfen nicht der Vorstellung Raum geben, daß nur die SS-Leute in der Gestapo und im SD für Kriegsverbrechen verantwortlich sind. Wir wissen, daß sie die Verbrechen zusammen mit den uniformierten Polizeibataillonen begangen haben. Wir wissen es definitiv.[20]

Melland enthüllte das Geheimnis der entschlüsselten Polizeimeldungen nicht, aber er hatte ihnen ohne Zweifel viele Informationen entnommen, und er wollte offensichtlich, daß andere diese Informationen für die Festnahme von Kriegsverbrechern nutzten. Der zitierte Vortrag enthält zumindest in seiner schriftlichen Fassung nur einen beiläufigen Hinweis auf die Juden. In einer überarbeiteten Version des Vortrags, gehalten Anfang 1944, war von der massenhaften Ermordung von Zivilisten die Rede, vom Einsatz beweglicher Gaskammern auf Lastkraftwagen und der Beteiligung der Stadtpolizei neben den Einsatzkommandos. Wieder wurden die jüdischen Opfer nicht besonders hervorgehoben.[21]

Der Vortrag erhielt einigen Beifall, und es wurde vorgeschlagen, Melland solle eine Art Handbuch über die deutsche Polizei zusammenstellen. Dieser Vorschlag war offenbar der Anstoß für ein gemeinsames amerikanisch-britisches Handbuch mit dem Titel *The German Police*, das im April 1945 von der Abteilung Gegenspionage des Oberkommandos der Alliierten (SHAEF, Supreme Headquarters Allied Expeditionary Force) herausgegeben wurde. Auf der Titelseite heißt es, daß die Londoner Abteilung des Forschungsreferats des Militärgeheimdienstes das Werk in Zusammenarbeit mit dem Kriegsministerium (MI 14 d) erarbeitet habe.[22]

Das Handbuch bestand aus rund 130 Seiten Text sowie Hunderten von Seiten Anhang und war zugleich außerordentlich detailliert und auf sonderbare Weise lückenhaft. Mellands Anmerkungen über die Verbrechen der Ordnungspolizei im rückwärtigen Heeresgebiet tauchten nicht auf. Statt dessen zählte das Handbuch die neuen Pflichten der kasernierten Polizei im Krieg auf wie die Überwachung von Kommunikationsverbindungen, die Kontrolle von Gebieten, die von Partisanen infiltriert waren, das Vorgehen gegen Partisanen und die Durchsetzung von Recht und Ordnung zusammen mit der SS, dem Heer und anderen Sicherheitskräften. Es wurde angemerkt, daß die Bataillone der Ordnungspolizei zuweilen zu Regimentern zusammengefaßt worden seien, daß diese aber auf keinen Fall mit der Waffen-SS verwechselt werden dürften und daß die Angehörigen der Regimenter nicht notwendigerweise SS-Mitglieder sein müßten. Der deutlichste Hinweis auf die Beteiligung der Ordnungspolizei an den Massenmorden war die Feststellung, daß viele Bataillone zu den fanatischsten und brutalsten Nazikräften gehörten, die Norwegen, Polen, Jugoslawien, Griechenland, die Tschechoslowakei und Italien terrorisierten.[23] Auf die von der Ordnungspolizei verübten Massaker auf dem Gebiet der Sowjetunion ging das Handbuch nicht ein, und auch die Juden wurden in diesem Zusammenhang nicht erwähnt. Selbst in den Abschnitten über das Judenreferat im Reichssicherheitshauptamt (Eichmanns Zuständigkeitsbereich) stand nichts über den Massenmord der Nazis an den Juden.[24] Vielleicht verhinderte die Mitwirkung der Amerikaner an dem Projekt, daß Informationen aus den entschlüsselten Funksprüchen verwendet wurden, oder vielleicht war der Adressatenkreis des Handbuchs zu groß. Auf jeden Fall hatte die Geheimhaltung absoluten Vorrang.

Im Juni 1945 gab das SHAEF G-2 einen weiteren Bericht über die Verbindung zwischen SS und Ordnungspolizei heraus. Darin hieß es, auf die eine oder andere Weise seien hochrangige Angehörige der Polizei Mitglieder der SS geworden. Aber für den Hauptteil der Ordnungspolizei (Orpo) gelte »das Merkmal, daß er scheinbar eher abseits vom politischen Leben im Land steht, und darum werden die einfachen Mitglieder als in unserem Zusammenhang harmlos angesehen. Dies wird daraus abgeleitet, daß die Orpo im allgemeinen Routinedienste leistet.«[25] Diese Einschätzung trug dazu bei, daß Angehörige der Ordnungspolizei die Entnazifizierungsverfahren relativ leicht durchlaufen konnten, und wahrscheinlich kam sie in gutem Glauben zustande. Der britische Nachrichtendienst wußte, daß im Osten das Morden zu den »Routinediensten« der Ordnungspolizei geworden war, aber er gab sein Wissen nicht an das SHAEF weiter.

Im September 1945 verteilten MI 4 und MI 14 an die alliierten Besatzungseinrichtungen, die Kommission für die Untersuchung von Kriegsverbrechen und an Offiziere des Militärs der einzelnen Länder, die mit der Verfolgung von Kriegsverbrechen betraut waren, eine Liste mit den Namen von Angehörigen der SS, der Polizei und der NSDAP. Vor die Namen war der warnende Hinweis gesetzt, daß es sich nur um eine Liste von Verdächtigen handle: Gegen jeden Genannten gebe es entweder konkretes Beweismaterial, oder der Verdacht gründe sich auf das, was über das jeweilige Amt bekannt sei. Die Liste sei indes »nur ein erster unvollständiger Ansatz für eine umfassende schwarze Liste von Personen, die Kriegsverbrechen verdächtigt werden«.[26]

Die Liste war in der Tat unvollständig. Kurt Daluege, der Chef der Ordnungspolizei, tauchte nur als Verantwortlicher für Vergeltungsaktionen in der Tschechoslowakei nach der Ermordung Reinhard Heydrichs durch tschechische Widerstandskämpfer auf. Zu Adolf Eichmann hieß es, er habe Juden aufspüren und enteignen lassen, und vor allem sei er für die Deportation holländischer Juden nach Auschwitz verantwortlich. Erich von dem Bach-Zelewski wurde im Hinblick auf die Ämter, die er innehatte, mehr oder weniger richtig identifiziert, aber als einzige Beschuldigung war aufgeführt, daß er im Juni 1942 das Dorf Borki in Mittelrußland dem Erdboden hatte gleichmachen lassen. Friedrich Jeckeln wurde als der Verantwortliche für etliche Verbrechen an Juden, Kommunisten und anderen Personen in den baltischen Staaten identifiziert. In der Liste fand sich kein Hinweis auf die Beteiligung von Bach-Zelewski und Jeckeln an weiteren Massakern im Sommer und Herbst 1941, obwohl die entschlüsselten Polizeimeldungen eindeutige Informationen enthielten.[27]

Die Schlußfolgerung liegt nahe, daß der oder die Verfasser der schwarzen Liste von den Polizeimeldungen nichts wußten oder keinen Zugang zu den Unterlagen hatten. Aber dagegen spricht ein Umstand: Die Kenntnis, daß Bach-Zelewski für die Verwüstung des Dorfes Borki verantwortlich war, stammte aus den entschlüsselten Meldungen.[28] Von den Verbrechen, die Jeckeln vorgeworfen wurden, wußte man aus anderen Quellen, und ihm wurden nicht die Verbrechen in der Ukraine vorgehalten (Morde an Juden), die am besten in seinen Funksprüchen dokumentiert waren. Allem Anschein nach gab es bereits eine Entscheidung oder zumindest eine Neigung des Secret Intelligence Service, die entschlüsselten Polizeimeldungen nicht als Beweismittel für Kriegsverbrecherprozesse zu verwenden.

Anfang 1946 stellte das britische Kriegsministerium eine Ermittlungskommission für Kriegsverbrechen zusammen, eine Vorläuferorganisation existierte seit 1940. Das Gremium stellte aus Verhören deutscher Gefangener und aus Dokumenten, die man in die Hände bekommen hatte, Beweismaterial gegen

Kriegsverbrecher zusammen.[29] Doch die Meldungen der deutschen Polizei und der SS – die mit soviel Mühe aufgefangen, entschlüsselt, zum Teil übersetzt und wohl auch analysiert worden waren – blieben in geheimen Akten verschlossen und wurden nicht ausgewertet.

Die Code and Cypher School der Regierung beschloß jedoch am Ende des Krieges, eine (nicht veröffentlichte) Geschichte der verschiedenen Aspekte des Konflikts herauszubringen, und zwar nur anhand von Material, das in Bletchley Park entschlüsselt worden war. In dem von Leutnant E. D. Phillips verfaßten 13. Band ging es um die deutsche Polizei. Phillips hob von Anfang an hervor, daß die Ministerien, die Kopien der entschlüsselten Meldungen erhalten hatten, ihre Tragweite sehr viel besser beurteilen konnten, weil sie auch über Informationen aus anderen Quellen und Wissen über die größeren Zusammenhänge verfügten.[30] Dennoch sei allein die Zusammenfassung der Erkenntnisse, welche die für die deutsche Polizei zuständige Abteilung (die bis Ende 1943 unabhängig arbeitete) und später die Mitarbeiter in Baracke 3 in Bletchley Park aus den deutschen Polizeimeldungen zusammengetragen hatten, wertvoll gewesen.

In einem Anhang listete Phillips einige Beispiele auf, wie Höhere SS- und Polizeiführer über Hinrichtungen berichtet und gemeldet hatten, welche SS- oder Polizeieinheiten die Erschießungen vorgenommen hatten. Die Opfer wurden meistens als Juden oder Bolschewisten bezeichnet, doch, so merkte Philipps in einer Fußnote an: »Wahrscheinlich waren die Bezeichnungen ›Jude‹ oder ›Bolschewist‹ geläufige Rechtfertigungen für alle Arten von Hinrichtungen.«[31] Diese Anmerkung entstand, nachdem die Welt voller Entsetzen Bilder und Wochenschauberichte aus den Konzentrationslagern Bergen-Belsen, Dachau und anderen gesehen hatte, zu einer Zeit, als das Internationale Militärtribunal dabei war, seine Arbeit aufzunehmen. Darin kommt eine Leugnung der mittlerweile bekannten Wahrheit zum Ausdruck, daß die Nazis eine ungeheure Zahl von Juden ermordet hatten – worüber verantwortliche Nazis auch ganz offen berichtet hatten.

Hatte die Tatsache, daß die Informationen aus den entschlüsselten Funksprüchen nicht zur Verfügung standen, einen Einfluß auf Entscheidungen nach Kriegsende? Zumindest können wir nachweisen, daß das decodierte Material eine wichtige Rolle spielte bei Entscheidungen über die Verfolgung von Kriegsverbrechen. So beschloß beispielsweise die britische Regierung, in den Kreis der Deutschen, die nach dem Krieg in der britischen Besatzungszone automatisch verhaftet werden sollten, die Offiziere der Ordnungspolizei einzubeziehen. Doch im Einklang mit der Entscheidung der alliierten Ankläger bei ihren Vorbereitungen für das Internationale Kriegsverbrechertribunal in Nürnberg, die Gestapo und den SD als kriminelle Naziorganisationen zu behandeln, ordneten die Briten Offiziere der Gestapo und des SD der Kategorie 1 der potentiellen Hauptschuldigen zu und hochrangige Angehörige der Ordnungpolizei Kategorie 2 der Belasteten.[32] Allem Anschein nach war das Argument nicht von der Hand zu weisen, daß »einfache« Polizeiangehörige, die vielfach weder SS- noch Parteimitglieder waren (mit Ausnahme der höchsten Ränge) nicht in dieselbe Kategorie eingeordnet werden konnten wie berüchtigte Gestapoleute, aber die Personen, die solche Kategorien ersonnen hatten, kannten die Meldungen der deutschen Polizei nicht, aus denen hervorging, in welchem Ausmaß die Bataillone der Ordnungspolizei an Hinrichtungen beteiligt gewesen waren. Im Januar 1946 gab der Alliierte Kontrollrat für Deutschland eine Direktive heraus, daß Nazis und Kriegsverbrecher aus allen Ämtern in Nachkriegsdeutschland zu entfernen seien und keine Ämter besetzen dürften. Ausdrücklich genannt wurden Höhere Polizeiführer, aber vom dem Rang eines Unterführers der Ordnungspolizei abwärts galt die Direktive nicht mehr.[33]

Großbritannien und die Vereinigten Staaten beschlossen, mit Verfahren gegen Personen der Kategorie 2 zu warten, bis sie den Verlauf der Nürnberger Prozesse gegen die Hauptkriegsverbrecher beurteilen konnten. Es gab sogar einigen Druck, die Verdächtigen bis zum Abschluß der Prozesse auf freien Fuß zu setzen. Schließlich fiel in beiden Ländern doch noch der Beschluß, Verfahren gegen alle Personen zu eröffnen, die während der Entnazifizierungsverfahren wegen ihrer Mitgliedschaft in bestimmten Organisationen als Belastete eingestuft worden waren.

Die Entnazifizierungsverfahren fanden vor deutschen Gerichten unter alliierter Aufsicht statt.[34]

Die Amerikaner versuchten ein sehr ausgedehntes Entnazifizierungsprogramm durchzuführen und begannen damit, die gesamte erwachsene deutsche Bevölkerung zu durchleuchten. Dieses Verfahren war wohl vom Ansatz her falsch, denn der Kreis der potentiell Schuldigen wurde viel zu sehr ausgeweitet, und es führte zu Irrtümern und Mißbräuchen aller Art: Nur wenige amerikanische Verantwortliche wußten über Nazideutschland so gut Bescheid, daß sie gerecht über die Funktionen und die Schuld einzelner urteilen konnten.[35] Warum konzentrierte man sich nicht zunächst auf die viel kleinere Zahl der SS- und Polizeiangehörigen, bei denen aufgrund ihrer Zugehörigkeit zu bestimmten Einheiten oder aufgrund bestimmter Aufgabenbereiche der Verdacht bestand, daß sie an Massentötungen beteiligt gewesen waren? Auf diese Weise wären wenigstens die schlimmsten Verbrecher bestraft worden. Aber wußten die Amerikaner überhaupt, welche Einheiten und Organisationen an Massakern mitgewirkt hatten? Gegen die Leiter und Wärter in den Konzentrationslagern mußten sich selbstverständlich Ermittlungen richten, und dann tauchte eine Kopie (auf Papier) der in Berlin zusammengestellten Berichte der Einsatzgruppen auf, aus der hervorging, daß die Offiziere und einfachen Mitglieder der Einsatzgruppen sich schuldig gemacht hatten. Aber für die Bataillone der Ordnungspolizei gab es nichts Vergleichbares.

Die britische Strategie bei der Entnazifizierung war weniger vom Kreuzzugsgedanken und stärker von ökonomischen Zwängen geprägt. In der britischen Zone wurden nicht so viele Deutsche automatisch verhaftet, und ein erheblicher Teil der Festgenommenen wurde rasch wieder freigelassen: Das Kriegsministerium entschied, daß man sich auf die nach Ansicht der britischen Besatzungsbehörden schlimmsten Fälle konzentrieren und die übrigen Beschuldigten ungeschoren lassen wollte. Großbritannien lehnte es auch ab, mutmaßliche Kriegsverbrecher an Länder auszuliefern, in denen sie wohl kein gerechtes Verfahren zu erwarten hatten wie etwa an die Sowjetunion.[36] Und der britische Nachrichtendienst hielt die decodierten Polizeimeldungen weiter unter Verschluß.

In den westlichen Besatzungszonen Deutschlands wurde gegen Offiziere und Mannschaften der Ordnungspolizei nur selten ermittelt, und nur wenige Verfahren wurden eröffnet. Die Annahme war allgemein verbreitet, daß Morde und andere Greuel nur auf das Konto der SS gingen – und selbst dort sah man die Schuld nur bei Teilen der Organisation. Ab den sechziger Jahren wurden in Westdeutschland durchaus Ermittlungen gegen Angehörige der Ordnungspolizei durchgeführt und auch einige Verfahren eröffnet, aber nur sehr wenige endeten mit Schuldsprüchen. Zum Teil lag das am Mangel an Beweismaterial, doch dieses Thema wäre eine eigene Untersuchung wert.[37]

Gegen die höchsten Funktionsträger von SS und Polizei hätten immer noch die Alliierten Einzel- oder Gruppenverfahren durchführen können. Die Amerikaner klagten erfolgreich einige Offiziere der Einsatzgruppen an, aber keine Höheren SS- und Polizeiführer und keine Kommandanten von Bataillonen der Ordnungspolizei. Da ihnen die entschlüsselten Polizeimeldungen nicht zur Verfügung standen, war es schwierig, Beweismaterial zusammenzutragen und die Schuldigen zu identifizieren. Ironischerweise war der amerikanische Chefankläger bei Verfahren gegen die Einsatzgruppen niemand anderer als Telford Taylor, der Mann, der so lange in Bletchley Park gewesen war und der ab 1944 Kopien der Meldungen der Ordnungspolizei erhalten hatte.[38] Aber ihm wurden offensichtlich niemals Kopien der früheren Meldungen übergeben.

Am Tag der deutschen Kapitulation verhafteten die Amerikaner Kurt Daluege. Anders als andere hohe Nazis, die am Ende des Zweiten Weltkriegs Selbstmord begingen (Hitler, Himmler, Goebbels), beschloß Daluege, sein Glück zu versuchen. Gegen ihn wurde hauptsächlich der Vorwurf erhoben, nach der Ermordung seines Kollegen und langjährigen Rivalen bei der Polizei, Reinhard Heydrich, Mitte 1942 Vergeltungsmaßnahmen in dem von den Nazis so genannten Reichsprotektorat Böhmen und Mähren organisiert zu haben: Die Nazis ließen alle männlichen Einwohner der tschechischen Stadt Lidice ermorden. Die Frauen von Lidice wurden in Konzentrationslager deportiert, acht Kinder wurden als für die Germanisierung geeignet befunden, die anderen verschwanden. Die Besatzer machten alle

Gebäude dem Erdboden gleich und schafften den Schutt fort. Lidice war vom Antlitz der Erde getilgt.[39] Die Zerstörung von Lidice hatte 1942 den Westen schockiert, aber Dalueges Kollegen, die Vernichtungslager leiteten, brachten in einer Woche mehr Menschen um, als im Zuge der gesamten Vergeltungsaktion für den Tod Heydrichs starben. Am Ende des Krieges stellten die Enthüllungen über die Schrecken von Auschwitz, Belzec, Sobibór, Treblinka, Chelmno, Maidanek und vieler anderer Konzentrationslager Dalueges Verbrechen in den Schatten. Keiner der für die Verfolgung von Kriegsverbrechen Verantwortlichen dachte daran, ihn in die Gruppe derjenigen einzureihen, die als erste in Nürnberg vor Gericht gestellt werden sollten. Wenn Heydrich noch gelebt hätte, hätten die Alliierten ihn als einen der Hauptkriegsverbrecher angeklagt.

In einer weitschweifigen Erklärung für die Amerikaner schrieb Daluege, daß er lediglich der Vorgesetzte jener grünuniformierten Ordnungspolizisten gewesen sei, die nun nach reibungslosem Übergang für die Besatzungsbehörden Dienst taten. Niemals, so betonte er, habe er etwas mit Konzentrationslagern, der Judenfrage oder der Liquidierung von Gegnern zu tun gehabt: All dies sei in die Zuständigkeit der Sicherheitspolizei unter Heydrich gefallen. Er, Daluege, sei kein Verbrecher, nicht einmal in den besonders schwierigen Jahren vor 1933 habe er Verbrechen begangen. Zudem habe er im September 1943 an schweren Herz- und Kreislaufproblemen gelitten und sich deshalb aus dem aktiven Dienst zurückgezogen. (Den Tschechen, die ihn später verhörten, erzählte er, er leide an einer erblichen Form der Syphilis!)[40] Da der britische Nachrichtendienst im Besitz der Polizeimeldungen war, wußte er sehr viel besser Bescheid, und einige Personen wollten noch mehr herausfinden. Das britische Außenministerium beantragte, Daluege zu verhören: Man war begierig, zuverlässige Informationen von ihm zu bekommen.[41] Die Protokolle etwaiger britischer Verhöre von Daluege wurden bis heute nicht freigegeben.[42] Die Amerikaner ließen aber die Tschechen zu Daluege und überstellten ihn später ganz den Tschechen. Er versuchte zwar, die Schuld für das Massaker in Lidice Karl Hermann Frank in die Schuhe zu schieben, aber das Beweismaterial der Tschechen gegen ihn reichte aus. Er wurde 1946 verurteilt und hingerichtet.

Der Höhere SS- und Polizeiführer Friedrich Jeckeln wurde von Truppen der westlichen Alliierten festgenommen und den Sowjets übergeben. Die Sowjets konzentrierten sich bei ihrem Verhör auf Jeckelns Regiment in den baltischen Staaten, und Jeckeln bemühte sich, den Anschein zu erwecken, er habe mit der Endlösung bis zu dem Zeitpunkt, als er von der Ukraine nach Riga kam, nichts zu tun gehabt. Die Sowjets exekutierten ihn Anfang 1946.[43] Erich von dem Bach-Zelewski hatte eine Zeitlang mehr Glück. Er fiel den Amerikanern in die Hände und packte aus, enthüllte Geheimnisse aus dem inneren Kreis der SS, ohne sich dabei selbst zu belasten.[44] Er war ein Soldat; 1943 war er der oberste Verantwortliche für die Bekämpfung von Partisanen gewesen, er hatte nicht einfach irgendwelche Zivilisten hinrichten lassen. Der militärische Kontext und sein Auftrag dienten augenscheinlich als Deckmantel für anderes, und auch manche seiner militärischen Aktionen gingen weit über das hinaus, was nach den internationalen Normen der Kriegführung geduldet war. Seine Männer hatten 1944 den Aufstand in Warschau mit brutaler Gewalt gegen Zivilisten niedergeschlagen.[45] Der britische Nachrichtendienst war im Besitz einer Meldung, in der Bach-Zelewski sich rühmte, daß seine Leute am 7. August 1941 30 000 Menschen umgebracht hätten; ein Mitarbeiter des Nachrichtendienstes hatte die entscheidenden Informationen aus den entschlüsselten Botschaften Ende 1944 oder Anfang 1945 zu einem Dossier über Bach-Zelewski zusammengestellt.[46] In Unkenntnis dessen beschlossen die alliierten Ankläger, Bach-Zelewski im Nürnberger Prozeß als Zeugen der Anklage zu benennen, und am 7. Januar 1946 erschien er im Zeugenstand. Die Befragung nahm kein Geringerer vor als Telford Taylor. Ein Amerikaner meinte, Bach-Zelewski habe im Zeugenstand wie ein seriöser Buchhalter gewirkt. Taylor setzte Bach-Zelewski nicht sehr zu, die meiste Zeit befragte er ihn zur Rolle der Wehrmacht (nicht der SS) bei Greueltaten. Taylor schrieb später darüber: »Er war gewiß kein Engel und behauptete auch nicht, ein solcher zu sein, doch er wußte genauestens über das Verhalten des Heeres an der

Ostfront und über dessen Beteiligung an Kriegsverbrechen Bescheid, und er war bereit, über diese Dinge auszusagen.«[47] Auf Taylors Frage, was seine Aufgabe als Höherer SS- und Polizeiführer gewesen sei, antwortete Bach-Zelewski, die Bekämpfung von Partisanen. Auf die Frage, welche Funktionen die Einsatzgruppen gehabt hätten, erläuterte Bach-Zelewski, sie hätten Juden, Zigeuner und politische Kommissare beseitigen sollen. Er räumte ein, daß bei seinen Operationen gegen Partisanen unnötigerweise auch Zivilisten getötet worden seien, aber die Schuld dafür gab er seinen Untergebenen und den Verantwortlichen in der Wehrmacht. Der russische Ankläger Oberst Pokrowsky konnte einige wichtige Informationen über das allgemeine Vorgehen der Nazis und der SS aus Bach-Zelewski herausbekommen, aber nichts, was Bach-Zelewski direkt belastet hätte.[48]

Bach-Zelewskis Auftritt vor Gericht und seine Zeugenaussage brachten einige andere Angeklagte des Nürnberger Prozesses in Rage. Hermann Göring beschimpfte ihn als Schwein, Stinktier, als »den blutigsten Mörder in der ganzen verdammten Aufführung«. Telford Taylor berichtet diesen Vorfall in seiner Schilderung des Prozesses, anscheinend ohne sich bewußt zu sein, wie nahe Göring damit der Wahrheit kam, zumindest mit dem letzten Punkt.[49]

Bach-Zelewski sagte in der Folgezeit auch bei der Vorbereitung des Prozesses gegen die Einsatzgruppen in der amerikanischen Zone und im Zusammenhang mit anderen Fällen aus. Der *New York Times* zufolge belohnten die amerikanischen Besatzungsbehörden seine Kooperationsbereitschaft damit, daß sie ihm einen Gefängnisaufenthalt ersparten.[50] Im Jahr 1951 verurteilte ihn eine deutsche Spruchkammer im Rahmen der Entnazifizierungsverfahren zu zehn Jahren Zwangsarbeit, aber die Vollstreckung der Strafe wurde ausgesetzt. Doch er fühlte sich nicht wohl in seiner Haut, und 1952 bekannte er sich des Massenmordes schuldig. 1961 wurde er vor Gericht gestellt und wegen seiner Beteiligung an der Ermordung Ernst Röhms und seiner Gefolgsleute am 30. Juni 1934 verurteilt; er erhielt eine kurze Gefängnisstrafe. Im Jahr 1964 verurteilte ihn ein westdeutsches Gericht erneut im Zusammenhang mit dem Tod von sechs Kommunisten. Diesmal wurde er zu lebenslanger Haft verurteilt, wurde aber bald entlassen. Auf die Nachricht von seiner Freilassung hin erhob sich ein Sturm der Entrüstung. Er wurde wieder in Haft genommen und starb 1972 im Gefängnis.[51]

Bach-Zelewski hatte über seine Operationen ein Tagebuch geführt, er vermachte es dem *Bundesarchiv* in Koblenz, damit die Historiker eines Tages ein zutreffendes Bild seines Wirkens im Osten würden zeichnen können. Allerdings tauchte dabei ein kleines Problem auf. Wie sich später herausstellte, stammten die Einträge für die Jahre 1941–1942 nicht aus der damaligen Zeit, sondern waren nachträglich erheblich verändert worden. Bach-Zelewski behauptete, die Originalaufzeichnungen seien verloren. Er wußte nicht, daß der Wortlaut seiner belastenden Funkmeldungen aus diesen Jahren in Prag und in Großbritannien existierte, aber auch die Historiker erfuhren davon erst in den achtziger Jahren (von den Kopien in Prag) und im Jahr 1996 (von den Kopien in Großbritannien).

Schlußfolgerungen

Während des Zweiten Weltkrieges waren Hitler und seine wichtigsten Gefolgsleute auf die eine oder andere Weise fest entschlossen, die jüdische »Rasse« zu vernichten. In Kapitel 1 untersuchte ich erste Anzeichen dieses Entschlusses. Ich will damit nicht andeuten, daß Hitler und Himmler seit den zwanziger Jahren so auf die Juden fixiert gewesen wären, daß es sich bei der Geschichte des nationalsozialistischen Deutschland und des Holocaust nur um die Entfaltung einer Ideologie und vorher festgelegter Ideen gehandelt hätte. Selbst wenn das zuträfe, würde es keine befriedigende Möglichkeit geben, es empirisch zu zeigen. Doch *Mein Kampf* war keine bloße Rhetorik. Himmler nahm das Buch (und die nationalsozialistische Ideologie an sich) schon vor und erst recht nach der nationalsozialistischen Machtübernahme am 30. Januar 1933 sehr ernst.

Hitler hatte große innen- und außenpolitische Ziele, denen in den dreißiger Jahren Priorität eingeräumt wurde. Sie bestimmten in Friedenszeiten, wie weit er gegen die Juden vorgehen konnte und wollte.[1] Ich habe an anderer Stelle versucht, die Entwicklung der Judenpolitik der SS nachzuvollziehen, und gezeigt, daß zu Himmlers Rassenutopie auch die Hoffnung auf andere Veränderungen gehörte.[2] Dennoch gibt es Hinweise, daß beide Männer schon vor dem Krieg den Kriegsausbruch als den Augenblick betrachteten, in dem ihr Regime sich auf seinem Feldzug gegen seine angeblichen internationalen und rassischen Feinde über alle Bedenken hinwegsetzen würde.[3] Obwohl es aus dieser Zeit keinen Beleg für einen eigens ausgearbeiteten Plan für die »Endlösung« gibt, entstand die Idee für den Massenmord an den Juden nicht erst mitten im Krieg. Der Massenmord wurde schon sehr früh als Möglichkeit in Betracht gezogen – und nicht nur von Hitler.

Viele führende Nationalsozialisten hoben sich durch ihre radikale Feindseligkeit gegenüber den Juden und die Energie ihrer Rassenidee oder Vision von der deutschen Bevölkerung ab, die zu einem beträchtlichen Teil antisemitisch eingestellt war. Aufgrund dieses Abstandes sollte man die Beweggründe der Männer der Ordnungspolizei untersuchen, die sich an den Massenexekutionen beteiligten. In einer Fallstudie und mit Hilfe von aussagekräftigen Quellen habe ich versucht zu zeigen, daß das Verhalten der Polizisten und die Reaktion der Deutschen auf die Nachrichten über den Völkermord vom allgemeinen Antisemitismus beeinflußt wurden. Doch die nationalsozialistischen Behörden stützten sich beim Umgang mit der Polizei und der Öffentlichkeit auch auf Befehle, Täuschungsmanöver und Geheimhaltung. Wenn alle deutschen Polizisten »Hitlers willige Vollstrecker« gewesen wären, hätte es auf offizieller Seite weniger Bedenken gegeben und man hätte weniger auf den Einsatz von Gaskammern als Massenvernichtungsmittel gedrängt.

Der erste Teil des Buches enthält viele Belege für die besonderen Vorkehrungen, die in Nazideutschland für den Massenmord an den Juden getroffen wurden. Einige dieser Quellen stehen den westlichen Wissenschaftlern erst seit kurzer Zeit zur Verfügung, und bestimmte Dokumente des britischen Nachrichtendienstes wurden hier erstmals untersucht. Diese Quellen verändern oder ergänzen unser bisheriges Wissen über den Holocaust am stärksten dadurch, daß nationalsozialistische Funktionsträger und die Institutionen, denen sie vorstanden, stärker in den Vordergrund treten.

In keiner anderen Studie zum Nationalsozialismus wird Kurt Daluges Funktion bei der »Endlösung« ausreichend berücksichtigt. Die Historiker konzentrierten sich in ihren Darstellungen zur Arbeit der Ordnungspolizei entweder auf die Ereignisse und die Einsätze nach 1942 oder auf Fallstudien einzelner Bataillone. Jetzt hat sich jedoch gezeigt, daß die Ordnungspolizei schon in der Planungsphase und ganz klar bei der »ersten Tötungswelle« der Judenerschießungen 1941 in den besetzten Gebieten der Sowjetunion beteiligt war. Die starke Beteilung von Einheiten, die keine Eliteorganisationen waren und für den Massenmord auch nicht besonders ausgebildet worden waren, zieht politische und philosophische Fragen nach sich. Die einzige bedeutende Darstellung zu den Höheren SS- und Polizeiführern konzentriert sich überwiegend auf die Amtsträger im Deutschen Reich.[4] Doch Jeckeln, Bach-Zelewski und in geringerem Ausmaß auch Prützmann und Korsemann – alle in den besetzten Gebieten der Sowjetunion – halfen mit, die erste Phase des Holocaust zu leiten. Über ihre Arbeit läßt sich auch ihr Verhältnis zu Daluege und den Polizeibataillonen der Ordnungspolizei klären, das bisher noch nicht richtig verstanden wurde.

Das Naziregime plante, in den Gebieten der Höheren SS- und Polizeiführer im Osten stationäre Gaskammern für den Einsatz von Zyklon B und Krematorien zu errichten, in denen die deportierten Juden aus Deutschland und anderen Ländern liquidiert werden sollten.[5] Es ist nicht sicher, ob diese Pläne nicht doch teilweise in die Tat umgesetzt wurden: Die Methoden zur Ermordung der Juden sind für einige Orte immer noch unbekannt und bieten für die Forschung noch ein weites Feld.

Einige Historiker vertreten die These, das Ziel der nationalsozialistischen Judenpolitik sei eine Zeitlang unbestimmt gewesen. Die Deportationen in den Osten hätten nur die »jüdische Bedrohung« in Deutschland vermindern und die Juden aus dem Weg schaffen sollen. Erst unter dem Druck des Krieges hätte sich aus den Deportationen die »Endlösung« entwickelt. Doch die Nationalsozialisten hatten die Deportation der europäischen Juden spätestens seit Anfang 1941 ins Auge gefaßt, und Himmler traf seit September des Jahres Vorkehrungen für die Deportation der deutschen Juden in den Osten.[6] Die Äußerungen und Handlungen von Bach-Zelewski, Jeckeln, Prützmann und anderen beweisen den Sinn und Zweck der Deportationen – von Anfang an.

Die Quellen schaffen eine enge Verbindung zwischen den Massenerschießungen der Juden in den besetzten Gebieten der Sowjetunion und den Massenvergasungen der europäischen Juden in den Vernichtungslagern, die Ende 1941 in Chelmno ihren Anfang nahmen und an anderen Orten nicht vor Mitte des Jahres 1942 in großem Ausmaß durchgeführt wurden. Kurz gesagt, die neuen Belege für die frühen Pläne der Nazis zur Errichtung von

Vernichtungslagern im Osten schließen bei der Interpretation der nationalsozialistischen Absichten und Handlungen (teilweise) eine chronologische Lücke. Vieles deutet nun darauf hin, daß der Begriff »Endlösung«, wie er von Walter Schellenberg im Mai 1941 und noch einmal von Reinhard Heydrich am 31. Juli 1941 verwendet wurde, schon damals seine spätere Bedeutung hatte,[7] selbst wenn die Einrichtungen und Methoden für den Massenmord noch nicht feststanden. In diesem Buch geht es im engeren Sinn um das Entziffern verschlüsselter Funksprüche, doch es geht auch um die Deutung von Quellen, die auf den ersten Blick gelegentlich rätselhaft, fragmentarisch oder sogar irreführend wirken können.

Obwohl ich kein Spezialist der Funkaufklärung oder der Kryptologie bin, habe ich nach bestem Vermögen die Kommunikation zwischen den deutschen Truppen in den besetzten Gebieten der Sowjetunion und hohen nationalsozialistischen Funktionsträgern zu erklären versucht. Ein Großteil dieser Informationen ist neu, und diese Darstellung hatte den erfreulichen Nebeneffekt, die Bemühungen der Nazis um die Geheimhaltung der »Endlösung« zu illustrieren, sowie die Fähigkeit der Briten, diese Verschleierungsmaßnahmen zu durchdringen.

Auch die Reaktion der Alliierten auf den Holocaust muß »entschlüsselt« werden. Winston Churchill und Franklin Delano Roosevelt stehen den Menschen heutzutage immer noch so deutlich vor Augen, daß sie die Geschichte der britischen und amerikanischen Reaktionen auf den Holocaust überwiegend unter dem Blickwinkel der individuellen Reaktionen und des Verhaltens dieser beiden Staatsmänner sehen. Diese Sichtweise ist jedoch nicht unbedingt gerechtfertigt: Jede Geschichte einer Regierung in den westlichen Demokratien des 20. Jahrhunderts muß auch den Regierungsapparat einbeziehen. Außerdem muß man auch die begrenzte Quellenlage zu Churchill und Roosevelt selbst berücksichtigen.

Es gibt zwei Erklärungen für den Unterschied zwischen Churchills Reden und Schriften über die Ermordung der Juden durch die Nationalsozialisten und die tatsächliche Gestaltung der britischen Politik: Reden entsprechen nicht immer der Realität; außerdem bestimmte Churchill nicht immer (und nicht einmal häufig) die britische Politik. Häufig schreiben hochrangige Regierungsmitglieder ihre Memoiren oder halten den Gang der Ereignisse, an denen sie beteiligt waren, selbst fest (oft zu einer Zeit, wenn andere noch keinen Zugang zu den Unterlagen haben, die sie verwenden) und präsentieren sich selbst im besten Licht. Churchill sagte einmal zu Maurice Ashley, der die historische Forschungsarbeit für ihn erledigte: »Liefern Sie mir die Fakten, Ashley, ich biege sie dann schon so zurecht, daß sie zu meinen Argumenten passen.« Auch wenn Ashley erklärt, daß Churchill diese Ankündigung selten wahr machte, so gibt er doch zu, daß Churchill beim Schreiben seine eigene Sicht der Dinge wiedergab.[8]

Der bedeutende Historiker Gerhard Weinberg hat festgestellt, daß Churchill wahrscheinlich noch als Premierminister damit rechnete, eine Geschichte des Krieges zu verfassen (seine Geschichte des Ersten Weltkrieges war bereits sehr bekannt). Es ist daher durchaus möglich, daß Churchill in seiner Amtszeit als Premierminister einige Kommentare bereits in Hinblick auf die historische Darstellung abgab. Er war immer noch aktiv in der Politik, als er seine Geschichte des Zweiten Weltkrieges verfaßte, und als der letzte Band erschien, war er wieder Premierminister. Unter solchen Bedingungen sollte man keine Objektivität erwarten.[9] Weinbergs allgemeine Beobachtungen – die sich nicht in erster Linie auf Churchills Reaktion auf den Holocaust beziehen – sind meiner Ansicht nach in diesem Zusammenhang durchaus relevant.

Man kann einige Erklärungen Churchills dahingehend interpretieren, daß er damals die moralische und historische Bedeutung der nationalsozialistischen Judenpolitik erkannte, daß er aber, ebenso wie Roosevelt, keine Konsequenzen daraus zog. Roosevelt und vor allem Churchill gebührt große Anerkennung dafür, daß sie bereits zu einem frühen Zeitpunkt das mörderische Potential des Nationalsozialismus erkannten. Beide – vor allem Churchill – nahmen große Risiken auf sich, um sich Nazideutschland entgegenzustellen, doch während des Krieges waren sie von militärischen und diplomatischen Fragen und der alliierten Partnerschaft stärker in Anspruch genommen als von bestimmten Entscheidungen zur Rettung der Juden. Es gab einige

Ausnahmen – beide Männer beschäftigten sich mit bestimmten Projekten, die aus der Bermuda-Konferenz hervorgegangen waren –, doch im allgemeinen trifft diese Beobachtung zu.

Man verlangt natürlich viel von Staatsmännern, wenn man erwartet, daß sie mitten im Krieg im Strudel der Ereignisse die Bedeutung einer moralischen Zwangslage erkennen und entsprechend reagieren sollen. Beide Regierungschefs waren direkt an der Leitung der militärischen und diplomatischen Maßnahmen gegen die Achsenmächte beteiligt. Sie waren daher in ihren Reaktionen auf die Ermordung von Juden und anderen Zivilisten durch die Nazis größtenteils auf Untergebene und Kollegen angewiesen und stimmten deren Empfehlungen gelegentlich zu oder lehnten sie ab. Bei der Beilegung von Konflikten im Regierungsapparat und bei der Handhabung politischer Angelegenheiten gibt es zwischen Churchill und Roosevelt mehr Gemeinsamkeiten als Unterschiede. Es ist daher um so bemerkenswerter, daß Churchill aufgrund seiner Reaktion auf den Holocaust hohes Ansehen genießt, während Roosevelts Reputation in dieser Hinsicht gelitten hat. Offensichtlich sind manche der Ansicht, daß für Großbritannien und die USA verschiedene Maßstäbe gelten.

Auf beiden Seiten des Atlantiks haben einige Mitarbeiter der Außenministerien versagt. Keine Handlung der Alliierten hätte den Holocaust stoppen können, doch im britischen und amerikanischen Außenministerium hatte man anscheinend beschlossen, sich so zu verhalten, als ob die Erklärung der Alliierten vom 17. Dezember 1942 überhaupt nichts bedeutete, daß sie zu einem falschen Ansatz gehörte, den man korrigieren müßte. Die Entscheidung im britischen Außenministerium, die Informationen aus den Funksprüchen der deutschen Polizei weder im Krieg noch bei den Gerichtsverhandlungen der Nachkriegszeit einzusetzen, deckt sich mit dieser Absicht. Während die Briten sich für die Geheimhaltung der unwiderlegbaren Beweise entschieden, wollte man im amerikanischen Außenministerium die Beweise, die man hatte, nicht glauben oder nicht auf sie reagieren. Mit der Hilfe Jan Karskis hatte das Finanzministerium 1943 in Washington einen Kurswechsel erzwungen. Präsident Roosevelt akzeptierte diesen Kurswechsel mit einigen Einschränkungen und hielt sich auch daran. Doch die britische Flüchtlingspolitik änderte sich selbst nach entscheidenden militärischen Erfolgen der Alliierten nicht nennenswert. Falls man unbedingt zwischen Roosevelt und Churchill hinsichtlich der Rettungs- und Hilfsmaßnahmen einen Unterschied machen will, läßt sich nur schwer nachvollziehen, warum die Entscheidung zugunsten von Churchill ausfallen sollte.

Angesichts der Parallelen, die die britische und amerikanische Außenpolitik in Hinblick auf den Holocaust bis 1944 aufwies, fragt man sich nach den Unterschieden. Im amerikanischen Außenministerium gab es einige Auseinandersetzungen zur Judenfrage, besonders an der Spitze des Ministeriums, da Sumner Welles eine liberalere Auffassung vertrat als Cordell Hull (oder die meisten anderen Experten in der Abteilung für Europa und in anderen Abteilungen). Da Welles und Hull sich nicht einigen konnten und beide durch ihre eigenen Probleme abgelenkt waren (Welles durch einen drohenden Skandal und Hull durch seine Krankheit und andere Angelegenheiten, denen er größere Bedeutung beimaß), gewannen andere an Einfluß. Im britischen Außenministerium dagegen gab es wegen der Juden nur wenige Meinungsverschiedenheiten, und Anthony Eden war ein durchsetzungsfähiger Außenminister. Von allen Regierungsmitgliedern, die in dieser und anderen Untersuchungen zur Kriegspolitik der Alliierten erwähnt werden, besaß Eden den größten Einfluß auf die Politik seiner Regierung.

In David Duttons kürzlich erschienener Biographie über Eden als Politiker wird leider nur wenig über seine Haltung gegenüber der nationalsozialistischen Judenpolitik gesagt.[10] Die hervorragende, aber doch sehr selektive Darstellung präsentiert Eden als einen Mann, der peinlich genau auf sein Bild in der Öffentlichkeit bedacht war und der sich im Verlauf seiner politischen Karriere und auch danach an den Erwartungen der Öffentlichkeit ausrichtete. Er schrieb seine Erinnerungen nicht nur in drei dicken Bänden nieder, sondern versuchte auch, Historiker für sich zu gewinnen, die in angemessener Weise über ihn schreiben sollten.[11] Doch es gibt bedeutende Unterschiede zwischen Edens Image und der Realität. Der Mann, der sich als Gegner der Appeasement-Politik einen Namen machte – unter anderem wegen seines Rücktritts aus Neville Chamberlains Kabinett –, hatte sich offensichtlich aus anderen Gründen mit Chamberlain überworfen. Bei verschiedenen Gelegenheiten hatte sich Eden dafür ausgesprochen, sich mit dem nationalsozialistischen Deutschland zu arrangieren. Im Jahr 1937 vertrat Eden die Ansicht, daß sich Großbritannien keinem antikommunistischen und keinem antifaschistischen Bündnis anschließen sollte:»Uns betrifft die Außenpolitik eines Staates, nicht seine Innenpolitik.« Er hatte auch eine höhere Meinung von Hitler als von Mussolini.[12] Edens politische Ausrichtung unterschied sich deutlich von der Churchills. Das erklärt den Gang der Ereignisse, nachdem Eden Außenminister in Churchills Kabinett geworden war.

Churchill versuchte, eine enge persönliche und politische Beziehung zu Roosevelt ins Zentrum seiner Kriegsstrategie zu rükken. Eden dagegen war aufgrund seiner antiamerikanischen Haltung wesentlich flexibler. Churchill war impulsiv; Eden war ausdauernd und vorsichtig. Laut Dutton legte sich Eden oft mit Churchill an und setzte sich durch.[13] Die politischen Haltungen der beiden Männer, ihre Persönlichkeiten und die Art ihres Verhältnisses zueinander erklären teilweise, warum Churchills gelegentliche Vorstöße zur Rettung der Juden so wenig Erfolg hatten. Eden und das Außenministerium sollten ihn vor politischen Ablenkungen abschirmen, doch diese Taktik war teuer erkauft.

Victor Cavendish-Bentinck vertrat die Ansichten des Außenministeriums zu den Morden der Nazis offensichtlich entschlossener, als er die Informationen über den Holocaust nutzte, die in Bletchley Park entschlüsselt wurden. Natürlich lieferten die Polizeimeldungen nicht kontinuierlich Informationen über die Mordaktionen der Deutschen: Für einen umfassenden Eindruck vom Ausmaß der nationalsozialistischen Bevölkerungspolitik brauchte man noch Informationen aus anderen Quellen. Dennoch bezeichnete Cavendish-Bentinck mitten im Krieg die polnischen und vor allem die jüdischen Informanten als unzuverlässig, weil sie ein Interesse daran hätten, die Zahl der Opfer zu übertreiben. Gleichzeitig schrieb er jedoch 1943, daß die Nazis die Vernichtung der jüdischen Frauen, Kinder und Alten betrieben und angeblich nur Männer verschonten, die noch zur Schwerstarbeit geeignet waren. Aus dieser Beobachtung hätte er folgern müssen, daß die Zahl der jüdischen Opfer in die Millionen ging, eine Schätzung, die durch die polnischen und jüdischen Berichte unterstützt wurde. Dennoch kritisierte Cavendish-Bentinck die Dienststelle für politische Kriegführung, die sogenannte Political Warfare Executive, wegen der Veröffentlichung von angeblich zweifelhaften Informationen zu den Greueltaten der Nationalsozialisten.[14] Später erklärte er, er habe nur begrenzte Erfahrungen mit dem Deutschland der Vorkriegszeit besessen;[15] es erscheint jedoch sehr wahrscheinlich, daß diese Schlußfolgerungen für ihn politisch ungelegen kamen. Entweder verschloß er vor den Tatsachen die Augen, oder er unternahm sehenden Auges nichts.

Gegen Ende des Krieges wurde Cavendish-Bentinck britischer Botschafter in Polen. Kurz nach Amtsantritt besuchte er Auschwitz – in seiner Biographie, die größtenteils auf ausführlichen Interviews mit ihm basiert, findet sich ein Foto von ihm in Auschwitz. An anderer Stelle gab er an, seine Kollegen im Außenministerium hätten ihm, als er ihnen nach seinem Besuch in Auschwitz von den millionenfachen Morden der Nationalsozialisten berichtete, immer noch nicht geglaubt.[16]

Insgesamt bleibt es schwierig, die Reaktion der amerikanischen und britischen Nachrichtendienste auf den Holocaust in allen Einzelheiten zu bewerten. Einige Akten wurden vielleicht vernichtet, andere sind den Wissenschaftlern nicht zugänglich. Es gibt jedoch ausreichend Akten des Office of Strategic Services (OSS), die freigegeben wurden. Historiker können also zumindest die amerikanische Seite untersuchen, und einige haben bereits wichtige Forschungen auf diesem Gebiet geleistet.[17] Das OSS, das über weniger verläßliche Berichte und allgemein über weniger Informationen verfügte als London, konnte sich dennoch ein einigermaßen genaues Bild von der »Endlösung« machen, allerdings wahrscheinlich erst Ende 1942. Selbst dann verhinderten ideologische Barrieren bei einigen klugen Leuten (wie zum Beispiel dem aus Deutschland emigrierten Politikwissenschaftler Franz Neumann), daß sie das Offensichtliche zur Kenntnis nahmen. Die Mitarbeit von zwei engagierten amerikanischen Juden (Charles Irving Dwork und Abraham Duker) in der Forschungs- und Analyseabteilung des OSS trug dazu bei, daß dort den Belangen der Juden Aufmerksamkeit geschenkt wurde.[18]

Welche anderen Regierungsstellen in Washington hätten die Nachrichten über den Judenmord ernst genug nehmen können, um etwas gegen ihn zu unternehmen oder dies zumindest in Erwägung zu ziehen? Im Amt für Kriegsinformation (Office of War Information, OWI) war man, wie wir gesehen haben, lange gegen Veröffentlichungen über die Morde der Nazis. Auch ein Großteil der Beamten im Außenministerium wollte sich nicht mit Rettungsaktionen und Hilfsmaßnahmen beschäftigen. Die Lage änderte sich grundlegend nach der Schaffung des War Refugee Board, das gut mit dem OSS zusammenarbeitete, sowohl im allgemeinen als auch mit mindestens einer Außenstelle (in Stockholm).[19] Der Gang an die Öffentlichkeit war kein Tabu mehr, und einige Rettungs- und Hilfsaktionen erhielten Unterstützung.

Als ein Beispiel dafür, auf welche Art und Weise Regierungsstellen reagieren oder nicht reagieren konnten, führen wir Allen Dulles an. Dulles, der als Vertreter des OSS in der Schweiz war, erfuhr am 18. Mai 1944, daß sich die Deutschen und Ungarn über die Transportmöglichkeiten für die Deportation von 300 000 ungarischen Juden nach Polen »und vermutlich in den Tod« geeinigt hatten. Er gab sofort den Vorschlag weiter, Washington und London sollten die Aktion in Radiosendungen mit der Warnung publik machen, daß diejenigen, die die Deportationen planten oder durchführten, zu den Kriegsverbrechern gezählt werden würden.[20] Diese Information trug mit dazu bei, weiterhin mit amerikanischen Sendungen und Drohungen Druck auf die ungarische Regierung auszuüben, was offensichtlich eine gewisse Wirkung auf Budapest hatte.[21]

Es ist immer noch nicht möglich, die Reaktionen des britischen Nachrichtendienstes in ähnlicher Weise zu analysieren wie die des OSS, da viele Dokumente nicht zur Verfügung stehen. Eine Untersuchung des britischen Geheimdienstes und des Holocaust sollte auch die Arbeit der Spezialisten in den Abteilungen MI 8 und MI 14 miteinbeziehen, vielleicht sogar die Einstellung und die Reaktionen von Sir Stewart Menzies. Ein Mitarbeiter von MI 14, Noel Annan, verfaßte sehr interessante Memoiren,[22] doch Memoiren können Originaldokumente nicht ersetzen.

In einer Arbeit von 1997 erklärte der Historiker William Rubinstein, der sich bei seiner Arbeit kaum auf die Recherche in Archiven stützte, pauschal, daß die Alliierten nicht mehr Juden vor dem Holocaust hätten retten können.[23] Natürlich kann man die Ansicht vertreten, daß einige Pläne, die damals zur Rettung der Juden geschmiedet wurden, unrealistisch waren – vor allem, weil sie die grundsätzliche Brutalität der nationalsozialistischen Judenpolitik nicht berücksichtigten. Außerdem wurden bei den Plänen die Schwierigkeiten übersehen, die sich einstellten, wenn man das militärische Potential der Alliierten für nichtmilitärische Zwecke nutzen wollte, solange noch wichtige Schlachten geschlagen werden mußten.

Im weiteren Sinn ist Rubinsteins These jedoch irreführend und methodisch fragwürdig. Die Geschichte des American Refugee Board, das erst im Januar 1944 gegründet wurde, enthält zwar Fehlschläge, aber auch einige Erfolge und Teilerfolge sind zu verzeichnen. Hätte es nicht einen großen Unterschied gemacht, wenn es das War Refugee Board und eine vergleichbare britische Einrichtung Jahre früher gegeben hätte?

Geschichte ist keine Wissenschaft, die man im Labor betreibt, wir können also keine befriedigende Antwort auf diese Frage geben. Doch ich habe einige Möglichkeiten vorgestellt, mit denen die westlichen Regierungen bei der Rettung der Juden auch ohne militärisches Eingreifen etwas hätten erreichen können, wenn sie nur gewollt hätten. Allein die Verbreitung von Nachrichten über die Morde wirkte sich in einigen Fällen positiv aus.

Leon Kubowitzki, der Leiter der Rettungsabteilung des Jüdischen Weltkongresses, sprach Mitte 1944 von einer Verschwörung des Schweigens, die innerhalb des OWI bestand und die sich nur unter Druck und nach einer gewissen Zeit auflöste. Wiederholte Warnungen an Satellitenstaaten Nazideutschlands waren nach seinen Angaben sehr erfolgreich, beispielsweise an Rumänien, wo sie ein Ende des Mordens bewirkten.[24] Doch selbst nach Kubowitzkis Erklärung war man in dieser Hinsicht beim Amt für Kriegsinformation weiterhin geteilter Meinung und widersetzte sich auch dem War Refugee Board. Noch im Dezember 1944 erhielt das Londoner Büro des OWI folgende Anweisung: »Das Aufbauschen der von den Deutschen verübten Greueltaten kann bei den Deutschen Angst und Schuldgefühle auslösen und daher auch ihren Willen zum Widerstand stärken...der Vorteil, unserer moralischen Empörung Ausdruck zu verleihen, ist dieses Risiko nicht wert.«[25]

Vor der Einrichtung des War Refugee Board gab es einige gelungene Rettungsversuche der Alliierten, wie zum Beispiel die Rettung von 5000 jüdischen Kindern Ende 1942 in Frankreich durch die Briten und die Amerikaner. Der British Warfare Executive und die BBC verbreiteten eine Zeitlang in Deutschland und Europa wichtige Informationen über die »Endlösung« und kamen ihrem Auftrag im allgemeinen besser nach als die entsprechenden amerikanischen Einrichtungen.[26] Die leitenden Beamten im amerikanischen Finanzministerium verdienen für ihre Bemühungen Ende 1943 und danach besondere Erwähnung. Doch der Überblick zeigt, daß die amerikanische und die britische Regierung 1942 und 1943 im allgemeinen nicht alles versuchten, was hätte funktionieren können. Das macht es sehr schwierig, lange, sehr lange nach den Ereignissen zu zeigen, daß die Rettung von mehr Juden unmöglich war.

Epilog

In einer von Konkurrenzdenken geprägten Welt mag es sein, daß die Regierungen aktuelle und gerade erst abgeschlossene Diskussionen und Erörterungen geheimhalten müssen. Für Dokumente, die etliche Jahrzehnte alt sind, gilt dies wohl nicht mehr. Gleichwohl haben Dienstgeheimnisse und regierungsamtliche Einschränkungen des Zugangs zu historischen Dokumenten bis heute einen Einfluß darauf, wieviel von unserer Vergangenheit wir aufdecken und verstehen können. Das gilt auch für den Holocaust. Die Geschichte des vorliegenden Buches ist wichtig für das Verständnis der darin beschriebenen Ereignisse. Darum verweile ich an dieser Stelle bei einigen persönlichen Geschichten aus der jüngeren Vergangenheit. Zunächst hielt ich nur Ausschau nach Quellen, nach Material, das neben mir auch andere Historiker, die sich mit Deutschland beschäftigten, nutzen konnten. Etliche Jahre führte ich den Vorsitz im Archivausschuß der Conference Group for Central European History, einer Unterabteilung der amerikanischen Historikervereinigung (American Historical Association, AHA). Der Conference Group gehören bis zu 700 amerikanische Forscher an, die sich in der Mehrzahl auf die deutsche und die österreichische Geschichte spezialisiert haben. Die Conference Group tritt einmal jährlich im Rahmen des Kongresses der amerikanischen Historikervereinigung zusammen. Ein beträchtlicher Teil kommt vor allem wegen des geselligen Abends, doch bei den jährlichen Treffen wird durchaus auch gearbeitet.

Auf Initiative von Professor Gerhard Weinberg von der University of North Carolina, dem ausgewiesenen Experten für die

Außenpolitik des Naziregimes, verabschiedete die Conference Group im Januar 1994 eine Resolution, in welcher der Archivausschuß ersucht wurde, sich um die Freigabe von Material zu bemühen, das mit entschlüsselten Meldungen und Funksprüchen aus dem Zweiten Weltkrieg zu tun hatte. Weinberg wußte, daß die amerikanische und die britische Regierung zahlreiche deutsche Unterlagen besaßen, die noch nicht freigegeben und für Forscher im amerikanischen Nationalarchiv nicht zugänglich waren. Ein Erlaß des Präsidenten nahm kryptographische Aufzeichnungen aus dem freigegebenen Material aus – aber nur für einen Zeitraum von 50 Jahren. 1994 lag das Ende des Zweiten Weltkriegs 49 Jahre zurück, und der Zeitpunkt, an dem die Regierung das Material freigeben würde, stand unmittelbar bevor. Jedenfalls hofften wir das.

In meiner Eigenschaft als Vorsitzender des Archivausschusses fiel mir die Aufgabe zu, dem Nationalarchiv und den zuständigen Regierungsbehörden die Anmerkungen, Reaktionen, Anfragen und Resolutionen meiner Kollegen zu übermitteln. Ich leitete die Resolution der Conference Group also an die größte, jedoch kaum in Erscheinung tretende Geheimdienstbehörde der Vereinigten Staaten weiter, die Nationale Sicherheitsbehörde (NSA, National Security Agency), und reichte zugleich eine Anfrage nach dem Freedom of Information Act (FOIA) ein, einem Gesetz, das Zugang zu den Akten und Dokumenten der Bundesverwaltung gewährleistet. Damit war meine Anfrage ein formeller juristischer Vorgang, und die Regierungsbehörde mußte reagieren.

Da ich nicht genau wußte, was die NSA alles unter Verschluß hielt und wofür Weinberg sich besonders interessierte, bat ich, alle »von den Alliierten entschlüsselten deutschen Aufzeichnungen« freizugeben, »die sich noch im Besitz der Sicherheitsbehörde befinden«. Dann schickte ich Weinberg eine Kopie meines Antrags nach dem FOIA. Einige Tage später rief er mich an und teilte mir mit, ich hätte nicht richtig verstanden, was er wolle. Er wisse, daß die Deutschen im Zweiten Weltkrieg einige Codes der Alliierten geknackt und es geschafft hätten, einige verschlüsselte Botschaften und Dokumente der Alliierten zu entschlüsseln. Er glaube, daß diese entschlüsselten Meldungen und damit zusammenhängende Unterlagen des deutschen Nachrichtendienstes sich noch in den Händen der NSA befänden. Da es sich dabei technisch gesehen um deutsche Aufzeichnungen handle und nicht um amerikanische oder britische, gebe es keinen vernünftigen Grund, warum die amerikanische Regierung sie nicht freigeben sollte. Die deutschen Aufzeichnungen enthielten nichts, was in irgendeiner relevanten Weise amerikanische Sicherheitsinteressen tangiere.

Ich entschuldigte mich, daß ich die Resolution falsch verstanden hatte, und versprach, eine weitere Anfrage nach dem FOIA einzureichen mit der Forderung, daß die von den Deutschen entschlüsselten alliierten Meldungen und Dokumente freigegeben würden. Dabei fragte ich Weinberg, ob die NSA auch deutsche Meldungen und Unterlagen besitze, die von den Amerikanern und Briten entschlüsselt worden waren. Weinberg erwiderte, daß dies denkbar sei, er es aber nicht wisse. Ich beschloß, meine erste Anfrage nach dem FOIA weiterlaufen zu lassen und eine zweite im Sinne von Weinbergs tatsächlichem Anliegen nachzuschieben.

Die NSA bestätigte umgehend den Eingang meiner beiden Anfragen, aber dann vergingen neun Monate, bis man mir mitteilte, welche Dokumente aus dem Zweiten Weltkrieg sich in ihrem Besitz befanden. Ein Archivar bei der NSA rief mich an und setzte mir auseinander, daß sie einige von den Deutschen entschlüsselte alliierte Meldungen hätten und ebenso einige von den Alliierten entschlüsselte deutsche Meldungen. Doch das kryptographische Material aus dem Zweiten Weltkrieg sei sehr umfangreich, und infolge von Personaleinsparungen sei es außerordentlich schwierig, größere Anfragen zu bearbeiten. Außerdem müsse man mir die Kosten für die Suche und das Kopieren der zahlreichen von meiner Anfrage betroffenen Dokumente in Rechnung stellen, was eine beträchliche Summe ergeben könne. Ich sagte, daß meine Universität vielleicht bereit sei, das Projekt finanziell zu unterstützen, und daraufhin deutete der Archivar an, daß die Kosten womöglich über das hinausgehen könnten, was eine bescheidene Projektunterstützung abdecken würde. Ich überdachte die ganze Sache: Die American University ist nicht Harvard, und auf die sehr geringen Mittel der Conference Group konnte ich auch nicht zurückgreifen. Ich mußte einen anderen Weg finden.

Der Archivar bei der NSA fragte, was ich persönlich sehen wolle. Ich sagte ihm, daß mich bei den Alliierten alles interessiere, was mit der SS und der deutschen Polizei zu tun habe, weil ich versuchen wolle, die Lücken zu füllen, die bei meinen Recherchen für frühere Bücher über den Holocaust offen geblieben waren. Wenn ich abgefangene und entschlüsselte Funksprüche über Massenhinrichtungen und Vorgänge in Konzentrationslagern fände, könnte ich Dinge, die ich früher geschrieben hatte, ergänzen, bestätigen oder auch korrigieren. Vielleicht würde mich neues Material sogar in eine ganz andere Richtung lenken. Der Archivar meinte, daß die NSA zu diesem Komplex eine überschaubare Menge an Material besitze, allerdings sei es fraglich, ob das Material freigegeben werden könnte, selbst bei einer Anfrage nach dem FOIA. Möglicherweise müsse erst die Zustimmung einer auswärtigen Regierung eingeholt werden.

Ich dachte daran, daß ich die Anfrage ja nicht für mich allein und die Holocaust-Spezialisten gestellt hatte, sondern daß ich im Auftrag einer ganzen Forschergemeinschaft handelte, deren Schwerpunkt der Zweite Weltkrieg war. In einem späteren Telefongespräch brachte ich den ursprünglichen Wunsch der Conference Group for Central European History vor. Ich brauchte nicht unbedingt Kopien all dieser Dokumente. Warum gab die NSA das Material nicht einfach frei und überstellte es an das Nationalarchiv? Der Archivar versprach mir, an höherem Ort nachzufragen. Als dann die Entscheidung fiel, die Dokumente zu sichten und einen großen Teil freizugeben, war er außergewöhnlich hilfsbereit.

Die NSA übergab der neuen Abteilung des Nationalarchivs in College Park, Maryland, schließlich mehr als 1,3 Millionen Seiten in 1440 großen Archivkartons. Die Durchsicht und Erfassung dieser riesigen Menge an Material dauerte einige Zeit, doch im April 1996 stand die Historical Cryptographic Collection, die Kryptographische Sammlung der NSA, den Forschern zur Verfügung. Die NSA informierte die Öffentlichkeit sogar mit einer Pressemitteilung darüber, daß diese neuen Quellen nun eingesehen werden konnten, die eine große Bandbreite von Ereignissen und Geheimdienstaktivitäten aus der Zeit vor, während und nach dem Zweiten Weltkrieg abdeckten.

Bis dahin war die Frage immer noch offen, ob selbst eine so neue Sammlung neues relevantes Material über den Holocaust enthalten würde. Im späten Frühjahr 1996, nachdem ich bereits Hunderte von Kartons durchgesehen hatte, fand ich in Karton Nummer 1386 einen umfangreichen Bestand decodierter Meldungen der deutschen Ordnungspolizei aus den Jahren 1941–1942, einige auch aus dem Jahr 1943. Die Dokumente waren in Deutsch – zumindest soweit die britischen Analytiker die deutschen Meldungen hatten entschlüsseln können. Ein Großteil betraf banale Dinge wie Nachschub, Beförderungen und Truppenbewegungen, aber darunter befanden sich auch Berichte über Massenhinrichtungen – von manchen wußten die Forscher bereits, von anderen jedoch nicht. In den Funkmeldungen, die Naziverantwortliche aus der UdSSR an Heinrich Himmler und andere hohe Stellen in der Heimat geschickt hatten, war von unterschiedlichsten Aktionen der SS und der Polizei die Rede. Aus den Dokumenten ging auch klar hervor, wann die britischen Analytiker die Meldungen entschlüsselt und an welche Instanzen die Informationen gegangen waren. Diese nüchternen, deprimierenden Meldungen boten eine einzigartige Dokumentation, welche Politik die Nazis verfolgt und wieviel die Briten darüber gewußt hatten.

In Grundzügen war bereits bekannt, daß der britische Nachrichtendienst Codes der Ordnungspolizei entschlüsselt und aus den Meldungen von Massakern und Greueltaten erfahren hatte. In Anhang 5 des zweiten Bandes seiner Geschichte des britischen Nachrichtendienstes im Zweiten Weltkrieg, *British Intelligence in the Second World War*, hatte F. H. Hinsley enthüllt, daß der britische Nachrichtendienst aus entschlüsselten Funksprüchen der deutschen Ordnungspolizei einige Informationen über den Bau von Konzentrationslagern und über Massenhinrichtungen in einer frühen Phase des Feldzugs gegen die Sowjetunion gewonnen hatte. Bei Ausbruch des Krieges hatte die Ordnungspolizei Bataillone oder Regimenter gebildet und in enger Kooperation mit der SS als Besatzungsmacht auf erobertem Territorium agiert. Hinsley fand in den Meldungen mindestens sieben Hinweise auf Hinrichtungsaktionen der Polizei im mittelrussischen Sektor. Die Opfer wurden unterschiedlich als Juden, jüdische Plünderer, jüdische Bolschewisten und russische Soldaten bezeichnet. Hinsley zitierte Bach-Zelewskis Eigenlob, daß die Zahl der Exekutionen in seinem Bereich nun die Marke von 30 000 überschritten habe. Hinsley schrieb weiter, daß von insgesamt 17 Exekutionen aus dem südlichen Sektor die Rede sei. Er führte Massenhinrichtungen am 7. August durch die SS-Kavalleriebrigade (7819 Opfer im Bezirk Minsk) und am 12. September durch das Polizeiregiment Süd (1255 Juden in der Nähe von Owrutsch) auf. Alle Beispiele, die Hinsley zitiert, tauchten bereits Ende 1945 in einer (unvollständigen) Zusammenstellung von Greueltaten auf der Grundlage der deutschen Polizeimeldungen auf, die Lieutenant E. D. Phillips für die Reihe *Air and Military History* zusammengetragen hatte.[1] Diese Zusammenstellung lenkte den Blick indes nicht auf die Ordnungspolizei, da die SS-Kavalleriebrigade Teil der Waffen-SS war. Ebensowenig ging daraus hervor, daß die Vernichtung der Juden das Hauptziel der Nazis war. Vor dem Hintergrund der Dokumente, die mir nun zur Verfügung standen, war auch Hinsleys Zusammenstellung unvollständig.

Hinsley schrieb nichts darüber, in welcher Weise die Informationen damals der britischen Regierung zu einem Verständnis vom konkreten Verlauf der Tötungsaktionen hätten verhelfen können – oder wie sie für die Holocaust-Forscher sehr viel später hätte hilfreich sein können. Das Stichwort »Juden« taucht im Register des zweiten Bandes nicht auf, und die Rolle der Ordnungspolizei wird auf ganzen drei Seiten in einem Anhang behandelt.

Mir lag bereits ausreichend detailliertes Material vor, um einen anderen Ansatz zu wählen und den Blick auf einen anderen Aspekt zu lenken, und ich hatte Dokumente, die meines Wissens außerhalb der Regierung noch niemand (möglicherweise mit Ausnahme von Hinsleys Recherche-Team) gesehen hatte. Einige der in den entschlüsselten Meldungen enthaltenen Fakten waren den Historikern bereits aus anderen Quellen bekannt, aber andere Fakten waren definitiv neu.

Bei den weiteren Recherchen für das vorliegende Buch stieß ich auf eine Reihe verblüffender Fragen. Es war unlogisch, daß die Briten 1941 und 1942 in der Lage gewesen sein sollten, die deutschen Polizeimeldungen abzufangen und zu entschlüsseln, aber später nicht mehr. Aus anderen Dokumenten, die ich in der Kryptographie-Sammlung der NSA und an anderen Orten entdeckt hatte, ging hervor, daß das Material, das mir zur Verfügung stand, nur ein Teil dessen war, was der britische Nachrichtendienst allein im Zeitraum 1941–1942 entschlüsselt hatte. Damit stellte sich die Frage, ob die weiteren Meldungen irgendwo in den Akten der NSA lagen und zugänglich waren. Wie waren die britischen Unterlagen überhaupt in die Vereinigten Staaten gekommen? Hatte die britische Regierung die Erkenntnisse ihres Geheimdienstes während des Krieges mit ihrem Verbündeten geteilt, oder war das Material erst sehr viel später in die USA gelangt? Dachten die Briten darüber nach, ihr eigenes Material über die SS und die Polizei freizugeben? Ich hatte viele Fragen, aber nur wenige Antworten.

Zu der Zeit forschte mein Freund und Kollege Konrad Kwiet von der Macquarie University im australischen Sidney mit einem Stipendium am Holocaust Memorial Museum in Washington. Kwiet ist ein weltweit führender Experte für Archivquellen über den Holocaust. Er hat sehr viel im Militärarchiv in Prag gearbeitet, wo sich eine Sammlung mit Kopien von SS- und Polizeimeldungen befindet, darunter auch einige, die von den Briten mitgehört und entschlüsselt worden waren. Ich lud ihn zum Abendessen ein und wollte mir bei der Gelegenheit bei ihm Rat holen.

Nachdem ich ihm ein paar meiner Kopien von Polizeimeldungen gezeigt hatte, gelang es mir kaum, ihn vom Schreibtisch an den Eßtisch zu bringen. Er war der Ansicht, daß diese Dokumente eine neue, wichtige Quelle für den Holocaust darstellten, selbst wenn manches auch anderen Quellen zu entnehmen war. Er drängte mich, entweder auf der Stelle selbst etwas darüber zu schreiben oder mich an die Presse zu wenden. Ich wußte, daß ich nicht kurzfristig das neue Material in bereits vorhandene Texte einfügen und etwas schreiben konnte, das mich selbst zufriedengestellt hätte. So blieben also nur die Medien. Er sah Vorteile bei diesem Weg, aber ich sah auch Schwierigkeiten. Wie sich herausstellte, hatten wir beide recht.

Frühe Zeitungsberichte über die Dokumente enthielten viele richtige Informationen, aber auch viele Fakten, die den Forschern ziemlich gut bekannt waren, und einige falsche Informationen. Letztere stammten vermutlich aus anderen seit kurzem zugänglichen Quellen, die ich nicht entdeckt und nicht gelesen hatte. (Das hinderte die Presse nicht daran, meinen Namen mit allen neuen Informationen in Verbindung zu bringen. Nachdem die ersten Berichte erschienen waren, verwendete ich einen Großteil der Zeit in den späteren Interviews auf den Versuch, die Fehler und Fehlurteile der Journalisten zu korrigieren.) Die Journalisten in Presse und Runkfunk sahen das Material mit anderen Augen als die Forscher, die unterschieden, welche Fakten neu waren und welche Erkenntnisse aus anderen Quellen bestätigten. Für manche bedeutete der Umstand, daß die Dokumente »neu« zugänglich waren, daß auch die Informationen alle »neu« waren. Nun ist aber ganz gewiß nichts neu an der Feststellung, daß der Holocaust mit systematischen Erschießungen von Juden auf dem Gebiet der Sowjetunion begonnen hat. (Einige Forscher vertreten demgegenüber die Auffassung, daß man als Beginn eigentlich den September 1939 ansetzen muß.) Aber die Öffentlichkeit verbindet mit dem Holocaust im allgemcinen vorrangig die Konzentrationslager, das Ausmaß der Massenhinrichtungen im Sommer und Herbst 1941 ist ihr eher nicht gegenwärtig. In einigen Artikeln wurde dies als Neuigkeit hervorgehoben, und einige Forscher wandten darauf ein, daß diese »Neuigkeit« nichts Neues sei. Dies ist freilich nicht der richtige Ort für eine ausführliche Erörterung, wie die Massenmedien das Thema Holocaust behandeln.

Nachdem das neue Material soviel Staub aufgewirbelt hatte, nahmen Überlebende des Holocaust und Angehörige von Holocaustopfern Kontakt zu mir auf, stellten mir Fragen oder lieferten mir auch ergänzende Informationen. Ich versuchte, soweit es mir möglich war, alle Briefe und Fragen zu beantworten. Einige wenige Personen berichteten, daß sie selbst oder Freunde oder Verwandte untergetaucht seien, nachdem sie in ausländischen Radiosendungen vom Holocaust erfahren hätten. Zwar gab es schon einige Anhaltspunkte für entsprechende Vermutungen,[2] aber die Mitteilungen bedeuteten für mich eine Bestätigung meiner Auffassung, daß die Radiosendungen Leben gerettet hatten und daß rechtzeitige Maßnahmen noch mehr Leben hätten retten können. Diese Rückmeldung war sehr hilfreich, und ich möchte an dieser Stelle noch einmal all jenen danken, die mir geschrieben haben.

Eine konstruktive Reaktion anderer Art kam aus London. Der britische Forscher John P. Fox konnte beurteilen, wie bedeutend und wie ungewöhnlich die Freigabe dieser Dokumente war, denn er selbst hatte erfolglos versucht, in Großbritannien an sie heranzukommen. Die zuständige Stelle der Regierung hatte ihm mitgeteilt, daß sie keine Angaben machen könne, wann diese speziellen Aufzeichnungen freigegeben würden – aller Voraussicht werde es »nach Ablauf eines erheblichen Zeitraums« sein.[3] Auf die Nachricht von meinem Erfolg in Washington schrieb Fox am 14. November 1996 an das Büro des Premierministers und drängte auf die Freigabe der Dokumente.[4] Am 16. November 1996 erschien überdies ein Leserbrief von Fox in der Londoner *Times.* Diesen Brief las Lord Lester von Herne Hill, und er beschloß, dazu der Regierung eine Frage im Oberhaus zu stellen.[5]

Ungeachtet all dieser Entwicklungen schrieb der britische Journalist und Historiker John Keegan in einer Kolumne für die *New York Times,* meine Aussage, die Dokumente enthielten neue Informationen über den Holocaust, sei »entweder falsch oder irreführend oder beides«. (Zu dem Zeitpunkt war es unwahrscheinlich, daß Keegan die Originaldokumente gesehen hatte, denn sie waren nur in den Vereinigten Staaten zugänglich.) Weiter erklärte und verteidigte Keegan die Tatsache, daß der britische Nachrichtendienst im Krieg auf Geheimhaltung habe achten müssen, und er legte dar, daß auch nach dem Krieg nachrichtendienstliche Informationen für die etwaige Überführung von Verbrechern hätten zurückgehalten werden müssen: »Wir müssen daran denken, daß unmittelbar nach Kriegsende Großbritannien und Amerika mit der wachsenden Feindseligkeit der Sowjetunion konfrontiert waren. Ein Vorsprung beim Verschlüsseln von Meldungen war eine entscheidende Waffe im Kalten Krieg, und man sah es als lebenswichtig an, das Ultra-Material vor der Sowjetunion geheimzuhalten.«[6]

Wie ich bereits ausgeführt habe, waren die Meldungen der Ordnungspolizei nach einem relativ primitiven System aus dem Ersten Weltkrieg codiert, das wenig mit den Maschinencodes der Vierwalzen-Enigma zu tun hatte. Sie gehörten nicht zu dem Ultra-Material, auch wenn sie aus Bletchley Park stammten. Folglich hätte die britische Enthüllung, daß es gelungen war, Meldungen der Ordnungspolizei zu entschlüsseln, Führungskräfte in den Geheimdiensten in den entwickelten Ländern gewiß nicht überrascht, am allerwenigsten in der Sowjetunion. Keegans Artikel enthielt allerdings einen noch viel schwerwiegenderen Fehler. Ende 1941 oder Anfang 1942 vereinbarte Großbritannien mit der Sowjetunion einen Handel mit den deutschen Polizeimeldungen. Einiges über diesen Kontakt zwischen den Geheimdiensten war bereits geschrieben worden (lange bevor Keegan seine Kolumne verfaßte). John P. Fox und ich stießen im britischen Archiv auf einige ergänzende Einzelheiten.

Ende Juni 1941 schickten die Briten eine Militärmission unter der Leitung von Noel Mason Macfarlane nach Moskau, und die Sowjets entsandten parallel dazu ein Team nach London. Eine Aufgabe beider Delegationen war es, eine Vereinbarung über den Austausch von Geheimdienstinformationen zustande zu bringen. Die Briten schätzten anfangs die Fähigkeit der Sowjetunion, der deutschen Invasion standzuhalten, als so gering ein, daß sie den Sowjets den Rat mit auf den Weg gaben, alles zu vernichten, was für die Deutschen von irgendeinem Wert sein könnte, und die sowjetische Flotte zu versenken. Die Einstellung der Briten dürfte auf die Sowjets keinen guten Eindruck gemacht haben. Sie sagten später zu Macfarlane, die Briten redeten zuviel und kämpften zu wenig. Einige Verantwortliche bei den Briten waren russische Emigranten, die die Kommunisten ablehnten oder verachteten, und nicht wenige gebürtige Briten hielten nicht viel von der Sowjetunion und zeigten das deutlich.[7]

Dennoch begannen beide Seiten mit dem Austausch von Geheimdienstinformationen. Historiker haben geschrieben, der Austausch von wenig brisanten Informationen habe im August 1941 begonnen,[8] Archivquellen sprechen dafür, daß die Polizeimeldungen bis Anfang 1942 nicht zu dem ausgetauschten Material gehörten. Anfang März 1942 wies ein Colonel aus dem

Kriegsministerium (MI 8) Major Edward Crankshaw von der Militärmission an, den Sowjets unverzüglich und ohne Bedingungen alle entschlüsselten deutschen Polizeimeldungen und alle Unterlagen über Polizeicodes auszuhändigen. Das Paket war ein Beispiel dafür, was Moskau bei intensiver Zusammenarbeit alles würde erhalten können. Die Briten waren bereit, den Russen jeden an der Ostfront verwendeten Polizeicode 24 Stunden, nachdem die Deutschen ihn nicht mehr verwendeten, zukommen zu lassen, und sie erwarteten im Gegenzug, daß die Sowjets ihnen alle aufgefangenen (aber noch nicht entschlüsselten Meldungen) übergaben.[9]

Am 15. April 1942 teilte Crankshaw dem Kriegsministerium (MI 8) mit:

Zunächst formelles Treffen wegen Beginn der Polizeikooperation, Russen zeigten Anerkennung für unsere Erfolge und Dankbarkeit für Hilfe. Sie sind angetan von dem, was sie bei diesem Handel bekommen, und waren weniger ungehalten, als ich erwartet hatte, über den hohen Anteil von Routinemeldungen. Sie schlagen nun vor, ihrerseits mehr aufzufangen...

Wir können mit Fug und Recht davon sprechen, daß dieses Experiment bisher ein Erfolg war. Mein Eindruck ist, daß die Russen ihre außerordentliche Skepsis gegenüber unserer Y-Organisation (der Geheimdienst; A.d.Ü.) aufgegeben haben und widerstrebend zu dem Schluß gekommen sind, daß unsere Organisation in mancher Hinsicht besser ist als ihre eigene. Vielleicht werden sie deshalb in der Zukunft ein wenig mitteilsamer sein, aber Mißtrauen und Zaudern werden bleiben.

Bitte telegrafieren Sie mir, wie viele Meldungen pro Tag in beiden Schlüsseln aufgefangen werden. Ich sende heute Meldungen, die die Russen vom 5. bis einschließlich 12. April aufgefangen haben.[10]

Daraus geht eindeutig hervor, daß der britische Geheimdienst sehr wohl die Meldungen der Ordnungspolizei von dem sehr viel raffinierteren Ultra-Material trennen konnte, das die britischen Verantwortlichen stets »eingepackt« oder kaschiert hielten, wenn sie den Sowjets einzelne Unterlagen aushändigten. Die Briten gaben den Sowjets aber sehr wohl die originalen Abschriften der von ihnen entschlüsselten deutschen Polizeimeldungen. Es war eine ständige Klage der Sowjets, daß die Briten Informationen zurückhielten. Im September 1942 schlug Crankshaw vor, er könnte den Sowjets den gesamten Bestand der entschlüsselten deutschen Polizeimeldungen ab Juli 1941 übergeben – in dem Zeitraum wurden die Vorgänge auf sowjetischem Territorium genau überwacht. Allem Anschein nach tat er das auch, aber die Zusammenarbeit endete dann doch im Oktober 1942.[11] Dies bedeutet, daß die Briten die Sowjets besser über die Massaker an Juden und anderen Bevölkerungsgruppen auf sowjetischem Territorium informierten als die Amerikaner, und sie teilten ihnen mehr über die Entschlüsselung der deutschen Polizeimeldungen mit als den Amerikanern bis 1944.[12]

Nach dem Krieg nutzte Crankshaw seine Erfahrungen mit den Russen und schrieb zwei Bücher über die Sowjetunion und ihre Führer.[13] Im Jahr 1956 veröffentlichte er sein wohl bekanntestes Buch, *Gestapo: Instrument of Tyranny* (deutsch: *Die Gestapo*, Berlin 1959). Crankshaw konzentrierte sich zwar auf Heydrichs Organisationen, gab aber (beiläufig) eine angemessene Einschätzung der Bedeutung Dalueges und der Tatsache, daß Himmler wichtiger war als Heydrich. Ohne Zweifel konnte er zu dieser Schlußfolgerung nur gelangen, weil er während des Krieges Zugang zu den von den Briten entschlüsselten SS- und Polizeimeldungen gehabt hatte. Crankshaw schrieb sogar, daß Daluege der Verantwortliche für viele der schlimmsten Verbrechen gewesen sei, »die vage mit der Gestapo in Verbindung gebracht werden«.[14] Er sagte nicht, auf welche Quellen er sich mit dieser Aussage stützte.

Die Briten versuchten noch einmal, die Kooperation mit den Sowjets bei der Entschlüsselung von Funksprüchen neu zu beleben und boten 1944 als Anreiz eine Auswahl kurz zuvor decodierter Polizeimeldungen an.[15] Aus den bislang zugänglichen Unterlagen (was ich in den freigegebenen Dokumenten gefunden habe) geht nicht hervor, ob die Sowjets das Angebot annahmen, aber die Sowjetunion konnte wohl kaum 1945 vergessen haben, was sie erst 1944 erfahren hatte: daß die Briten herausragende Spezialisten für das Entziffern von Codes besaßen und daß die Codes aus der Zeit des Ersten Weltkriegs sehr leicht zu knacken waren. Zusätzlich hätte sie Leo Long daran erinnern können, ein fähiger, junger Offizier, der mit Brian Melland in der Abteilung MI 14 an den deutschen Polizeimeldungen gearbeitet hatte. Wie sich später herausstellte, war Long ein sowjetischer Spion.[16] Auf jeden Fall wußte der britische Nachrichtendienst, daß die Sowjets es wußten, denn die Briten hatten ihnen die Polizeimeldungen gegeben, die kein Ultra-Material waren. Es ist vollkommen ausgeschlossen, daß die Briten wegen der Konfrontation mit den Sowjets im Kalten Krieg die entschlüsselten Polizeimeldungen nicht bei der Vorbereitung von Kriegsverbrecherprozessen herangezogen haben, wie Keegan behauptet hat.

An dem Tag, als Keegans Aufsatz erschien, schrieb mir Morley Safer von CBS und der Sendung *60 Minutes*, der nach dem Krieg Anthony Eden kennengelernt hatte, den folgenden Brief (aus dem ich hier mit seiner Erlaubnis zitiere):

> So angesehen er [Keegan] als Historiker auch ist, er leidet an derselben Form von Kurzsichtigkeit wie so viele seiner Landsleute. Kurzsichtigkeit ist vielleicht ein zu freundliches Wort... Tatsächlich handelte es sich um passiven Antisemitismus im britischen Establishment – und manchmal ist er auch gar nicht so passiv...
> Anthony Eden legte schon zu einem frühen Zeitpunkt im Krieg klar, was seine Position und die seiner Regierung war: Jeder Versuch, über die Rettung einiger Juden zu verhandeln, könne damit enden, daß Hitler »will, daß wir alle Juden nehmen«. Seine privaten Aufzeichnungen sind eher, nun, sagen wir, noch deutlicher...
> Keegans Argumentation ist unaufrichtig und fadenscheinig.[17]

Das waren harte Worte, aber sie boten gewiß ein Gegengewicht zu Keegans Urteilen.

Am nächsten Tag, dem 26. November, richtete Lord Lester im Oberhaus in scharfer Formulierung die Frage an die Regierung Ihrer Majestät,

ob sie das vom britischen Nachrichtendienst entschlüsselte Enigma-Material *[sic]* des deutschen Funkverkehrs, soweit es mit Berichten von Polizei und Sicherheit über Nazimassaker an Juden in Rußland und der Ukraine im Herbst 1941 zusammenhängt, freigeben wird, und falls nicht, warum nicht.

So war die Frage zu eng gefaßt, aber immerhin war damit ein wichtiger Schritt getan. Ein Regierungssprecher teilte mit, daß es eine Reihe von Zusammenfassungen aus der Zeit vom August 1940 bis Juni 1945 gebe, in denen von Greueltaten die Rede sei. Die Regierung sichte die Zusammenfassungen und die Transkripte, aus denen sie zusammengestellt worden seien, und prüfe, was freigegeben werden könne.[18]

Der vereinte Druck aus öffentlicher Berichterstattung, Fox' Brief an die verantwortlichen Stellen bei der Regierung und Lord Lesters Anfrage im Oberhaus brachten im Mai 1997 endlich ein Ergebnis – unmittelbar nachdem bei den Wahlen Tony Blair und die Labour Party an die Regierung gekommen waren. Zweiundsechzig »Bände« (Akten) mit entschlüsselten Meldungen der deutschen Polizei und der SS wurden am 19. Mai 1997 im Public Record Office in Kew zugänglich gemacht. Ich fand dort für meine Zwecke noch mehr relevantes Material als bei der NSA, obwohl die NSA einen weitaus größeren Korpus freigegeben hatte. Die britische Presse interessierte sich ebenfalls für die nunmehr zugänglichen Dokumente.[19]

An dieser Stelle möchte ich all jenen meinen Dank aussprechen, die Anteil an der britischen Entscheidung zur Freigabe der Dokumente haben, ganz besonders John P. Fox. Er und ich stimmen nicht in allen Punkten unserer Interpretation der alliierten Politik während des Holocaust überein. Wir sind uns aber einig in der Überzeugung, daß es wichtig ist, bedeutsame historische Dokumente allgemein zugänglich zu machen. Wir sind uns auch einig, daß das Zurückhalten von wichtigem Material bis in die jüngste Vergangenheit hinein die Historiker daran gehindert hat, die Tragödie in ihrem vollen Ausmaß zu erfassen.

Die Entscheidung der Briten 1997, die Meldungen freizugeben, machte es möglich, wenigstens in Umrissen die Antwort auf die folgende Frage zu skizzieren: Wann und warum überließen die Briten den Vereinigten Staaten Kopien der Meldungen aus dem Zeitraum 1941–1942? Ich hatte ursprünglich angenommen, daß das »Geschenk« während des Krieges erfolgt sein mußte, denn damals hätte es einen Zweck gehabt, aber wozu hätte es später gut sein sollen? Gleichwohl beschloß ich, Vorsicht walten zu lassen und öffentlich nichts zu sagen, was ich nicht sicher wußte. Aus dem Material im Public Record Office ging indes hervor, daß die Briten den Vereinigten Staaten einen Teil der Aufzeichnungen 1982 für Ermittlungen gegen mutmaßliche Kriegsverbrecher übergeben hatten.[20]

Im Jahr 1981 oder 1982 kam ein gewisser David Marwell, seinerzeit Historiker im Stab des Office of Special Investigations (OSI) im US-Justizministerium, auf die Idee, die britische Regierung könne Unterlagen besitzen, die für seine Behörde von Nutzen sein könnten. Die Vereinigten Staaten hatten das OSI 1979 eingerichtet mit dem Auftrag, Ermittlungen und die zivilrechtliche Verfolgung von Personen durchzuführen, die im Verdacht standen, während des Zweiten Weltkriegs Verbrechen gegen die Menschlichkeit begangen zu haben. Nach amerikanischem Recht konnten sie in den Vereinigten Staaten wegen ihrer Taten nicht strafrechtlich belangt werden; doch wenn sie über ihr Verhalten im Krieg nicht die Wahrheit gesagt und sich so die Einwanderung in die Vereinigten Staaten erschlichen hatten und wenn die Regierung eindeutig nachweisen konnte, daß sie an einschlägigen Straftaten beteiligt gewesen waren, konnte man ihnen die Staatsbürgerschaft aberkennen und sie ausweisen. Für die Sammlung des Beweismaterials und die komplizierten juristischen Schritte brauchte man ein Team aus erfahrenen Historikern und Anwälten.

Marwells Anfrage durchlief alle möglichen Kanäle und gelangte schließlich nach London. Dort gab man grünes Licht. Die britische Regierung schickte decodierte Meldungen an die NSA, und dort wurden sie strikt unter Verschluß gehalten. Marwell

mußte erst eine spezielle Sicherheitsüberprüfung über sich er-
gehen lassen, bevor er die Dokumente einsehen durfte. Doch es
stellte sich heraus, daß unter dem Material nichts war, was das
OSI für die 1982 bearbeiteten Fälle unmittelbar gebrauchen
konnte.[21] Die Kopien stammten aus einer Akte des British Joint
Intelligence Committee, und sie blieben zunächst bei der NSA.
Meines Wissens bekam sie bis zur Freigabe 1996 niemand außerhalb der NSA zu Gesicht.

Es wäre schön, wenn man sagen könnte, die Alliierten hätten
eingestanden, daß sie im Krieg dem Holocaust nicht genügend
Aufmerksamkeit geschenkt hatten. Schön wäre auch, wenn sie
nun endlich ihre Akten über den Zweiten Weltkrieg und den
Holocaust für die Wissenschaftler öffneten. Bis zu dem Zeitpunkt, an dem ich diese Worte niederschreibe, haben sie das allerdings noch *nicht* getan. Ich glaube, daß noch immer viel wichtiges Material in Amerika und sehr viel mehr in Großbritannien
unter Verschluß ist.

Zufällig rückte während meiner Arbeit an dem vorliegenden
Buch die Rolle der Schweiz im Holocaust in das Zentrum des
Interesses westlicher Politiker, jüdischer Organisationen und der
Medien. Die amerikanische Kommission unter dem Vorsitz von
Staatssekretär Stuart Eizenstat erreichte, daß zahlreiche Aufzeichnungen der amerikanischen Regierung freigegeben wurden,
um Licht in die Politik der Schweiz (und der Alliierten) während
des Krieges zu bringen. Vielleicht ist in diesem Zusammenhang
von Bedeutung, daß der britische Nachrichtendienst auch Funksprüche der Schweizer Regierung abhörte,[22] aber auch diese Dokumente können immer noch nicht eingesehen werden.

Selbst einige Unterlagen westlicher Regierungen über besonders wichtige Kriegsverbrecher sind bis heute der Öffentlichkeit nicht zugänglich. In einer Akte des britischen Kriegsministeriums über Heinrich Himmler fehlt immer noch ein
Dokument. Noch 1994 war es als »zurückgehalten« registriert.
Ein ganzer Ordner über Ernst Kaltenbrunner, von 1943 bis 1945
Leiter des Reichssicherheitshauptamtes, kann nicht eingesehen
werden.[23] In den Vereinigten Staaten gibt es ähnliche Absurdi-
täten. Bei der NSA sind mutmaßlich noch mehrere hunderttausend Seiten von (britischen und amerikanischen) Dokumenten

aus der Zeit des Zweiten Weltkriegs unter Verschluß. Einige meiner Anfragen und Ersuchen nach dem FOIA um Freigabe bestimmter Dokumente des Office of Strategic Services lagen vier Jahre oder noch länger (bei der CIA). Regierungen, die den Historikern und der Öffentlichkeit noch lange nach den Ereignissen wichtige Informationen vorenthalten, erweisen ihren Ländern und der gesamten Welt keinen guten Dienst. Aber der Kampf gegen die notorische Geheimniskrämerei ist mühsam. Kein demokratischer Politiker oder Beamter in einem demokratischen Staat hat in der Hand, was die Historiker später über ihn schreiben werden, aber je länger wichtige Quellen unter Verschluß gehalten werden, desto länger ist Kontrolle möglich. Ein Band von Anthony Edens Memoiren trägt den Titel *The Reckoning, Die Abrechnung*,[24] aber die vollständige Abrechnung zu diesem Thema muß noch geschrieben werden.

Anmerkungen

Einleitung

1 Richard Breitman, *Der Architekt der »Endlösung«: Himmler und die Vernichtung der europäischen Juden*, Paderborn 1996.

2 Wie zum Beispiel in einem Brief vom November 1941 an den Quartiermeister General Eduard Wagner, abgedruckt bei Serge Klarsfeld, *Vichy-Auschwitz: Die Zusammenarbeit der deutschen und französischen Behörden bei der »Endlösung der Judenfrage« in Frankreich*, Nördlingen 1989, S. 369–370.

3 Eine unverzichtbare Darstellung über die Tätigkeit der Einsatzgruppen bieten Helmut Krausnick und Hans-Heinrich Wilhelm, *Die Truppe des Weltanschauungskrieges: Die Einsatzgruppen der Sicherheitspolizei und des SD, 1938–1942*, Stuttgart 1982. Siehe auch Ronald Headland, *Messages of Murder: A Study of the Reports of the Einsatzgruppen of the Security Police and Security Service, 1941–1943*, Rutherford 1992, S. 105. Zur neueren Literatur gehört Ralf Ogorreck, *Die Einsatzgruppen und die »Genesis der Endlösung«*, Berlin 1996, und *Die Einsatzgruppen in der besetzten Sowjetunion 1941/1942: Die Tätigkeits- und Lageberichte des Chefs der Sicherheitspolizei und des SD*, hrsg. von Peter Klein, Berlin 1997.

4 In seiner bahnbrechenden Untersuchung *The Destruction of the European Jews*, New York 1985 (Originalausgabe 1961, deutsche Ausgabe: *Die Vernichtung der europäischen Juden*, Frankfurt/Main 1990), Bd. 1, S. 274–298, beschreibt Raul Hilberg ausführlich die Zusammensetzung und die Tötungsaktionen der Einsatzgruppen in den besetzten Gebieten der Sowjetunion. Hilberg fand bei der Durchsicht der Ereignismeldungen der Einsatzgruppen jedoch nur vereinzelt Hinweise auf eine Beteiligung der Ordnungspolizei. Beispielsweise stellte er fest, daß ein Polizeibataillon (ungefähr 500 Mann) zur Verstärkung der Einsatzgruppen abgeordnet wurde, die ungefähr 3000 Mann zählten. Die Ordnungspolizei führte einen Großteil der Mordaktionen in Rowno in der Ukraine durch, und eine Abteilung des Polizeiregiments Süd unterstützte das Einsatzkommando 4a bei dem Massenmord in Babi Yar. Im

Gebiet Mitte tötete die Ordnungspolizei ungefähr 6000 Juden in Minsk und Mogilew. Diese verstreuten Informationen deuteten darauf hin, daß die Ordnungspolizei eine wesentliche Rolle bei der Durchführung des Holocaust spielte, aber Hilberg hielt nur die Einsatzgruppen für die »erste Tötungswelle« verantwortlich, wie er die erste Phase der Massenmorde durch die Nationalsozialisten in der UdSSR bezeichnete. Christopher R. Browning, *Ganz normale Männer: Das Reserve-Polizeibataillon 101 und die »Endlösung« in Polen*, Hamburg 1993, S. 29–46, fand heraus, daß zwölf Polizeibataillone mit insgesamt über 6000 Mann die eroberten Gebiete im Osten im Anschluß an den deutschen Überfall auf die Sowjetunion »befriedet« hatten. Eine war das Polizeibataillon 9, dessen Mitglieder teilweise den Einsatzgruppen als Verstärkung zugeteilt wurden, andere wurden jedoch den Höheren SS- und Polizeiführern unterstellt und waren als eigene Einheiten im Einsatz. Browning korrigierte die Zahl der Angehörigen der Ordnungspolizei, die an dieser frühen Phase des Holocaust mitwirkten, obwohl er sich in seinem Buch nur mit einem Polizeibataillon beschäftigte. Er unterschätzte aber die Beteiligung der Ordnungspolizei in dieser Phase um ungefähr die Hälfte.
Die Untersuchungen von Klaus-Michael Mallmann, »Vom Fußvolk der ›Endlösung‹: Ordnungspolizei, Ostkrieg und Judenmord«, in: *Tel Aviver Jahrbuch für deutsche Geschichte* 26 (1997), und Edward B. Westermann, »›Ordinary Men‹ or ›Ideological Soldiers‹? Police Battalion 310 in Russia, 1942«, in: *German Studies Review* 21 (1998), S. 41–68, erreichten mich zu spät, um sie noch in meine Arbeit einzubeziehen. Aber beide trugen wesentlich dazu bei, die Bedeutung der Ordnungspolizei im Holocaust hervorzuheben. Eine frühere Arbeit von Jürgen Matthäus, »What about the ›Ordinary Men‹: The German Order Police and the Holocaust in the Occupied Soviet Union«, in: *Holocaust and Genocide Studies* 10 (1996), S. 134–150, war ein wichtiger Schritt in diese Richtung.

5 Browning, *Ganz normale Männer;* Daniel Jonah Goldhagen, *Hitlers willige Vollstrecker: Ganz gewöhnliche Deutsche und der Holocaust*, Berlin 1996.

6 Browning, *Ganz normale Männer*, S. 243.

7 Goldhagen, *Hitlers willige Vollstrecker*, S. 251–252.

8 Goldhagen, *Hitlers willige Vollstrecker*, S. 132–161 und S. 500–531.

9 Unter den zahlreichen Rezensionen siehe Omer Bartov, »Ordinary Monsters«, in: *The New Republic*, 29. April 1996, S. 32–38; Fritz Stern, »The Goldhagen Controversy: One Nation, One People, One Theory«, in: *Foreign Affairs* 75 (November–Dezember 1996), S. 128–138; Mitchell G. Ash, »American and German Perspectives on the Goldhagen Debate: History, Identity, and the Media«, in: *Holocaust and Genocide Studies* 11 (1997), S. 396–411; István Deák, »Holocaust Views: the Goldhagen Controversy in Retrospect«, in: *Central European History* 30 (1997), S. 295–303.

10 Browning, *Ganz normale Männer*, S. 247.

11 David Bankier, *Die öffentliche Meinung im Hitler-Staat: Die »Endlö-sung« und die Deutschen; eine Berichtigung*, Berlin 1995, S. 11–19 bietet eine gute Darstellung der wesentlichen deutschen Quellen und ihrer möglichen Probleme. Zu der Einstellung der Deutschen gegenüber Juden während der nationalsozialistischen Herrschaft siehe auch Ian Kershaw, »The Persecution of the Jews and German Popular Opinion in the Third Reich« und »German Popular Opinion and the Jewish Question, 1939–1943: Some Further Reflections«, in: *The Nazi Holocaust: Historical Articles on the Destruction of the European Jews*, hrsg. von Michael R. Marrus, London 1989, Bd. 5, Teil 1, S. 86–114 und 182–203; Otto Dov Kulka, »Public Opinion in Nazi Germany and the Jewish Question« und »Public Opinion in Nazi Germany: The Final Solution« in: *The Nazi Holocaust*, Bd. 5, Teil 1, S. 115–138 und 138–150; und Lawrence D. Stokes, »Otto Ohlendorf, the Sicherheitsdienst and Public Opinion in Nazi Germany«, in: *Police Forces in History*, hrsg. von George L. Mosse, London 1975, S. 231–261.

12 Walter Laqueur, *Was niemand wissen wollte: Die Unterdrückung der Nachrichten über Hitlers »Endlösung«*, Frankfurt/Main, Berlin 1981, v. a. Kapitel 3.

13 Die polnische Exilregierung war zeitweilig der Ansicht, daß der Westen jüdischen Berichten mehr Glauben schenken würde als polnischen. Siehe David Engel, *Facing a Holocaust: The Polish Government-in-Exile and the Jews, 1943–1945*, Chapel Hill 1993, S. 28. Beispiele, wie die Briten die jüdischen und polnischen Berichte als übertrieben abtaten, werden in Kapitel 6, 7 und 9 aufgeführt.

14 Public Record Office (im folgenden PRO), Kew, FO 371/34551, zitiert bei Laqueur, *Was niemand wissen wollte*, S. 107.

Kapitel 1

1 Gerald Fleming, *Hitler und die Endlösung: »Es ist des Führers Wunsch…«*, Wiesbaden, München 1982, S. 11. John Lukacs, *Hitler: Geschichte und Geschichtsschreibung*, München 1997, S. 70–73.

2 Oron James Hale, »Adolf Hitler: Taxpayer«, in: *American Historical Review* 60 (1955), S. 831. Hermann Hammer, »Die deutschen Ausgaben von Hitlers ›Mein Kampf‹«, in: *Vierteljahreshefte für Zeitgeschichte* 4 (1956), S. 163. Das Erscheinungsjahr der ersten Ausgabe des zweiten Bandes wird jedoch mit 1927 angegeben.

3 Lukacs, *Hitler: Geschichte und Geschichtsschreibung*, S. 77–106.

4 Hans Frank, *Im Angesicht des Galgens*, München Gräfelfing 1953, S. 45, zitiert bei Hammer, »Die deutschen Ausgaben«, S. 162. Frank war eine Art Autorität für *Mein Kampf*, da er Hitlers Auseinandersetzungen mit dem Finanzamt über Tantiemen Mitte der zwanziger Jahre übernommen hatte. Vergl. Hale, »Adolf Hitler: Taxpayer«, S. 833–834.

5 *Hitlers zweites Buch: Ein Dokument aus dem Jahr 1928*, Stuttgart 1961.

Einen Überblick bietet Marlis Steinert, *Hitler*, München 1994, S. 213–214.

6   Adolf Hitler, *Mein Kampf*, (Ausgabe von 1943), S. 629–633, 702–758.

7   Steinert, *Hitler*, S. 204.

8   Eberhard Jäckel, *Hitlers Weltanschauung: Entwurf einer Herrschaft*, S. 55–78.

9   Jäckel, *Hitlers Weltanschauung*. A. J. P. Taylor, *Die Ursprünge des Zweiten Weltkrieges*, Gütersloh 1962, S. 95. Für eine aktuelle, aufschlußreiche Analyse vergl. Steinert, *Hitler*, S. 175–210.

10   Vergl. Gerhard L. Weinberg, *The Foreign Policy of Hitler's Germany*, Bd. 1, *Diplomatic Revolution in Europe, 1933–36*, Chicago 1970, v. a. S. 1–2. Sebastian Haffner, *Anmerkungen zu Hitler*, München 1978. Allgemein dazu: Eberhard Jäckel, *Hitlers Herrschaft: Vollzug einer Weltanschauung*, Stuttgart 1986.

11   Steinert, *Hitler*, S. 203.

12   Heinz Höhne, *Der Orden unter dem Totenkopf: Die Geschichte der SS*, München 1976. Eine kurze Beschreibung bietet: Richard Breitman, *Der Architekt der »Endlösung«: Himmler und die Vernichtung der europäischen Juden*, Paderborn 1996, S. 48–50.

13   Bradley F. Smith, *Heinrich Himmler 1900–1926: Sein Weg in den Faschismus*, München 1979, S. 215. Peter Padfield, *Himmler*, New York 1990, S. 87–89.

14   Gelesene Bücher, item 276, Heinrich Himmler Collection in German Captured Documents Collection, Box 418, Library of Congress.

15   Nachdem er einige Kapitel gelesen hatte, trug Himmler die Daten ein. Das Buch, das sich seit 1945 in Privatbesitz befindet, soll dem Museum of Jewish Heritage übergeben werden. Ich danke dem Besitzer, daß er es mir zur Verfügung stellte.

16   S. 45 in Himmlers Ausgabe von 1927.

17   S. 44 in Himmlers Ausgabe von 1927.

18   S. 80 in Himmlers Ausgabe von 1927.

19   S. 33 in Himmlers Ausgabe von 1927.

20   Hitler, *Mein Kampf*, S. 346, 357, 630.

21   S. 344 in Himmlers Ausgabe von 1927.

22   Hammer, »Die deutschen Ausgaben«, S. 163.

23   Eine gute Analyse über die Anziehungskraft der NSDAP bei den Wählern bietet Thomas Childers, *The Nazi Voter: The Social Foundations of Fascism in Germany, 1919–1933*, Chapel Hill 1983, S. 119–269. Zu den Verbindungen zwischen dem Nationalsozialismus und der Anziehungskraft der frühen Rechten: Peter Fritzsche, *Rehearsals for Fascism: Populism and Political Mobilization in Weimar Germany*, New York 1990, S. 230–36. Zur Organisation der NSDAP vergl. Dietrich Orlow, *A History of the Nazi Party, 1919–1933*, Pittsburgh 1969. Eine sehr aufschlußreiche Studie über den Nationalsozialismus auf lokaler Ebene bietet William S. Allen, *Das haben wir nicht gewollt: Die national-*

sozialistische Machtergreifung in einer Kleinstadt 1930–1935, Gütersloh 1966.

24 »Jedenfalls demonstrierte die NS-Bewegung oft und überzeugend, daß ›Hitlers Weltanschauung‹ keineswegs allein die Weltanschauung Hitlers war.« Hermann Graml, *Reichskristallnacht: Antisemitismus und Judenverfolgung im Dritten Reich*, München 1988, S. 99. Ian Kershaw, »Ideology, Propaganda, and the Rise of the Nazi Party«, in: *The Nazi Machtergreifung*, hrsg. von Peter D. Stachura, London 1983, S. 167, argumentiert, daß der Antisemitismus bei der Umwandlung der NSDAP von einer Sekte zu einer Massenpartei zweitrangig war. Doch Graml in *Reichskristallnacht*, S. 105–107, betont, daß die nationalsozialistische Agitation ihre expansionistischen und antisemitischen Ziele nicht herunterspielen mußte, um mehr Popularität zu erreichen.

25 Eine Darstellung der Ereignisse im Januar 1933 nach dem neuesten Stand der Forschung bietet Henry Ashby Turner jr., *Hitlers Weg zur Macht: Der Januar 1933*, München 1997. Turner ist der Ansicht, daß eine Militärdiktatur als Ausweg aus der Krise der Weimarer Republik logischer gewesen wäre. Hans Mommsen, *Die verspielte Freiheit: Der Weg der Republik von Weimar in den Untergang; 1918–1933*, Frankfurt/Main, Berlin 1990, S. 495–547, bietet eine andere Darstellung.

26 Karl Dietrich Bracher, Wolfgang Sauer und Gerhard Schulz, *Die Nationalsozialistische Machtergreifung: Studien zur Errichtung des totalitären Herrschaftssystems in Deutschland 1933/34*, Köln und Opladen 1960, ist immer noch sehr nützlich und bietet vielleicht die detaillierteste Beschreibung der Ereignisse.

27 Bracher, Sauer, Schulz, *Nationalsozialistische Machtergreifung*, S. 143.

28 Bracher, Sauer, Schulz, *Nationalsozialistische Machtergreifung*, S. 149–151.

29 »Mordanschlag gegen Adolf Hitler geplant«, in: *Völkischer Beobachter*, 21. März 1933, S. 1.

30 Hitler, *Mein Kampf*, S. 653.

31 Saul Friedländer, *Das Dritte Reich und die Juden*, München 1998. Bd. 1, S. 31–38. Avraham Barqây, *Vom Boykott zur »Entjudung«: Der wirtschaftliche Existenzkampf der Juden im Dritten Reich 1933–1943*, Frankfurt 1988, S. 26–35.

32 Messersmith an den Außenminister, 3. April 1933, streng vertraulich, George S. Messersmith Papers, item 133, University of Delaware. William E. Beitz Memorandum Concerning Boycott of Jewish Stores in Berlin on 1 April 1933, Messersmith Papers, item 124.

33 Jesse H. Stiller, *George S. Messersmith: Diplomat of Democracy*, Chapel Hill 1987, S. 29, 35.

34 Messersmith an den Außenminister, 25. März 1933, streng vertraulich, Kopie bei Messersmith Papers, item 125.

35 Messersmith Memorandum von Gespräch mit Göring, 5. April 1933, am 6. April nach Washington übermittelt, Kopien bei Messersmith Papers, items 135–36.

36   Messersmith an den Außenminister, 23. Mai 1933, Messersmith Papers, item 186.
37   Messersmith an den Außenminister, 3. April 1933, Messersmith Papers, item 133; Messersmith an den Außenminister, 22. Juni 1933, streng vertraulich, Messersmith Papers, item 199. Messersmith an den Außenminister, 1. November 1933, der gegenwärtige Status der antisemitischen Bewegung in Deutschland, streng vertraulich, Messersmith Papers, item 325.
38   Franklin L. Ford, »Three Observers in Berlin: Rumbold, Dodd, and François-Poncet«, in: The Diplomats, hrsg. von Gordon Alexander Craig, Princeton 1953, S. 438–447.
39   Rumbold an Sir John Simon, 28. März 1933, in: Documents on British Foreign Policy, 1919–1939, (im folgenden Documents), hrsg. von E. L. Woodward und Rohan Butler, 2nd series, Bd. 5, 1933, London 1956, S. 3–6.
40   Rumbold an Simon, 30. März 1933 und 5. April 1933, Documents, S. 9–11, 19–24.
41   Rumbold an Simon, 28. März 1933, Documents, S. 5.
42   Rumbold an Simon, 13. April 1933, Documents, S. 41–42.
43   Richard Breitman and Alan M. Kraut, American Refugee Policy and European Jewry, 1933–1945, Bloomington 1987, S. 40–41.
44   Rumbold an Simon, 28. März 1933, Documents, S. 5–6; Rumbold an Simon, 13. April 1933, Documents, S. 40–41.
45   Messersmith an den Außenminister, 17. Juni 1933, streng vertraulich; Messersmith an den Außenminister, 1. November 1933, der gegenwärtige Status der antisemitischen Bewegung in Deutschland, streng vertraulich, Messersmith Papers, items 195 und 325. Messersmith an Phillips, 29. September 1933, Messersmith Papers, item 312. Rumbold an Simon, 13. April 1933, Documents, S. 39–44.
46   Rumbold an Simon, 26. April 1933, Documents, S. 47–55, Zitat auf S. 50.
47   James J. Barnes and Patience P. Barnes, Hitler's Mein Kampf in Britain and America: A Publishing History 1930–1939, Cambridge 1980, v. a. S. 1–15.
48   Adolf Hitler, My Battle, abridged and translated by E. T. S. Dugdale, Boston 1933, v. a. Kapitel 11 in Band 1 und Kapitel 13–15 in Band 2. Barnes and Barnes, Hitler's Mein Kampf, S. 10–14.
49   Barnes and Barnes, Hitler's Mein Kampf, S. 21–49.
50   Barnes and Barnes, Hitler's Mein Kampf, S. 49.
51   Wesley K. Wark, The Ultimate Enemy. British Intelligence and Nazi Germany, 1933–1939, Ithaca 1985.
52   A. J. Sherman, Island Refuge: Britain and Refugees from the Third Reich 1933–1939, London 1994; Louise London, »Jewish Refugees, Anglo-Jewry, and British Government Policy 1930–1940«, in: The Making of Modern Anglo-Jewry, hrsg. von David Cesarani, Oxford 1990, S. 163–190; Marion Berghahn, German-Jewish Refugees in England: The Ambiguities of Assimilation, New York 1984; Breitman und Kraut, American

Refugee Policy; David S. Wyman, *Paper Walls: America and the Refugee Crisis, 1938–1941,* Amherst 1968. Dazu auch: Bob Moore, *Refugees from Nazi Germany in the Netherlands, 1933–1940,* Dordrecht 1986; Paul R. Bartrop, *Australia and the Holocaust, 1933–1945,* Melbourne 1994; Irving Abella and Harold Troper, *None is Too Many; Canada and the Jews of Europe,* New York 1983.

Kapitel 2

1 Artikel »Kurt Daluege«, in: *Enzyklopädie des Holocaust: Die Verfolgung und Ermordung der europäischen Juden,* hrsg. von Israel Gutman, Berlin 1993, Bd. 1, S. 304–305. Daluege werden in dem Eintrag auch »fehlende intellektuelle Fähigkeiten« zugeschrieben.

Eine Kopie von Dalueges Nachlaß befindet sich in den United States National Archives (im folgenden NA), Record Group (RG) 242, Microfilm Series T-580. Vergl. vor allem die Spulen 219–29. Die Papiere enthalten wesentlich mehr Dokumente aus der Zeit vor dem Krieg als aus der Zeit während des Krieges. In den Unterlagen aus der Kriegszeit finden sich einige Begleitbriefe zu Dokumenten, doch eventuell belastende Materialien fehlen. Vergl. beispielsweise Himmler an Daluege, Heydrich und Eicke, 25. August 1939. Nachlaß Daluege, NA RG 242, T-580/R 222, Ordner 66. Zu zusätzlichen Hinweisen auf mögliche Bestandteile von Dalueges Papieren vergl. Kapitel 4.

2 Einzelheiten zu Dalueges Karriere finden sich in seiner SS-Personalakte, NA, Berlin Document Center (BDC), Mikrofilm A-3343, SSO-134. Die darin enthaltene Korrespondenz deutet auf ein persönliches Verhältnis zwischen Daluege und Hitler hin. Zur Stennes-Affäre: Shlomo Aronson, *Heydrich und die Frühgeschichte des SD,* Stuttgart 1971, S. 50–51; Richard Bessel, *Political Violence and the Rise of Nazism: The Storm Troopers in Eastern Germany,* New Haven 1984, S. 62–63.

3 Dalueges SS-Personalakte, NA-BDC, A-3343, SSO-134.

4 Vergl. George C. Browder, *Foundations of the Nazi Police State: The Formation of Sipo and SD,* Lexington 1990, S. 80, 96.

5 Aronson, *Heydrich und die Frühgeschichte,* S. 81.

6 Aronson, *Heydrich und die Frühgeschichte,* S. 82. Browder, *Foundations of the Nazi Police State: The Formation of Sipo and SD,* v. a. S. 96, beschreibt Daluege bei den Manövern und wechselnden Allianzen als ernstzunehmenden und unabhängigen Spieler, was aber nicht meinem Eindruck entspricht.

7 Siehe Browder, *Foundations of the Nazi Police State: The Formation of Sipo and SD,* v. a. S. 217–230.

8 Die Deutsche Ordnungspolizei, Nachlaß Daluege, NA RG 242, T-580/R 228/Ordner 91, S. 3.

9 George C. Browder, *Hitler's Enforcers: The Gestapo and the SS Security Service in the Nazi Revolution,* New York 1996, S. 28.

10 Ebenda, S. 30–31, 40–41. Zu Müller: Aronson, *Heydrich und die Früh-geschichte*, S. 95–97, 108–110.

11 Browder, *Hitler's Enforcers*, S. 28, 44.

12 Beim 25. Kurs für SS-Offiziersanwärter im Jahr 1942 gab es 25 Teil-nehmer, von denen 9 bei der Prüfung durchfielen. Die Kandidaten wur-den in Zehnergruppen aufgeteilt. In einer Gruppe waren fünf Teilnehmer vom SD, drei von der Gestapo und zwei von der Kriminalpolizei. Der Beginn der Kurse ist nicht bekannt, doch vermutlich fanden seit der Machtübernahme 1933 drei pro Jahr statt. Vergl. verschiedene Doku-mente zu diesem Kurs in NA RG 242, T-175/R 180/2 715 184-96.

13 Einzelheiten zum Lehrplan bei Heydrich an die Kommandanten der Of-fiziersschule der Sicherheitspolizei, 8. Februar 1941, Zentrum zur Aufbe-wahrung historisch-dokumentarischer Sammlungen (früher: Sonder-archiv) Moskau (im folgenden: Zentrum Moskau), 500-5-1. Zu Himmlers Zustimmung: Himmler an Heydrich, 29. Mai 1941, NA-BDC, Heydrichs SS-Personalakte, A-3343, SSO-095 A.

14 Aronson, *Heydrich und die Frühgeschichte*, S. 81. Christopher R. Brow-ning, *Ganz normale Männer: Das Reserve-Polizeibataillon 101 und die »Endlösung« in Polen*, Hamburg 1993, S. 23.

15 Aronson, *Heydrich und die Frühgeschichte*, S. 82. Das Standardwerk über die Ordnungspolizei ist: Hans-Joachim Neufeldt, Jürgen Huck und Georg Tessin, *Zur Geschichte der Ordnungspolizei 1936–1945*, Koblenz 1957.

16 »Judentum und Bestrafung«, Kopie im Nachlaß Daluege, NA T-580/R 220/Ordner 61.

17 Heydrich an Daluege, 12. Februar 1940, Nachlaß Daluege, NA RG 242, T-580/R 219/Ordner 60.

18 Information von Shlomo Aronson.

19 Die Deutsche Ordnungspolizei, Nachlaß Daluege, NA RG 242, T-580/R 228/Ordner 91, S. 12–13, 26.

20 Über den Einsatz der Ordnungspolizei beim Feldzug gegen Polen ist nicht viel geschrieben worden. Allerdings werden die Polizeibataillone 101–104 bei Helmut Fangman, Udo Reifner und Norbert Steinhorn, *Parteisoldaten – Hamburger Polizei im »Dritten Reich«*, Hamburg 1987, angesprochen, vergl. S. 86 und 87, 118–120. Ich danke Jürgen Matthäus für den Hinweis. Eine kurze Zusammenfassung der Haltung der SS bie-tet Richard Breitman, *Der Architekt der »Endlösung«: Himmler und die Vernichtung der europäischen Juden*, S. 93–111. Eine exzellente Unter-suchung bietet Charles W. Sydnor jr., *Soldiers of Destruction: The SS Death's Head Division, 1933–1945*, Princeton 1990. Allgemein zur na-tionalsozialistischen Politik in Polen: Martin Broszat, *Die nationalsozia-listische Polenpolitik, 1939–1945*, Stuttgart 1961.

21 Helmut Krausnick und Hans-Heinrich Wilhelm, *Die Truppe des Weltan-schauungskrieges: Die Einsatzgruppen der Sicherheitspolizei und des SD, 1938–1942*, Stuttgart 1982, S. 36.

22 Sydnor, *Soldiers of Destruction*, S. 38 (zu Eickes Rang HSSPF) und S. 21–22 (zu Eicke und Heydrich).

23 Wolff an Daluege, Heydrich und Eicke, 25. August 1939, und handschriftliche Randbemerkungen, Nachlaß Daluege, NA RG 242, T-580/R 222/Ordner 66.

24 Bei Höß sind die Zuhörer Ersatzformationen, die die SS-Einheiten als Lagerwachen im KZ ablösen. Rudolf Höß, *Kommandant in Auschwitz*, Stuttgart 1958, S. 69. Dazu aber Sydnor, *Soldiers of Destruction*, S. 35, Anmerkung 86.

25 Höß, *Kommandant*, S. 69.

26 Krausnick und Wilhelm, *Die Truppe des Weltanschauungskrieges*, S. 48.

27 Zu den Polizeibataillonen 11 und 12 im Jahr 1939 und den »Sonderaufgaben« siehe Location List of Police Battalions, S. 2, PRO HW 16/1 und Summary of German Police Decodes, 3. Juli bis 14. August, S. 3, PRO HW 16/6, Teil 1.

28 Heydrich an Daluege, 29. September 1939, als Antwort auf Daluege an Heydrich, 22. September 1939, Nachdruck in *Archives of the Holocaust: An International Collection of Selected Documents*, hrsg. von Henry Friedlander und Sybil Milton, Bd. 11, Teil 1, Berlin Document Center, New York 1992, S. 132–133. Mein Dank geht an Charles Sydnor, der mich auf dieses Dokument aufmerksam machte. Zum Kontext und zu weiteren Kommentaren Heydrichs: Breitman, *Architekt der Endlösung*, S. 101–102.

29 Hermann Franz' SS-Personalakte, NA-BDC, A-3343/SSO-219.

30 Die deutsche Ordnungspolizei, Nachlaß Daluege, NA RG 242, T-580/R 228/Ordner 91, S. 24–26, 31–32. Andrej Angrick, Martina Voigt, Silke Ammerschubert, Peter Klein, Christa Alheit, Michael Tycher, »›Da hätte man schon ein Tagebuch führen müssen‹: Das Polizeibataillon 322 und die Judenmorde im Bereich der Heeresgruppe Mitte während des Sommers und des Herbstes 1941«, in: *Die Normalität des Verbrechens: Bilanz und Perspektiven der Forschung zu den nationalsozialistischen Gewaltverbrechen*, hrsg. von Helge Grabitz u. a., Berlin 1994, S. 367, Anmerkung 8. Zur Gesamtzahl Anfang 1941, vergl. [britischer Nachrichtendienst] Location List of [German] Police Battalions, PRO HW 16/1.

31 Op. Abt. An Gen. Qu. Abt. H Vers, 15. Januar 1941, Bundesarchiv-Militärarchiv, RH2/v. 1325 (alt H 22/355), Barbarossa, Bd. 1, 7. Januar bis 8. Mai 1941.

32 Breitman, *Architekt der Endlösung*, S. 141–154.

33 Breitman, *Architekt der Endlösung*, S. 200 f. Richard Breitman, »Plans for the Final Solution in Early 1941«, in: *German Studies Review* 17, Nr. 3 (Oktober 1994), S. 483–494. Schellenbergs Memorandum, 20. Mai 1941, NA RG 238, Nuremberg Document NG-3104. Als Schellenberg das Memorandum verfaßte, war er in der Gestapo und fungierte gelegentlich als Stellvertreter von Heinrich Müller. Nur wenige Historiker

haben erkannt, daß er in seiner Position Einblick in die Planung der
»Endlösung« hatte.

34 Heydrichs Aktenvermerk, 26. März 1941, Zentrum Moskau, 500-3-795,
zitiert bei Götz Aly, *Endlösung*, S. 269–272. Dank an Charles Sydnor,
der mir eine Kopie des Dokuments schickte. Ich halte mich hier teilweise
an Alys Interpretation.

35 Heydrichs Aktenvermerk, 26. März 1941, Zentrum Moskau, 500-3-795.

36 Richtlinien für das Verhalten der Truppe in der Sowjetunion, 25. Oktober 1941, Kopie im U.S. Holocaust Memorial Museum, RG 48.004 M, R
2/201 382-404.

37 Ralf Ogorreck, *Die Einsatzgruppen und die »Genesis der Endlösung«*,
Berlin 1996, S. 27. Der Beleg zu Heydrich und Brauchitsch stammt aus
dem Schreiben Picot an Kürnsberg, 10. Februar 1941, NA RG 238, M-946/R 1/113. Zu den noch andauernden Verhandlungen: handschriftliche
Notiz am Ende von Picots Memorandum, die auf einer Information von
Plötz basierte, Einbau des Sonderkommandos AA in die SS, 10. Februar
1941, NA RG 238, M-946/R1/109. Zu Heydrichs und Himmlers Gesprächen über das Thema vergl. Himmlers Terminkalender, 10. März
1941, Zentrum Moskau, 1372-5-23, f. 522. Dank an Jürgen Matthäus für
eine Kopie des Dokuments.

38 Das ist eine kurze Zusammenfassung der komplizierten Ereignisse. Ausführliche Informationen bietet: OKW, Richtlinien auf Sondergebieten zur
Weisung Nr. 21, 13. März 1941, *Der Prozeß gegen die Hauptkriegsverbrecher vor dem Internationalen Militärgerichtshof*, Nürnberg 1947,
Bd. 26, S. 53–57, 447-PS (im folgenden: IMT). Helmut Krausnick, »Kommissarbefehl und ›Gerichtsbarkeitserlaß Barbarossa‹ in neuer Sicht«, in:
Vierteljahreshefte für Zeitgeschichte 25 (1977), S. 685. Krausnick und Wilhelm, *Truppe des Weltanschauungskrieges*, S. 115–117. Jürgen Förster,
»Das Unternehmen Barbarossa als Eroberungs- und Vernichtungskrieg«,
in: *Das Deutsche Reich und der Zweite Weltkrieg*, Stuttgart 1983, Bd. 4,
S. 413–414; ders., »The Relation between Operation Barbarossa as an
Ideological War of Extermination and the Final Solution«, in: *The Final
Solution: Origins and Implementation*, hrsg. von David Cesarani, London
1994, S. 89–91; Ogorreck, *Die Einsatzgruppen*, S. 24–31.

39 Himmlers Terminkalender, 14. März 1941: »Daluege: Einsatzfragen«,
15. März 1941: »Daluege, Heydrich, Wolff: Einsatzfragen«, Zentrum
Moskau, 1372-5-23, f. 518-17.

40 Angrick u. a., »›Da hätte man schon‹«, S. 328–329, argumentieren anders,
kommen aber zu ähnlichen Ergebnissen.

41 Zum Abkommen: *IMT*, Bd. 10, S. 1239–1241, NOKW-2080. Die Analyse dazu bieten: Krausnick und Wilhelm, *Truppe des Weltanschauungskrieges*, S. 129–130, 134. Förster, »Das Unternehmen Barbarossa«,
S. 415–417. Ogorreck, *Die Einsatzgruppen*, S. 37–38. Zu Himmler und
Reinecke: Himmlers Terminkalender, 19. März 1941, Zentrum Moskau,
1372-5-23, f. 515.

42 Himmlers Terminkalender, 8. April 1941: »Daluege: Einsatz Barbarossa«, Zentrum Moskau, 1372-5-23, f. 497.

43 Daluege an Hitler, 21. April 1941, NA RG 242, Nachlaß Daluege, T-580/ R 219/Ordner 57. Zu Hitlers Zustimmung vergl. auch von Grolmann an Schmitt, 15. Oktober 1941, Gerret Korsemanns SS-Personalakte, NA-BDC, A-3343, SSO-202 A.

44 Himmler an Daluege, 9. März 1942, NA RG 242, Nachlaß Daluege, T-580/R 219/Ordner 57.

45 Angrick u. a., »›Da hätte man schon‹«, S. 327–328. Ullmann an Daluege, Heydrich und Jüttner, 21. April 1941; ohne Titel, undatierte Entwürfe, und Meine an Treusch, 21. April 1941, NA RG 242, T-175/R 123/ 2 648 762-68. Die endgültige Version wurde größtenteils unverändert in größerem Umfang verschickt. Vergl. Sonderauftrag des Führers, 21. Mai 1941, NA RG 242, T-175/R 123/2 648 739. Dalueges Vortrag über den Kräfte- und Kriegseinsatz der Ordnungspolizei im Jahre 1941: Dienstbesprechung der Befehlshaber und Inspekteure vom 1. bis 4. Februar 1942, Zentrale Stelle der Landesjustizverwaltungen, Ludwigsburg V/117. Ich bedanke mich bei Konrad Kwiet für eine Kopie des letzten Dokuments.

46 Als Beispiel für ein derartiges Schreiben: Himmler an Prützmann, 28. Juni 1938, Prützmanns SS-Personalakte, NA-BDC Microfilm A-3343, SSO-395 A.

47 Ruth Bettina Birn, Die Höheren SS- und Polizeiführer: Himmlers Vertreter im Dritten Reich, Düsseldorf 1986, S. 8–10.

48 Biographische Informationen aus Prützmanns SS-Personalakte, NA-BDC, A-3343, SSO-395 A. Am 1. Mai 1941 wurde Prützmann zum Höheren SS- und Polizeiführer Nordwest befördert, sieben Wochen später wurde er Höherer SS- und Polizeiführer bei der Heeresgruppe Nord.

49 Informationen aus Bach-Zelewskis SS-Personalakte, darunter auch Dalueges Bericht vom 14. Juni 1933, NA-BDC, A-3343, SSO–023.

50 Einige von Bach-Zelewskis Problemen im Jahr 1935 werden in Briefen angesprochen, die sich in seiner SS-Personalakte befinden. Zu Bach-Zelewskis Version der Sache siehe seine Vernehmung vom 30. Oktober 1945, NA RG 238, M-1270/R1/422-23. Zu Hitlers Entscheidung siehe Himmlers Führervortrag (Notizen), 8. Oktober 1935 und Hitlers »bleibt«. NA RG 242, T-175/R 94/2 613 260.

51 Himmlers Korrespondenzverzeichnis: »Bach. Bittet um einen Fronteinsatz«, 18. März 1941, NA RG 242, T-581/R 45 A.

52 Bach-Zelewskis SS-Personalakte, NA-BDC, A-3343, SSO-023.

53 Biographische Informationen und Brief aus Jeckelns SS-Personalakte, NA BDC, A-3343, SSO-135 A. Zitat aus Jeckeln an Richard, 23. April 1941.

54 Himmlers Befehl vom 1. Mai 1941, Jeckelns SS-Personalakte, NA-BDC, A-3343, SSO-135.

55 Es gibt derzeit keinen schriftlichen Beleg, daß sich Himmler mit Prütz-

mann, Jeckeln oder Bach-Zelewski im kleinen Kreis vor dem 12. Juni besprach, aber vergl. Anmerkung 56.

56 Erklärung von dem Bach, World Jewish Congress Records, Box C 203, Folder Bach-Zelewski 1946, American Jewish Archives, Cincinnati. In *Architekt der Endlösung*, S. 193 u. 194, Anmerkung 11 und 12 hielt ich mich an Bach-Zelewskis Aussage vor dem Internationalen Militärgerichtshof, in der er die Besprechung bereits auf Januar 1941 datierte. Dieses Datum wird jedoch durch keinen zeitgenössischen Beleg gestützt, wohingegen er in seiner Erklärung angibt, die Besprechung hätte Wochen vor dem Einmarsch in die Sowjetunion stattgefunden, und der Zeitraum vom 12. bis 15. Juni entspricht mehr oder weniger dieser Beschreibung. Zu zeitgenössischen Belegen für Himmlers Besprechung auf der Wewelsburg vom 12. bis 15. Juni vergl. Himmlers Terminkalender, 12. Juni 1941, NA RG 242, T-581/R 39 A und Zentrum Moskau, 1372-5-23, f. 445. Dank an Peter Witte, der mich auf das erste Dokument aufmerksam machte. Die Aussage Bach-Zelewskis ist auch hier höchstwahrscheinlich zutreffend, denn sie belastet ihn anstatt ihn freizusprechen. Außerdem gibt es für die Besprechung auf der Wewelsburg davon unabhängige Belege.

57 Erklärung von dem Bach, S. 13–15, 17, World Jewish Congress Records, Box C 203, Bach-Zelewski 1946, American Jewish Archives. Bach-Zelewski gab jedoch an, daß Himmler ursprünglich alle Truppen für diesen Zweck einsetzen wollte, daß aber die Waffen-SS und die Ordnungspolizei von der Partisanenbekämpfung in Anspruch genommen waren, so daß nur die Sicherheitspolizei blieb. Hier versuchte Bach-Zelewski, sich selbst, Daluege und andere Kameraden zu entlasten und die Verantwortung für die Exekutionen den Toten anzulasten. Die unten angeführten zeitgenössischen Belege zeigen, daß Himmler für seine Mord- und Zerstörungskampagne alle drei Organisationen benutzte.
Die Höheren SS- und Polizeiführer nahmen gelegentlich Einfluß auf die Einsatzgruppen, doch diese Aussage wäre 1946 für Bach-Zelewski ungünstig gewesen.

58 Zu den Anfängen des Kommandostabes RFSS: Yehoshua Büchler, »Kommandostab Reichsführer SS: Himmler's Personal Murder Brigades in 1941«, in: *Holocaust and Genocide Studies* I (1986), S. 13–14. Zu Knoblauch vergl. seine SS-Personalakte, NA-BDC, A-3343, SSO-186 A und eine Vernehmung Knoblauchs, 30. November 1946, NA RG 238, M-1019/R 36/412-15.

59 Vernehmung Knoblauchs, 30. November 1946, NA RG 238, M-1019/R 36/415-16. Der Bericht deckt sich mehr oder weniger mit dem Kriegstagebuch des Kommandostabes RFSS, in dem Himmlers Beschluß vom 10. Juli festgehalten wurde: »…im rückwärtigen Gebiet der höhere SS- u. Pol. Führer Verfügung über alles hat, was dem RF-SS gehört. Was sich nicht im Gebiet der höheren SS- u. Polizeiführer befindet, ist nicht unterstellt. Auch für den SD gilt das Vorstehende. Die SS-Verbände sind

dem SS- u. Pol. Führer erst dann zu unterstellen, wenn die Grenze überschritten ist.« In: Kriegstagebuch Nr. 1, Militärarchiv Prag, RFSS KDS;
eine Kopie befindet sich auch im US Holocaust Memorial Museum, RG
48.004 M, R 1. Vergl. auch Angrick u.a., »›Da hätte man schon‹«,
S. 329. In Wirklichkeit waren die Einsatzgruppen unabhängiger von den
Höheren SS- und Polizeiführern als die Bataillone der Ordnungspolizei.

60 Im Kriegstagebuch des Kommandostabes RFSS sind nur die Einsätze der
Einheiten der Waffen-SS verzeichnet. Siehe Kriegstagebuch Nr. 1, 16. Ju-
ni bis 31. Dezember 1941, Militärarchiv Prag, RFSS KDS; Kopie im US
Holocaust Memorial Museum, RG 48.004 M, R 1. Vergl. jedoch Kom-
mandostab Reichsführer SS, Himmler Collection, Box 10, Folder 322,
Hoover Institution.

61 Es ist zum Beispiel immer noch umstritten, was Heydrich den Leitern
der Einsatzgruppen, Einsatzkommandos, Sonderkommandos und anderer Einheiten am 17. Juni 1941 im Reichssicherheitshauptamt über ihren zukünftigen Einsatz mitteilte. Außerdem ist unklar, ob Heydrichs
Untergebene Bruno Streckenbach oder Heinrich Müller vor den Polizisten dieser Einheiten in der Grenzpolizeischule in Pretzsch eine Rede
hielten, und wenn ja, was sie dann sagten. Eine kurze Zusammenfassung
der Kontroverse bei Breitman, *Architekt der Endlösung*, S. 217–219. Eine erst kürzlich erschienene, sehr ausführliche Darstellung bietet Ogorreck, *Die Einsatzgruppen*, S. 47–94, mit der ich allerdings nicht überein-
stimme.

62 Kopie in NA RG 242, T-175/R 426/2 955 875.

63 PRO, Kew, HW 1/2212, C/4915. Dank an John P. Fox für eine Kopie
des Dokuments.

Kapitel 3

1 Konrad Kwiet, »Rehearsing for Murder: The Beginning of the Final Solution in Lithuania in June 1941«, in: *Holocaust and Genocide Studies* 12
(1998), S. 1–3.

2 Korsemanns Karriere wies dunkle Punkte auf, da er zu lange in der SA
geblieben war, nachdem sie in Ungnade gefallen war. Doch er entwik-
kelte ein gutes Verhältnis zu Daluege und erhielt schließlich 1940 das
Kommando über ein Polizeibataillon in Jütland. Seine Ernennung zum
Höheren SS- und Polizeiführer wurde aufgrund von Etatproblemen auf
Mitte 1941 verschoben, doch an seiner Beförderung bestanden eigentlich
nie Zweifel, daher lud ihn Daluege auch zu der Besprechung ein. Korsemanns SS-Personalakte, NA-BDC, A-3343, SSO-202 A. Auch Korsemann an Daluege, 5. März 1940; Daluege an Himmler, 13. März 1940:
Nachlaß Daluege, NA RG 242, T-580/R 219/Ordner 60. Himmlers Befehl vom 25. April 1940, Prützmanns SS-Personalakte, NA-BDC, A-
3343, SSO-395 A.

3 Heydrichs Schreiben vom 2. Juli 1941, Zentrum Moskau, 500-1-25, Ko-

pie im US Holocaust Memorial Museum, RG 11.001 M, R 183. Helmut Krausnick und Hans-Heinrich Wilhelm, *Die Truppe des Weltanschauungskrieges: Die Einsatzgruppen der Sicherheitspolizei und des SD, 1938–1942,* Stuttgart 1981, S. 150–157.

4 Bei Krausnick und Wilhelm, *Truppe des Weltanschauungskrieges,* S. 150, steht zwar der vordergründige Anlaß für Heydrichs Anweisungen, der tiefere Konflikt zwischen Daluege und Heydrich wird jedoch nicht erwähnt.

5 Handschriftliche Ergänzung in einer Stellungnahme des Chefs der Einsatzgruppe A zu Reichskommissar Lohses vorläufigen Richtlinien für die Behandlung der Juden, 6. August 1941, Historisches Staatsarchiv Riga, PSR CVVA-1026-1-4, 298, zitiert in: *Herrschaftsalltag im Dritten Reich,* hrsg. von Hans Mommsen und Susanne Willems, Düsseldorf 1988, S. 467–471.

6 Siehe Anmerkung 3 oben.

7 Die Aussagen sind bei Ralf Ogorreck, *Die Einsatzgruppen und die »Genesis der Endlösung«,* Berlin 1996, zusammengestellt. Meiner Ansicht nach werden sie von Ogorreck zu unkritisch übernommen. Alfred Streim hat in »The Tasks of the SS Einsatzgruppen« in: *Simon Wiesenthal Center Annual* 4 (1987), S. 309–329, schon früher die Ansicht vertreten, daß ein allgemeiner Tötungsbefehl für alle Juden erst im August 1941 erging. Vergl. auch die Debatte zwischen Helmut Krausnick und Streim in *Simon Wiesenthal Annual* 6 (1989), S. 311–347.

8 Konrad Kwiet, »From the Diary of a Killing Unit«, in: *Why Germany? Nationalist Social Anti-Semitism and the European Context,* hrsg. von John Milfull, Providence 1993, S. 75–93. Andrej Angrick, Martina Voigt, Silke Ammerschubert, Peter Klein, Christa Alheit, Michael Tycher, »›Da hätte man schon ein Tagebuch führen müssen.‹ Das Polizeibataillon 322 und die Judenmorde im Bereich der Heeresgruppe Mitte während des Sommers und des Herbstes 1941«, in: *Die Normalität des Verbrechens: Bilanz und Perspektiven der Forschung zu den nationalsozialistischen Gewaltverbrechen,* hrsg. von Helge Grabitz u. a., Berlin 1994, S. 325–385.

9 Siehe Kapitel 2 oben.

10 Angrick u. a., »›Da hätte man schon‹«, S. 329. Kwiet, »From the Diary«, S. 191.

11 Kwiet, »From the Diary«, S. 79.

12 Montuas SS-Personalakte, NA-BDC, A-3343, SSO-324 A.

13 Angrick u. a., »›Da hätte man schon‹«, S. 329–330.

14 Angrick u. a., »›Da hätte man schon‹«, S. 330–331.

15 Kwiet, »From the Diary«, S. 83; Ogoreck, *Die Einsatzgruppen,* S. 121.

16 Kriegstagebuch des Polizeibataillons 322, 8. Juli 1941, S. 38, Militärarchiv Prag, Pol. Reg. Mitte. Kopie im US Holocaust Memorial Museum, RG 48.004 M, R 2.

17 Kriegstagebuch des Polizeibataillons 322, 8. Juli 1941, S. 39; Judenaktion

der 8. Kompanie in Krassnopolje am 22. Oktober 1941, Militärarchiv Prag, Pol. Reg. Mitte. Kopie im US Holocaust Memorial Museum, RG 48.004 M, R 2.

18 Angrick u. a., »›Da hätte man schon‹«, S. 331.

19 Eidesstattliche Erklärung Bach-Zelewskis, NA RG 238, M-1270/R 1/ 296. Erklärung von dem Bach, S. 28–29, World Jewish Congress Collection, Box C203, Bach-Zelewski Statement 1946.

20 Angrick u. a., »›Da hätte man schon‹«, S. 331–336.

21 Kriegstagebuch des Polizeibataillons 322, 9. Juli 1941, S. 41.

22 Kwiet, »From the Diary«, S. 84; gerichtliche Aussagen zitiert bei Ogorreck, *Die Einsatzgruppen*, S. 122–123.

23 Riebel an Polizeibataillon 3, Polizeiregiment Mitte, 1. September 1941, Militärarchiv Prag, Pol. Reg. Mitte; Kopie im US Holocaust Memorial Museum, RG 48.004 M, R 2.

24 Breitman, *Architekt der Endlösung*, S. 135, 319–320.

25 Dechiffrierte Polizeimeldung, 14. Juli 1941, item 9, PRO HW 16/31.

26 Befehl Himmlers, 30. September 1940, NA RG 242, T-175/R 190/ 2727908. David Welch, *The Third Reich: Politics and Propaganda*, London, New York 1993, S. 78. Stig Hornshøj-Møller und David Culbert, »Der ewige Jude (1940): Joseph Goebbels' Unequaled Monument to Anti-Semitism«, in: *Historical Journal of Film, Radio and Television* 12 (1992), S. 41–46.

27 Welch, *The Third Reich*, S. 78. Die Verbindung zwischen dem Erscheinungsdatum des Films und der »Endlösung« ist vermutlich eher indirekt. Vergl. Stig Hornshøj-Møller, »*Der ewige Jude*«: Quellenkritische Analyse eines antisemitischen Propagandafilms, Göttingen 1995, v. a. S. 3–23.

28 Dechiffrierte Polizeimeldung, 14. Juli 1941, item 13, PRO HW 16/31.

29 Angrick u. a., »›Da hätte man schon‹«, S. 342–344.

30 Riebel an Polizeibataillon 3, Polizeiregiment Mitte, 1. September 1941, Militärarchiv Prag, Pol. Reg. Mitte; Kopie im US Holocaust Memorial Museum, RG 48.004 M, R 2.

31 Angrick u. a., »›Da hätte man schon‹«, S. 344.

32 Kwiet, »From the Diary«, S. 85–87; Angrick u. a., »›Da hätte man schon‹«, S. 337–345. Zu Bach-Zelewskis ausdrücklichem Befehl, die Juden in Bialowies zu liquidieren (»Wenn verbleibende Komp. zur Fortsetzung der Aktion nicht ausreicht, Aussiedlung bis Eintreffen des neuen Btls. unterbrechen und Komp. einsetzen zur Liquidierung der Juden.«), vergl. Bach-Zelewskis Funkspruch an Ustuf. v. Hertell, Polizeibataillon 322, 1. August 1941, Militärarchiv Prag, Pol. Reg. Mitte, Kopie im US Holocaust Memorial Museum, RG 48.004 M, R 2.

33 Kwiet, »Rehearsing for Murder«, S. 82–85.

34 Vergl. Christopher R. Browning, *Ganz normale Männer: Das Reserve-Polizeibataillon 101 und die »Endlösung« in Polen*, Hamburg 1993, und Danial Jonah Goldhagen, *Hitlers willige Vollstrecker: Ganz gewöhnliche Deutsche und der Holocaust*, Berlin 1996.

35 Angrick u. a., »Da hätte man schon‹«, S. 360–361.
36 Summary of German Police decodes, 3. Juli 1941 bis 14. August 1941, S. 9, PRO, HW 16/6, Teil 1.
37 »Crossing the Line in Nazi Genocide: On Becoming and Being a Professional Killer«, Occasional Paper no. 2, Center for Holocaust Studies, University of Vermont, Burlington 1997, S. 7–8.
38 Omer Bartov, *The Eastern Front, 1941–1945: German Troops and the Barbarization of Warfare*, New York 1986, v. a. S. 83–87, 148–152, und ders., *Hitler's Army: Soldiers, Nazis, and War in the Third Reich*, New York 1991, S. 28, vertritt die These, daß die hohen Verluste, die Frustration in der Schlacht und die Möglichkeit einer militärischen Niederlage im Dezember 1941 zu einer zunehmenden Verrohung bei den deutschen Soldaten führte und dadurch der einzelne Soldat eher bereit war, die verbrecherische Politik im Namen der nationalsozialistischen Ideologie durchzuführen. Natürlich muß man zwischen den Wehrmachtssoldaten und den Angehörigen der Polizeibataillone unterscheiden, doch meine Studien haben ergeben, daß sich die militärischen Rückschläge im Dezember 1941 nicht auf das Verhalten der Deutschen im Osten auswirkten.
39 Bruce F. Pauley, *From Prejudice to Persecution: A History of Austrian Anti-Semitism*, Chapel Hill 1992, v. a. S. 79–88.
40 Himmler an Prützmann, Jeckeln, von dem Bach, Korsemann und Globocnik (SS- und Polizeiführer in Lublin), 25. Juli 1941, NA RG 242, T-454/R 100/699-700. Wahrscheinlich wurde dieselbe Nachricht auch gefunkt, doch dafür existiert kein Beleg mehr. Die Einsatzgruppen hatten bereits Nichtdeutsche rekrutiert, doch Himmler drängte auf eine Ausweitung der Maßnahme. Ereignismeldung UdSSR Nr. 18, 10. August 1941, NA RG 242, T-175/R 233/2721 867.
41 Richard Breitman, »Himmler's Police Auxiliaries in the Occupied Soviet Territories«, in: *Simon Wiesenthal Center Annual 7* (1990), S. 23–39.

Kapitel 4

1 Vergl. Jürgen Förster, »Das Unternehmen Barbarossa als Eroberungs- und Vernichtungskrieg«, in: *Das Deutsche Reich und der Zweite Weltkrieg*, Stuttgart 1983, Bd. 4, S. 440–447. Zur Notwendigkeit, die Beziehungen zum Militär zu verbessern, vergl. Dalueges Kommentar, daß eine Versetzung Stahleckers Nachteile haben würde, weil sein Nachfolger nicht dasselbe Verhältnis zum Militär haben würde, und Himmlers (?) Zustimmung. Dechiffrierte Polizeimeldung, 24. Juli 1941, items 13 and 31, PRO HW 16/31. Die zweite Meldung ist nur teilweise dechiffriert.
2 Bormann an Lammers, 16. Juni 1941, NA RG 242, T-175/R 123/2 648754-55.
3 Vergl. Bormanns Notizen zu der Besprechung, die hinsichtlich der Funktionen Himmlers sehr vage sind, *Der Prozeß gegen die Hauptkriegsverbrecher vor dem Internationalen Militärgerichtshof*, (IMT)

Nürnberg 1947, Bd. 38, S. 86–94, Dokument 221-L. Eine ausführlichere Analyse bietet Richard Breitman, *Der Architekt der »Endlösung«: Himmler und die Vernichtung der europäischen Juden*, Paderborn 1996, S. 240–243. Vergl. auch Timothy Patrick Mulligan, *The Politics of Illusion and Empire: German Occupation Policy in the Soviet Union, 1942–1943*, New York 1988, S. 8–12. Nach Mulligans Ansicht überging Hitler Rosenberg nicht nur, sondern täuschte ihn auch.

4 Nach Brandts Bürokalender ging Himmler an dem Tag seine Post durch, NA RG 242, T-580/R 39 A. Er hatte auch eine Besprechung (vermutlich mit Heydrich) und entschied über einige Beförderungen und die Besetzung mehrerer Posten im Osten, unter anderem auch über Carl Zenner. Streckenbach Fernschreiben, 17. Juli 1941, Carl Zenners SS-Personalakte, NA-BDC, A-3343, SSO-020 C. Breitman, *Architekt der »Endlösung«*, S. 243.

5 Erlaß des Führers über die politische Sicherung der neu besetzten Ostgebiete, NA RG 238, T-1139/R 21/751, Dokument NG-1688.

6 Dechiffrierte Polizeimeldung, 14. Juli 1941, item 11, PRO HW 16/31.

7 Dechiffrierte Polizeimeldung, 14. Juli 1941, item 11, PRO HW 16/31. Dechiffrierte Polizeimeldung, 18. Juli 1941, items 6 und 15, NA RG 457, Box 1386.

8 Zu Himmlers Reisen, bei denen er gelegentlich von Heydrich begleitet wurde: Breitman, *Architekt der »Endlösung«*, S. 226, 252–255, 257–260, 275, 279. Daluege reiste unter anderem am 28. Juli nach Bialystok (siehe Kap. 3 oben), Baranowicze und Rowno, am 29. Juli nach Kowno, Ende August nach Riga und Minsk und Anfang September nach Berditschew. Dechiffrierte Polizeimeldungen, 27. Juli, 28. Juli und 29. Juli 1941, items 16, 6 und 14; PRO HW 16/32. Dechiffrierte Polizeimeldungen, 23. August und 25. August 1941, items 8 und 14; 2. September 1941, item 17, alle in NA RG 457, Box 1386. Ronald Headland, *Messages of Murder: A Study of the Reports of the Einsatzgruppen of the Security Police and Security Service, 1941–1943*, Rutherford 1992, S. 40.

9 Gelegentlich berichteten auch die Einsatzkommandos direkt nach Berlin. Vernehmung von Kurt Lindow, NA RG 238, M-1019/R 42/472.

10 Vernehmung von Kurt Lindow, NA RG 238, M-1019/R 42/472. Ronald Headland, *Messages of Murder*, S. 40–41.

11 Helmut Krausnick und Hans-Heinrich Wilhelm, *Die Truppe des Weltanschauungskrieges: Die Einsatzgruppen der Sicherheitspolizei und des SD, 1938–1942*, Stuttgart 1981, S. 540. Gerald Fleming, *Hitler und die Endlösung: »Es ist des Führers Wunsch…«*, Wiesbaden 1982, S. 58.

12 Headland, *Messages of Murder*, S. 41.

13 Dechiffrierte Polizeimeldung, 14. August 1941, item 6, PRO HW 16/32. Siehe auch Dalueges Anweisung an das Polizeiregiment Mitte, alle zwei Wochen eine Einsatzmeldung zu erbringen. Kriegstagebuch, 16. bis 17. Oktober 1941, Militärarchiv Prag, Pol. Reg. Mitte, KR 1 Ordner A-3-1-7.

14 Fernsprech- und Fernschreibverkehr der Ordnungspolizei von und nach dem Ostraum, 29. Januar 1942, Kopie in NA RG 242, Nachlaß Daluege, T-580/R 222/Ordner 73.

15 Siehe Prützmanns Telegramm an Himmlers Militäradjutanten Grothmann, 16. September 1941 und Grothmanns Telegramm an Prützmann, 18. September 1941, NA RG 242, T-175/R 112/2637729 und 2637744. Zu dem Sender in Riga, Summary of German Police decodes, 15. bis 31. August 1941, S. 5 PRO HW 16/6, Teil 1.

16 Kurierdienst in die Ostgebiete mit Flugzeugen der Ordnungspolizei, 25. Juni 1942, Nachlaß Daluege, NA RG 242, T-580/R 222/Ordner 73. Summary of German Police Decodes, 1. bis 30. September 1941, S. 7, PRO HW 16/6, Teil 1. Summary of German Police Decodes, 1. Oktober bis 14. November 1941, S. 8, PRO HW 16/6, Teil 2.

17 Vernehmung von Ernst Sachs, 24. Oktober 1945, NA RG 238, M-1270/R 27/004-006.

18 Nachrichten Kp. 10984, 15. Juni 1941 und Croll an Gutjahr, 17. Juli 1941, Nachrichten Kp 10984, Kommandostab Reichsführer SS, Militärarchiv Prag, N 11079.

19 Vernehmung von Ernst Sachs, 24. Oktober 1945, NA RG 238, M-1270/R 27/007. Jeckeln wich etwas von den anderen Höheren SS- und Polizeiführern ab, indem er gelegentlich auch Berichte an Heydrich schickte.

20 Vernehmung von Ernst Sachs, 24. Oktober 1945, NA RG 238, M-1270/R 27/008. Robert Schlakes SS-Personalakte, NA-BDC, A-3343, SSO-079 B.

21 Diese Erklärung ist etwas vereinfacht. Nähere Einzelheiten in Explanatory Note, NA RG 457, Box 202, Study of German Police Traffic. Noel Currer-Briggs, »Army Ultra's Poor Relations«, in: *Codebreakers: The Inside Story of Bletchley Park,* hrsg. von F. H. Hinsley und Alan Stripp, Oxford 1993, S. 209–218. Allerdings datiert Currer-Briggs den Wechsel zu Double Playfair falsch. Vergl. Summary of German Police Decodes, 1. bis 30. September 1941, S. 1, PRO HW 16/6, Teil 1.

22 Dechiffrierte Polizeimeldung, 2. Dezember 1941, item 22, NA RG 457, Box 1386. Kommandostab Reichsführer SS an den Höheren SS- und Polizeiführer in Lublin, 17. Oktober 1941, NA RG 242, T-175/R 132/2659436.

23 Interview mit Arthur Levinson, 19. Mai 1997. Levinson gehörte zu den ersten Amerikanern, die in den Jahren 1943 bis 1945 in Bletchley Park arbeiteten.

24 SS-Personalakte von Ernst Sachs, NA-BDC, A-3343, SSO-058 B.

25 Currer-Briggs, »Army Ultra's Poor Relations«, S. 209–218.

26 Summary of German Police Decodes, 1. Oktober bis 14. November 1941, S. 2, PRO HW 16/6, Teil 1.

27 Interview mit Arthur Levinson, 19. Mai 1997.

28 Breitman, *Architekt der »Endlösung«,* S. 14, 40, 43–44, 246.

29 IMT, Bd. 33, S. 197, 3839-PS.

30 Dechiffrierte Polizeimeldung, 29. Juli 1941, item 23, PRO HW 16/ 32. Breitman, *Architekt der »Endlösung«*, S. 254–255.

31 Himmler befahl Daluege, ihn auf dem Flughafen in Rowno zu erwarten. Dechiffrierte Polizeimeldung, 28. Juli 1941, item 6, PRO HW 16/32.

32 Eidesstattliche Erklärung von Erwin Schulz, 13. August 1947, NA RG 238, NO-3644.

33 Reitende Abteilung, SS-Kav. Reg. 2, 1. August 1941, Kopie in NA RG 242, T-354/R 168/3 818 936. Zum Ausgang der Aktion: Yehoshua Büchler, »Kommandostab Reichsführer SS: Himmler's Personal Murder Brigades in 1941«, in: *Holocaust and Genocide Studies* 1 (1986), S. 15–17.

34 Es gibt eine Reihe unzensierter Funksprüche vom Kommandostab RFSS im Militärarchiv Prag und als Mikrofilm im US Holocaust Memorial Museum (RG 48.004 M). Die Dokumente waren für Wissenschaftler aus dem Westen jahrzehntelang nicht zugänglich. Eine reichhaltige Sammlung an Meldungen des Kommandostabes RFSS bietet das Nationalarchiv. Allerdings wurden möglicherweise brisante Stellen zensiert. NA RG 242, T-175/R 132/2 659 412, 2 659 439, etc.

35 Jeckeln an Himmler, von Roques, von Puttkamer und Daluege, 1. August 1941, NA RG 238, Nürnberg Dokument NOKW-1165.

36 Dechiffrierte Polizeimeldung, 4. August 1941, items 2 und 9, NA RG 457, Box 1386.

37 Dechiffrierte Polizeimeldung, 7. August 1941, item 24, NA RG 457, Box 1386. In der dechiffrierten Version der Briten werden die männlichen Einwohner von Jazyl »umgesiedelt«; »Umsiedelung« war ein gängiger Euphemismus. Zur Meldung über Pinsk: Fegeleins Adjutant an Reit. Abt., 8. August 1941, NA RG 242, T-354/R 168/3 818 930.

38 Historiker wissen seit Bach-Zelewskis Aussage kurz nach Kriegsende von Himmlers Besuch in Minsk. Ich habe bereits in anderen Publikationen ausführlich darüber geschrieben, wobei ich mich auf verschiedene Quellen stützte, darunter Bach-Zelewskis Bericht, Himmlers Reiseplan (NA RG 242, T-175/R 112/2 637 745) und Aussagen von Polizisten. Vergl. Breitman, *Architekt der »Endlösung«*, S. 257–260. Inzwischen ist Himmlers Reiseplan in Moskau aufgetaucht (mein Dank geht an Jürgen Matthäus, der mir eine Kopie zukommen ließ), der zusätzliche Informationen bietet. Außerdem erhielt ich von Abraham Peck einen ausführlicheren Bericht Bach-Zelewskis, der sich mit seinen anderen Aussagen deckt. Erklärung von dem Bach, World Jewish Congress Collection, Box C 203, Folder: Bach-Zelewski Statement 1946, American Jewish Archives.

39 Erklärung von dem Bach, World Jewish Congress Collection, Box C 203, Folder: Bach-Zelewski Statement 1946, S. 30–32. Himmlers Reiseplan in Zentrum Moskau, 1372-5-23, f. 434–35. Otto Bradfischs Aussage wird bei Fleming zitiert, *Hitler und die Endlösung*, S. 62–63. Ralf Ogorreck, *Die Einsatzgruppen und die »Genesis der Endlösung«*, Berlin 1996, S. 182–183, der sich auf die Aussagen Bradfischs und anderer stützt,

stellt den Vorfall in Minsk so dar, daß Himmler in Minsk zum ersten Mal von der Massenvernichtung der Juden sprach, was fraglich ist.

40 Breitman, *Architekt der »Endlösung«*, S. 269.

41 Bach-Zelewskis Aussage vom 8. Juli 1958, Strafsache gegen Fischer-Schweder, zitiert bei Ogorreck, *Die Einsatzgruppen*, S. 182.

42 Breitman, *Architekt der »Endlösung«*, S. 117–118.

43 Bach-Zelewski an Wolff, 23. August 1941 und Wolff an von dem Bach, 17. September 1941; Heckstaller an Engelke, 5. September 1941; alle in Bach-Zelewskis SS-Personalakte, NA BDC, A-3343, SSO-023.

44 Erklärung von dem Bach, World Jewish Congress Collection, Box C 203, Folder: Bach-Zelewski Statement 1946, S. 32–33. Himmlers Reiseplan, Zentrum Moskau 1372-5-23, f. 433.

45 In den dechiffrierten Polizeimeldungen werden kurz nach dem Einmarsch der Deutschen folgende Polizeibataillone besonders erwähnt: die Bataillone 131, 306, 307, 309, 314, 316, 317, 322 und 507. In der Zusammenfassung der dechiffrierten Polizeimeldungen durch den britischen Nachrichtendienst vom 3. Juli bis 14. August 1941, S. 3, werden mindestens 15 Polizeibataillone im Gebiet Mitte genannt. PRO HW 16/1, Teil 1.

46 Dechiffrierte Polizeimeldung, 23. August 1941, item 4, NA RG 457, Box 1386. Zu Himmlers Anweisungen: Kommandosonderbefehl, 28. Juli 1941, NA RG 242, T-175/R 124/2 598 661. Die Befehle bezogen sich vor allem auf Sumpfgebiete, doch sie wurden weiter ausgelegt.

47 Anklageschrift in der Strafsache gegen Rosenbauer, Besser, Kreuzer; Zentrale Stelle der Landesjustizverwaltungen Ludwigsburg (im folgenden ZSL) I 4 Js 1495/65, 2010–11.

48 Von der Meldung existiert noch die Durchschrift für die Akten. Yad Vashem Archives, Jerusalem, 0-53-128/242-75, zitiert bei Christopher R. Browning, *Ganz normale Männer: Das Reserve-Polizeibataillon 101 und die »Endlösung« in Polen*, Hamburg 1993, S. 38, 255, Anmerkung 24. Die britischen Dechiffrierspezialisten konnten den Bericht über die Erschießungen in Slavuta nicht entschlüsseln, die anderen Meldungen wurden jedoch von ihnen verstanden. Dechiffrierte Polizeimeldungen, 23. August 1941, item 4; 24. August 1941, item 1, NA RG 457, Box 1386.

49 Die dechiffrierte Version der Briten ist nicht bei den anderen, doch die Briten müssen die Meldung damals abgehört haben, da sie in einer Zusammenfassung der Exekutionen und Greueltaten von 1945 aufgeführt ist. GC and CS, Air and Military History: Bd. 13, The German Police, NA RG 457, Box 93, S. 235.

50 Dechiffrierte Polizeimeldung, 25. August 1941, item 3, NA RG 457, Box 1386. Browning, der sich auf die Kopien der Meldungen aus den Akten stützt, nennt als Gesamtzahl 1324 Juden. In einer der Quellen müssen die beiden letzten Ziffern vertauscht worden sein, Browning, *Ganz normale Männer*, S. 38.

51 Browning, *Ganz normale Männer*, S. 38. In der britischen Zusammenfas-

sung wird dagegen der 26. August als Datum genannt. Vergl. GC and CS, Air and Military History: Bd. 13, The German Police, NA RG 457, Box 92, S. 235.

52 Dechiffrierte Polizeimeldung, 27. August 1941, item 1, NA Rg 457, Box 1386.

53 Zusammenfassung der Besprechung vom 25. August 1941 (am 27. August verfaßt), in: Office of United States Chief of Counsel for Prosecution of Axis Criminality, *Nazi Conspiration and Aggression,* Washington 1946, Bd. III, S. 210–213. Auch das Oberkommando der Wehrmacht wurde darüber informiert, daß der Höhere SS- und Polizeiführer Jeckeln sich um die deportierten ungarischen Juden kümmern würde. Kriegstagebuch von Roques, 24. bis 25. August 1941, NA RG 242, T-501/R 5/ 000773. Danke an Wendy Lower für diesen Hinweis.

54 Randolph L. Braham, »The Kamenets Podolsk and Délvidék Massacres: Prelude to the Holocaust in Hungary«, in: *Yad Vashem Studies* 9 (1973), S. 141. Randolph L. Braham, *The Politics of Genocide: The Holocaust in Hungary,* New York 1994, Bd. I, S. 207–213.

55 Dechiffrierte Polizeimeldung, 27. August 1941, item 1, NA RG 457, Box 1386. Jeckeln an Kommandostab RFSS, 29. August 1941, Militärarchiv Prag, Kopie im US Holocaust Memorial Museum, RG 48.004 M, R 1. Dechiffrierte Polizeimeldung, 30. August 1941, item 1; 31. August 1941, item 1, NA RG 457, Box 1386.

56 Jeckeln an Kommandostab RFSS, 29. August 1941, Militärarchiv Prag, RFSS KDO 1 A 10 909 KR2. Ereignismeldung Nr. 80, 11. September 1941, veröffentlicht in (in englischer Übersetzung) *The Einsatzgruppen Reports,* hrsg. von Yitzhak Arad, Schmuel Krakowski und Schmuel Spector, New York 1989, S. 129. (Die Ereignismeldungen liegen auch im Bundesarchiv Koblenz; A.d.Ü.)

57 Braham, »The Kamenets Podolsk and Délvidék Massacres«, S. 141–142.

58 Dechiffrierte Polizeimeldung, 2. September 1941, item 2; 6. September 1941, item 2, NA RG 457, Box 1386.

59 Dechiffrierte Polizeimeldung, 2. September 1941, item 17, NA RG 457, Box 1386; Artikel »Berditschew« in: *Enzyklopädie des Holocaust: Die Verfolgung und Ermordung der europäischen Juden,* hrsg. von Israel Gutman, Berlin 1993, Bd. 1, S. 185 f. Bericht über das Massaker in der Ereignismeldung Nr. 88, 19. September 1941, zitiert bei Raul Hilberg, *The Destruction of the European Jews,* New York 1985, Bd. 1, S. 298. Das Polizeiregiment Süd tötete am 4. September insgesamt 4144 Juden, wovon Jeckelns Stab 1303 ermordete. Die restlichen blieben den Polizeibataillonen des Gebiets überlassen. Vergl. Jeckelns Funkspruch vom 4. September 1941, Bundesarchiv Koblenz, R 70/SU 18/1130; Jeckelns Fernschreiben vom 5. September 1941, Militärarchiv Prag, Kopie im US Holocaust Memorial Museum, RG 48.004 M, R 1.

60 Artikel »Berditschew« in: *Enzyklopädie des Holocaust,* S. 185 f. Eine kürzlich erschienene Biographie über Vasily Grossman bietet wertvolle

Informationen zu Berditschew, doch da sich die Autoren auf sowjetische Untersuchungen aus der Kriegszeit stützen, sind die Angaben zur Zahl der Getöteten, zum Datum der Erschießungen und zur Identität der Schützen ungenau. Vergl. John und Carol Garrard, *The Bones of Berdichev: The Life and Fate of Vasily Grossman*, New York 1996, S. 23–24.

61 Dechiffrierte Polizeimeldung, 6. September 1941, item 2, NA RG 457, Box 1386.

62 Vernehmung von Anton Paul, 20. April 1967, ZSL, Ermittlungssache gegen Rosenbauer u. a., ZSL I 4 Js 1495/65. Die Angaben zu den Todeszahlen sind vage, doch das Polizeibataillon 45 muß einen Teil der 2800 Juden hingerichtet haben, die nicht von Jeckelns Stab exekutiert wurden (siehe Anmerkung 59).

63 Die Angabe basiert auf einer Untersuchung der Aussagen von 25 Polizisten, deren Aussagen sich in der ZSL befinden, ZSL, 1A Js 1495/165.

64 SS-Personalakte von Robert Franz, NA BDC, A-3343, SSO-219.

65 Andrej Angrick, Martina Voigt, Silke Ammerschubert, Peter Klein, Christa Alheit, Michael Tycher, »›Da hätte man schon ein Tagebuch führen müssen.‹ Das Polizeibataillon 322 und die Judenmorde im Bereich der Heeresgruppe Mitte während des Sommers und Herbstes 1941«, in: *Die Normalität des Verbrechens: Bilanz und Perspektiven der Forschung zu den nationalsozialistischen Gewaltverbrechen*, hrsg. von Helge Grabitz u. a., Berlin 1994, S. 367, Anmerkung 1.

66 Die Angabe stützt sich auf die Aussagen mehrerer überlebender Mitglieder sowohl des Sonderkommandos 4 a als auch des Polizeibataillons 45. Zum Sonderkommando: Prozeßakten zu Kuno Callsen, ZSL AR-Z 419/62. Zum Polizeibataillon 45, vergl. Anmerkung 62 oben.

67 Beurteilung, 4. Juli 1942, Gerhard Riebels SS-Personalakte, NA-BDC, A-3343, SSO-028B.

68 Riebels Bericht über Judenaktion am 2./3.10.1941, 3. Oktober 1941, Militärarchiv Prag, Pol. Reg. Mitte, Kopie im US Holocaust Memorial Museum, RG 48.004 M. R 2. Zur Ermordung der Juden in Mogilew insgesamt: Christian Gerlach, »Failure of Plans for an SS Extermination Camp in Mogilev, Belorussia«, in: *Holocaust and Genocide Studies* 11 (1997), S. 62. Die Angaben zur Zahl der getöteten Juden variieren leicht.

69 Müller an Einsatzgruppen A, B, C und D, 30. August 1941, Zentrum Moskau, 500-1-25, f. 424; Kopie im US Holocaust Memorial Museum, RG 11.001 M, R 183.

70 Heydrich an alle Einsatzgruppen, 15. August 1941, Zentrum Moskau, 500-1-25; Kopie im US Holocaust Memorial Museum, RG 11.001 M, R 183.

71 Sachs an Daluege, Heydrich, Jüttner und Schmitt, 5. September 1941, Kopie in SS-Personalakte von Sachs, NA-BDC A-3343, SSO-058B. Es handelt sich dabei nur um den Begleitbrief, Sachs' eigentlicher Bericht war nicht zu finden. Text von Dalueges Befehl in dechiffrierter Polizeimeldung, 13. September 1941, item 12, NA RG 457, Box 1386. Auch Po-

lizeiregiment Mitte: Angaben, die nicht in Funksprüchen weitergegeben werden dürfen, 16. September 1941, Militärarchiv Prag, Pol. Reg. Mitte, Kopie im US Holocaust Memorial Museum, RG 48.004 M, R 2/201256.

72 Einige heute noch existierende Exekutionsmeldungen, die mit Kurier versandt wurden, befinden sich im US Holocaust Memorial Museum, RG 48.004 M, R 1/101 539, 101 567, 101 613, 101 842. Dank an Jürgen Matthäus für diesen Hinweis.

73 Erklärung von dem Bach, World Jewish Congress Collection, Box C 203, Bach-Zelewski Statement 1946, S. 44, American Jewish Archives.

Kapitel 5

1 Heydrich an Leiter der Stapo(leit)stellen, Kommandeure der Sicherheitspolizei und d. SD, Leiter der SD-(Leit) Abschnitte, 3. September 1941, US Holocaust Memorial Museum, RG 15.007 M, R 33 (Main Commission Warsaw) 362/399.

2 Müller an Einsatzgruppen A, B, C und D, 30. August 1941, Zentrum Moskau 500-1-25, f. 424; Kopie im US Holocaust Memorial Museum, RG 11.001 M, R183.

3 Die ausführlichste Studie zum nationalsozialistischen Euthanasie-Programm bietet Henry Friedlander, *Der Weg zum NS-Genozid: Von der Euthanasie zur Endlösung,* Berlin 1997. Weitere gute, etwas breiter angelegte Darstellungen: Michael Burleigh, *Death and Deliverance: »Euthanasia« in Germany, 1900–1945,* New York 1994; und Robert N. Proctor, *Racial Hygiene: Medicine Under the Nazis,* Cambridge, Massachusetts, 1988. Eine erst kürzlich erschienene Analyse über den politischen Schaden durch das Euthanasie-Programm und die Auswirkungen der »Endlösung« bietet Götz Aly, *»Endlösung«: Völkerverschiebung und der Mord an den europäischen Juden,* Frankfurt/Main 1995, S. 312–316. Zu den frühen Morden im besetzten Polen: Volker Rieß, *Die Anfänge der Vernichtung »lebensunwerten Lebens« in den Reichsgauen Danzig-Westpreußen und Wartheland 1939/40,* Frankfurt/Main 1995. H. G. Adler, *Der verwaltete Mensch: Studien zur Deportation der Juden aus Deutschland,* Tübingen 1974, S. 466–467, betont ebenfalls, daß die Bemühung um Geheimhaltung ein Grund für die Deportationen der deutschen Juden war.

4 Philippe Burrin, *Hitler und die Juden: Die Entscheidung für den Völkermord,* Frankfurt/Main 1993, S. 32, 47–49, 128–132. Burrin verfolgt Hitlers Überlegungen zur Ausrottung der Juden mindestens bis 1935 zurück, datiert Hitlers Entscheidung, den Deportationen und der »Endlösung« an sich zuzustimmen, aber erst auf Mitte September 1941. Das ist meiner Ansicht nach zu spät. Belege, die Burrins These widersprechen, werden hier und bei Richard Breitman, *Der Architekt der »Endlösung«: Himmler und die Vernichtung der europäischen Juden,* Paderborn 1996, S. 201–206, angeführt.

5 Notizen aus der Besprechung am 10.10.41 über die Lösung von Juden-
fragen (Prag); Kopie im US Holocaust Memorial Museum, RG 48.005, R
3.

6 Himmler an Greiser, 18. September 1941, NA RG 242, T-175/R 54/
2568695. Notizen aus der Besprechung am 10.10.41, US Holocaust Memorial Museum, RG 48.005, R 3.

7 Die Diskussionen und Debatten lassen sich mindestens bis zum März
1941 zurückverfolgen. Vergl. Breitman, *Architekt der »Endlösung«*,
S. 201. Zu den Gesprächen im August/September 1941 mit Goebbels und
anderen: Peter Witte, »Two Decisions Concerning the Final Solution of
the Jewish Question: Deportations to Lodz and Mass Murder at
Chelmno«, in: *Holocaust and Genocide Studies* 9 (1995), S. 320–325.
Zum Gerangel um die jüdischen Wohnungen und Häuser siehe Gerhard
Botz, *Wohnungspolitik und Judendeportation in Wien 1938 bis 1945: Zur
Funktion des Antisemitismus als Ersatz nationalsozialistischer Sozial-
politik*, Wien 1975, und Konrad Kwiet, »Von der Ghettoisierung zur Deportation«, in: *Die Juden in Deutschland 1933–1945: Leben unter natio-
nalsozialistischer Herrschaft*, hrsg. von Wolfgang Benz, München 1988,
S. 639–643.

8 Zu früheren Hinweisen auf weitreichende Pläne siehe Kapitel 2. Ausführlicher bei Breitman, *Architekt der »Endlösung«*, S. 201–206.

9 Summary of German Police Activities, 24. März bis 6. April 1940, S. 6,
PRO HW 16/3. Zum Kontext: Breitman, *Architekt der »Endlösung«*,
S. 132–137.

10 Zu Himmlers und Heydrichs Beschwerden bei der Reichskanzlei siehe
Heydrich an Lammers, 18. September 1941, Fickers Memorandum vom
7. Oktober 1941 über Personen mit weitreichenden Befugnissen in Polen
und Fickers Memorandum vom 25. Oktober 1941 über Gespräche zwischen Lammers und Himmler, die ohne einen für Himmler günstigen
Beschluß ausgingen. NA RG 242, RG 238, T-1139/R 16/841ff. Breitman,
Architekt der »Endlösung«, S. 297–300. Aly, *»Endlösung«*, S. 177–203,
250–251, 317–318, 350–351.

11 Himmlers Notizen, 2. September 1941, Zentrum Moskau, 1372-5-23, f.
425. Himmlers Gespräch mit Krüger und Heydrichs Befehl vom folgenden Tag, in dem er sich auf die Feinde Deutschlands bezog, die wie im
Ersten Weltkrieg Zwietracht säen wollten (vergl. Kapitel 5 oben), deuten
darauf hin, daß die Entscheidung zur Deportation der deutschen Juden
bereits gefallen war.

12 Breitman, *Architekt der »Endlösung«*, S. 263.

13 Himmler an Greiser, 18. September 1941, NA RG 242, T-175/R 54/
2568695. Heydrich an Himmler, 8. Oktober 1941, Himmler an Übelhör,
9. und 10. Oktober 1941, NA RG 242, T-175/R 54/2568652, 2568662-
65; Himmler an Greiser, 11. Oktober 1941, NA RG 242, T-175/R 54/
2568650. Eine ausführliche Beschreibung der Vorgänge bietet Adler, *Der
verwaltete Mensch*, S. 172–174. Witte, »Two Decisions«, S. 330–333,

bringt die Entscheidung zu Lodz in Zusammenhang mit weitreichenderen Entscheidungen hinsichtlich der Judenpolitik, doch ich stimme seiner These nicht zu, daß Hitlers Entscheidung plötzlich Mitte September fiel, vergl. Anmerkung 11 oben.

14 Siehe Kapitel 2 oben. Ich habe zuvor die These vertreten, daß als Ort für die Durchführung der »Endlösung« seit Anfang 1941 Polen vorgesehen war. Aufgrund der neuen Belege bei Aly, *Endlösung*, S. 229–279, stimme ich ihm jedoch zu, daß Heydrich die UdSSR ebenfalls in Erwägung gezogen haben muß.

15 Zur Zusammenarbeit der verschiedenen Regierungsstellen: Adler, *Der verwaltete Mensch*, S. 354–365, und Hilberg, *The Destruction of the European Jews*, New York 1985, Bd. 2, S. 407–416.

16 Am 24. November 1941 informierte Himmler einen Staatssekretär im Reichsinnenministerium, daß alle jüdischen Angelegenheiten in seinen Zuständigkeitsbereich gehörten. Himmlers Notizen im Terminkalender, 24. November 1941, Zentrum Moskau, 1372-5-23, f. 360.

17 Notizen aus der Besprechung am 10.10.41, US Holocaust Memorial Museum, RG 48.005, R 3.

18 Daluege an Heydrich, 1. Oktober 1941, und Heydrich an Daluege, 30. Oktober 1941, NA RG 242, T-175/R 123/2648591-615. Daluege wies natürlich jegliche Eifersucht von sich.

19 Himmlers Notizen, 3. September 1941, Zentrum Moskau, 1372-5-23, f. 421.

20 Heydrich erkannte Dalueges Zuständigkeit bei Personalfragen der HSSPF an. Heydrich an Daluege, 30. Oktober 1941, NA RG 242, T-175/R 123/2648606.

21 Aktennotiz, 20. November 1941, NA RG 242, T-175/R 119/2644961-64.

22 Summary of German Police Decodes, 1. Oktober bis 14. November 1941, S. 2, PRO HW 16/6, Teil 1.

23 Vermerk: Besprechung in Berlin am 23.10.41 ..., Reichssicherheitshauptamt Verfahren, Berlin 2963/41 g (799).

24 Adler, *Der verwaltete Mensch*, S. 177, 363–364, 450–451. Dalueges Schnellbrief, 24. Oktober 1941, in: *Der Prozeß gegen die Hauptkriegsverbrecher vor dem Internationalen Militärgerichtshof*, Nürnberg 1949, Bd. 33, S. 535–536.

25 Himmlers Reiseplan, NA RG 242, T-175/R 112/2637705. Zu den Ereignissen in Mogilew: Christian Gerlach, »Failure of Plans for an SS Extermination Camp in Mogilev, Belorussia«, in: *Holocaust and Genocide Studies* 11 (1997), S. 62–64.

26 Himmlers Terminkalender, 25. Oktober 1941, Zentrum Moskau, 1372-5-23, f. 389.

27 Breitman, *Architekt der »Endlösung«*, S. 262–266.

28 Fickers Memorandum, 25. Oktober 1941, NA RG 238, T-1139/R 16/84. Einen Monat später schrieb Heydrich, es werde immer offensichtlicher, daß Frank versuche, die Kontrolle über die Judenfrage im General-

gouvernement zu erhalten. Heydrichs Memorandum »Endlösung der Judenfrage«, 1. Dezember 1941, Nachdruck bei Yehoshua Büchler und analysiert von Büchler und Breitman, »A Preparatory Document for the Wannsee Conference«, in: *Holocaust and Genocide Studies* 9 (1995), S. 121–129.

29 Zu Minsk siehe Kapitel 4. Bach-Zelewski versuchte möglicherweise, sich zusätzliche Gelder durch Enteignungen zu beschaffen. Gestützt auf einen Brief des Staatssekretärs in der Reichskanzlei mußte Himmler Bach-Zelewski warnen, nicht zu ausgiebig Gebrauch von der Möglichkeit zu machen, sich in seinem Gebiet Eigentum anzueignen. Dechiffrierte Polizeimeldung, 25. November 1941, item 5, PRO HW 16/32.

30 Erklärung von dem Bach, World Jewish Congress Collection, Box C 203, Bach-Zelewski Statement 1946, S. 23; »Leben eines SS-Generals«, in *Aufbau*, 6. September 1941, zitiert bei Gerlach, »Failure of Plans«, S. 63.

31 Gerlach, »Failure of Plans«, S. 63. Himmlers Terminkalender, 25. Oktober 1941, Zentrum Moskau, 1372-5-23, f. 389.

32 Diese Version wurde ursprünglich von Aly, *Endlösung*, S. 342–344 vorgeschlagen und von Gerlach, »Failure of Plans«, S. 61–64, der den Kauf eines Krematoriums für Mogilew Mitte November 1941 und Querners Reise dorthin bespricht, weiterentwickelt. Die hier vorgestellten zusätzlichen Informationen und Belege über das Zyklon sind jedoch neu. Leitender Arzt beim Höheren SS- und Polizeiführer Riga an SS-Oberabschnitt Nordsee, 13. November 1941, dechiffrierte Polizeimeldung, item 10, PRO HW 16/32. Dieses zweite Dokument bezieht sich auf vorherige Briefe (und die Bestellung von Zyklon) vom 1. und 5. November.

33 Leitender Arzt beim Höheren SS- und Polizeiführer Riga an SS Oberabschnitt Nordsee, 13. November 1941, und Höherer SS- und Polizeiführer Ostland an Dessauer Werke für Zyklon und Chemisches Zyklon, Dessau, 13. November 1941, dechiffrierte Polizeimeldungen, items 10 und 52, PRO HW 16/32.

34 Jeckeln an Bach-Zelewski, 11. Oktober 1941: »Eintreffe Riga 28.10.41. Bleibe dort einige Tage. Schlage Treffpunkt bei Prützmann [vor].« Dechiffrierte Polizeimeldung, 11. Oktober 1941, item 9, PRO HW 16/32.

35 Siehe Anmerkung 33.

36 Siehe Breitman, *Architekt der »Endlösung«*, S. 269.

37 Siehe dechiffrierte Polizeimeldungen, 12. Dezember 1942, items 52–53, PRO HW 16/22.

38 Gerlach, »Failure of Plans«, S. 63.

39 Hilberg, *The Destruction of the European Jews*, Bd. 3, S. 889.

40 Yitzhak Arad, *Belzec, Sobibor, Treblinka: The Operation Reinhard Death Camps*, Bloomington 1987, S. 11; Hans Safrian, *Die Eichmann Männer*, Wien 1993, S. 144–145.

41 Bei der Versetzung Magills wurde um ein direktes Eingreifen Himmlers

gebeten: Jüttner an SS-Personalhauptamt, 14. Oktober 1941, Magills SS-Personalakte, NA-BDC, A-3343, SSO-288 A. Vergl. auch Magills Bericht über den Einsatz in den Pripjet-Sümpfen, 27. Juli bis 11. August 1941 in: *Unsere Ehre heißt Treue: Kriegstagebuch des Kommandostabes Reichsführer SS; Tätigkeitsberichte der 1. und 2. Inf. Brigade, der I. SS-Kav. Brigade und von Sonderkommandos der SS,* Wien 1965, S. 220. Tätigkeitsbeurteilung, 28. Oktober 1941, in Magills SS-Personalakte, NA-BDC, A-3343, SSO-288 A.

42 Undatierte Beurteilung von Bach-Zelewski, Magills SS-Personalakte, NA-BDC, SSO-288 A.

43 Dechiffrierte Polizeimeldung, 11. Dezember 1941, decode #550, PRO HW 16/32.

44 Baubeschreibung Kriegsgefangenenlager [sic] Auschwitz, Militärarchiv Prag, OT 9. Dank an Konrad Kwiet für eine Kopie des Dokuments.

45 Breitman, *Architekt der »Endlösung«,* S. 277–278, 283–284.

46 Gerlach, »Failure of Plans«, S. 61.

47 Dechiffrierte Polizeimeldung, 28. November 1941, item 36, PRO WH 16/32; Gerlach, »Failure of Plans«, S. 61.

48 Jean-Claude Pressac, *Die Krematorien von Auschwitz,* München und Zürich 1995, S. 38–41, 64–65, 75, 120.

49 Gerlach, »Failure of Plans«, S. 61.

50 Aussage von Max Eibner, 19. April 1966, Ermittlungsverfahren gegen Sienko (Osnabrück), ZSL 202 AR-Z 16/67, Bd. 4, S. 66–73. Eigner führte die Exekutionen von Juden, die von weißrussischen Schutzmannschaften durchgeführt worden waren, auf Befehle des SD zurück. Belege, daß die deutschen Gendarmen gelegentlich Mordaktionen leiteten und auch selbst Menschen töteten, sind bei Jürgen Matthäus zu finden. Jürgen Matthäus, »What about the ›Ordinary Men‹: The German Order Police and the Holocaust in the Occupied Soviet Union«, in: *Holocaust and Genocide Studies* 10 (1996), S. 134–150, v. a. 138–139. Zur Gesamtzahl der Männer der Ordnungspolizei: Hilberg, *The Destruction of the European Jews,* Bd. 1, S. 369. (Allerdings ordnet Hilberg die Ordnungspolizei der »zweiten Tötungswelle« des Holocaust zu, obwohl sie bereits bei der ersten Welle dabei war.)

51 Siehe Vorläufige Wachtvorschrift für die Wache des Ghettos, 20. November 1941, Historisches Staatsarchiv Riga, 69-1a-19, S. 30–31. Zu Jeckelns Stab: Dechiffrierte Polizeimeldung, 28. November 1941, item 24, NA RG 457, Box 1386.

52 Prützmann an Himmler, 24. August 1941, und Prützmann an Reichskommissar für das Ostland, 24. August 1941, NA RG 242, T-175/R 113/ 2638876-78. Bericht Jägers, Leiter des Einsatzkommandos 3, 1. Dezember 1941, Zentrum Moskau, 500-1-25; Kopie im US Holocaust Memorial Museum, RG 11.001 M, R 1. Zum Holocaust in Kowno allgemein: Avraham Tory, *Surviving the Holocaust: The Kowno Ghetto Diary,* Cambridge (Massachusetts) 1990. Zum zusätzlichen Einsatz der Schutz-

polizei in Kowno: Fragmente eines undatierten Berichts [Anfang 1942] des Einsatzkommandos 3 a, Historisches Staatsarchiv Riga, 1026-1-3; Kopie im US Holocaust Memorial Museum, RG 18.002 M, R 16.

53 Befehl, 3. Oktober 1941, Militärarchiv Prag, N Pol. Reg. 1; auch Prützmann an Himmler, Daluege, Heydrich, KDO RFSS, 6. Oktober 1941, Militärarchiv Prag, KDO S 1 A, Kopie im US Holocaust Memorial Museum, RG 48.004 M, R 2.

54 Bericht, 24. November 1941, Weißrussisches Staatsarchiv Minsk, Sammlung 378, Serie 1, Folder 698, Kopie im US Holocaust Memorial Museum, RG 53.002 M, R 2.

55 Berichte des Generalkommissars für Weißruthenien, 8. und 16. Oktober 1941, Weißrussisches Staatsarchiv, Sammlung 378, Serie 1, Folder 698; Kopie im US Holocaust Memorial Museum 53.002 M, R 2.

56 In einer Ereignismeldung Ende September wird berichtet, daß 2278 Juden aus dem Ghetto von Minsk unter Beteiligung der Ordnungspolizei innerhalb von drei Tagen hingerichtet wurden; Ereignismeldung UdSSR Nr. 92, 23. September 1941, NA RG 242, T-175/R 233/2722555.

57 Der Höhere SS- und Polizeiführer Ostland an den Reichskommissar Ostland, 25. Oktober 1941, darunter auch ein Bericht über das Reserve-Polizeibataillon 11 in der Zeit vom 14. bis 21. Oktober 1941, Weißrussisches Staatsarchiv Minsk, Kopie im US Holocaust Memorial Museum, RG 22.001, Folder 18, Fragmente eines undatierten Berichts [Anfang 1942] des Einsatzkommandos 3, Historisches Staatsarchiv Riga, 1026-1-3.

58 Heinrich Carl an Wilhelm Kube, 30. Oktober 1941, NA RG 238, PS-1104. Ausführlichere Darstellung bei Christopher R. Browning, *Ganz normale Männer: Das Reserve-Polizeibataillon 101 und die »Endlösung« in Polen,* Hamburg 1993, S. 41–45.

59 Bericht des Generalkommissars für Weißruthenien, 10. November 1941, Weißrussisches Staatsarchiv Minsk, Sammlung 378, Serie 2, Folder 698, Kopie im US Holocaust Memorial Museum, RG 53.002 M, R 2; Befehl Nr. 20 des Generalkommissars für Weißruthenien, 6. November 1941, Weißrussisches Staatsarchiv Minsk, Sammlung 378, Serie 2, Folder 698, Kopie im US Holocaust Memorial Museum, RG 53.002 M, R 2. Allgemeiner dazu: Himmlers Befehl vom 6. November 1941, NA RG 242, T-454/R 100/724-30.

60 Shalom Cholawsky, »The Judenrat in Minsk«, in: *Patterns of Jewish Leadership in Nazi Europe, 1933–1945: Proceedings of the Third Yad Vashem International Historical Conference,* Jerusalem 1979, S. 118, 128. Ereignismeldung UdSSR, 1. Dezember 1941, NA RG 242, T-175/R 234/ 2723329. Hersh Smolar, *The Minsk Ghetto,* New York 1989, S. 41–42.

61 Ereignismeldung UdSSR, 5. Januar 1942, NA RG 238, NO-3257, zitiert bei Adler, *Der verwaltete Mensch,* S. 184.

62 Aussage von Bernhardt Behrendt, 1968, S. 385, RSHA-Verfahren, Berlin.

63 Cholawsky, »The Judenrat«, S. 128.

64 Protokoll über den Hergang der Hauptabteilungs- und Abteilungsleiter-sitzung am 29. Januar 1942, weißrussisches Staatsarchiv Minsk, R 11, Fond 370, Opis 1, Folder 5; Kopie im US Holocaust Memorial Museum, RG 53.002 M, R 11. Allgemeiner zu Minsk: Smolar, *Minsk Ghetto*, S. 73–75, 98–101.

65 Jeckeln an Einsatzstab, Höherer SS- und Polizeiführer Rußland Süd, 23. Oktober 1941, Degenhardts SS-Personalakte, NA-BDC A-3343, SSO-139. Die Akte enthält auch biographische Angaben zu Degenhardt und seine Beurteilung durch Jeckeln. Degenhardts spätere Beschreibung seiner Tätigkeit in Degenhardt an SS-Oberabschnitt Mitte, 24. Oktober 1942, Degenhardts SS-Personalakte.

66 Vernehmung Jeckelns, 14. bis 15. Dezember 1945, abgedruckt in Helmut Krausnick und Hans-Heinrich Wilhelm, *Die Truppe des Weltanschau-ungskrieges: Die Einsatzgruppen der Sicherheitspolizei und des SD, 1938–1942*, Stuttgart 1981, S. 566–569. Jeckeln, der in sowjetische Kriegsgefangenschaft geraten war, gab bei einer Vernehmung zu, daß Himmler ihn zuvor informiert und ihm auch schon zuvor Anweisungen gegeben habe. Jeckeln drückte sich so aus, als ob er noch nicht Höherer SS- und Polizeiführer gewesen wäre; vielleicht wußten es die Sowjets nicht oder sie hatten ihn nicht danach gefragt. Er nannte für die Bespre-chung mit Himmler auch fälschlicherweise den 10. oder 11. November als Datum und das Gestapohauptquartier als Ort. (Jeckeln war vermut-lich angespannt, da die Vernehmung durch den NKWD sehr lange dau-erte.) In Himmlers Terminkalender ist jedoch eine Besprechung mit Jek-keln in Himmlers Hauptquartier in Ostpreußen für den Abend des 4. November eingetragen; die »Judenfrage« ist als eines der Themen der Besprechung verzeichnet. Siehe Himmlers Terminkalender, 4. November 1941, Zentrum Moskau, 1372-5-23, f. 350.

67 Vermerk, 27. Oktober 1941, YIVO Institute for Jewish Research, New York, Occ E 3-30. Vernehmung Jeckelns, 14. bis 15. Dezember 1945, ab-gedruckt in Krausnick und Wilhelm, *Truppe des Weltanschauungskrieges*, 567; Breitman, *Architekt der »Endlösung«*, S. 285–288.

68 Vorschlag von Andrew Ezergailis, *The Holocaust in Latvia 1941–1944*, Riga 1996, S. 247.

69 Ezergailis, *Holocaust in Latvia*, S. 239–240, ist der Ansicht, daß Jeckeln die Stelle persönlich auswählte, doch Hemicker machte andere Angaben. Vernehmung von Ernst Hemicker, 25. Juli 1965 und 9. Juli 1968, ZSL 207 AR-8 21/68. ZSL Riga-Verfahren gegen Maywald u. a., 141 Js 534/60 Sta Hamburg 207 AR-Z 7/1959.

70 Gesamtaufstellung der im Bereich des Einsatzkommandos 3 bis zum 1. Dezember 1941 durchgeführten Exekutionen, Zentrum Moskau, 500-1-25, f. 113; Gerald Fleming, *Hitler und die Endlösung: »Es ist des Füh-rers Wunsch …«*, Wiesbaden 1982, S. 103, Ezergailis, *Holocaust in Latvia*, S. 352–354.

71 Ezergailis, *Holocaust in Latvia*, S. 244, 247–248.

72 Fleming, *Hitler und die Endlösung*, S. 88, 104. Ezergailis, *Holocaust in Latvia*, S. 253.

73 Zu Himmlers Androhung einer Bestrafung: dechiffrierte Polizeimeldung, 1. Dezember 1941, item 25, PRO HW 16/32.

74 Ezergailis, *Holocaust in Latvia*, S. 246, 249–254, bietet eine sehr ausführliche Beschreibung.

75 Ezergailis, *Holocaust in Latvia*, S. 244–245, 254–255. Einige Deutsche sagten später aus, daß nur die Letten geschossen hätten (vergl. Hemickers Aussage in Anmerkung 69 oben), doch damit wollten sie nur vermeiden, sich selbst oder ihre ehemaligen Kollegen zu belasten. Siehe Staatsanwaltschaft bei dem Landgericht Hamburg, Anklageschrift gegen Viktor Berhard Arajs, 10. Mai 1976, 141 Js 534/60, S. 3, 553–556.

76 Dechiffrierte Polizeimeldung, 2. Dezember 1941, items 15 und 26, NA RG 457, Box 1386.

77 Lösener Affidavit, 24. Februar 1948, NA RG 238, T-1139/R 23/796, NG 1944-A; Fleming, *Hitler und die Endlösung*, S. 93–103.

78 Vernehmung von Ernst Jeckeln, 21. Dezember 1945, abgedruckt in Krausnick und Wilhelm, *Truppe des Weltanschauungskrieges*, 548. Zum Datum der Besprechung: dechiffrierte Polizeimeldung, 1. Dezember 1941, no. 2, Traffic, PRO HW 16/32.

79 Ezergailis, *Holocaust in Latvia*, S. 256–261.

80 Hauptmann Salitter, Bericht über die Evakuierung von Juden nach Riga, 26. Dezember 1941; abgedruckt in Adler, *Der verwaltete Mensch*, S. 461–465.

81 Reichskommissar für das Ostland an den Höheren SS- und Polizeiführer Ostland, 3. Dezember 1941, YIVO, Occ 3–33; Memorandum [Verfasser unleserlich], Riga, 11. Dezember 1941, RSHA-Verfahren, 1 Js 1/65, Bd. 72, Ostland; Ezergailis, *Holocaust in Latvia*, S. 356–359. Ezergailis verwendet den lettischen Namen Jumpravmuizza statt des deutschen »Jungfernhof«.

82 Kube an Lohse, 16. Dezember 1941, YIVO Occ 3–36.

83 Siehe Breitman, *Architekt der »Endlösung«*, S. 218.

84 Aussage von Walter Münch, 8. Oktober 1970, Hauptverhandlung, Landesgericht für Strafsachen Wien, Strafsache gegen Josef Wendl, 2 G Vr 1100/65/Hv 27/70.

85 SS-Befehl, 12. Dezember 1941, Historisches Staatsarchiv Riga, P 83-1-80.

86 Himmlers Notizen, 18. Dezember 1941, Zentrum Moskau, 1372-5-23, f. 334. In der ersten veröffentlichten Analyse der Besprechung und des Dokuments argumentiert Christian Gerlach, daß Hitler die Grundsatzentscheidung zur Ermordung aller europäischen Juden zu diesem Zeitpunkt fällte; frühere Morde und Deportationen seien selektiv gewesen. Verschiedene Wissenschaftler können eine Folge von Ereignissen und die entsprechenden Quellen natürlich verschieden interpretieren. Ich habe meine eigene Version hier dargestellt. Ich möchte auch darauf hin-

weisen, daß Himmlers Notizen zu vielen früheren Besprechungen nicht mehr existieren, auch seine Termine und Tagespläne für Ende Juni, den gesamten Juli und Anfang August existieren nicht mehr. Vergl. Christian Gerlach, »Die Wannsee-Konferenz, das Schicksal der deutschen Juden und Hitlers politische Grundsatzentscheidung, alle Juden Europas zu ermorden«, in: *Werkstatt Geschichte* 18 (November 1997), S. 7–44.

Kapitel 6

1 Diese Schlußfolgerungen ergeben sich aus David Kahn, *Hitler's Spies: German Military Intelligence in World War II,* New York 1978, v. a. S. 527–529.

2 Robin Denniston, *Churchill's Secret War: Diplomatic Decrypts, The Foreign Office, and Turkey, 1942–1944,* New York 1997, S. 22 (Zitat) und 8.

3 Barbara Tuchman, *The Zimmermann Telegram,* New York 1965; David Kahn, *The Codebreakers: The Story of Secret Writing,* New York 1967, S. 282–297.

4 Denniston, *Churchill's Secret War,* S. 22–24.

5 Christopher Andrew, *Her Majesty's Secret Service: The Making of the British Intelligence Community,* New York 1987, S. 450–451; Denniston, *Churchill's Secret War,* S. 30, 175, Anmerkung 47. Am ausführlichsten bei Wladyslaw Kozaczuk, *Geheimoperation WICHER: Polnische Mathematiker knacken den deutschen Funkschlüssel »Enigma«,* Koblenz 1989.

6 Andrew, *Her Majesty's Secret Service,* S. 448–449. Martin Gilbert, *Winston S. Churchill,* Bd. 6, *Finest Hour, 1939–1941,* London 1983, S. 609–613.

7 Eine vereinfachte Beschreibung in Kapitel 4 oben.

8 History of the German Police Section, 1939–1945 (im folgenden Police Section), PRO HW 3/155. Dank an John P. Fox, der das Dokument für mich besorgte.

9 Police Section, PRO HW 3/155. In der ersten Hälfte des Jahres 1940 arbeiteten die Kryptanalytiker 153 Tage. Außer an 26 Tagen waren sie an allen Tagen erfolgreich. Siehe GCCS Report für 1940, 31. Januar 1941, PRO HW 14/11, item 93. Dank an John P. Fox, der das Dokument für mich besorgte.

10 Police Section, PRO HW 3/155. F. H. Hinsley et al., *British Intelligence in the Second World War: Its Influence on Strategy and Operations,* Cambridge 1981, Bd. 2, S. 670.

11 Police Section, PRO HW 3/155.

12 Police Section, PRO HW 3/155. Zusammenfassungen von 1940 in PRO HW 16/1. Es existieren noch einige Transkripte aus der Frühzeit, Winter 1939 bis 1940 in PRO HW 16/28 und HW 16/29.

13 Police Section, PRO HW 3/155. GC and CS Report for 1940, PRO HW 14/11, item 93.

14 Zu den Kryptanalytikern: Police Summaries, 20. Februar 1941, PRO HW 16/1. Siehe auch die undatierte Übersetzung [Dezember 1939] von ausgewähltem Material vom November 1939 in PRO HW 16/1; Informationen aus German Police Decodes V und VI, 25. Dezember 1939 und 14. Januar 1940, ebenfalls PRO HW 16/1; und Note on the German SS and Police, with an Appendix of Identifications and Locations, 2. März 1940, PRO HW 16/1.

15 Information aus German Police Decodes VII, 28. Januar 1940, PRO HW 16/1. Christopher R. Browning, *The Path to Genocide: Essays on Launching the Final Solution*, Cambridge 1992, S. 10–15.

16 Beispiel in Kapitel 5 oben. Ausführlicher bei Richard Breitman, *Der Architekt der »Endlösung«: Himmler und die Vernichtung der europäischen Juden*, Paderborn 1996, S. 108–111, 125–140, 158–190. Eine andere Darstellung bietet Browning, *Path to Genocide*, S. 3–19.

17 Note on the German SS and Police, 2. März 1940, S. 2, PRO HW 16/1.

18 Summary of German Police Decodes, 275–323, 21. August 1941, S. 1, PRO HW 16/6, Teil 1. Police Section, PRO HW 3/155.

19 Summary of German Police Decodes, 275–323, 21. August 1941, S. 3, PRO HW 16/6, Teil 1. Viele weitere Beispiele in PRO HW 16/6.

20 Hinsleys Zählung mit insgesamt sieben Berichten aus dem Bereich Mitte und 17 Berichten aus dem Bereich Süd ist unvollständig. Hinsley, *British Intelligence*, Bd. 2, S. 671.

21 Summary of German Police Decodes, 275–323, 21. August 1941, S. 2, PRO HW 16/6, Teil 1.

22 Summary of German Police Decodes, 275–323, 21. August 1941, S. 4, PRO HW 16/6, Teil 1.

23 Hinsley, *British Intelligence*, Bd. 2, S. 670. »Files Clear Churchill of Pearl Harbor Cover-up«, in: *The Times* (London), 26. November 1993; David Cesarani, »Secret Churchill Papers Released«, in: *The Journal of Holocaust Education* 4, Nr. 2 (1995), S. 225–226.

24 Siehe Gilbert, *Finest Hour*, S. 1174; ders., *The Holocaust: The Jewish Tragedy*, London 1986, S. 186; »The Most Horrible Crime: Churchill's Prophetic, Passionate and Persistent Response to the Holocaust«, in: *Times Literary Supplement*, 7. Juni 1996. Zitat aus dem *TLS* Artikel.

25 Siehe beispielsweise Hilberg, *The Destruction of the European Jews*, New York 1985, Bd. 1, S. 298, 341. Gert Robel, »Sowjetunion«, in *Dimensionen des Völkermordes: Die Zahl der jüdischen Opfer des Nationalsozialismus*, hrsg. von Wolfgang Benz, München 1991, S. 543, nennt als Mindestzahl fast 520 000 Menschen, die von den Einsatzgruppen und den ihnen unterstellten Einheiten bis Mitte April 1942 getötet wurden.

26 Gilbert, *Holocaust*, S. 186, ders., *Der Zweite Weltkrieg*, München 1989, S. 224. John Keegan, »What the Allies Knew«, in: *New York Times*, 25. November 1996.

27 Die dechiffrierten Meldungen vom 4. und 7. August 1941, vermutlich die letzten, die Churchill vor seiner Rede am 24. August erhalten hatte, enthielten nur Exekutionsberichte von Bach-Zelewski, nicht von Jeckeln. NA RG 457, Box 1386. Siehe auch Cesarani, »Secret Churchill Papers Released«, S. 225–226. Bis Ende August wurden nur sehr wenig Meldungen von Jeckeln dechiffriert.

28 Siehe oben, P. 67.

29 Summary of German Police Decodes, 275–323, (aus der Zeit vom 3. Juli bis 14. August 1941), PRO HW 16/6, Teil 1. Berichte, die an Churchill gingen: PRO HW 1/35 (C 7456). Dank an John P. Fox für das Dokument. Siehe auch Cesarani, »Secret Churchill Papers Released«, S. 225–226.

30 Cesarani, »Secret Churchill Papers Released«, S. 226.

31 Detlef Brandes, *Großbritannien und seine osteuropäischen Alliierten 1939–1943*, München 1988, S. 201–202, Anmerkung 45. Dank an Livia Rothkirchen für diesen Hinweis. Die Originalbotschaft von René (Thümmel) an seinen Kontaktmann Pavel im tschechischen Untergrund vom 26. Juli 1941 im NA RG 242, T-77/R 1050/6 526 109. Die Botschaften gerieten 1943 den Deutschen in die Hände, als Thümmel bereits verhaftet war. Er wurde 1945 hingerichtet.

32 Zu Thümmel und dem tschechischen Nachrichtendienst: František Moravec, *Master of Spies*, London 1975, Zitat von S. 175. Außerdem Callum MacDonald, *Heydrich, Anatomie eines Attentats*, München, 1990, S. 75–83, 93, 98–99, 103, 111, 119–122, 144, 159, 183–187; Wesley K. Wark, *The Ultimate Enemy: British Intelligence and Nazi Germany, 1933–1939*, Ithaca 1985, S. 103; und Nigel West, *MI6: British Secret Intelligence Service Operations, 1909–1945*, New York 1983, S. 93. Es gibt allerdings einige Hinweise, daß Thümmel ein Doppelagent war, auch wenn die Briten das damals nicht erkannten.

33 MacDonald, *Heydrich*, S. 78–79.

34 Hinsley, *British Intelligence*, Bd. 1, S. 58.

35 Summary of German Police Decodes, 324–343 (3. Juli bis 14. August 1941), S. 1 und 4, PRO HW 16/6, Teil 1.

36 Ebenda, S. 4.

37 Cesarani, »Secret Churchill Papers«, S. 226.

38 Summary of German Police Decodes, 344–386 (1. bis 30. September 1941), S. 1, PRO HW 16/6, Teil 1.

39 Police Section, PRO HW 3/155.

40 Noel Annan, *Changing Enemies: The Defeat and Regeneration of Germany*, London 1995, S. 31.

41 Zitiert in Patrick Howarth, *Intelligence Chief Extraordinary: The Life of the Ninth Duke of Portland*, London 1986, S. 156.

42 Hinsley, *British Intelligence*, Bd. 2, S. 67–68.

43 Summary of German Police Decodes, 344–386, 1. bis 30. September 1941, S. 2, PRO HW 16/6, Teil 1.

44 Ebenda, S. 5–6.

45 Zur früheren Anfrage von General Heinrich von Stulpnagel siehe Hilberg, *The Destruction of the European Jews*, Bd. 1, S. 302 und 302, Anmerkung 51. General Fridericis anerkennende Äußerungen in dechiffrierter Polizeimeldung, 30. Oktober 1941, item 6; Jeckelns Zustimmung in dechiffrierter Polizeimeldung, 30. Oktober 1941, item 37; 19. November 1941, item 32, PRO HW 16/32. Das Wissen der Briten zeigt sich in Summary of German Police Decodes 344–386, 1. bis 30. September 1941, S. 6, PRO HW 16/6, Teil 1.

46 Dechiffrierte Polizeimeldung, 3. Oktober 1941, items 22 und 23; 4. Oktober 1941, item 20; beide PRO HW 16/32.

47 Dechiffrierte Polizeimeldung, 17. November 1941, item 35; 18. November 1941, item 2; beide PRO HW 16/32.

48 Vergl. Walter Laqueur, *Was niemand wissen wollte: Die Unterdrückung der Nachrichten über Hitlers »Endlösung«*, Frankfurt/Main 1981, S. 38. Ein SS-Mann oder Polizist sprach vermutlich mit dem amerikanischen Militärattaché in Berlin. Siehe Kapitel 8, Anmerkung 7.

49 Laqueur, *Was niemand wissen wollte*, S. 88.

50 *Jewish Chronicle*, 24. Oktober und 7. November 1941, zitiert bei Bernard Wasserstein, *Britain and the Jews of Europe, 1939–1945*, Oxford 1979, S. 167.

51 Dariusz Stola, »Early News of the Holocaust from Poland«, in: *Holocaust and Genocide Studies* 11 (1997), S. 4.

52 Laqueur, *Was niemand wissen wollte*, S. 87 und 305, Anmerkung 77.

53 Andrew Sharf, *The British Press and Jews under Nazi Rule*, London 1964, S. 90–91.

54 Siehe Walter Laqueur und Richard Breitman, *Der Mann, der das Schweigen brach: Wie die Welt vom Holocaust erfuhr*, Frankfurt/Main 1986, S. 118–124. Siehe auch das auf Video aufgezeichnete Interview Breitmans mit Gerhart Riegner, 28. April und 11. Mai 1992, Oral History Collection, US Holocaust Memorial Museum, RG 50.030, Nr. 189 und 190.

55 Walter Laqueurs Interview mit Gerhart Riegner, 30. Mai 1984; Martin Gilbert, *Auschwitz und die Alliierten*, S. 31.

56 John P. Fox, »The Jewish Factor in British War Crimes Policy in 1942«, in: *English Historical Review* 92 (1977), S. 87; Richard Bolchover, *British Jewry and the Holocaust*, Cambridge 1993, S. 66.

57 Lichtheim an Weizman, 7. November 1941; abgedruckt in *Archives of the Holocaust: An International Collection of Selected Documents*, Bd. 8, *American Jewish Archives, Cincinnati: The Papers of the World Jewish Congress, 1939–1945*, hrsg. von Abraham J. Peck, New York 1990, S. 171 (Dokument 45).

58 Postal and Telegraph Censorship Report on Jewry, Nr. 3, Teil 1, S. 3, PRO HW 213/953. Dank an John P. Fox für das Dokument. Möglicherweise stammte die Information vom SIS, und das »offizielle deutsche Dokument« war nur eine Tarnung. Doch das würde weitere Fragen nach

sich ziehen. Wo ist die dechiffrierte Meldung oder der Bericht des Nachrichtendienstes, der diese Information enthält? Und warum warnte die britische Regierung im Januar 1942 die polnischen Juden nicht über BBC vor der Gefahr?

59 Die Verteilungslisten stehen sowohl auf den dechiffrierten deutschen Meldungen als auch auf den Zusammenfassungen der Briten. Sie variieren im Laufe der Zeit, doch ich habe die häufigsten Empfänger genannt.

60 Zitiert bei Wasserstein, *Britain and the Jews*, S. 164–165.

61 Ebenda, S. 167.

62 Zitiert bei Tony Kushner, »British Perceptions During the Second World War«, in: *The Final Solution: Origins and Implementation*, hrsg. von David Cesarani, London 1994, S. 251.

63 Charles Cruickshank, *The Fourth Arm: Psychological Warfare, 1938–1945*, London 1977, S. 28–33.

64 Ebenda, S. 47–48, 74–76.

65 PRO Foreign Office Papers 371/30900, C 7610, Notiz von A. David, zitiert bei Gilbert, *Auschwitz und die Alliierten*, S. 60.

66 Michael Balfour, *Propaganda in War, 1939–1945: Organisations, Policies, and Publics in Britain and Germany*, London 1979, S. 299–300.

67 Asa Briggs, *The BBC: The First Fifty Years*, Oxford 1985, S. 205–206; Balfour, *Propaganda in War*, S. 80–102; Cruickshank, *The Fourth Arm*, S. 101–102.

68 Jean Seaton, »Reporting Atrocities: The BBC and the Holocaust«, in: *The Media in British Politics*, hrsg. von Jean Seaton and Ben Pimlott, Aldershot 1987, S. 164.

69 Jeremy D. Harris, »Broadcasting the Massacres: An Analysis of the BBC's Contemporary Coverage of the Holocaust«, in: *Yad Vashem Studies* 30 (1996), S. 82–83.

70 Thomas Mann, *Deutsche Hörer! Europäische Hörer! Radiosendungen nach Deutschland, 1940–1945*, Darmstadt 1986, S. 43–44, 54, 71.

71 BBC Bi-Monthly Survey of European Audiences, Enemy Countries, Germany, Italy, 11. Mai 1942, S. 2, Kopie in NA RG 208, Entry 367, Box 255, Folder E 9.2.

72 Ebenda, S. 7–8.

73 Laqueur, *Was niemand wissen wollte*, S. 16–17, Balfour, *Propaganda in War*, S. 300. Seaton, »Reporting Atrocities«, S. 158–161, vertritt die These, daß auch bei anderen Aufrufen zu einem politischen oder militärischen Eingreifen Greueltaten betont wurden, beispielsweise in Spanien und Äthiopien.

74 Kushner, »British Perceptions«, S. 249–250.

75 Wasserstein, *Britain and the Jews*, S. 164–166.

76 Siehe Kushner, »British Perceptions«, S. 251 und allgemeiner dazu, ders., *The Holocaust and Liberal Imagination: A Social and Cultural History*, Oxford 1994, S. 127. Wasserstein, *Britain and the Jews*, S. 163.

77 Gerhard L. Weinberg, *A World at Arms: A Global History of World War II*, New York 1994, S. 348, 350–351. Siehe auch: Ronald W. Zweig, *Britain and Palestine During the Second World War*, Woodbridge 1986.

78 Richard Breitman, »The Allied War Effort and the Jews, 1942–1943«, in: *Journal of Contemporary History* (1985), S. 135–157.

79 Gilbert, »The Most Horrible Crime« wird von Michael J. Cohen, *Churchill and the Jews*, London 1985, widersprochen. Cohen bringt einige gute Argumente, doch verglichen mit anderen britischen Politikern erscheint Churchill gegenüber den jüdischen Plänen für Palästina aufgeschlossen.

80 »President Flays Hostage Killings«, in: *New York Times*, 26. Oktober 1941, S. 1. John P. Fox, »British Intelligence Documents on *Einsatzgruppen* Operations, 1941–1942: Their Historical Significance and Current Status in British and American Archives«, S. 15–16 (unveröffentlichte Arbeit, die bei der Konferenz »Ursprünge und Anfänge von Nachrichtendienst-Organisationen«, 2.–4. Mai 1997, in Berlin-Strausberg vorgestellt wurde). Fox zitiert ebenfalls Churchills Erklärung und betont die Passage über die Vorfälle in der Sowjetunion.

81 »President Flays Hostage Killings«, *New York Times*, 26. Oktober 1941.

82 Gilbert, *The Holocaust*, S. 231.

83 Fox, »The Jewish Factor«, S. 86–87.

84 Entwurf der Antwort des Premierministers, Dokumente des Foreign Office 371/30916 (C 6108), zitiert und zusammengefaßt nach Gilbert, *Auschwitz und die Alliierten*, S. 56.

85 Aide-mémoire vom britischen Botschafter in den USA an Außenminister Hull, 18. Juli 1940, NA RG 59, Central Decimal File 840.48/3995.

86 Annan, *Changing Enemies*, S. 13.

87 William Millward, »Life in and out of Hut 3«, in: *The Codebreakers*, hrsg. von F. H. Hinsley und Alan Stripp, Oxford 1993, S. 21, 28; Bradley F. Smith, »Anglo-Soviet Intelligence and the Cold War«, in: *British Intelligence, Strategy and the Cold War*, hrsg. von Richard J. Aldrich, London 1992, S. 55–57.

88 Summary of German Police Decodes 344–386 (1. bis 30. September 1941), S. 1; Summary of German Police Decodes 384–459 (November 1941), S. 1; beide in PRO HW 16/6, Teil 1. Zitat aus dem erstgenannten.

Kapitel 7

1 Summary of German Police Decodes 530–575 (16. Dezember 1941 bis 15. Januar 1942), S. 1–4; Summary of German Police Decodes 576–648 (16. Januar bis 15. Februar 1942), S. 4; beide in PRO HW16/6, Teil 1.

2 Summary of German Police Decodes 640–695 (16. Februar bis 15. März 1942), S. 6, PRO HW 16/6, Teil 1.

3 Beispielsweise wurden bei der Aktion Karlsbad 546 Personen im Kampf getötet und weitere 471 erschossen, nachdem sie sich ergeben

hatten; bei der Aktion Hornung wurden mindestens 1124 Personen einer »Sonderbehandlung« unterzogen; dechiffrierte Polizeimeldung, 25. Oktober 1942, item 18, und 19. Februar 1943, item 13, PRO HW 16/36 beziehungsweise 16/37. Siehe auch Summary of German Police Decodes 576–648 (16. Januar bis 15. Februar 1942), S. 6, PRO HW 16/6, Teil 1.

4 Dechiffrierte Polizeimeldung, 10. März 1942, item 20, PRO HW 16/46.
5 Grawitz an Himmler, 4. März 1942, NA RG 238, NO-600, zitiert nach Raul Hilberg, *The Destruction of the European Jews*, New York 1985, Bd. 1, S. 328. Siehe auch verschiedene ähnliche Briefe von Dr. Grawitz an Himmler zu Beginn des Jahres 1942, Bach-Zelewskis SS-Personalakte, NA-BDC, A-3343, SSO-023.
6 Summary of German Police Decodes 384–459 (1. Oktober bis 14. November 1941), S. 2, und Summary of German Police Decodes 640–695 (16. Februar bis 15. März 1942), S. 2; beide in PRO HW 16/6, Teil 1.
7 Zu den Gaswagen: Die Angabe stützt sich auf einen Bericht der Einsatzgruppe B, siehe Christian Gerlach, »Failure of Plans for an SS Extermination Camp in Mogilev, Belorussia«, in: *Holocaust and Genocide Studies* 11 (1997), S. 68.
8 Dechiffrierte Polizeimeldung, 10. März 1942, item 6, PRO HW 16/46.
9 Hilberg, *The Destruction of the European Jews*, Bd. 1, S. 368–390.
10 Himmler an Bach-Zelewskis Büro, 19. März 1942, dechiffrierte Polizeimeldung, PRIT Signals, 1–300, PRO HW 16/54; Gerald Fleming, *Hitler und die Endlösung*, Wiesbaden und München 1982, S. 148–153.
11 Dechiffrierte Polizeimeldung, 24. Juli 1942, PRIT Signals 301–579, PRO HW 16/55.
12 Zur Behandlung der sowjetischen Kriegsgefangenen: Christian Streit, *Keine Kameraden: Die Wehrmacht und die Sowjetischen Kriegsgefangenen, 1941–1945*, Stuttgart 1978. Zur nationalsozialistischen Haltung zur Zwangsarbeit der Juden: Ulrich Herbert, »Labor and Extermination: Economic Interest and the Primacy of Weltanschauung in National Socialism«, in: *Past and Present* 138 (Februar 1993), S. 166–167. Zur Verpflichtung von Fremdarbeitern im allgemeinen: Ulrich Herbert, *Hitler's Foreign Workers: Enforced Foreign Labor in Germany under the Third Reich*, Cambridge 1997.
13 Christopher R. Browning, »A Final Hitler Decision for the ›Final Solution‹? The Riegner Telegram Reconsidered«, in: *Holocaust and Genocide Studies* 10 (1996), S. 5–6.
14 Summary of German Police Decodes 530–575 (16. Dezember 1941 bis 15. Januar 1942), S. 11; Summary of German Police Decodes 640–695 (16. Februar bis 15. März 1942), S. 9; beide in PRO HW 16/6, Teil 1. Jüdische Zwangsarbeiter wurden auch bei dem Großprojekt Durchgangsstraße IV im Süden eingesetzt, doch dieser Einsatz war vermutlich nicht an eine Anweisung von Hitler gebunden.
15 Siehe Hilberg, *The Destruction of the European Jews*, Bd. 2, S. 524–

525. Allgemein zum Einsatz jüdischer Zwangsarbeiter in Deutschland: Wolf Gruner, *Der geschlossene Arbeitseinsatz deutscher Juden: Zur Zwangsarbeit als Element der Verfolgung 1938–1943,* Berlin 1997.

16 Dechiffrierte Polizeimeldung, 7. Oktober 1942, items 1–4, PRO HW 16/21.

17 Gerlach, »Failure of Plans«, S. 61–69.

18 Shalom Cholawski, »Maly Trostenez«, in: *Enzyklopädie des Holocaust: Die Verfolgung und Ermordung der europäischen Juden,* hrsg. von Israel Gutman, Berlin 1993, Bd. 3, S. 921 f. Auch Paul Kohl, *Ich wundere mich, daß ich noch lebe: Sowjetische Augenzeugen berichten,* Gütersloh 1990, S. 91–96.

19 Siehe Yitzhak Arad, *Belzec, Sobibor, Treblinka: The Operation Reinhard Death Camps,* Bloomington, Ind. 1987, v. a. S. 23.

20 Eine kurze Darstellung bietet: Richard Breitman, *Der Architekt der »Endlösung«: Himmler und die Vernichtung der europäischen Juden,* Paderborn 1996, S. 297–301, 309–310.

21 Siehe F. H. Hinsley et al., *British Intelligence in the Second World War: Its Influence on Strategy and Operations,* Cambridge 1981, Bd. 2, S. 669.

22 Der Adressat oder die Adressaten fehlen bei dieser Meldung. Absender war Liebehenschel vom WVHA.

23 Dechiffrierte Polizeimeldung, no. 3 Traffic, 11. Juni 1942, item 8, PRO HW 16/19.

24 Dechiffrierte Polizeimeldung, 24. August 1942, items 55–56 und 64–65, PRO HW 16/19.

25 Dechiffrierte Polizeimeldung, 24. August 1942, items 47–48, PRO HW 16/19; Dechiffrierte Polizeimeldung, 22. Oktober 1942, items 35–36, PRO HW 16/21.

26 Grothmann an Globocnik, 7. September 1942, und Grothmann an Jüttner, 8. September 1942, NA RG 242, T-175/R 113/2638863 und 2638749.

27 Siehe Peter Hayes, *Industry and Ideology: I.G. Farben in the Nazi Era,* Cambridge 1987, S. 347–367. Auch Benjamin B. Ferencz, *Less Than Slaves: Jewish Forced Labor and the Quest for Compensation,* Cambridge (Massachusetts) 1979, S. 26–28.

28 Dechiffrierte Polizeimeldung, 5. Juni 1942, items 5–6, PRO HW 16/19.

29 Dechiffrierte Polizeimeldung, 17. Juni 1942, item 16, PRO HW 16/19.

30 Yehoshoa R. Büchler, »First in the Vale of Affliction: Slovakian Jewish Women in Auschwitz, 1942«, in: *Holocaust and Genocide Studies* 10 (1996), S. 307.

31 Dechiffrierte Polizeimeldung, 18. November 1942, item 2, PRO HW 16/22. Primo Levi, *Survival at Auschwitz,* New York 1996 (1. Aufl. 1958).

32 Dechiffrierte Polizeimeldung, 4. Juni 1942, item 10, PRO HW 16/19. Zu Kammlers Rolle bei SS-Bauprojekten: Michael Thad Allen, »The Banality of Evil Reconsidered: SS Mid-Level Managers of Extermination Through Work«, in: *Central European History* 30 (1997), S. 287–292.

33 Jean-Claude Pressac, *Die Krematorien von Auschwitz*, München und Zürich 1995, bietet die ausführlichste Darstellung zu den Bauvorhaben im Vernichtungslager, ist aber bei politischen Entscheidungen und bei einigen Daten nicht sehr zuverlässig. Pressac und Robert-Jan van Pelt, »The Machinery of Mass Murder at Auschwitz«, in: *Anatomy of the Auschwitz Death Camp*, hrsg. von Israel Gutman und Michael Berenbaum, Bloomington, Ind. 1994, S. 183–245.

34 Höß wurde zu einem vertraulichen Gespräch mit Kammler zitiert und zu einer allgemeinen Besprechung mit allen Lagerkommandanten am 25. Juni 1942 unter der Leitung von Oswald Pohl, Dechiffrierte Polizeimeldung, 18. Juni 1942, items 17–18, und 24. Juni 1942, item 32, PRO HW 16/19.

35 Browning, »A Final Hitler Decision«, S. 5–6.

36 Breitman, *Architekt der »Endlösung«*, S. 236–238.

37 Dechiffrierte Polizeimeldung, 20. November 1942, items 38–39, PRO HW 16/22.

38 Dechiffrierte Polizeimeldung, 14. Januar 1943, items 13–16, PRO HW 16/23.

39 Die Zahlen der ersten Monate wurden erst im Mai 1942 entschlüsselt. Im Juni wurden die Funksprüche fast unmittelbar nach ihrem Eintreffen entschlüsselt. Vergl. die Markierungen oben auf den Blättern mit den Zahlen in PRO HW 16/10. Auschwitz hatte das Kürzel »F«. Die Briten notierten die Todeszahlen auf einigen Blättern handschriftlich und unterstrichen auch einige Todeszahlen in der Zusammenfassung vom 26. September 1942, PRO HW 16/6, Teil 2.

40 Die Zahlentabellen stehen in PRO HW 16/10.

41 Siehe Ref. Nr. 2325, 17. August 1940, PRO HW 14/6, wo erwähnt wird, daß Colonel Tiltman kürzlich das Codierungssystem der Reichsbahn entschlüsselt habe. Zum Ministerium für Kriegswirtschaft (MEW): Walter Laqueur, *Was niemand wissen wollte: Die Unterdrückung der Nachrichten über Hitlers »Endlösung«*, Frankfurt/Main, Berlin 1981, S. 86, 110; Hinsley, *British Intelligence*, Bd. 1, S. 357–358.

42 Dechiffrierte Polizeimeldung, 16. Juli 1942, items 40–41, PRO HW 16/20; Dechiffrierte Polizeimeldung, 7. Oktober 1942, items 1–4, PRO HW 16/21.

43 Laqueur, *Was niemand wissen wollte*, S. 110–111, nimmt an, daß viele Akten vernichtet wurden.

44 Laqueur, *Was niemand wissen wollte*, S. 296; Mitteilung Chciuk-Celts an Laqueur, 8. Oktober 1979; an Breitman, 24. Februar 1995.

45 David Engel, *In the Shadow of Auschwitz: The Polish Government-in-Exile and the Jews, 1939–1942*, Chapel Hill 1987, S. 201.

46 Telegramm von N. [Korbonski], 23. März 1943, an die polnische Radiostation SWIT, zitiert bei David Engel, *Facing a Holocaust: The Polish Government-in-Exile and the Jews, 1943–1945*, Chapel Hill 1993, S. 231, Anmerkung 122.

47 Nazi Black Record, NA RG 165, Box 3138, Poland 6950, aus *Poland Fights,* Nr. 35, 5. April 1943.

48 Engel, *Facing a Holocaust,* S. 209, Anmerkung 109, nimmt an, daß es sich bei dem Kurier um Jerzy Salski handelt, doch weder der Polish Underground Study Trust noch Tadeusz Chciuk-Celt, der selbst als Untergrund-Kurier im Einsatz gewesen war, konnten ihn identifizieren. Ich danke beiden für ihre Hilfe.
Der Kurier gab am Anfang an, daß sein Aufenthalt von November 1941 bis Anfang Dezember 1942 gedauert habe, doch die Datierung stimmt nicht mit seinen detaillierten Angaben zu seiner Reiseroute überein. Censorship Report, 5. Mai 1943, NA RG 226, Entry 191, Box 3, Ordner ohne Bezeichnung.

49 Ein Teil des Dokuments wird auch bei Martin Gilbert zitiert, Martin Gilbert, *Auschwitz und die Alliierten,* München 1982, S. 153.

50 Schwarzbart an die Vertretung der polnischen Juden, Jüdischer Weltkongreß, 27. April 1943, Schwarzbarts Unterlagen, M2535, Yad Vashem. Dank an Shlomo Aronson, der mir eine Kopie des Begleitschreibens zusandte. Zum gesamten Dokument siehe Censorship Report, 5. Mai 1943, NA RG 226, Eintrag 191, Box 3, Ordner ohne Bezeichnung.

51 Gilbert, *Auschwitz und die Alliierten,* S. 154.

52 18. Mai 1943, NA RG 218, Joint Chiefs of Staff CCS 334, Polish Liaison (Washington), Ordner 3.0.

53 Begleitschreiben von Josef Zaranski, Berater der polnischen Botschaft, an Randall [vom britischen Außenministerium], 18. Mai 1943, mit Memorandum »Vernichtung der polnischen Juden«, PRO FO 371/34550 (5628/34/55).

54 Gerhard L. Weinberg, *Eine Welt in Waffen: Die globale Geschichte des Zweiten Weltkrieges,* Stuttgart 1995, S. 123–124 und 1006, Anmerkung 232.

55 Notiz von Roger Allen, 27. August 1943, und Notiz von V. Cavendish-Bentinck, 27. Augsut 1943, PRO FO 371/34551. Dank an Stephen Tyas für eine Kopie des Dokuments.

56 Engel, *In the Shadow of Auschwitz,* S. 184, 304–305, Anmerkung 195; Richard Breitman und Alan M. Kraut, *American Refugee Policy and European Jewry, 1933–1945,* Bloomington 1987, S. 152 (zum Thema Fett aus Leichen).

57 PRO FO 371/34551.

58 Militärattaché (London), Bericht 907, 17. März 1944, NA RG 165, Box 3138, Polen 6950. Auch F. W. Belin an William L. Langer, 10. April 1944, NA RG 226, Eintrag 16, 66059. Engel, *Facing a Holocaust,* S. 287, Anmerkung 121, erwähnt ein Telegramm von Wanda über Birkenau vom 15. September 1943.

59 Gilbert, *Auschwitz und die Alliierten,* v. a. S. 398.

60 Gilbert berichtet über Vrba und Wetzler und die Auswirkungen ihres Berichts in *Auschwitz und die Alliierten,* S. 228–242, 272 ff. Zu Vrbas

Bericht siehe Rudolf Vrba und Alan Bestic, *Ich kann nicht vergeben*, München 1964. Siehe auch den kürzlich erschienenen, aktualisierten Artikel von Vrba, der allerdings tendenziös ist, »Die mißachtete Warnung: Betrachtungen über den Auschwitz-Bericht, 1944«, in: *Vierteljahreshefte für Zeitgeschichte* 44 (1996), S. 1–24.

61 Gilbert, *Auschwitz und die Alliierten*, S. 398.

Kapitel 8

1 David S. Wyman, *Das unerwünschte Volk. Amerika und die Vernichtung der europäischen Juden,* Ismaning bei München 1986, S. 28 f. Über die jiddische Presse und die Jewish Telegraphic Agency s. Haskel Lookstein, *Were We Our Brothers' Keepers?* New York 1985, vor allem S. 25 f.

2 Deborah E. Lipstadt, *Beyond Belief: The American Press and the Coming of the Holocaust, 1933–1945,* New York 1986, S. 150 f.

3 Ebenda S. 155 f.

4 Morris an Außenminister, 30. September 1941, NA RG 59, CDF 862.4016/2204; Morris an Außenminister, 14. Oktober 1941, NA RG 59, CDF 862.4016/2205; Morris an Außenminister, 16. November 1941, NA RG 59, CDF 862.4016/2212, alle in LM 193 R 58.

5 Morris an Außenminister, 18. Oktober 1941, NA RG 59, CDF 862.4016/ 2206, LM 193 R 58.

6 Morris an Außenminister, 2. Oktober 1941, NA RG 59, CDF 862.4016/ 2207, LM 193 R 58; Morris an Außenminister, 16. November 1941, NA RG 59, CDF 862.4016/2212, LM 193 R 58.

7 Militärattaché, Berlin, 10. November 1941, Kopie in NA RG 165, Entry 77, Box 1079, Germany 3500 Jews.

8 Morris an Außenminister, 16. November 1941, NA RG 59, CDF 862.4016/2212, LM 193 R 58.

9 Zusammengefaßt in Morris an Außenminister, 16. November 1941, ebenda.

10 Vgl. oben Kap. 5.

11 John V. H. Dippel, *Two Against Hitler: Stealing the Nazis' Best-Kept Secrets,* New York 1992, S. 68 f.

12 Study of War Propaganda, 6. März 1942, S. 20, NA RG 165, Entry 77, Box 1074, Military Intelligence Division, Regional File, Germany 2910–2950.

13 David Bankier, *Die Deutschen und die Endlösung. Die öffentliche Meinung im Hitler-Staat. Die »Endlösung« und die Deutschen. Eine Berichtigung,* Berlin 1995, S. 7–11.

14 Study of War Propaganda, Sub-Annex 3, S. 2, 7.

15 Study of War Propaganda, Sub-Annex 4, S. 10.

16 Study of War Propaganda, Sub-Annex 8, S. 6, 15. Zu dem Bericht des Diplomaten s. Morris an Außenminister, 30. September 1941, NA RG 59, CDF 862.4016/2204, LM 193 R 58.

17 Study of War Propaganda, Sub-Annex 11, ohne Seitenzahl.

18 Study of War Propaganda, Sub-Annex 12, S. 8.

19 Study of War Propaganda, Sub-Annex 13, S. 10.

20 Study of War Propaganda, S. 14, 21.

21 Study of War Propaganda, Sub-Annex 7, S. 2.

22 Bericht vom 16. März 1942, Kopie der britischen Zensurbehörde in NA RG 165, Entry 77, Box 1079, Germany 3500 Jews; vgl. auch Wyman, *Das unerwünschte Volk*, S. 29.

23 Lipstadt, *Beyond Belief*, S. 159–160.

24 Louis P. Lochner, *What About Germany?* New York 1942, S. 238–257. In einem Radiointerview im September 1942 erzählte Lochner eine Geschichte, die er von einem Rabbi gehört hatte: Von 800 Berliner Juden, die in ein Konzentrationslager gebracht wurden, seien 500 innerhalb von zwei Wochen ums Leben gekommen. S. Joyce Fine, »American Radio Coverage of the Holocaust«, in: *Simon Wiesenthal Center Annual* 5 (1988), S. 158.

25 *New York Journal American*, 1. Juni 1942, S. 3, zitiert bei Lipstadt, *Beyond Belief*, S. 160.

26 Dariusz Stola, »Early News of the Holocaust from Poland«, in: *Holocaust and Genocide Studies* 11 (1997), S. 6. Der Bund-Bericht findet sich im Wortlaut bei Yehuda Bauer, »When Did They Know?« in: *Midstream*, April 1968.

27 Stola, »Early News of the Holocaust«, S. 6; Martin Gilbert, *Auschwitz und die Alliierten*, München 1982, S. 48 f.

28 Stola, »Early News of the Holocaust«, S. 7; Martin Gilbert, *Auschwitz und die Alliierten*, S. 49; Lipstadt, *Beyond Belief*, S. 163–164.

29 Zitiert bei Stola, »Early News of the Holocaust«, S. 8.

30 Lipstadt, Beyond Belief, S. 162–165, stellt die britische und die amerikanische Reaktion einander gegenüber. Vgl. auch Wyman, *Das unerwünschte Volk*, S. 22–23.

31 Fine, »American Radio Coverage«, S. 157.

32 Für die Annahme, daß es sich um Mayer handelte, sprechen folgende Tatsachen: Mayer hielt sich auf dem Weg in die Schweiz zu dem Zeitpunkt in Lissabon auf; zwei Folgeberichte zu dem Thema wurden von ein- und derselben Person verfaßt und zwar, so war angegeben, in der Nähe der deutschen Grenze; den Bericht hatte offenkundig ein erfahrener Journalist geschrieben. Die Dokumente enthalten darüber hinaus noch einige technische Anhaltspunkte.

33 Vertrauliche Notiz, 28. Juni 1942, NA RG 226, Entry 16, 26896.

34 Der zweite Bericht desselben Verfassers (Mayer?) kam im September 1942 aus Lissabon und handelte von dem Flüchtlingsproblem dort. Der dritte Bericht, datiert vom 7. November 1942, war der Folgebericht zu dem Bericht vom 28. Juni (s. Anm. 33). Der dritte Bericht findet sich in NA RG 165, Entry 77, Box 1079, Germany 3500 Jews.

35 Michael Marrus und Robert Paxton, *Vichy-France and the Jews,* New

York 1983, S. 220–279. Wyman, *Das unerwünschte Volk,* S. 40–57, unterstreicht, daß über die Situation der Juden in Frankreich und die Deportationen aus Frankreich mehr berichtet wurde als über andere Aspekte des Holocaust. Die gründlichste Studie über die Deportationen aus Frankreich stammt von Serge Klarsfeld, *Vichy–Auschwitz: Die Zusammenarbeit der deutschen und französischen Behörden bei der »Endlösung der Judenfrage«,* Nördlingen 1989.

36 Tuck an Außenminister, 26. August 1942, 11. September 1942, in: *Foreign Relations of the United States: Diplomatic Papers, 1942* (im folgenden abgekürzt *FRUS),* Bd. 2, Washington 1962, S. 710–713; Breckinridge Long, Tagebuch, Eintrag vom 12. September 1942, Library of Congress. Der Plan, jüdische Kinder in die Vereinigten Staaten zu holen, scheiterte aus anderen Gründen. Zum allgemeinen Hintergrund s. Richard Breitman und Alan M. Kraut, *American Refugee Policy and European Jewry, 1933–1945,* Bloomington 1987, S. 162–164.

37 Dulles an Donovan, 22. Mai 1942; Donovan an Wilson, 27. Mai 1942, NA RG 226, Entry 144, Box 8, Folder 63; Dulles an McDonald, 24. September 1942, James G. McDonald Papers, General Correspondance: Dulles Folder G 113, Columbia University School of International Affairs, New York.

38 Zum Hintergrund und zur Einrichtung des Office of War Information und des OFF s. Clayton R. Laurie, *The Propaganda Warrior: America's Crusade Against Nazi Germany,* Lawrence 1996, S. 64. Über das Office of War Information allgemein s. Allan M. Winkler, *The Politics of Propaganda: The Office of War Information, 1942–1945,* New Haven 1978.

39 Bingham an MacLeish, 19. Juni 1942, Zusammenfassung von Erörterungen am 30. April und am 8. Mai, NA RG 208, Entry 3, Box 12, War Crimes 1942–1944.

40 Ebenda.

41 Huse an MacLeish und Bingham, 2. Juli 1942, NA RG 208, Entry 1, Box 2, Meetings-1-Interdepartmental, Juni–Juli 1942.

42 Sweetser an Davis über eine Stellungnahme von Berle zu Greueltaten, 29. Juli 1942, NA RG 208, Entry 4, Box 12, War Crimes, Atrocities, Various Agencies, 1942–1944.

43 »Nazi Punishment Seen by Roosevelt«, *New York Times,* 22. Juli 1942.

44 Ebenda.

45 Charles Cruickshank, *The Fourth Arm: Psychological Warfare, 1938–1945,* London 1977, S. 38. Minutes of the Joint Committee on Information Policy, 1. September 1942, NA RG 208, Entry 1, Box 5, Policies and Procedures-3, Joint Committee on Information Policy, 1942–1943.

46 Protokoll vom 2. September 1942, NA RG 208, Entry 1, Box 2, Meetings-4, Committee on War Information Policy, Juli–Dezember 1942.

47 Edgar Ansel Mowrer, *Triumph and Turmoil: A Personal History of Our Times,* New York 1968, S. 331–334.

48 OWI Overseas Branch, Confidential Central Directive, Woche 10.–

16. Oktober 1942, S. 3, NA RG 208, Entry 359, Box 818, Folder Record Central Directives 1942.
49 Memorandum der Jewish Telegraphic Agency, 7. Dezember 1942, American Jewish Committee Archives (heute im YIVO), RG 1, EXO-29, JTA Overseas News Agency Folder 1940–1943.
50 Breitman und Kraut, *American Refugee Policy*, S. 171–172; Fine »American Radio Coverage«, S. 157–158.

Kapitel 9

1 Walter Laqueur und Richard Breitman, *Der Mann, der das Schweigen brach. Wie die Welt vom Holocaust erfuhr*, Frankfurt/Main, Berlin 1986; E. Thomas Wood und Stanislaw M. Jankowski, *Jan Karski – Einer gegen den Holocaust. Als Kurier in geheimer Mission*, Gerlingen 1997.
2 Laqueur und Breitman, *Der Mann, der das Schweigen brach*, S. 110–120.
3 Martin Gilbert, *Auschwitz und die Alliierten*, München 1982, S. 64, und Monty N. Penkower, *The Jews Were Expendable: Free World Diplomacy and the Holocaust*, Urbana 1983, S. 59–62. Beide beziehen sich auf vage Erinnerungen von Chaim Pazner, daß Arthur Sommer als erster von der Endlösung berichtet und Pazner die Informationen an die westlichen Regierungen übermittelt habe. Natürlich gab Sommer, ebenfalls ein Nazigegner und ein Wirtschaftsfachmann mit Zugang zu guten Quellen, Informationen während seiner Besuche in der Schweiz weiter, aber bis jetzt ließ sich in den Archiven noch kein Anhaltspunkt dafür finden, daß die Informationen auch den Westen erreichten und daß sie ihn gar früher erreichten als das, was Schulte zu berichten hatte. Vgl. Laqueur und Breitman, *Der Mann, der das Schweigen brach*, S. 257 f. In einem Vortrag in Jerusalem am 14. Mai 1991 und in einem Artikel in der *Jerusalem Post* vom 21. Juni 1991 sprach Gilbert erneut Pazner das Verdienst zu, den ersten Bericht über die Endlösung an den Westen übermittelt zu haben. Riegner lernte Schulte zu einem späteren Zeitpunkt während des Krieges kennen und versprach, dessen Identität nicht zu enthüllen. An dieses Versprechen hielt er sich auch vier Jahrzehnte lang. Daß es sich bei dem geheimnisvollen deutschen Industriellen um Schulte handelte, wurde 1983 aufgedeckt, Walter Laqueur und ich veröffentlichten 1986 die relevanten Dokumente. Andere Forscher bezweifelten danach immer noch, daß Schulte Riegners Quelle war, und schließlich sah sich Riegner veranlaßt, am 12. Juli 1991 einen Leserbrief an die *Jerusalem Post* zu schreiben: »Wie seriöse historische Forschung…nun zweifelsfrei festgestellt hat, war die Quelle ein deutscher Industrieller, Eduard Schulte. Seine Rolle bei der Enthüllung der ›Endlösung‹ wurde in Yad Vashem anerkannt, und er wurde als ›Gerechter unter den Völkern‹ gewürdigt.« Riegner hat immer wieder gesagt, daß Pazner mit der Übermittlung dieser Information nichts zu tun hatte.
Yehuda Bauer schreibt in seinem Buch *Freikauf von Juden? Ver-*

handlungen zwischen dem nationalsozialistischen Deutschland und jüdischen Repräsentanten von 1933 bis 1945, Frankfurt/Main 1996, S. 130, S. 419, Anm. 49, Riegners Telegramm, das sich auf Schultes Informationen stützte, gelte üblicherweise und fälscherlicherweise als der erste präzise Hinweis auf die Endlösung, der den Westen erreicht habe. Bauer begründet dies damit, daß Schulte nicht vom Beginn der Endlösung berichtete und daß Riegners Telegramm den Hinweis enthielt, die Information könne nicht bestätigt werden.

4   Christopher R. Browning, »A Final Hitler Decision for the ›Final Solution‹? The Riegner Telegram Reconsidered«, in: *Holocaust and Genocide Studies* 10 (1996), S. 5–8, Zitat S. 8.

5   Laqueur und Breitman, *Der Mann, der das Schweigen brach,* S. 125–148.

6   Ebenda S. 131.

7   Richard Breitman und Alan M. Kraut, *American Refugee Policy and European Jewry, 1933–1945,* Bloomington 1987, S. 149–150; Saul S. Friedman, *No Haven for the Oppressed: United States Policy Toward Jewish Refugees, 1938–1945,* Detroit 1977, S. 131.

8   Norton (Bern) an britisches Außenministerium mit einer Botschaft von Riegner an Silverman, 10. August 1942, sowie Notiz von Roberts, datiert 15. August 1942, PRO FO 371/30917 C 7853/61/18, zitiert bei Bernard Wasserstein, *Britain and the Jews of Europe, 1939–1945,* Oxford 1979, S. 168. Vgl. ferner John P. Fox, »The Jewish Factor in British War Crimes Policy in 1942«, in: *English Historical Review* 92 (1977), S. 92–94.

9   S. oben Kap. 7.

10   David Engel, *In the Shadow of Auschwitz: The Polish Government-in-Exile and the Jews, 1939–1942,* Chapel Hill 1987, S. 180–182, S. 299, Anm. 127. Zum Bund-Bericht vgl. auch Kap. 8.

11   Jeremy D. Harris, »Broadcasting the Massacres: An Analysis of the BBC's Contemporary Coverage of the Holocaust«, in: *Yad Vashem Studies* 25 (1996), S. 72.

12   Ebenda S. 66, 73–74.

13   Vgl. dazu auch oben Kap. 8. Zur britischen Presse s. Andrew Scharf, *The British Press and Jews under Nazi Rule,* London 1964, S. 91.

14   Die Appelle an die britische Regierung und deren Reaktionen sind zusammengefaßt bei A. J. Drexell Biddle jr. an Außenminister, 13. August 1942, NA RG 59, CDF 740.00116 E. W. 1939/527.

15   Engel, *In the Shadow of Auschwitz,* S. 182, S. 299, Anm.133.

16   Biddle an Außenminister, 13. August 1942, NA RG 59, CDF 740.00116 E. W. 1939/527; Notiz F. K. Roberts, 6. August 1942, PRO FO 371/30917/60, C 7794/61/18, zitiert bei Wasserstein, *Britain and the Jews,* S. 306.

17   Notiz D. Allen, 10. September 1942, zitiert bei Wasserstein, *Britain and the Jews,* S. 169.

18   *The Complete Presidential Press Conferences of FDR,* New York 1979, Bde. 19–20, Nr. 842.

19 Breitman und Kraut, *American Refugee Policy*, S. 152; David S. Wyman, *Das unerwünschte Volk. Amerika und die Vernichtung der europäischen Juden*, Ismaning bei München 1986, S. 67–68; Penkower, *Jews Were Expendable*, S. 67–68; Henry L. Feingold, *The Politics of Rescue: The Roosevelt Administration and the Holocaust*, New Brunswick 1970, S. 169–170.

20 Vgl. beispielsweise Joseph Friedenson und David Kranzler, *Heroine of Rescue: The Incredible Story of Recha Sternbuch Who Saved Thousands from the Holocaust*, Brooklyn 1984, S. 87: »Was unternahm Wise, nachdem er Riegners Telegramm erhalten hatte? Nahezu nichts. Er wandte sich nicht an Präsident Roosevelt, er berief keine Pressekonferenz ein, um die Öffentlichkeit zu alarmieren, und er appellierte an niemanden, tätig zu werden. Er übermittelte den Inhalt an das Außenministerium, mehr nicht.«

21 Wise an Frankfurter, 4. September 1942, abgedruckt in: *Stephen S. Wise: Servant of the People. Selected Letters*, hrsg. von Carl Hermann Voss, Philadelphia 1969, S. 248–249.

22 Breitman und Kraut, *American Refugee Policy*, S. 152 f.; Penkower, *Jews Were Expendable*, S. 68–69.

23 Wise an Frankfurter, 16. September 1942, abgedruckt in: *Stephen S. Wise*, S. 250–251. Über ein Jahr später erwähnte Morgenthau die Unterredung in Notizen zu Gespräch über Argentinien, Evakuierung von Juden, 31. Dezember 1943, Morgenthau Diaries, Bd. 688, Teil 2, Franklin D. Roosevelt Library, Hyde Park N.Y.

24 Wise an Frankfurter, 16. September 1942, abgedruckt in: *Stephen S. Wise*, S. 250–251.

25 Wise an Perlzweig, 17. September 1942, Stephen S. Wise Papers, Box 92, American Jewish Historical Society, Waltham/Mass.

26 Cox an Ciechanowski, 14. September 1942, und Ciechanowski an Cox, 16. September 1942, Oscar Cox Papers, Box 6, Franklin D. Roosevelt Library, Hyde Park N.Y.

27 Breitman und Kraut, *American Refugee Policy*, S. 153–157; Wyman, *Das unerwünschte Volk*, S. 70–77. Wyman hält daran fest, daß Welles die Sache nicht sehr energisch verfolgte.

28 William J. Van den Heuvel, »The Holocaust Was No Secret«, *New York Times Magazine*, 22. Dezember 1996. Ähnlich, aber weniger scharf formuliert John Keegan, *The Second World War*, New York 1989, S. 289: »...denn die Tatsache, daß die Juden Europas deportiert wurden, war jedem Bewohner des Kontinents in der Zeit von 1942 bis 1945 bekannt.«

29 Wasserstein, *Britain and the Jews*, S. 169.

30 Cavendish-Bentinck an Cadogan, 8. Oktober 1942, und »C« an de Grey, 14. Oktober 1942, PRO HW 14/54. Ich danke John P. Fox, daß er mir eine Kopie dieses Dokuments zukommen ließ.

31 Vgl. dazu den Epilog zum vorliegenden Buch.

32 Breitman und Kraut, *American Refugee Policy*, S. 153–154. Vgl. auch

Wise an Frankfurter, 9. Oktober 1942, Stephen S. Wise Papers, Box 109, Correspondence–Zionism, American Jewish Historical Society.

33 Breitman und Kraut, *American Refugee Policy*, S. 157; Wyman, *Das unerwünschte Volk*, S. 77, 89. Eine detaillierte Untersuchung der Berichterstattung in der Presse enthält Deborah E. Lipstadt, *Beyond Belief: The American Press and the Coming of the Holocaust*, 1933–1945, New York 1986, S. 180–183.

34 Wood und Jankowski, *Karski*, S. 181–191; Engel, *In the Shadow of Auschwitz*, S. 198. Engel nennt den 25. November als den Tag, an dem die polnische Exilregierung ihr Schweigen über die Deportationen aus Warschau gebrochen habe.

35 Laws Memorandum vom 26. November 1942, PRO FO 371/30 923 (C 11 923/61/18). Ich danke John P. Fox, daß er mir eine Kopie dieses Dokuments zukommen ließ.

36 Winant an Außenminister, 7. Dezember 1942, NA RG 59, CDF 740.00116 E. W. 1939/660; Wasserstein, *Britain and the Jews*, S. 170–171.

37 David Engel, »Jan Karskis Mission to the West, 1942–1944«, in: *Holocaust and Genocide Studies 5*, Nr. 4 (1990), insb. S. 363–365, behauptet fälschlicherweise, daß es aus der damaligen Zeit keine schriftliche Aufzeichnung gebe, was Karski über die Judenverfolgungen der Nazis erzählte, und daß Karski es versäumt habe, den jüdischen Verantwortlichen umgehend zu berichten, was er in Warschau und nahe Belzec gesehen hatte. Vollkommen zutreffend hat Engel jedoch einige Ungenauigkeiten in später von Karski rekonstruierten Berichten aufgedeckt.

38 Wood und Jankowski, *Karski*, S. 169–170, 190, 287, Nachbemerkung.

39 Weekly Political Intelligence Summary Nr. 165, 2. Dezember 1942, Kopie in NA RG 59, Mikrofilm M-982/R 146.

40 Das Telegramm ist vollständig abgedruckt bei Wood und Jankowski, *Karski*, S. 200.

41 Zygielbojm übersandte diesen Bericht mit diplomatischer Post an die polnische Botschaft in Washington, und die Botschaft leitete ihn weiter an das Jewish Labor Committee. Eine Kopie gelangte auch in das Office of Strategic Services, NA RG 200, Box 11, Folder 107. Wood und Jankowski, *Karski*, S. 200–202

42 NA RG 200, Box 11, Folder 107.

43 Wood und Jankowski, *Karski*, S. 194–200.

44 Biddle an Außenminister, 18. Dezember 1942, beigefügt Raczynski an Biddle, 9. Dezember 1942, NA RG 59, CDF 740.00116 E. W. 1939/712; Raczynski an Eden, 9. Dezember 1942, PRO FO 371/30 924 (C 12313/61/18). Ich danke John P. Fox, daß er mir eine Kopie des letztgenannten Dokuments zukommen ließ. Vgl. auch Engel, *In the Shadow of Auschwitz*, S. 200.

45 Fox, »Jewish Factor«, S. 99–101; Breitman und Kraut, *American Refugee Policy*, S. 157–159; Arthur D. Morse, *While Six Million Died: A Chronicle of American Apathy*, New York 1967, S. 33.

46 Jean Seaton, »Reporting Atrocities: The BBC and the Holocaust«, in: *The Media in British Politics*, hrsg. von Jean Seaton und Ben Pimlott, Aldershot 1987, S. 167.

47 Wyman, *Das unerwünschte Volk*, S. 103; Wood und Jankowski, *Karski*, S. 202; Lipstadt, *Beyond Belief*, S. 184.

48 »Rabbi Wise rief aus New York an und teilte mit, daß Sumner Welles ihm gesagt habe, der Präsident wolle mit ihm sprechen...(Aktennotiz Watson, 30. November 1942, OF 76-C, Franklin D. Roosevelt Library, Hyde Park N.Y.). Breitman und Kraut, *American Refugee Policy*, S. 157–158; Wyman, *Das unerwünschte Volk*, S. 103–104

49 Engel, *In the Shadow of Auschwitz*, S. 200. Winant an Außenminister, 7. Dezember 1942, NA RG 59, CDF 740.00116 E. W. 1939/692; Sikorski an Welles, 12. Dezember 1942, NA RG 59, CDF 740.00116 E. W. 1939/ 739 mit Bezug auf ihre Unterredung am 4. Dezember 1942.

50 Winant an Außenminister, 7. Dezember 1942, NA RG 59, CDF 740.00116 E. W. 1939/660 und 692; Raczynski an Biddle, 9. Dezember 1942, beigefügt zu Biddle an Außenminister, 18. Dezember 1942, NA RG 59, CDF 740.00116 E. W. 1939/712; Engel, *In the Shadow of Auschwitz*, S. 200.

51 Winant an Außenminister, 7. Dezember 1942, NA RG 59, CDF 740.00116 E. W. 1939/692; Wood und Jankowski, *Karski*, S. 204.

52 Winant an Secretary of State, 8. Dezember 1942, NA RG 59, CDF 740.00116 E. W. 1939/664.

53 Der ausführlichste Auszug aus Helds Bericht findet sich im Archiv des Jewish Labor Committee, eine Zusammenfassung mit einigen Zitaten bei Penkower, *Jews Were Expendable*, S. 85–86. Vgl. auch *Bulletin of the World Jewish Congress*, Januar 1943, S. 10, dort das letzte Zitat.

54 S. Kap. 6.

55 Stichwort »Retribution« (Vergeltung) in: *A New Dictionary of Quotations on Historical Principles from Ancient and Modern Sources*, New York 1957, S. 1030.

56 S. Kap. 14.

57 James de Rothschild-Colonel Harvie Watt, 16. Dezember 1942, Prem 4/ 51/8, und Martin-V. G. Lawford, 18. Dezember 1942, PRO FO 371/ 32 682, W 17 520, zitiert bei Michael J. Cohen, *Churchill and the Jews*, S. 172.

58 Wasserstein, *Britain and the Jews*, S. 172.

59 Ebenda S. 172–173

60. *Parliamentary Debates (Hansard's)*, House of Commons, 17. Dezember 1942, S. 2082–2087, nahezu vollständig zitiert bei Wasserstein, *Britain and the Jews*, S. 173.

61 Notiz JR (Randall), 14. Januar 1943, PRO FO 371/34 361 (C 255/18/62).

62 *Parliamentary Debates, House of Lords*, Fünfte Reihe, Bd. 125, London 1943, 17. Dezember 1942, Spalte 609–610

1 Robert Gellately, *The Gestapo and German Society: Enforcing Racial Policy, 1933–1945,* Oxford 1991, S. 140–141; BBC European Audience Estimates, Germany 4–5, kumulativer Drei-Jahres-Survey, datiert vom 28. Juni 1943, Kopie in NA RG 208, Entry 367, Box 255, E 9.2, BBC European Intelligence Series 4: BBC Surveys (im weiteren: Kumulativer BBC-Survey).

2 Kumulativer BBC-Survey, S. 1.

3 Kumulativer BBC-Survey, S. 5–6.

4 BBC Surveys of European Audiences, Germany, 22. Mai 1943, S. 3, Kopie in NA RG 208, Entry 367, Box 255, E 9.2: BBC European Intelligence Series Audiences, Germany (im weiteren: BBC-Survey, 22. Mai 1943).

5 Kumulativer BBC-Survey, S. 3; Hoare an Eden mit Bezug auf Gespräch einer geheimen Quelle mit einem deutschen Diplomaten, PRO FO 371/34427 (C 1632/55/18); Bericht aus Istanbul über Reisende aus Berlin vom 8. Februar 1943, PRO FO 371/34428 (C 2584/55/G 18); Press Reading Bureau an Political Intelligence Dept., 27. März 1943, mit Bericht eines deutschen Journalisten, der am 11. Februar 1943 aus Berlin kommend in Schweden eingetroffen war, über die Empfangsbedingungen in Deutschland, PRO FO 371/34429 (C 3769/55/18).

6 Kumulativer BBC-Survey, S. 4. Man nahm an, daß rund 1,5 Prozent der Deutschen in der Lage waren, englische Radiosendungen zu hören. Zu den Polen s. Edens Memorandum für das Kriegskabinett auf der Grundlage seiner Unterredung mit Jan Karski, 4. Februar 1943, PRO FO 371/34550 (C 1943/34/e).

7 Political Warfare Executive, Central Directive, Woche ab dem 10. Dezember 1942, Kopie in NA RG 208, Entry 367, Box 831, PWE Central Directives 1942. Zitiert bei Wasserstein, *Britain and the Jews of Europa,* 1939–1945, Oxford 1979, S. 174.

8 Political Warfare Executive, Central Directive, Woche ab dem 17. Dezember 1942, Kopie in NA RG 208, Entry 359, Box 831, Folder PWE-Central Directives 1942.

9 David Bankier, *Die öffentliche Meinung im Hitler-Staat. Die »Endlösung« und die Deutschen. Eine Berichtigung,* Berlin 1995, S. 154–155

10 S. Epilog.

11 Wasserstein, *Britain and the Jews,* S. 176–177; P. W. Scarlett an F. K. Roberts, 3. März 1943, Publicity and Propaganda for Polish Atrocities, PRO FO 371/34550 (C 2471/34/G).

12 S. oben Kap. 8. In der Direktive der OWI-Überseeabteilung für die Woche ab dem 17. Dezember 1942 wurde die Alliierte Erklärung über die Vernichtungspolitik der Nazis nicht erwähnt. Vgl. NA RG 208, Entry 359, Box 818, Record Central Directives 1942.

13 Edward J. Bliss, *In Search of Light: The Broadcasts of Edward R. Mur-*

row, 1938–1961, New York 1967, S. 91, zitiert bei Joyce Fine, »American Radio Coverage of the Holocaust«, in: *Simon Wiesenthal Center Annual* 5 (1988), S. 158.

14 Über die Voice of America s. Holly Cowan Shulman, *The Voice of America: Propaganda and Democracy, 1941–1945,* Madison 1990, S. 26–27, 42–74.

15 Special Guidance: Atrocity and Terror Stories, 8. Januar 1943, NA RG 208, Entry 363, Box 828, Record Special Guidances, September 1942– Dezember 1943.

16 Political Warfare Executive, Central Directive, Woche ab dem 24. Dezember 1942, Kopie in NA RG 208, Entry 359, Box 831, PWE-Central Directives 1942.

17 Political Warfare Executive, Central Directive, Woche ab dem 7. Januar 1943, Kopie in NA RG 208, Entry 359, Box 831, PWE-Central Directives 1942.

18 Yisrael Gutman und Shmuel Krakowski, *Unequal Victims: Poles and Jews During World War II,* New York 1986.

19 Sie wußten mehr über die Massenerschießungen als über die Vernichtungslager, Gerüchte und Phantasie lieferten etliche Details. Dazu s. insb. Walter Laqueur, *Was niemand wissen wollte. Die Unterdrückung der Nachrichten über Hitlers »Endlösung«,* Frankfurt/Main 1981; und Bankier, *Die öffentliche Meinung im Hitler-Staat,* S. 144–152.

20 Press Reading Bureau an Political Intelligence Dept., 27. März 1943, PRO FO 371/34429 (C 3769/55/18).

21 Hoare an Eden, beigefügt Bericht einer geheimen Quelle, PRO FO 371/34427 (C 1632/55/18 [Februar 1943?]); Generalkonsul in Tanger an Mr. Roberts, 10. März 1943, PRO FO 371/34428 (C 2937/55/18).

22 Ridley Prentice, Lissabon, an Political Intelligence Dept., 12. März 1943, PRO FO 371/34428 (C 3243/55/18). Beispiele für frühere negative Reaktionen in Deutschland auf die Deportation von Juden gibt Sarah Gordon, *Hitler, Germans, and the »Jewish Question«,* Princeton N.J. 1984, S. 192–195

23 S. Gellately, *The Gestapo and German Society,* insb. S. 129–158.

24 BBC-Survey, 22. März 1943, S. 6–7, 9–10

25 Die Kopie von Notizen dieser Szene wurde von den Polen an die Briten übergeben, die Briten erhielten sie im Mai 1943. Vgl. PRO FO 371/34454 (C 5964/233/18). Ich danke Stephen Tyas, daß er mir eine Kopie des Dokuments überlassen hat.

26 PRO FO 371/34454 (C 5964/233/18).

27 Im folgenden stütze ich mich auf Nathan Stoltzfus, *Resistance of the Heart: Intermarriage and the Rosenstrasse Protest in Nazi Germany,* New York 1996, S. 192–257. Soweit nichts anderes angegeben ist, habe ich dieses Buch als Quelle für den Protest in der Rosenstraße herangezogen.

28 Stoltzfus, *Resistance,* S. 171–172. Zu den Problemen von Mischehen in

Deutschland und in anderen Ländern s. auch Raul Hilberg, *Täter, Opfer, Zuschauer. Die Vernichtung der Juden 1933–1945*, Frankfurt/Main 1992, S. 149–157. Seitenangaben Raul Hilberg nach der englischen Ausgabe, weil die gebundene deutsche Ausgabe unvollständig ist (nur 1 Band gegenüber 3 Bänden.) und die deutsche Taschenbuchausgabe anders zusammengestellt ist (A.d.Ü.).

29 Raul Hilberg, *The Destruction of the European Jews*, Bd. 2, New York 1985, S. 430.

30 Bankier, *Die öffentliche Meinung im Hitler-Staat*, S. 146–148; s. auch BBC-Survey, 22. Mai 1943, S. 9–10

31 Ian Kershaw, *Popular Opinion and Political Dissent in the Third Reich: Bavaria, 1933–1945*, Oxford 1983, S. 365–366; Marlis G. Steinert, *Hitlers Krieg und die Deutschen. Stimmung und Haltung der deutschen Bevölkerung im Zweiten Weltkrieg*, Düsseldorf, Wien 1970, S. 255.

32 Kershaw, *Popular Opinion*, S. 367.

33 Bankier, *Die öffentliche Meinung im Hitler-Staat*, S. 156–158.

34 Karl Schleunes, *The Twisted Road to Auschwitz: Nazi Policy Toward German Jews, 1933–1939*, Urbana 1969, S. 53–61, 261–262; Kershaw, *Popular Opinion*, insb. S. 275–276, 377; Bankier, *Die öffentliche Meinung im Hitler-Staat*, insb. S. 166–168. Eine vollkommen andere Einschätzung, welche Bedeutung Hitlers antisemitische Rhetorik hatte, gibt Hans Mommsen, *From Weimar to Auschwitz*, Chapel Hill 1991, S. 224–253.

35 Der wichtigste Bezugspunkt ist Hitlers Rede im Reichstag am 30. Januar 1939, in welcher er drohte, daß, sollten die Juden Deutschland einen Krieg aufzwingen, dieser mit der Vernichtung der Juden in Europa enden würde.

36 Diese Drohung stammt angeblich aus einem Buch von Theodore Kaufmann, *Germany Must Perish*. S. dazu Wolfgang Benz, »Judenvernichtung aus Notwehr? Die Legenden um Theodore N. Kaufmann«, in: *Vierteljahreshefte für Zeitgeschichte* 29 (1981), S. 615–630; Bankier, *Die öffentliche Meinung im Hitler-Staat*, S. 145–146; Steinert, *Hitlers Krieg und die Deutschen*, S. 245–246.

37 BBC Surveys of European Audiences: Germany, 11. Mai 1942, S. 12, Kopie in NA RG 208, Entry 367, Box 255, E 9.2.

38 S. Richard Breitman, *Der Architekt der Endlösung. Himmler und die Vernichtung der europäischen Juden*, Paderborn u. a. 1996, S. 70–71.

39 Vgl. die Aufzählung von Hitlers Ausrottungsdrohungen bei Daniel J. Goldhagen, *Hitlers willige Vollstrecker. Ganz gewöhnliche Deutsche und der Holocaust*, Berlin 1996, S. 183–184, 198–200, 588, Anm. 124.

40 Zitiert bei Steinert, *Hitlers Krieg und die Deutschen*, S. 252–253.

41 Retinger an Strang, 25. Februar 1943, beigefügt Memorandum von Zygielbojm, PRO WO 371/34362 (C 2247/18/62).

42 In seinem Brief an Müller datierte Himmler Wises Äußerung fälschlicherweise auf September 1942. Tatsächlich hatte Wise zu diesem Zeit-

punkt noch öffentlich über die Endlösung gesprochen. Eine Kopie des wie auch immer gearteten Dokuments über Wise, das Himmler bekommen hatte, ist nicht erhalten, nur Himmlers Brief an Müller.

43 Himmler an Müller, 30. November 1942, NA RG 242, T-175/R 58/ 2521486.
44 Leni Yahil, *Die Shoah. Überlebenskampf und Vernichtung der europäischen Juden,* München 1998, S. 610–612. Blobels Affidavit, NA RG 238, Nuremberg Document NO-3947.
45 Persönlicher Stab RFSS an Reichssicherheitshauptamt, 6. Dezember 1942, NA RG 242, T-175/R 20/2524929.
46 »Reutermeldung aus London über Ausrottung der Juden wird übers.« »Erklärung der Präsidentin des Weltjuden Kongr. Lady Reading wird übersandt.« Himmler an SD, 6. und 10. Dezember 1942, NA RG 242, T-580/R 45 A.
47 PWE Direktive für die Woche ab dem 31. Dezember 1942, PRO FO 898/289, zitiert bei Wasserstein, *Britain and the Jews,* S. 175.
48 *Die Tagebücher von Joseph Goebbels,* im Auftrag des Instituts für Zeitgeschichte hrsg. von Elke Fröhlich, Teil II: Diktate 1941–1945, Bd. 6, Oktober–Dezember 1942, München u. a. 1996.
49 Berger an Himmler, 11. Dezember 1942, NA RG 238, Nuremberg Document NO-1117.
50 Himmler an Bormann, 18. Dezember 1942, Akten der Parteikanzlei, Mikrofiche 102/01039. In diesem Dokument bot Himmler an, Hitler einige Forderungen zusammenzustellen, die er mit dem französischen Premierminister Laval erörtern könnte.
51 Himmler an Ribbentrop, 29. Januar 1943, NA RG 242, T-175/R 68/ 2584430.
52 Himmler an Ganzenmüller, 20. Januar 1943, NA RG 242, T-175/R 76/ 2594493-44.
53 »Bandenverdächtige Männer, Frauen u. Kinder in Lager Lublin u. Auschwitz verbringen«, Himmler vor Höheren SS- und Polizeiführern u. a., 6. Januar 1943, Geheimkorrespondenz Himmler (Zusammenfassungen), NA RG 242, T-580, R 45 A.
54 Richard Breitman, »Himmler and Bergen-Belsen«, in: *Belsen in History and Memory,* hrsg. von Jo Reilly, David Desarani, Tony Kushner und Colin Richmond, London 1997, S. 73.
55 Himmler an Ribbentrop, [unleserlich] Januar 1943, NA RG 242, T-175/ R 65/25806-42-43.
56 The Earl of Avon (Sir Anthony Eden), *The Eden Memoirs: The Rekkoning,* London 1965, S. 358, zitiert bei Wasserstein, *Britain and the Jews,* S. 174.
57 Eden an Cabinet Committee on Refugees, 10. März 1944, PRO CAB 95/ 15/138, zitiert bei Wasserstein, *Britain and the Jews,* S. 182.
58 Britisches Außenministerium an Botschaft, Washington D.C., 23. März 1943, PRO FO 371/36655 (W 4236/49/48).

59 Protokoll vom 22. Dezember 1942, PRO FO 371/32682 (W17521), zitiert bei Michael J. Cohen, *Churchill and the Jews*, London 1985, S. 268. Law war am 16. Dezember weitgehend zur gleichen Einschätzung gekommen. S. Wasserstein, *Britain and the Jews*, S. 178.

60 S. insb. Matthews an Außenminister, 20. Februar 1943, Zusammenfassung einer Unterredung mit Richard Law, NA RG 59, Lot File 52 D 408, Box 3, Bermuda Conference Background. Bemühungen im Vorfeld der Konferenz schildern Wasserstein, *Britain and the Jews*, S. 176–183, und Tony Kushner, *The Holocaust and the Liberal Imagination: A Social and Cultural History*, Oxford 1994, S. 173–180. Weitere Informationen über Versuche, Einfluß auf die Politik der britischen Regierung zu nehmen, finden sich in PRO FO 371/36648, 36649 und 36650.

61 Protokoll und Dokumente im Zusammenhang damit in PRO FO 371/36648. S. auch PRO CAB 95/15, zitiert und zusammengefaßt bei Wasserstein, *Britain and the Jews*, S. 183.

62 Protokoll der Ausschußsitzung, 31. Dezember 1942, PRO FO 371/36648. Zitiert und kommentiert bei Wasserstein, *Britain and the Jews*, S. 115–116.

63 Protokoll des Chiefs of Staff Committee, 31. Dezember 1942, PRO CAB 121/001, A/Policy/Air/1, Bd. 1. Ich danke John P. Fox, daß er mir eine Kopie dieses Dokuments überlassen hat.

64 Wasserstein, *Britain and the Jews*, S. 306–307.

65 Protokoll D. Allen, 14. Januar 1943, und Protokoll A. Walker, 21. Januar 1943, PRO FO 371/34361 (C 555/18/62).

66 PRO FO 371/36648, zitiert bei Wasserstein, *Britain and the Jews*, S. 179.

67 Nunn (Innenministerium) an Walker (Außenministerium), 5. Januar 1943, und Walker an Nunn, 6. Januar 1943, PRO FO 371/36648.

68 Rathbone an N. Malcolm, 17. Februar 1943, und Sir H. Emerson an britisches Außenministerium, 24. Februar 1943, beigefügt Analyse von Rathbone, 12. Februar 1943, mit dem Titel: »Die Nazimassaker an Juden und Polen. Welche Rettungsmaßnahmen sind praktisch möglich?« PRO FO 371/36653 (W 3321/49/49).

69 Notiz von Richard Law über Unterredung mit Alexander Easterman, 7. Januar 1943, PRO FO 371/36648.

70 S. oben Kap. 6.

71 Reading an Churchill, 16. Januar 1943, und Entwurf für Churchill an Reading, beigefügt zu Lawford an Brown, 26. Januar 1943, PRO FO 371/36650 (W 1409/40/48).

72 Kopie der britischen Stellungnahme im Parlament in NA RG 59, CDF 840.48 Refugees/3633.

73 Britisches Außenministerium an Stockholm, 6. Januar 1943, PRO FO 371/343361.

74 S. oben Kap. 9 sowie Richard Breitman und Alan M. Kraut, *American Refugee Policy and European Jewry, 1933–1945*, Bloomington 1987, S. 156–157.

75 S. oben Kap. 9. Weitere Einzelheiten in Breitman und Kraut, *American Refugee Policy*, S. 149–150.

76 Britische Botschaft, Washington, D.C., an Ostabteilung, Außenministerium, 30. Dezember 1942, PRO FO 371/34361; Reams an Amerikanische Botschaft, London, 10. Dezember 1942, NA RG 59 CDF 740.00116 E. W. 1939/674 A; Zitat aus Memorandum [Reams an Travers], 15. Dezember 1942, NA RG 59, Lot File 52 D 408, Box 3, Bermuda Conference Background. Zu den anhaltenden Zweifeln des Außenministeriums noch einige Zeit nach der Alliierten Erklärung vom 17. Dezember 1942, vgl. u. a. Wilder Spaulding an Murphy, 18. Januar 1943, NA RG 59 CDF 740.00116 E. W. 1939/685.

77 Memorandum Durbrow, undatiert, aber mit Eingangsstempel vom 25. Januar 1943, NA RG 59 CDF 8600/4016/6441/2.

78 Britische Botschaft, Washington D.C., an Ostabteilung, Außenministerium, 30. Dezember 1942, PRO FO 371/34361.

79 Hull an Amerikanische Gesandtschaft, Bern, 10. Februar 1943, NA RG 59, CDF 740.00116 E. W. 1939/753 Vertrauliche Akte. Vgl. auch David S. Wyman, *Das unerwünschte Volk*, S. 118.

80 S. Memorandum Flexner für Gouverneur Lehman, 17. Februar 1943, NA RG 169, Box 36, Refugees-Jewish, OFRRO Subject File.

81 Zusammenfassung einer ausführlicheren Darstellung bei Breitman und Kraut, *American Refugee Policy*, S. 183–184, dort werden die Originalquellen zitiert.

82 Squire an Harrison, 10. März 1943, beigefügt Riegner an Wise, NA RG 84, Amerikanische Gesandtschaft, Bern, Confidential File 1943, 840.1 Juden.

83 Norton (Bern) an britisches Außenministerium, 28. Mai 1943, und Dokumente im Zusammenhang damit in PRO FO 371/34362 (C 6109/18/62).

Kapitel 11

1 Kopie der Denkschrift vom 20. Januar 1943 in *Foreign Relations of the United States*, Bd. 1, 1943, S. 134–137. Siehe auch Bernard Wasserstein, *Britain and the Jews of Europa, 1939–1945*, Oxford 1979, S. 184–185.

2 Halifax an Außenministerium, 26. Januar 1943, PRO FO 371/36650 (W 1649/49/48).

3 Richard Breitman und Alan M. Kraut, *American Refugee Policy and European Jewry, 1933–1945*, Bloomington 1987, S. 175; David S. Wyman, *Das unerwünschte Volk. Amerika und die Vernichtung der europäischen Juden*, Ismaning bei München 1986, S. 154; Halifax an Außenministerium, 6. März 1943, über die Unterredung zwischen Campbell und Welles am 5. März 1943, PRO FO 371/36654.

4 Notiz A. Walker, 28. Januar 1943, PRO FO 371/36650 (W 1649/49/48).

5 Zusammengefaßt in Callman an Außenminister, 23. Februar 1943, NA RG 59, Lot File 52 D 408, Box 3, Bermuda Conference Background.

6 Zu Edens Ausführungen im Kabinett am 22. Februar 1943 vgl. Wasserstein, *Britain and the Jews,* S. 187.

7 Der Auftritt Edens im Parlament und der Artikel im *Manchester Guardian* sind zusammengefaßt in Callman an Außenminister, 26. Februar 1943, NA RG 59, Lot File 52 D 408, Box 3, Bermuda Conference Background.

8 Entwurf von Breckinridge Long an Welles, Long Papers, Box 212, Library of Congress. Der endgültige Text findet sich in *Foreign Relations of the United States: Diplomatic Papers, 1943, (FRUS),* Bd. 1, S. 140– 144. Wyman übernimmt in seinem Buch *Das unerwünschte Volk,* S. 154– 155, die britische Sicht, daß die Amerikaner London nicht rechtzeitig von der beabsichtigten Veröffentlichung in Kenntnis gesetzt hätten. Doch während seiner Unterredung mit dem britischen Geschäftsträger Campbell sagte Welles, daß Washington seine Antwort zuerst dem britischen Außenministerium zugeleitet habe. Notiz von Welles, 4. März 1943, Sumner Welles Papers, Box 164, Folder 8, Franklin D. Roosevelt Library, Hyde Park, N.Y.

9 Notiz von Welles, 4. März 1943, Welles Papers, Box 164, Franklin D. Roosevelt Library, Hyde Park, N.Y.

10 Halifax an Außenministerium, 5. März 1943, und Protokoll des Außenministeriums von Randall und Butler, 8. März 1943, PRO FO 371/ 36 654.

11 Detaillierte Berichte über die Vorbereitungen zur Bermuda-Konferenz geben Wyman, *Das unerwünschte Volk,* S. 154–162, und Wasserstein, *Britain and the Jews,* S. 188–191.

12 Brodetsky und Stein an den Staatssekretär im Außenministerium, 25. Februar 1943, und Entwurf zu Law an Brodetsky und Stein, 15. März 1943, PRO FO 371/36 654 (W 3468/49/48).

13 Außenministerium an britische Botschaft in Washington, D.C., 19. März 1943, PRO FO 371/36 654 (W 4236/49/48).

14 Aufzeichnung Randalls der Unterredung mit dem Sekretär der Schweizerischen Gesandtschaft, 18. März 1943, PRO FO 371/36 654 ((W 4607/ 49/48). Eine ausführliche Dartellung der schweizerischen Reaktion auf jüdische Flüchtlinge gibt Jacques Picard, *Die Schweiz und die Juden 1933–1945: Schweizerischer Antisemitismus, jüdische Abwehr und internationale Migrations- und Flüchtlingspolitik,* Zürich 1997.

15 Außenministerium an britische Botschaft in Washington, D.C., und britische Botschaft an Außenministerium, 17. März 1943, PRO FO 371/ 36 655 (WH 383/49/48).

16 S. oben Kap. 9.

17 E. Thomas Wood und Stanislaw M. Jankowski, *Jan Karski – Einer gegen den Holocaust. Als Kurier in geheimer Mission,* Gerlingen 1997, S. 223.

18 Memorandum Edens vom 17. Februar 1943 zur Verteilung an die Mitglieder des Kriegskabinetts, PRO FO 371/34 550 (C 1943/34/e).

19 Law an Halifax für Eden, 18. März 1943, PRO FO 371/36655 (WH 383/49/48).
20 Hulls Aufzeichnungen der Unterredung, 22. März 1943, *FRUS 1943*, Bd. 3, S. 28–32.
21 *Parliamentary Debates*, Fünfte Reihe, Bd. 126, House of Lords, 23. März 1943, S. 856–857.
22 Notiz Strangs, PRO FO 371/36658 (W 5684/49/48), zitiert nach Wasserstein, *Britain and the Jews*, S. 189. Welles an Proskauer und Wise, 25. März 1943, und im Zusammenhang damit stehende Dokumente finden sich im Archiv des American Jewish Committee, Joseph M. Proskauer Collection, RG 1, EXO-16, Emergency Committee 1943, YIVO Institute for Jewish Research. Welles an Wise, 26. März 1943, Welles Papers, Box 93, Folder 12, Franklin D. Roosevelt Library, Hyde Park N.Y.
23 Angora Chancery an Flüchtlingsabteilung, Außenministerium, 3. März 1943, PRO FO 371/36655 (W 4325/49/48).
24 Monty N. Penkower, *The Jews Were Expendable: Free World Diplomacy and the Holocaust*, Urbana 1983, S. 106–107, gibt eine Zusammenfassung der Begegnung auf der Grundlage der Originalquellen, aber er datiert sie fälschlicherweise auf Ende Februar.
25 Nach Proskauer an Wise, 29. März 1943, sorgte Welles mit dafür, daß die Lage in Bulgarien im Gespräch blieb. (Archiv des American Jewish Committee, Proskauer Collection, RG 1, EXO-16, Emergency Committee 1943).
26 Breitman und Kraut, *American Refugee Policy*, S. 117; Wasserstein, *Britain and the Jews*, S. 188 und Anm. 18 ebd. Nach Harry Hopkins' Zusammenfassung sprach sich Eden dafür aus, weitere 60000 Juden nach Palästina einreisen zu lassen, eine Zahl, die erheblich über den offiziell festgesetzten Kontingenten gelegen hätte. Wenn Eden tatsächlich von 60000 Juden gesprochen haben sollte, rechnete er gewiß nicht damit, daß wirklich so viele kommen würden.
27 Oliver Harvey Diary, 25. April 1943, zitiert nach Wasserstein, *Britain and the Jews*, S. 34.
28 Beratung des Joint Emergency Committee on European Jewish Affairs, 10. April 1943, Archiv des American Jewish Committee, Proskauer Collection, RG 1, EXO-16, Emergency Committee 1943. Vgl. auch Wyman, *Das unerwünschte Volk*, S. 162.
29 Wise an Welles, 31. März 1943, und Welles an Wise, 5. April 1943, NA RG 59 CDF840.48 Refugees/3734.
30 Johnson an Außenminister, 13. und 17. April 1943, NA RG 59 CDF 840.48 Refugees/3748 Confidential File und 3755 Confidential File.
31 Steven Koblik, *The Stones Cry Out: Sweden's Response to the Persecution of the Jews, 1933–1945*, New York 1988, S. 62–63; Johnson an Außenminister, 13., 17. und 20. April 1943, NA RG 59 CDF 840.48 Refugees/3748, 3755 und 3761 Confidential File.
32 Henry L. Feingold, *The Politics of Rescue: The Roosevelt Administration*

and the Holocaust, New Brunswick 1970, S. 192–197; Wyman, *Das unerwünschte Volk,* S. 157–162.

33 Halifax an Außenministerium, von Staatssekretär im Außenministerium an Premierminister, 27. März 1943, Avon [Anthony Eden] Papers, PRO Mikrofilm FO 954, R 2 Con/43/1.

34 Kopien der Protokolle in RG 59, Lot File 52 D 408, Box 3, Bermuda Conference Minutes. Detaillierte Darstellungen des Konferenzverlaufs geben Wyman, *Das unerwünschte Volk,* S. 162–173, 431–433, Wasserstein, *Britain and the Jews,* S. 190–201, und Feingold, *Politics of Rescue,* S. 197–207.

35 Law an Eden, 21. April 1943, Avon Papers, PRO Mikrofilm FO 954, R 2, Con/43/2.

36 Vgl. Wyman, *Das unerwünschte Volk,* S. 116–119; Wasserstein, *Britain and the Jews,* S. 205–221.

37 Der Erzbischof von Canterbury an Eden, 7. Mai 1943, und Eden an den Erzbischof von Canterbury, 21. Mai 1943, PRO FO 371/36661 (W 7131/49/48).

38 Mallet (Stockholm) an Eden, 24. Mai 1943, PRO FO 371/36662 (W 8253/49/48); Welles an Long, 21. Mai 1943, und Long an Brandt, 21. Mai 1943, NA RG 59 CDF 840.48 Refugees/3799 und 38051/2; s. auch Mallet an Außenministerium, 7. Juni 1943, PRO FO 371/36662 (W 8553/49/48).

39 Die meisten wichtigen Dokumente des deutschen Außenministeriums zu diesem Vorschlag wurden in einer Übersetzung von John Mendelsohn veröffentlicht, *The Holocaust: Selected Documents in Eighteen Volumes,* Bd. 7, *Jewish Emigration, the SS St. Louis Affair and Other Cases,* New York 1982, S. 170–213, diese Angaben auf S. 173.

40 NA RG 242, T-120/R 4202/E 422450-51.

41 Koblik, *Stones Cry Out,* S. 62–63. Zu den weiteren diplomatischen Kontakten vgl. die Angaben unter Anm. 39.

42 Aufzeichnung der Unterredung, 24. Juni 1943, Welles Papers, Box 164, Folder 10, Franklin D. Roosevelt Library, Hyde Park, N.Y.

43 Eine Kurzdarstellung Berles gibt Irwin F. Gellman, *Secret Affairs: Franklin Roosevelt, Cordell Hull, and Sumner Welles,* Baltimore 1995, S. 141–142.

44 Tägliches Bulletin der Jewish Telegraphic Agency, Exemplar des britischen Außenministeriums. Der Kommentar stammt von A. Walker. Siehe PRO FO 371/36661 (W 7186/49/48).

45 Bradley F. Smith, *The Ultra-Magic-Deals: And the Most Secret Special Relationship,* Novato 1993, S. 150. Über Friedman vgl. David Kahn, *The Codebreakers: The Story of Secret Writing,* New York 1967, S. 369–393.

46 Smith, *The Ultra-Magic Deals,* S. 150, 161.

47 David Reynolds, *The Creation of the Anglo-American-Alliance, 1937–1941: A Study in Competitive Cooperation,* Chapel Hill 1981; Gerhard L. Weinberg, *Eine Welt in Waffen. Die globale Geschichte des Zweiten Weltkriegs,* Stuttgart 1995, insb. S. 157–159, 276–278.

48 Smith, *Ultra-Magic Deals,* S. 1–42, ordnet auf überzeugende Weise die Geschichte der Geheimdienste im Zweiten Weltkrieg in das breitere Thema der britisch-amerikanischen Beziehungen ein.

49 Ebenda S. 35, 43–51.

50 Ebenda, S. 55–56.

51 Ebenda S. 58–63.

52 Ebenda S. 81–89.

53 Nicht unterschriebener Brief an Major G. Stevens bei der britischen Botschaft in Washington D.C. vom 4. November 1942, PRO HW 14/57. Ich danke John P. Fox, daß er mir eine Kopie dieses Dokuments überlassen hat.

54 Smith, *Ultra-Magic Deals,* S. 140.

55 Ebenda, S. 151–152; Telford Taylor, »Anglo-American Signals Intelligence Cooperation«, in: F. H. Hinsley, Alan Stripp, *Codebreakers: The Inside Story of Bletchley Park,* Oxford 1993, S. 71.

56 Smith, *Ultra-Magic Deals,* S. 152–154; Taylor, »Anglo-American Signals«, S. 72.

57 Interview mit Arthur Levinson am 19. Mai 1997.

58 Walter Eytan, »The Z Watch in Hut 4, Part II«, in: F. H. Hinsley, Alan Stripp, in: *Codebreakers,* S. 58–60.

59 F. H. Hinsley et al., *British Intelligence in the Second World War: Its Influence on Strategy and Operations,* Bd. 2, Cambridge 1981, S. 669. Vgl. ferner Walter Laqueur, *Was niemand wissen wollte: die Unterdrückung der Nachrichten über Hitlers »Endlösung«,* Frankfurt/Main 1981, S. 109. Laqueur zitiert ungenannte Quellen, die ihm versichert hätten, daß Meldungen an das und vom RSHA gelesen worden seien und daß sie Informationen über den Massenmord an den Juden enthalten hätten.

60 Zusammenfassung des Verhörs von Barth, ungefähr Mitte November 1943, in PRO HW 16/1, S. 47–49.

61 Vgl. NA RG 238, Mikrofilm Reihe M-1019/R 5/240 ff.

62 German Police Decodes, Nr. 1 Traffic, 15. Oktober 1943, PRO HW 16/38.

63 Smith, *Ultra-Magic Deals,* S. 154–155.

64 Das geht aus dem Verteilungsplan für die entschlüsselten Meldungen hervor, PRO HW 16/39. Ich habe einen Hinweis gefunden, daß Meldungen an Taylor erstmals Anfang 1944 weitergegeben wurden. Vgl. German Police in 1943 [Februar 1944] in HW 16/61.

65 Telford Taylor, *The Anatomy of the Nuremberg Trials: A Personal Memoir,* New York 1992, S. 26.

Kapitel 12

1 Eine sehr ausführliche Darstellung geben Richard Breitman und Alan M. Kraut, *American Refugee Policy and European Jewry, 1933–1945,* Bloomington 1987, S. 182–221. Vgl. ferner David S. Wyman, *Das uner-*

wünschte Volk. Amerika und die Vernichtung der europäischen Juden, Ismaning bei München 1986, S. 254–399; Monty N. Penkower, *The Jews Were Expendable: Free World Diplomacy and the Holocaust*, Urbana 1983, S. 122–182; Henry L. Feingold, *The Politics of Rescue: The Roosevelt Administration and the Holocaust*, New Brunswick 1970, S. 248–294.

2   Vgl. David Kranzler, *Thy Brother's Blood: The Orthodox Jewish Response to the Holocaust*, New York 1984, Kap. 3. Zur Uneinigkeit unter den amerikanischen Juden vgl. u. a. Feingold, *Politics of Rescue*, S. 218–222.

3   Tony Kushner, »The Meaning of Auschwitz: Anglo-American Responses to the Hungarian Jewish Tragedy«, in: *Genocide and Rescue: The Holocaust in Hungary*, hrsg. von David Cesarani, Oxford 1997, S. 160–162.

4   Etwa so argumentierte Richard Law in einem Brief an Eden, der an die übrigen Kabinettsmitglieder weitergeleitet wurde. Vgl. Bernard Wasserstein, *Britain and the Jews of Europa, 1939–1945*, Oxford 1979, S. 201–202. Clarence Pickett vom Americans Friends Service Committee meinte im Juni 1943 auch, daß öffentlicher Druck und die Verabschiedung einer Resolution durch den Kongreß nicht ausreichen würden, Präsident Roosevelt zu einem politischen Kurswechsel dergestalt zu bewegen, daß die Rettung der leidenden Völker im besetzten Europa größeres Gewicht erhalten hätte. Dies geht aus seinem Tagebuch hervor, Eintragung vom 15. Juli 1943, Pickett Papers, American Friends Service Committee Archives, Philadelphia. Zu früheren amerikanischen Entscheidungen und Diskussion über Rettungsmöglichkeiten s. Feingold, *Politics of Rescue*, S. 186–189.

5   Welles an Roosevelt, 2. März 1943, Welles Papers, Box 152, Ordner 3, Franklin D. Roosevelt Library, Hyde Park, N.Y.

6   Tagebuch Pickett, 15. Juli 1943, Unterlagen Pickett, American Friends Service Committee Archives, Philadelphia.

7   Siehe oben Kap. 6. Vgl. ferner Tuvia Ben-Moshe, *Churchill: Strategy and History*, Boulder 1992, S. 317–320; Alex Danchev, »Great Britain: The Indirect Strategy«, in: *Allies at War: The Soviet, American, and British Experience, 1939–1945*, hrsg. von David Reynolds, Warren F. Kimball. A. O. Chubarian, New York 1994, S. 14–17.

8   Martin Gilbert, *Road to Victory: Winston S. Churchill, 1941–1945*, London 1986, S. 402–414, Zitat S. 409. Gilbert erwähnt allerdings kein Gespräch wie das von Sayre berichtete.

9   Bericht von Stettinius, 22. Mai 1944, über Aufenthalt in London, 7.–29. April 1944, *Foreign Relations of the United States: Diplomatic Papers, 1944 (FRUS)*, Bd. 3, S. 7; zitiert bei Wasserstein, *Britain and the Jews*, S. 326.

10 Vgl. oben Kap. 11.

11 Bern (Norton) an Außenministerium, 8. Juli 1943, PRO FO 371/36663 (W 9994/49/48).

12 Jonathan Steinberg, *All or Nothing: The Axis and the Holocaust,* London 1990; Susan Zucotti, *The Italians and the Holocaust: Persecution, Rescue, Survival,* New York 1987. Nicola Carraciolo, *Uncertain Refuge: Italy and the Jews During the Holocaust,* Urbana 1995.

13 Riegner hatte diesen Plan formuliert, Rabbi Wise übermittelte ihn im Mai 1943 an Sumner Welles. Ernsthaft geprüft wurde er erst im Juli. Vgl. dazu insbesondere Meltzers Memorandum, Proposed Arrangement for Relief and Evacuation of Refugees in Rumania and France, 30. Juli 1943, NA RG 59 CDF 840.48 Refugees/4211. Penkower gibt in *Jews Were Expendable,* S. 128–130, einen detaillierten Überblick über die Entwicklung der Angelegenheit.

14 Die detaillierteste Darstellung geben auf der Grundlage von Karskis Erinnerungen E. Thomas Wood und Stanislaw M. Jankowski, *Jan Karski – Einer gegen den Holocaust. Als Kurier in geheimer Mission,* Gerlingen 1997, S. 260–263.

15 Breitman und Kraut, *American Refugee Policy,* S. 246. Handschriftliche Notiz über Roosevelts Reaktion auf Meltzers Memorandum, Proposed Arrangement for Relief and Evacuation of Refugees in Rumania and France, 30. Juli 1943, NA RG 59 CDF 840.48 Refugees/4211. Zu Pehle und Karski vgl. Wood und Jankowski, *Karski,* S. 262–263. Zu Roosevelts Brief an Wise s. Wyman, *Das unerwünschte Volk* S. 256–257.

16 Travers an Emmons, 27. August 1943, NA RG 59 CDF 740.00116 E. W. 1939/816.

17 Entwurf der Visaabteilung [Robert C. Alexander] für Brief an van Paassen, 18. September 1943, und Dokumente im Zusammenhang damit in NA RG 59 CDF 840.48 Refugees/4679.

18 Feis an Hull, 4. August 1943, gekennzeichnet als »Dringlich«, NA RG 59 CDF 862.4016/2269; Morgenthau an Hull, 5. August 1943, NA RG 59 CDF 840.48 Refugees/4212; Hull an amerikanische Botschaft, Bern, 6. August 1943, NA RG 59 CDF 826.4016/2269; Breitman und Kraut, *American Refugee Policy,* S. 186; Penkower, *Jews Were Expendable,* S. 131–132; Wyman, *Abandonment of the Jews,* S. 180–181.

19 Zu Welles vgl. die faszinierende Darstellung bei Irwin F. Gellman, *Secret Affairs: Franklin Roosevelt, Cordell Hull, and Sumner Welles,* Baltimore 1995, S. 302–317; s. außerdem Benjamin Welles, *Sumner Welles: FDR's Global Strategist,* New York 1997, S. 341–354.

20 Reams an Stettinius, 8. Oktober 1943, NA RG 59 CDF 840.48 Refugees/46831/5.

21 Berle an Hull, 16. September 1943, NA RG 59 CDF 840.48 Refugees/4502; Long Memorandum, 26. Oktober 1943, NA RG 59 CDF 862.4016/2292.

22 Vgl. Breitman und Kraut, *American Refugee Policy,* S. 186–187; Wyman, *Das unerwünschte Volk,* S. 257–258; Penkower, *Jews Were Expendable,* S. 131–132.

23 Dieter Pohl, *Von der Judenpolitik zum Judenmord: Der Distrikt Lublin des Generalgouvernements, 1939–1944,* Frankfurt/Main 1993.

398

24 Johnson an Außenminister, 30. September 1943, NA RG 59 CDF 840.48/Refugees 4522.

25 Zu den dänischen Juden s. Leni Yahil, *The Rescue of Danish Jewry*, Philadelphia 1969, sowie in jüngster Zeit die Kontroverse zwischen Paulsson und Kirchhof: Gunnar S. Paulsson, »The Bridge Over the Oresund: Historiography on the Expulsion of the Jews from Nazi-Occupied Denmark«, und Hans Kirchhof, »Denmark: A Light in the Darkness of the Holocaust. A Reply to Gunnar S. Paulsson«, in: *Journal of Contemporary History* 30 (1995), S. 431–479. Zu Schweden s. Steven Koblik, *The Stones Cry Out: Sweden's Response to the Persecution of the Jews*, New York 1988, sowie die kürzlich erschienene Dissertation von Paul A. Levine, *From Indifference to Activism: Swedish Diplomacy and the Holocaust, 1938–1944*, Uppsala 1996.

26 Johnson an Außenminister, 9. Oktober 1943, mit Bezug auf das Gespräch mit Boheman, NA RG 59 CDF 840.48 Flüchtlinge/4557.

27 Winant an Außenminister, 13. Oktober 1943, NA RG 59 CDF 840.48 Refugees/4565.

28 Wyman, *Das unerwünschte Volk*, S. 261–262, 266–268; Breitman und Kraut, *American Refugee Policy*, S. 188.

29 Stettinius an Long, 11. November 1943, Stettinius Papers, Box 215, Oktober 1943, University of Virginia; Meeting of the Undersecretary with the Assistant Secretaries, Political Advisers, and the Geographic Devision Heads, 11. November 1943, Stettinius Papers, Box 732, Oktober 1943; Stettinius an Hayden [Raynor], 21. November 1943, Stettinius Papers, Box 727, Refugees.

30 Hull an Biddle bei der amerikanischen Botschaft, 10. Dezember 1943, RG 59, Lot File 52 D 408, Box 2, IGC-WRB.

31 Wyman, *Das unerwünschte Volk*, S. 274; Breitman und Kraut, *American Refugee Policy*, S. 183–184.

32 Winant an Außenminister, 15. Dezember 1943, NA RG 59 CDF 840.51 Frozen Credits/12144, zitiert bei Wasserstein, *Britain and the Jews*, S. 247.

33 Minutes of Meetings on Jewish Evacuation, 17., 18. und 19. Dezember 1943, Henry Morgenthau jr. Diaries, Bd. 688, Teil 2, Franklin D. Roosevelt Library, Hyde Park N.Y.

34 Minutes of Meeting on Jewish Evacuation, 20. Dezember 1943, Henry Morgenthau jr. Diaries, Bd. 688, Teil 2.

35 S. oben Kap. 10.

36 Minutes of Meetings on Argentina, Jewish Evacuation, 31. Dezember 1943, Henry Morgenthau jr. Diaries, Bd. 688, Teil 2; Breitman und Kraut, *American Refugee Policy*, S. 188–189.

37 Breitman und Kraut, *American Refugee Policy*, S. 190.

38 Ebenda S. 191.

39 Wasserstein, *Britain and the Jews*, S. 248–249.

40 Ebenda S. 249. Zum späteren Einsatz von Sperrkonten s. insbesondere

Yehuda Bauer, *American Jewry and the Holocaust: The American Jewish Joint Distribution Committee,* Detroit 1981, S. 422–434, und Ders., *Freikauf von Juden? Verhandlungen zwischen dem nationalsozialistischen Deutschland und jüdischen Repräsentanten von 1933 bis 1945,* Frankfurt/Main 1996, S. 349–375.

41 Kriegsflüchtlingsamt an amerikanische Botschaft in London, 9. Februar 1944, Kopie in Stettinius Papers, Box 745, War Refugee Board, University of Virginia. Allgemein über die Reaktion des amerikanischen Militärs auf die Einrichtung des Kriegsflüchtlingsamtes ohne Einbeziehung der bewaffneten Kräfte s. Wyman, *Das unerwünschte Volk,* S. 404–405.

42 Raynor an Pehle, 5. Februar 1944, mit Übersendung des britischen Memorandums vom 25. Januar 1944, War Refugee Board Records, Box 30, Franklin D. Roosevelt Library, Hyde Park N.Y.

43 Vgl. Eden an Flüchtlingsausschuß des Kriegskabinetts, 7. Februar 1944, zitiert bei Wasserstein, *Britain and the Jews,* S. 323.

44 Breitman und Kraut, *American Refugee Policy,* S. 193–195.

45 Ebenda S. 196.

46 Kopie in NA RG 208, Entry 359, Box 116, Refugees–Policy.

47 Summary Report of the Activities of the War Refugee Board with Respect to the Jews in Hungary, 9. Oktober 1944 (im weiteren Summary–WRB–Hungary), 8, War Refugee Board Records, Box 34, Hungary I, Franklin D. Roosevelt Library, Hyde Park N.Y.

48 London an Office of War Information, 24. März 1944, NA RG 208, Entry 359, Box 116, Refugees–Policy.

49 Steinhardt an Außenminister, 29. März 1944, Kopie in NA RG 208, Entry 359, Box 116, Flüchtlingspolitik; Wyman, *Das unerwünschte Volk,* S. 325–326.

50 OWI–Thomason an Control Desk, N.Y., und Sherwood, Backer, London, 25. April 1944, NA RG 208, Entry 359, Box 116, Refugees-Policy.

51 Breitman und Kraut, *American Refugee Policy,* S. 211; Wyman, *Das unerwünschte Volk,* S. 324.

52 Yehuda Bauer, »Conclusion: The Holocaust in Hungary: Was Rescue Possible?«, in: *Genocide and Rescue,* S. 196–197, 206–207. Shlomo Aronson, »The Quadruple Trap: The Holocaust in Hungary«, ebenda S. 93–122, weitet die Metapher der Falle aus und verwendet sie ausgiebig.

53 Die gründlichste Darstellung gibt Randolph Braham, *The Politics of Genocide: The Holocaust in Hungary,* überarbeitete Neuauflage New York 1994, Bd. 2.

54 Verhör von Andor Gross [Grosz], 22. Juni 1944, PRO FO 371/42811. Am aufschlußreichsten ist die Befragung und Analyse seiner Mission durch den amerikanischen Emissär Ira Hirschmann, s. Memorandum für Botschafter Steinhardt, 22. Juni 1944, bezüglich Unterredung mit Joel Brand, Kopie in NA RG 107, ASW 400.38.

55 Braham, *Politics of Genocide,* Bd. 2, S. 936, 943–944; Richard Breitman

400

und Shlomo Aronson, »The End of the Final Solution? Nazi Attempts to Ransom Jews in 1944«, in: *Central European History* 25 (1992), S. 189–190.

56 Am ausführlichsten wird sie behandelt bei Bauer, *Freikauf von Juden?*, S. 272–294. Vgl. auch Braham, *Politics of Genocide*, Bd. 2, S. 1078–1088.

57 Walter Laqueur, *Was niemand wissen wollte: Die Unterdrückung der Nachrichten über Hitlers »Endlösung«*, Frankfurt/Main 1981, Fußnote S. 109. Bei F. H. Hinsley et al., *British Intelligence in the Second World War: Its Influence on Strategy and Operations*, Bd. 2, Cambridge 1981, S. 669, heißt es, den Briten sei es nicht gelungen, den geheimsten Code des SD zu knacken. Wie stand es mit den anderen Codes?

58 Summary, 13. April 1944, S. 4, Informationen vom 1. März und 4.–9. April 1944, PRO HW 16/6, Teil 2.

59 Eine ausführliche Darstellung bei Bauer, *Freikauf von Juden?*, S. 274–290.

60 Summary-WRB-Hungary, 9. Oktober 1944, S. 9 a–13, War Refugee Board Records, Box 34, Hungary I, Franklin D. Roosevelt Library, Hyde Park N.Y.; Wyman, *Das unerwünschte Volk*, S. 325–326.

61 Ribbentrop an Veesenmayer, 10. Juli 1944, und Bericht von Wagner an Ribbentrop über Ergebnisse und Stand der antijüdischen Maßnahmen in Ungarn, 31. Oktober 1944, abgedruckt (deutsch) in: Randolph L. Braham (Hrsg.), *The Destruction of Hungarian Jewry: A Documentary Account*, New York 1963, S. 522–524, S. 700. Vgl. auch Richard Breitman, »Nazi Jewish Policy in 1944«, in: *Genocide and Rescue*, S. 78.

62 Braham, *Politics of Genocide*, Bd. 2, S. 872–881.

63 Summary-WRB-Hungary, 9. Oktober 1944, S. 17–25, War Refugee Board Records, Box 34, Hungary I, Franklin D. Roosevelt Library, Hyde Park N.Y.; Wyman, *Das unerwünschte Volk*, S. 328–329.

64 Breitman und Kraut, *American Refugee Policy*, S. 17–25, Summary-WRB-Hungary, 9. Oktober 1944, S. 9, War Refugee Board Records, Box 34, Hungary I, Franklin D. Roosevelt Library, Hyde Park N.Y.

65 Breitman und Aronson, »The End of the Final Solution?«, S. 193–202.

66 David S. Wyman, »Why Auschwitz Was Never Bombed«, in: *Commentary* 65 (Mai 1978), S. 37–46; Ders., *Das unerwünschte Volk*, S. 400–415. Als neue Untersuchungen der Frage im Lichte neuer Fakten, aber mit sehr verschiedenen Perspektiven, seien genannt: James H. Kitchens III., »The Bombing of Auschwitz Revisited«, in: *The Journal of Military History* (1994), S. 233–266; Richard Levy, »The Bombing of Auschwitz Revisited: A Critical Analysis«, in: *Holocaust and Genocide Studies* 10 (1996), S. 267–298, und Stuart Erdheim, »Could the Allies Have Bombed Auschwitz-Birkenau?«, in: *Holocaust and Genocide Studies* 11 (1997), S. 129–170. Der Verlag St. Martin's Press veröffentlicht demnächst einen von Michael Neufeld herausgegebenen Sammelband mit Aufsätzen zu dem Thema. Nach meiner Auffassung beschreiben Kitchens und Levy

zutreffend einige mit der Bombardierung eines solchen Ziels verbundenen Schwierigkeiten, doch mit anderen Aspekten ihrer Argumentation bin ich nicht einverstanden.

67 S. oben Kap. 10.
68 Ausführlich dazu Wasserstein, *Britain and the Jews*, S. 307–308.
69 S. oben Kap. 7.
70 Wyman, *Das unerwünschte Volk*, S. 415.
71 Breitman und Kraut, *American Refugee Policy*, S. 219–220; Wyman, *Das unerwünschte Volk*, S. 417.
72 S. weiter oben in diesem Kapitel.
73 Ich beziehe mich hier auf die unter Anm. 66 genannte Literatur, stimme aber mit Wyman und Erdheim überein, was die damals vorherrschenden Motive für die Ablehnung der Bombardierung anbetrifft.
74 Winston S. Churchill, *The Second World War*, Bd. 6: *Triumph and Tragedy*, Boston 1953, S. 693. S. auch Prime Minister's Personal Minute, M 844/4. PRO FO 371/42809, WR 27, zitiert bei Martin Gilbert, *Road to Victory: Winston S. Churchill, 1941–1945*, London 1986, S. 847, sowie Bauer, *Freikauf von Juden?*, S. 288; Michael J. Cohen, *Churchill and the Jews*, London 1985, S. 298.
75 Raul Hilberg, *The Destruction of the European Jews*, Bd. 3 (New York 1985), S. 1139.
76 Vgl. Gilbert, *Road to Victory*, S. 846, sowie ders., *Auschwitz und die Alliierten*, München 1982, S. 314.
77 S. Wasserstein, *Britain and the Jews*, S. 308–320; Gilbert, *Auschwitz und die Alliierten*, S. 308–339; Cohen, *Churchill and the Jews*, S. 296–304.
78 Summary of German Police Decodes, 1.–31. August 1944, S. 7–8, PRO HW 16/6.
79 Hans Safrian, *Die Eichmann-Männer*, Wien 1993; Braham, *Politics of Genocide*, Bd. 2, S. 893.
80 Diese Schlußfolgerung wird gestützt durch Safrian, *Die Eichmann-Männer*, S. 306.
81 Wasserstein, *Britain and the Jews*, S. 316–318.
82 Cohen, *Churchill and the Jews*, S. 299.
83 Gilbert, *Auschwitz und die Alliierten*, S. 238–379.
84 Ebenda S. 397.
85 Ebenda S. 397–398.
86 Cohen, *Churchill and the Jews*, S. 303–306. Auf Churchills Verhalten gehe ich weiter unten noch ein.
87 Levy, »Bombing of Auschwitz Revisited«, S. 276, 280–282.
88 Ebenda S. 276.

Kapitel 13

1 John P. Fox, »The Jewish Factor in British War Crimes Policy in 1942«, in: *English Historical Review* 92 (1977), S. 89.

2   Ebenda S. 89, 95–97; Bernard Wasserstein, *Britain and the Jews of Europe, 1939–1945,* Oxford 1979, S. 169.
3   Cavendish-Bentinck an Cadogan, 8. Oktober 1942, und »C« an de Grey, 14. Oktober 1942, PRO HW 14/54, 4/18/1; nicht unterzeichnete Notiz, 16. und 19. Oktober 1942, PRO HW 14/55; nicht unterzeichnete, undatierte Notiz, mit Erwähnung von Major Evans, PRO HW 16/44.
4   Kopie in NA RG 457, Box 1386, German Police and SS Messages. Auch in PRO HW 16/45.
5   Arieh J. Kochavi, »The British Foreign Office versus the United Nations War Crimes Commission During the Second World War«, in: *Holocaust and Genocide Studies* 8 (1994), S. 30, 44.
6   Allgemein zu dem Thema vgl. Bradley F. Smith, *The American Road to Nuremberg: The Documentary Record, 1944–1945,* Stanford 1982. In den Unterlagen des OSS und des OWI findet sich sehr viel früheres Material. Zitat aus OSS Planning Group, Proposed Convention for Extradition of Axis War Criminals, 16. Januar 1943, NA RG 226, Entry 144, Box 8, Folder 63. Ich danke Christof Mauch, daß er mir eine Kopie des Dokuments überlassen hat.
7   Memorandum MacLeish, 21. Januar 1943, NA RG 208, Entry 1, Box 5, Policies and Procedures–3, Joint Committee on Information Policy, 1943; Außenministerium (Eden) an Britische Botschaft in Washington, 14. Januar 1943, PRO FO 371/34363.
8   Siepmann an MacLeish, 21. Januar 1943, NA RG 208, Entry 1, Box 5, Policies and Procedures–3, Joint Committee on Information Policy, 1942–1943.
9   Kochavi, »British Foreign Office«, S. 44; Telford Taylor, *The Anatomy of the Nuremberg Trials,* New York 1992, S. 29.
10 Kochavi, »British Foreign Office«, S. 33–34. Aber Simon wollte nicht die *Briten* zur Verfolgung der Verbrechen an den Juden verpflichten, und das Außenministerium lehnte den Vorschlag ab. S. Fox, »Jewish Factor«, S. 96–98.
11 Ders., »Britain and the War Criminals Question at the Conclusion of the Second World War: The Military Dimension«, in: *The British Journal of the Holocaust Education* 2 (1993), S. 138–139.
12 MI 14 stand 1943 und 1944 auf dem Verteiler für alle decodierten Polizei- und SS-Meldungen, PRO HW 16.
13 The German Police in 1943, Manuskript in PRO HW 16/61, GML und Ciro/Pearl S. 141–191. Es stimmt allerdings, daß die Briten 1943 weniger Meldungen aus den sowjetischen Gebieten entschlüsselten. Das rührte zum Teil daher, daß der sowjetische Nachrichtendienst nicht mehr so eng mit den Briten zusammenarbeiten wollte (bei der Weitergabe abgefangener Funksprüche) wie 1942. Vgl. dazu Epilog.
14 S. beispielsweise German Police Decodes, Nr. 1 A Traffic, 21., 23., 26., 30. Juni 1944, Dokumente 6, 2, 4, 9 und 7, jeweils PRO HW 16/41.
15 Abgedruckt in Smith, *American Road to Nuremberg,* S. 13–14. Zur

Moskauer Erklärung s. auch Arieh J. Kochavi, »The Moscow Declaration, the Kharkov Trial, and the Question of a Policy on Major War Criminals«, in: *History* 76 (1991), S. 401–417.

16 S. oben Kap. 12.

17 Zitiert bei Kochavi, »Britain and the War Criminals«, S. 138.

18 MI14 erstellte ein gebundenes Dokument mit Informationen aus den decodierten Meldungen über SS- und Polizeiangehörige. Die Daten waren nach dem Rang und dann alphabetisch nach den Namen geordnet. Für die niederen Ränge war oft angegeben, in welchen Meldungen der Betreffende erwähnt wurde, manchmal sogar mit einer kurzen Zusammenfassung des Inhalts. Nr. 140, 30, April 1944–1. Januar 1945 (Pearl/Zip und Ciro/Pearl), PRO HW 16/60.

19 Noel Annan, *Changing Enemies: The Defeat and Regeneration of Germany,* London 1995, S. 3.

20 Vortrag von Melland in Peal House, 19. Oktober 1943, Text in PRO WO 208/2924. Zitate S. 1, 36.

21 Vortrag von Melland vor der First Army Group, 2. Februar 1944, insb. S. 4, Text in PRO WO 208/2924.

22 Handschriftliche Notizen, beigefügt zu Mellands Aufzeichnungen für den Vortrag, PRO WO 208/2924; SHAEF G-2, Evaluation and Dissemination Section, The German Police, April 1945, Kopie in der Bibliothek des U.S. Holocaust Memorial Museum.

23 SHAEF, *The German Police,* S. 21–22.

24 Ebenda S. 52–54.

25 Zu den britischen Hoffnungen hinsichtlich einer Aburteilung durch SHAEF s. Kochavi, »Britain and the War Criminals«, S. 134–137. Zitat aus SHAEF, G-2, E.D.S. Bericht Nr. 30, SS in Orpo, 16. Juni 1945, NA RG 319, IRR, XE 020 820.

26 Black List of German Police, SS and Miscellaneous Party and Paramilitary Personalities, erstellt von MI4/14, September 1945, PRO WO 208/4350.

27 S. oben Kap. 4.

28 German Police Decodes, 16. Juni 1942, PRIT signals 301–579, PRO HW 16/55.

29 Notes on the Operations of the War Crimes Interrogation Unit, erstellt 1. Januar 1946, PRO WO 208/4294.

30 GC und CS, Air and Military History, Bd. 13, The German Police, Kopie in NA RG 457, Box 91. Die Geschichte wurde 1996 freigegeben.

31 Air and Military History, Bd. 13, S. 235–237.

32 BAOR Revised Admin Inst. Nr. 94, 22. September 1945, hinsichtlich automatischer Festnahme, Legal Division, Adv. H.Q. Control Commission for Germany (British Element) and Control Office for Germany and Austria, 31. Dezember 1945; PRO WO 32/12 208.

33 Direktive Nr. 24, 12. Januar 1946, abgedruckt in: *Entnazifizierung: Politische Säuberung und Rehabilitierung in den vier Besatzungs-*

zonen, 1945–1949, hrsg. von Clemens Vollnhals, München 1991, S. 107–118.

34 Coldstream an Justizminister über Unterredung mit General Betts, 21. Oktober 1945; Report of Heyman Working Party, 24. April 1946, regarding Disposal of War Criminals, Nazis, Militarists, and Potentially Dangerous Criminals, alles in PRO WO 32/12208. Taylor, *Anatomy of the Nuremberg Trials,* S. 282.

35 S. Lutz Niethammer, *Die Mitläuferfabrik: Die Entnazifizierung am Beispiel Bayerns,* Berlin 1982. Ein knapper Vergleich der amerikanischen und der britischen Entnazifizierungsbestrebungen findet sich bei Tom Bower, *The Pledge Betrayed: America and Britain and the Denazification of Post-War Germany,* New York 1982, S. 144–172; ferner *Entnazifizierung,* hrsg. von Vollnhals, S. 9–34.

36 Justus Fürstenau, *Entnazifizierung: Ein Kapitel deutscher Nachkriegspolitik,* Neuwied 1969, S. 43–45, spricht davon, daß 1946 in der britischen Zone 64500 Personen festgenommen und im selben Zeitraum 34000 freigelassen worden seien. Bower, *Pledge Betrayed,* S. 207–212.

37 Vgl. einen Fallbericht in Andrej Angrick, Martina Voigt, Silke Ammerschubert und Peter Klein, »Da hätte man schon ein Tagebuch führen müssen«: Das Polizeibataillon 322 und die Judenmorde im Bereich der Heeresgruppe Mitte während des Sommers und Herbstes 1941, in: *Die Normalität des Verbrechens: Bilanz und Perspektiven der Forschung zu den nationalsozialistischen Gewaltverbrechen,* Berlin 1994, S. 350–366.

38 S. oben Kap. 10.

39 Callum MacDonald, *The Killing of SS Obergruppenführer Reinhard Heydrich,* New York 1989, S. 186–187.

40 G-2 of Interrogation of Daluege, 12. Juni 1945, und handschriftliche Stellungnahme von Daluege; Befragung Dalueges durch Ecer (tschechisch), 21. Juli 1945, NA RG 319, IRR File Daluege XE 002394, Box 544.

41 SHAEF Political Office British an G-2, CI, 21. Juni 1945, NA RG 319, IRR File Daluege, Box 544.

42 Es gibt eine Akte des Kriegsministeriums über Daluege, aber sie enthält keine brisanten Informationen.

43 Helmut Krausnick und Hans-Heinrich Wilhelm, *Die Truppe des Weltanschauungskrieges: Die Einsatzgruppen der Sicherheitspolizei und des SD, 1938–1942,* Stuttgart 1982, S. 566–570, S. 641; biographischer Eintrag zu Friedrich Jeckeln, in: *Enzyklopädie des Holocaust. Die Verfolgung und Ermordung der europäischen Juden,* hrsg. von Israel Gutman, 3 Bde., deutsche Ausgabe auf der Grundlage der Originalausgabe Jerusalem und New York 1990, Berlin o. J., Bd. 2, S. 667.

44 Bach-Zelewski erwähnte Himmlers Besuch in Minsk Mitte August 1941 und die in seiner Gegenwart vollzogenen Erschießungen, aber er beschuldigte in diesem Zusammenhang die Leiter der Einsatzgruppen und nicht sich selbst. Er schaffte es sogar, ein formelles Verhör zu dem Punkt

zu vermeiden: Er kam auf das Thema nur in einem Zeitungsinterview zu sprechen. S. »Leben eines SS-Generals«, in: *Aufbau*, 6. September 1946, und eine ausführlichere Version in Declaration von dem Bach, World Jewish Congress Collection, Box C 203, Bach-Zelewski Statement 1946.

45 Biographischer Eintrag zu Bach-Zelewski in *Enzyklopädie des Holocaust*, Bd. 1, S. 146–147.

46 Zu den Ereignissen vom 7. August 1941 s. oben Kap. 4. Über die Zusammenfassung des Nachrichtendienstes betreffend Bach-Zelewskis Wirken s. German Police, Addresses-Names-Personalities, 1941–1945, PRO HW 16/62.

47 Taylor, *Anatomy*, S. 243.

48 Ebenda, IMT, Trial, Bd. 4, S. 475–485.

49 Taylor, *Anatomy*, S. 244.

50 *New York Times*, 21. März 1972, S. 44.

51 Raul Hilberg, *The Destruction of the European Jews*, Bd. 3, New York 1985, S. 1086–1087.

52 Brief von Bundesarchiv Koblenz an Zentralstelle Ludwigsburg, 18. November 1966, ZstL 202 AR-27/66. Ich danke Konrad Kwiet für den Hinweis.

Schlußfolgerungen

1 Siehe Hitlers Kommentare vom September 1935, wie sie bei Philippe Burrin von Walter Gross zitiert werden, Philippe Burrin, *Hitler und die Juden: Die Entscheidung für den Völkermord*, Frankfurt/Main 1993, S. 47–48. Auch Hermann Graml, *Reichskristallnacht: Antisemitismus und Judenverfolgung im Dritten Reich*, München 1988, v. a. S. 114–115.

2 Richard Breitman, *Der Architekt der »Endlösung«: Himmler und die Vernichtung der europäischen Juden*, Paderborn 1996.

3 Burrin, *Hitler und die Juden: Die Entscheidung für den Völkermord*, S. 49, Breitman, *Architekt der »Endlösung«*, S. 70–72, 87–88.

4 Ruth-Bettina Birn, *Die Höheren SS- und Polizeiführer: Himmlers Vertreter im Dritten Reich*, Düsseldorf 1986.

5 Götz Aly, *»Endlösung«: Völkerverschiebung und der Mord an den europäischen Juden*, Frankfurt/Main 1995, S. 342–344; Christian Gerlach, »Failure of Plans for an SS Extermination Camp in Mogilev, Belorussia«, in: *Holocaust and Genocide Studies* 11 (1997).

6 Siehe oben, Kapitel 2 und 5.

7 Siehe oben, Kapitel 2. Heydrich verwendete in seinem Entwurf für Göring vom 31. Juli 1941 sowohl die Bezeichnung »Endlösung der Judenfrage« als auch »endgültige Lösung der Judenfrage«. Text in: *Documents of Destruction: Germany and Jewry, 1933–1945*, London 1972, S. 88–89.

8 Maurice Ashley, *Churchill as Historian*, New York 1968, S. 18.

9 Gerhard L. Weinberg, *Germany, Hitler, and World War II: Essays in Modern German and World History*, Cambridge 1995, S. 292–294. Ähn-

lich Tuvia Ben-Moshe, *Churchill: Strategy and History,* Boulder 1992,
S. 328–330; Robin Denniston, *Churchill's Secret War: Diplomatic De-
crypts, the Foreign Office, and Turkey, 1942–1944,* New York 1997,
S. 186, Anmerkung 1.

10 David Dutton, *Anthony Eden: A Life and Reputation,* London
1997. Dutton behandelt eine Reihe von Stationen und Ereignissen in
Edens Karriere, er versucht nicht, alles abzudecken.

11 Siehe ebenda, v. a. S. 1–24.

12 Ebenda, S. 35–109, Zitat von S. 109.

13 Ebenda, S. 142–145.

14 Notiz von Cavendish-Bentinck, 27. August 1943, in PRO, FO 371/
34 551.

15 Siehe in der Einleitung.

16 Patrick Howarth, *Intelligence Chief Extraordinaire: The Life of the
Ninth Duke of Portland,* London 1986; Walter Laqueur, *Was niemand
wissen wollte: Die Unterdrückung der Nachrichten über Hitlers »Endlösung«,* Frankfurt/Main 1981, S. 107 und 306, Anmerkung 92.

17 Barry M. Katz, »The Holocaust and American Intelligence«, in: *The
Jewish Legacy and the German Conscience: Essays in Memory of Rabbi
Joseph Asher,* hrsg. von Moses Rischin und Raphael Asher, Berkeley
1991, S. 297–307; Meredith Hinley, »Negotiating the Boundary of Un-
conditional Surrender: The War Refugee Board in Sweden and Nazi Pro-
posals to Ransom Jews, 1944–1945«, in: *Holocaust and Genocide Studies*
10 (1996), S. 52–77; Meredith Hinley, »The Strategy of Rescue and Relief: The Use of OSS Intelligence by the War Refugee Board in Sweden,
1944–1945«, in: *Intelligence and National Security* 12 (1997), S. 145–
165. Siehe auch den in Kürze erscheinenden Artikel von Shlomo Aronson, »The Office of Strategic Services and the Holocaust at Nuremberg«,
in: *Holocaust and Genocide Studies* 12 (1998).

18 Neumanns klassische Arbeit *Behemoth* (1944) enthält sehr ungenaue
Vorstellungen über die Grundlagen und Motive des nationalsozialisti-
schen Antisemitismus. Zu Dwork und Duker und einigen zusätzlichen
Kommentaren zu Neumann siehe Aronson, »The Office«.

19 Hindley, »The Strategy of Rescue and Relief«, S. 145, 160–161.

20 Dulles an den Außenminister, 18. Mai 1944, NA RG 226, Entry 190 C,
Box 6, Folder 33.

21 Siehe Kapitel 12 oben.

22 Noel Annan, *Changing Enemies: The Defeat and Regeneration of Germany,* London 1995.

23 William Rubinstein, *The Myth of Rescue: Why the Democrats Could Not
Have Saved More Jews from the Nazis,* London 1997.

24 Ansprachen von Fertig Perlzweig und Leon Kubowitzki, 23. Juni 1944,
American Jewish Congress Records, Box 3, Administrative Committee
1944, American Jewish Society, Waltham, Massachusetts. Siehe auch Kapitel 8 oben.

25 Zur Auseinandersetzung zwischen dem OWI und dem War Refugee Board wegen des Vrba-Wetzler Berichts über Auschwitz siehe Richard Breitman und Alan M. Kraut, *American Refugee Policy and European Jewry, 1933–1945*, Bloomington 1987, S. 201–202. Zitat aus OWI an London, 4. Dezember 1944, NA RG 208, Entry 359, Box 117, Kriegsverbrechen – Verschiedenes.
26 Siehe Breitman und Kraut, *American Refugee Policy*, S. 160–163.

Epilog

1 F. H. Hinsley et al., *British Intelligence in the Second World War: Its Influence on Strategy and Operations*, Bd. 2 Cambridge 1981, S. 671; GC und CS, Air and Military History, Bd. 13, The German Police, S. 235–237, Kopie in NA RG 457, Box 91.
2 S. David Bankier, *Die öffentliche Meinung im Hitler-Staat. Die »Endlösung« und die Deutschen. Eine Berichtigung*, Berlin 1995, S. 155.
3 D. L. Hewitt, Government Communications Headquarters an Dr. J. P. Fox, 15. März 1994.
4 Dr. John P. Fox, Brief an den Herausgeber der *Times*, London, 16. November 1996.
5 Lord Lester an Dr. John P. Fox, 18. November 1996.
6 John Keegan, »What the Allies Knew«, *New York Times*, 25. November 1996.
7 Bradley F. Smith, »Anglo-Soviet Intelligence Cooperation and Roads to the Cold War«, in: *British Intelligence, Strategy and the Cold War, 1945–1951*, hrsg. von Richard J. Aldrich, London 1992, S. 52–53.
8 Smith, »Anglo-Soviet Intelligence«, S. 58, 62, Anm. 22–23.
9 Nicholls an Crankshaw, 20. März 1942, PRO HW 14/31, Dokument 210. Ich danke John P. Fox, daß er mir eine Kopie überlassen hat.
10 British Military Mission, Moskau, an Kriegsministerium, Nicholls MI 8 von Crankshaw, 15. April 1942, PRO HW 14/34, item 172. Ich danke John P. Fox, daß er mir eine Kopie überlassen hat.
11 Crankshaw an Commander Travis, 28. September 1942, PRO HW 14/53, Dokument 333; Crankshaw an Vorsitzenden des Y Committee, 13. November 1942, PRO HW 14/58, Dokument 275. Ich danke John P. Fox, daß er mir eine Kopie überlassen hat.
12 S. oben Kap. 10.
13 Edward Crankshaw, *Russia and the Russians*, New York 1948, und ders., *Cracks in the Kremlin Wall*, New York 1951.
14 Ders., *Gestapo: Instrument of Tyranny*, New York 1956, S. 53.
15 GPD und Notes for Russia, 1943–1944, sowie Memorandum für Mr. C. Barclay, undatiert [1944], PRO HW 16/16.
16 S. Noel Annan, *Changing Enemies: The Defeat and Regeneration of Germany*, London 1995, S. 3.
17 Safer an Breitman, 25. November 1996.

18 *Parliamentary Debates, House of Lords,* 5. Reihe, Bd. DLXXVI, Spalte WA 6, 26. November 1996.

19 »Nazi Messages Reveal Secret of Jews' Slaughter«, *The Times* (London), 19. Mai 1997; »Jews Massacred in Holocaust Test-Run«, *Independent,* 20. Mai 1997.

20 PRO Guide, Government Code and Cipher School: German Police Section: Decrypts of German Police Communications During Second World War, 1939–1945, Mar. 1997, 1.

21 Persönliche Mitteilung von David Marwell.

22 Der britische Nachrichtendienst merkte am 1. Oktober 1942 an, daß er in der Lage sei, verschlüsselte schweizerische Meldungen zu einem großen Teil zu lesen. S. PRO HW 14/54.

23 Dokument über Himmler, PRO WO 208/4431 (Pf. 71281/B.2b/JC). Akte über Kaltenbrunner, PRO WO 208/4478.

24 Anthony Eden, *The Reckoning: The Memoirs of Anthony Eden,* Boston 1965.

Personenverzeichnis

411

412